ブレット・キング＝著
NTTデータ オープンイノベーション事業創発室＝解説
藤原 遠＝監訳　　上野 博／岡田和也＝訳

東洋経済新報社

ケイティと父に捧ぐ。
父は私にとっての模範であり、
そのエネルギーのおかげで
私は自在に限界を超えて
遠く進むことができた

Original Title:
*BANK 4.0: Banking Everywhere, Never at a Bank*

Japanese translation rights arranged with Marshall Cavendish International (Asia) Pte Ltd through Japan UNI Agency, Inc., Tokyo

# 監訳者まえがき

株式会社ＮＴＴデータ　代表取締役副社長
藤原　遠

この度、ブレット・キング氏の『Bank 4.0』を翻訳出版することとなりましたことを心より喜んでおります。

ブレット・キング氏は、金融サービス分野におけるイノベーション、顧客経験、チャネル戦略の専門家であり、特にテクノロジーが金融サービスに及ぼす影響に関する見識の高さは衆目の一致するところです。自ら新しいモバイル・バンキング・サービス「ムーブン(Moven)」を立ち上げられたというビジネス面でのご活躍に加えて、講演、ソーシャルメディア、ご自身のラジオ番組等を通じて活発に発信を続けておられます。

キング氏の前著『Augmented』（邦題『拡張の世紀』）は、テクノロジーが私たちの身体や生活／企業活動／交通／都市／教育といったあらゆるもののあり方を劇的に変えていくさまを活写した著作でしたが、今回の『Bank 4.0』は、著者の最も得意な分野である金融サービスに立ち戻って、その将来像がどのようなものになるかを描き出しています。

本書の前作にあたる『Bank 3.0』（2012年原著出版）は、モバイルデバイスの普及によって「バンキングは、どこかに行ってするものではなく、単に『する』だけのものになる」というチャネル革命を中心にバンキングの未来を論じたものでした。それから6年経って書かれた本作はさらに進んで、モバイル革命によって生じた個人／企業／経済活動の変化が金融の世界にどんなインパクトをもたらすかを、深くかつ広く論じています。GAFAと呼ばれる巨大テクノロジー企業やフィンテック・スタートアップ企業の金融サービス参入、インフラが未発達の発展途上国にモバイル金融サービスが爆発的に普及することで先進国を追い越す「カエル跳び現象」等を手がかりとして、より明確になりつつある未来の金融サービスの姿が明らかにされています。

『Bank 4.0』でキング氏は、これから「口座開設を支店に依存する銀行が消滅する」までに要する時間は、iPhone発売の2007年から現在までと同じくらいの10年余であると予測しています。バンキング機能の実現方法がテクノロジー主導で全く新しいものとなり、サービスが組込み型／パーソナル型／予測型へと急速に変貌していくなかで、レガシーな資産と業務と人員を擁する従来型の銀行は、自社の強みを活用しつつ急速な変革に挑戦し、「適応か死か」という厳しい問いかけに答え続けていく必要があります。

変化の規模と速度がいかに大きくとも、それが不可避で不可逆的かつ一過性でないものならば、私たちに求められるのは、いち早くその変化を受け入れ、それを自らの強みへと変換して変化を機会としていくことでしょう。キング氏は本書で、銀行が自らテクノロジーを活用して生き残るための処方箋やヒントとなる事例も示してくれています。また、バンキングのデジタル化が進むとともに、規制の枠組みに大きな変化が及ぶことについても章を割いて触れています。

バンキングを第一原理に基づいてゼロベースで考え、テクノロジーを標準装備として銀行という業態を作り直し、新しい時代に合った付加価値を新しい方法で顧客に提供していく。タイトルが『Bank 4.0』であるように、本書は銀行の革新を促すものであり、変わろうとする銀行への応援歌であると思います。

金融サービスの大変化が向かう先を見据える視座と、そのなかで自らが生き抜き、勝ち残るための考え方を提供してくれる指針として、金融サービスの未来を考える皆様に本書をご一読いただければと思います。

# はじめに

書籍『Bank 2.0』を書いた2009年は、後にリテールバンキングの大きな要素となるモバイルが始まったばかりであり、インターネットが日々のアクセスで他の全銀行チャネルを上回ったばかりという状況だった。ビットコインも登場したところだった。ベターメント、シンプル、ムーブンはまだその名前を聞かず、フィンテックについては、じっさい私たちのほとんどがその言葉すら耳にしていなかった。『Bank 2.0』は、テクノロジーによって顧客行動が急速に変化していて、そのためバンキングの変革が必然となっていることは明白であるという事実を掘り下げたにすぎなかった。

2012年にはモバイルが新しい人気の的となっていた。それはインターネットの凌駕へと一直線に向かっていたため、銀行がモバイルアプリを持つべきかという議論の余地など、もはやなかった。バンキングにアクセスするのに日常的にテクノロジーを使うことの重要性は明らかだったが、ほとんどの銀行はまだ漸進的な態度で、モバイルはインターネットの一部と考えており、テクノロジー部隊は経営層に対して十分な予算取りのお伺いを立てているという状況だった。それは決して簡単な戦いではなかった。書籍『Bank 3.0』では、新しいテクノロジーだけに基づく銀行が存在しうることがさらに現実的となった。『Bank 3.0』のなかで書いたように、「バンキングはどこかに行ってするものではなく、単に『する』だけのものになる」ということだ。バンキングは物理の領域を出て、デジタルへと動きつつあった。

これが6年前のことだ。オーストラリアで言うなら「次の1杯まで間が空いちゃったね(That's a long time between drinks.)」というところだ。『Bank 4.0』を書くのが遅れた理由はシンプルだ。完全なマルチチャネルが実現した先に、未来のバンキングがどこへ向かうのかが明確でなかったからだ。

型破りのノンバンクプレーヤーが、金融包摂とテクノロジーの利用について複数の驚くべき変革を起こした。そこではじめて私は、金融へのアクセスについてシステム全体にわたる変化が起きていて、それが今後10~20年で従来型の銀行モデルの土台を蝕んでしまうことを理解したのだ。予想していなかったのは、将来のバンキングの姿が、現行の発展したバンキングを有する場所からではなく、発展途上国から現れてきたことだ。

私たちは40年間かけて、支店がバンキングサービスにアクセスできる唯一のチャネルであったところから、マルチチャネルへ、そしてオムニチャネル、さらに最終的にはデジタル・オムニチャネルとなって、顧客がデジタルのみでバンキングにアクセスするところまできた。ほとんどの銀行が抱える問題は、旧式の従来型バンキングモデルの上にテクノロジーを付け加えているだけであることだ。そうだと言える主な根拠は、商品やプロセスは根本的には同じものを後からデジタルに仕立て直しただけだからだ。申込書は、支店にあった紙の書式からネット上の電子書式に代わっただけだ。相変わらずプラスチックカードを発行し、顧客に紙を郵送し、署名を使い、複雑なバンキング上の問題への対応にはヒトが必要だと主張し続けている。

しかし、中国、インド、ケニア、その他のような市場では、全く新しいプレーヤーが、私たちが昔から支店を通じて銀行取引を行っていたのとは似ても似つかぬ方法で、決済、基本的な貯蓄、マイクロレンディングやその他の機能で攻撃を仕掛けてきている。現行の銀行商品を参照基準とせずモバイルでの新しい顧客シナリオを構築することによって、私たちは新しいタイプのバンキング経験を目の当たりにするようになった。それは、営業店ディストリビューションに源を発するプロセスや方針よりも、テクノロジーと行動に強い影響を受けるものだ。この進化を先導するのは、M－PESA、アント・フィナンシャルのアリペイ、テンセントのウィーチャット、Ｐａｙｔｍ等のようなテクノロジー・プレーヤーだ。これら企業とエイコーンズ（Acorns）、ディジット（Digit）、ロビンフッドその他のような先進国における新しいフィンテックの担い手とがともに、貯蓄や投資の行動ベースモデルを生み出している。金融サービスの中核的な使い勝手と目的を抽出して、それをモバイル世界向けに最適化してデザインすれば、そこで得られるソリューションは、支店バンキングの手直し版よりも規模拡大が容易で、顧客の生活により自然にとけ込むものになることが認識されたのだ。

　商用インターネットの登場以降の25年間のトレンドを俯瞰すると、顧客との関係は、低フリクション、高反応速度に向かう流れが圧倒的であることがわかる。バンキングも、現在の他のあらゆるサービス・プラットフォームと同様、リアルタイムで即時充足が期待される世界におかれているのだ。しかしながら、紙の申込書と融通の利かないコンプライアンス・プロセスに基づいた静的なプロセスを当然としているなら、バンキングをリアルタイム世界に適合させるのは容易ではない。他の多くの業界と比べると、eコマースで収益を上げることに関して、バンキングは適応速度が遅い。

　銀行支店を訪れたことがなく、銀行取引のない人口層が大きい市場にテクノロジー至上主義のプレーヤーが登場する場合には、支店ベースの考え方をなぞる必要はない。必要なのは、銀行の中核的な実用性へのアクセスを容易にすることだけだ。それにモバイル等のテクノロジーがもたらすデザイン可能性を組合せることで、バンキングを私たちの世界にうまく組み込む方法について、目を見張るような改革案が生まれた。こうした新しいアプローチが、マージンの大幅向上、顧客満足の向上、旧世界の既存企業と同様の信頼の生成、ビジネスをはるかに急速に拡大させる可能性等につながることも明らかとなった。

　ここで私にはっきりとわかったのは、軌道の変化が起こって未来のバンキングのテンプレートが誕生しつつあるのを私たちが目の当たりにしていることと、そこには現在私たちが知る銀行のほとんどが含まれないということだ。なぜだろうか？　その理由は、銀行が支店とヒトをデジタル向けに改良している間に、機会を逸してしまうからだ。バンキングは、テクノロジーが普及してユビキタスとなった世界に合うように新しくデザインされつつある。この世界で意味ある存在であり続ける唯一の方法は、新しい世界に適合した顧客経験をつくり出すことだ。支店をベースに同じことを繰り返していては十分ではないのだ。

この書籍『Bank 4.0』をご堪能いただければと思う。

ブレット・キング
Moven 創立者
Breaking Banks Radio ホスト

# 謝辞

この種のどんな本でもそうだが、執筆は大仕事だ。今回は原稿を仕上げるのがはるかに大変だった。というのは、ムーブンが急速に成長していたために注力を要したからだ。だから、私が最初に謝意を表したいのは、ムーブンのチームである。特に経営陣、なかでも新しいCEOのマレク・フォーサイアク、リチャード・レイディス、クマール・アンパニ、アンドリュー・クラーク、デニー・ブランド、ライアン・ウォルター、そしてニューヨーク、フィラデルフィア、東京、シドニーの世界各地に点在するチームの面々だ。私たちは仕事に打ち込んだが、ミッションは共有していたし、その過程でも多くの笑いがあった。

2番目はマーシャル・カベンディッシュ（訳注・出版社）のチームだ。繰返しやってくる締切りを過ぎてしまうので、私はその遅れを謝ってばかりだったが、彼らは大変辛抱強く対応してくれた。メルヴィン、ジャニーン、ノルジャン、メイそしてマイクと、中国のような市場向けの翻訳パートナー、特にデイジーだ。

3番目はBreaking BanksとProvoke Mediaのチームで、私が毎週のラジオ番組に出るのを支援してくれたことで、いつもプレッシャーが軽減できた。J・P・ニコルズ、ジェイソン・ヘンリクス、サイモン・スペンサー、リスベス・セヴェリアンズ、そしてレイチエル・モリセーの面々だ。

この書籍への寄稿者もすばらしかった。フィンテック・マフィアの親友であるクリス・スキナー、デビッド・バーチ、ジム・マロース、デュエナ・ブロムストロムその他の人々とコラボレーションする度に、その成果は読者に特別なものとなる。リップル、ジョー・アン・ベアフット、エミレーツＮＢＤのスヴォ、ブライアン・ローメル、マイケル・ジョーダン、スピロス・マルガリス、そしてジョン・チャップリン。ありがとう。

今回もこの書物に貢献してくれたコーヒーショップにも感謝しないわけにはいかない。

最後に、毎日私の正気を保ってくれた小チームの弛まぬサポートなしでは、これを完成させることはできなかった。Provoke Management のスピーカー担当局のジェイ・ケンプとターニャ・マーコヴィッチ、そして私のソーシャルメディア・チームだ。そして私の父は、日々健康上の問題を抱えながらも、私の最大のファンかつ最高のメンターでいてくれた。

そして何をおいても、私の人生のパートナーであるケイティ・シュルツは、私を鼓舞して新たな高みへと押し上げてくれ、私のめちゃくちゃなスケジュールと世界中への出張にも悪い顔をしなかった。ハー、シャルリ、マット、ハンナそしてミスターＴはいつも私の喜びであり、私がとても幸せな書き手でいられるのはそのおかげだ。

CONTENTS

CHAPTER 2

## 規制当局のジレンマ　087



PART 2

# リアルタイム世界におけるバンキングの再構築

CHAPTER 3

## 組込み型バンキング　149

PART 3

# フィンテックで銀行が不要となる理由

CHAPTER 6

## フィンテックとテックフィン：敵か味方か？ 277



CHAPTER 7

## バンキングにおけるＡＩの役割 327

CONTENTS

CHAPTER 10

## 結論：Bank 4.0へのロードマップ　463



CONTENTS

PART 1

# 2050年の銀行

BANK 2050

CHAPTER 1

# 第一原理への回帰

GETTING BACK TO FIRST PRINCIPLES

バンキングはロケット科学ではない。しかし実際のところ、ロケット科学はバンキングの将来像を示すための事例として格好のものだ。ヒトを月面に送るという試みは、おそらくこれまで人類が取り組んだ最も偉大なものだろう。それは多くの世代を勇気づけたし、人類が次に火星の表面に足跡を印すまでは、過去100年間で唯一最もすばらしい技術的および科学的な業績であり続ける可能性が高い。人類の月面到達には、巨額の費用、エンジニアリングの驚くべき進歩、かなりの古き良き幸運、そして「ライト・スタッフ（正しい資質）」が必要だった。

米国がニール・アームストロングをはるか月まで送り届けるより以前には、ライト・スタッフは異なる領域で必要とされた。科学の解明の分野である。

第2次世界大戦の終盤には、宇宙競争と冷戦の礎を築いた非常に本格的な企てがあった。それは、崩壊しつつあるナチス体制で最高級のドイツ人科学者、エンジニア、技術者の争奪戦である。CIAの前身である米国OSS（Office of Strategic Services：戦略諜報局）は、第2次世界大戦終結時に1500人を超えるドイツ人を米国に連れ帰ることに関与した。この大量亡命の源となった高度秘密作戦は「OVERCAST：曇天」という暗号で呼ばれた（後にOPERATION PAPERCLIP：ペーパークリップ作戦と改名された）。作戦の主たる目的は、当時米国の同盟国だったロシアと英国の両国を、ナチスの最優秀科学者に接触させないことであった。ペーパークリップ作戦はOSSの関係者中で「The Black List：ブラックリスト」として知られた厳秘書類に基づくもので、そのリストの最上位にはただ1つの名前があった。

ヴェルナー・フォン・ブラウンである。

第2次世界大戦の終盤、フォン・ブラウンは、ドイツが最終的に戦争に敗れることを予見していた。1945年、彼は主だったスタッフを集めて「どの国に投降すべきだろうか?」と尋ねた。ロシアはドイツ人戦争捕虜の扱いが残忍なことで知られており、リスクが高すぎた。フォン・ブラウンのチームは利用された後に簡単に殺されてしまいかねなかった。そこで、米国に安全に投降することが、第2次世界大戦の終盤におけるフォン・ブラウンの密かな計画の焦点となった。彼が直面した問題は、ナチス政権の残党に密告されて計画が頓挫してしまわぬよう、いかにうまく投降するかということだった。

そのためフォン・ブラウンは、自分の上司を2度ほどうまく欺く必要があった。書類をでっち上げてお忍び旅行を捻出し、SS(ナチス親衛隊)士官を装って非常に小さな投降の機会をつくり出した。フォン・ブラウンは、V−2ロケットのチームが進攻してくるソビエト連邦軍の餌食にならないためには彼と配下のチームがベルリンからオーストリアへと迂回する必要があると上司に信じ込ませ、自分と兄が米国に投降する機会を作ったのだ。最後は、マグナス・フォン・ブラウンがオーストリアの路上で第44歩兵師団の米軍兵士のところに歩み寄り、自分はドイツで最優秀の秘密兵器プログラムのリーダーの兄だと伝えたのだった(注1)。

**「突然、ドイツ人の若者が324歩兵隊の対戦車隊の兵のところにやって来て、200**

**~300フィート離れたところに破壊的なV－2ロケット爆弾の発明者がいると知らせてきた。そして防衛線を越えて投降したいと言うのだ。ドイツ人の若者の名前はマグナス・フォン・ブラウンで、自分の弟のヴェルナーがV－2爆弾の発明者だということだった。通訳だったウィスコンシン州シェボイガン出身のフレッド・シュナイカート上等兵はその話に耳を傾け、その他の歩兵隊の兵士たちが考えていたことをそのまま口に出して、フォン・ブラウンに言った。『あんたはアホじゃないのか。だが、調べてはみよう』」**

――第44歩兵師団戦記「任務完了」より

フレッド・シュナイカート上等兵は、第2次世界大戦における最も偉大な情報戦の成功をうまく仕切ったということになるだろう。おそらくUボートのU－570の捕獲とエニグマ暗号機の入手を除けばだが。

フォン・ブラウンと、V－2ロケットのような第2次世界大戦における大量殺戮兵器(2754名のロンドン市民が死亡し、他に6523名が負傷したと推定されている)(注2)の製造に取り組んだ彼の意欲を理解するためには、彼がナチスの弾道ミサイルプログラムを、単に最終目的に到達するための手段とみなしていたことを知る必要がある。フォン・ブラウンの頭のなかでは、V－2は、いつの日か人類を宇宙に運ぶ(それが彼の最終目的だった)ロケットのプロトタイプにすぎなかった。

1950年代の宇宙船の想像図と工学原理の多くは、フォン・ブラウンのデザインに負うところが大きい。最新ロケットの3段デザイン、推進剤と燃料の選択、帰還カプセルの回収艦システム、最初のNASAの宇宙ステーションの設計、火星プログラム等のすべては、フォン・ブラウンの初期の熟考と機械製図から生まれたものだ。フォン・ブラウンの連合軍への投降から16年後、ジョン・F・ケネディ大統領は、米国は1960年代の終わりまでに人類を月面に送ると宣言した。それはフォン・ブラウンが作ったロケットによって実現されることになった。

サターンV型ロケットはエンジニアリングの傑作である。現在でもそれは、これまで作られた最も大きくて最も複雑な乗り物であり続けている。サターンV型は1967～1973年の間に計13機が発射され、アポロとスカイラブのミッションを宇宙に運んだ。サターンV型の第1段ロケットは、20万3400ガロン（77万リットル）のケロシン燃料と31万8000ガロン（120万リットル）の液体酸素を燃焼用に搭載していた。離陸の際、5基のF－1ロケットエンジンは750万ポンド、言い換えればエアバスA380の4基のエンジンの離陸時の約25倍という途方もない推力を発揮した。現在の価値で言えば、アポロ1機の打上げ費用は約12億ドルだった。

しかしながら、1950～60年代にフォン・ブラウンのプログラムがすばらしい前進を達成したにもかかわらず、それ以降の有人宇宙飛行は目立った進歩を示せていない。実際には、この分野での米国のケイパビリティは、アポロ計画以降下り坂にあると言えなくもない。1969年7月20日、米国はニール・アームストロングとバズ・オルドリンを月面上に着陸させたが、1972年12月以降、有人ミッションは行われなくなった。1980

年代、米国はスペースシャトルを低周回軌道に乗せることができていたが、現在ではロシアのソユーズ宇宙船の座席を借りてＮＡＳＡの宇宙飛行士を国際宇宙ステーションに運んでいる。

## 第一原理デザイン思考

商業用の積載物を宇宙に打ち上げるコストは、アポロの時代から50〜60％程度低下しているが、宇宙産業の背後にあるコアテクノロジーは、フォン・ブラウンの最初のＶ－２の偉業の派生形を複数回繰り返してきたものにすぎない。ロケットのデザイン、製造プロセス、構造のすべてが、基本的にはアポロ時代のＮＡＳＡの業績に基づいていて、それ自体がＶ－２の設計に基礎を置くものだ。この設計または製造の反復プロセスは、「design by analogy：類推デザイン」(注3) としてエンジニアの間で知られるものだ。

類推デザインの基本的な考え方は、エンジニアはその能力と知識が向上するにつれて、基礎となる設計を焼き直し、さらに優れた方法を見つけるというものであり、それは、従来の限界を超える技術的解決策を見つけることだと考えられる。しかし、類推デザインは、エンジニアリング思考の限界を生み出してしまう。その理由は、テンプレートからスタートするために成果が派生物となってしまうことだ。真に革命的なものをつくり出すためには、ゼロから始める覚悟が必要だ。

イーロン・マスクを例に挙げよう。マスクはフォン・ブラウンのように、宇宙旅行について揺るぎないビジョンを持っている。マスクの興味は単に月を再訪するだけにとどまらない。彼の目は火星に向いているのだ。マスクにとってこれは、人類の生存にかかわることにほかならない。月へのこだわりについて議論した際にマスクが触れたのは、これまでに地球が絶滅レベルの事象に少なくとも5回遭遇していることは事実であり、いつか次の事象がやって来るということだ。恐竜を絶滅させたレベルの衝突コースに近い小惑星接近も、これまで複数回あった。だからこそ地球外コロニーという「保険」をかけておかねばならないと、マスクは主張するのだ。

成功を手にしてペイパルを退社した後に、マスクは3つの大きな新ビジネスを立ち上げた。テスラ、スペースX、ソーラーシティである（注4）。これらの各ビジネスへのマスクのアプローチに力を与えているのは、彼が信じている、「第一原理」と呼ばれるエンジニアリングおよびデザインコンセプトである。「類推デザイン」や派生デザインとは異なり、第一原理では問題をその構成要素に落とし込む。デザインの物理性、つまりデザインが意図したものにまで立ち戻るのだ。

第一原理の見事な事例は自動車である。1885年にカール・ベンツが最初に2座の軽量ガソリン自動車を発明したときには、他の者たちは皆、馬とともに使われる馬車のデザインを最適化しようとしていた。ベンツは輸送の基本に立ち帰り、内燃機関の能力を使って新しいものを生み出した。

**「私は、類推からよりも、第一原理から判断することが重要だと思います。私たちが生活を営むふつうの方法は、類推によって判断することです。そうする理由は、他のものがそうであるし、他の人がそうしているからです。しかし第一原理では、ものごとを最も根本的な真実に至るまで煮詰めます。そしてそこから判断するのです」**

――イーロン・マスク、YouTubeビデオ、第一原理（注5）

マスクは、火星に行くためには、火星軌道までの到達コストをひとケタ下げる必要があると考えている。それはNASAにとっては無理難題であり、これまでロケットを作ったことのないソフトウェア・エンジニアにとっては不可能なタスクに思える。最近出版されたマスクの伝記（アシュリー・バンス著、2015年）に書かれているように、マスクにはユニークな能力があり、非常に短い時間内におそろしく高いレベルの専門スキルを修得することができる。

そのため、ロケットの設計についても、彼は単に自学自習するだけだ。それには、圧力容器、ロケットエンジン室や航空電子工学といったエンジニアリングだけでなく、あらゆるロケット工学領域の背景にある物理学、そして化学までも含まれる。マスクの論理はこうだ。もし自分がコンピューティング能力、エンジニアリング技術、材料科学および現在の進んだ物理学理解の上に立ってゼロからスタートするとしたら、過去50年間にやってきたのと同じ方法でロケットを作ることになるだろうか？　答えは明らかにノーだ。

2010年、NASAは1回のロケット打上げで約3億8000万ドルを支出していた。

スペースXは現在、打上げコストが6500万ドルであると宣伝している。低周回軌道に乗せるための現在のスペースXのコストは積載物1キログラム当たり2700ドルであり、米国においてスペースXと打上げ費用の低さで直接競合しているユナイテッド・ローンチ・アライアンス（訳注・ロッキード・マーチン社とボーイング社の合弁事業）の1万4000〜3万9000ドルを大きく下回る。

米国最後の大規模有人宇宙飛行プログラムであったスペースシャトル・プログラムでは、1キロ当たりの周回軌道打上げコストは1万8000ドルだった。いまやスペースXは、第1段ロケットを地上と海上航行型ドローン（注6）（「指示をよく読め」号と「ヴァンデンバーグ、もちろん今も君を愛している」号など）（注7）に再着陸させる方法を見出しており、この再利用要素を計算に入れると、同社の「ファルコンヘビー」ロケットの周回軌道打上げコストはキロ当たり300ドルまで低下する。このことが意味するのは、ファルコンヘビーがうまくいけば、スペースXはその14年間という短い営業期間で、周回軌道打上げコストを少なくとも94％低減させるということだ（**図1-1**）。

しかしながら、第一原理思考の最大の効果は、火星に行くロケット・プラットフォームとして、スペースXが唯一のものとなりうるとの天啓をマスクが得るに至ったことだ。

ある朝自宅でシャワーを浴びているとき、マスクに閃きが訪れた。火星は$CO_2$が豊富であり、$CO_2$があれば、$CH_4$つまりメタンを作ることができる。メタンロケットならば、マスクは比推力（訳注・ロケット推進剤の性能を示す指標。単位質量の推進剤が単位推力を発生し続けられる秒数で示され、数値が大きいほど高性能）382秒を得られると考えた。小さいが、現行の液体酸素べースのエンジンに比べて十分な向上だ。比推力が上がることは、軌道打上げコストが下がる／航続距離が延びる、の一方または双方を意味する。だがもう1つの利点は、液体メタンを火星上で貯蔵するには受動冷却が必要なだけであり、現在の伝統的ロケットエンジン向けのように、酸素を人体冷凍レベルまで冷却して（マイナス218℃）液化する必要がないことだ。

メタンが使用可能なロケットエンジンを作ることで、マスクは火星からの帰還旅行の実現性についてのこれまでのルールを覆すことが可能になった。軌道打上げコストを94％低減し、自力で着陸するロケットによる再利用性を実現し、火星上で簡単に製造・貯蔵可能な燃料源を得ること。第一原理型デザインの革命的な利点へようこそ、というわけだ。

図1-1 ● 低コスト化の秘訣の一部は、スペースXが一貫生産を大きく進歩させたことにある

## 第一原理のｉＰｈｏｎｅ

第一原理デザインの哲学を信奉するのは、マスクひとりではない。スティーブ・ジョブズは、原則に立ち返って使い古されたコンセプトを刷新する手法を信じていたと言われる。ジョブズは、有名なモトローラの折畳み携帯電話パームパイロットや、ノキアの「バナナ」フォンの焼き直しをするのではなく、ゼロから考え直して電話、ブラウザー、ｉＰｏｄを個人用「スマート」デバイスへと変革したのだ。

**「すばらしい話を1つ。スティーブは、チームがｉＰｈｏｎｅを生み出そうとしているときに、木片を持ってオフィスを回っていました。彼は周囲の人たち皆に、物事はシンプルであるべきだと気づかせたかったのです。人々が現実に使うことができてはじめて、テクノロジーがパワーを持つことをジョブズは理解していました。とんでもなく過度な作り込みではなく、シンプルで使いやすい機能性が、テクノロジーの力を引き出す役に立つのです」**

――ビル・ワイズ、メディアバンク、『ビジネス・インサイダー』より、２０１１年10月12日

公正を期して言えば、ジョブズは「木片」のプロトタイピングの着想を、パームパイロ

ットの主席発明者のジェフ・ホーキンスから得たのかもしれない。最初にパームパイロットを思いついたとき、彼は後に自分がつくり出すデバイスとほぼ同じ大きさの木のブロックを毎日持ち歩いていたということだ。日常生活のなかでデバイスの必要性に気がついたとき、ホーキンスは木片をタップするかその上に走り書きするか、あるいはノート上でデバイスがその問題を解決するためにどのように使われるかをやってみたり試作してみたりした。それはカレンダー入力、短いメモ書き、仲間との連絡先の詳細の交換といったものだ。

　ジョブズとホーキンスはどちらも、現存するデバイスのデザインの焼き直しをしようとせず、ゼロから始めた。そのため結果的にｉＰｈｏｎｅは、革命的なタッチスクリーンデザイン、アルミニウム筐体、キーボードなし、そしてアプリのエコシステムという形になったのだ（**図1－2**）。ｉＰｈｏｎｅが発売されたときの、ブラックベリーＲＩＭのキーボードとアップルの精度の低いタッチス

**図1－2** iPhoneは第一原理方式のプロダクトデザインのすばらしい事例だ

クリーン・キーボードの価値比較論争を覚えておられるだろうか？ 多くの評論家がブラックベリーのキーボードが勝つと確信していた。しかしそうはならなかった。

私がこのことを重視している理由は何かって？ いくつか簡単な質問を自分に問いかけてみればいい。現在ゼロから始めるとしたら、世界のバンキング、貨幣、金融システムや、1つの国や地域のバンキングシステム、あるいは1つの銀行を、何もないところから今日まで発展してきたのと同じように組み上げるだろうか？ 物理的な銀行支店、物理貨幣や紙やポリマー、申込書への直筆サイン、通帳、プラスチックカード、小切手帳、そして住宅ローン申込み1件に17種類の異なる書類と3方式のＩＤをうまく使い分ける必要性といったものから始めようとするだろうか？

失礼した。これはただのバカげた冗談だ。現存するあらゆるテクノロジーとケイパビリティをもってゼロから始めるなら、非常に大きく異なるものをデザインすることになるだろう。そこで、第一原理をバンキングに当てはめて、現在世に出つつあるこのタイプの考え方の例があるか見てみよう。私たちは根本的に異なるシステムの登場を目にしつつあるのだろうか？

## バンキングへの第一原理の適用

こんにちのバンキングシステムは、中世のバンキングの直系子孫だ。イタリアのフィレンツェのメディチ家が銀行の形式的な体制をつくり出したことは間違いなく、私たちは数多くの発展を越えて今もそれを維持している。現在の紙幣は、紀元前から使われてきたコインの焼き直しだ。現在の決済ネットワークは12世紀のテンプル騎士団が欧州に持っていたネットワークの焼き直しであり、それは当時、銀行、王族そして富裕な貴族の間で安全におカネを移動させるために使われた。現在のデビットカードは、1850年に銀行口座を持っていたなら持っていたはずの通帳の焼き直しだ。アップルペイは、それ自体はデビットカードの焼き直しであり、実質的にはプラスチック製のものをトークン化してiPhone中にあらためて組み込んだものだ。では銀行の支店は？　それは、世界最古の銀行であるモンテ・デイ・パスキ・デ・シエナがその扉を一般に開放した750年前から、実質的に変わっていない。

ウェブとモバイルが登場すると、私たちは支店ベースのディストリビューションシステムから商品とコンセプトを持ってきて、それをこれら新チャネル上に仕立て直した。ネット上のプロセスにそもそも申込み書式が必要なのかという疑問を呈することもなく、私たちはウェブページを作って、支店で行っていたプロセスを複製した(注8)。現在の多くの銀行や規制当局は、1枚の紙の上の署名および法律に則った物理的な紙の記録のプロセスとあまりに一体化してしまっているために、世界の多くの場所ではインターネットや電話で銀行口座さえ開設することができない。そしてそれは、商用インターネットが始まってから四半世紀も経ってのことなのだ。

こうした状況がバカげていることについてもう少し考えてみよう。私たちは西暦1世紀につくられたものを使うことに今でも束縛されている。具体的には「自筆のサイン」であり、銀行口座開設の目的で、二つとなく安全に個人を特定するために使う。しかしサインは安全ではなく、定期的に確認もされておらず、二つとないものでもない。損なわれやすく、簡単に複製されるものだ。なりすまし者が本人確認書類を盗むか捏造するケースで、そのサインを銀行が初めて取得する場合は、真の口座保有者の本当のサインとは似ても似つかぬものであるかもしれない。銀行はそのサインが口座保有者と一致するものと見なさざるをえないのだ。

銀行の支店の話は、あらためて言うまでもない（注9）。

ということで、1つ大きな質問をしよう。現在ゼロから始めて新しいバンキングシステムをデザインするとしたら、私たちが見慣れている現在の仕組みで残るものがあるだろうか？　もしないなら、幾何級数的な進歩や真の効率性を手に入れるための唯一の方法は、イーロン・マスクのスペースXのアプローチやスティーブ・ジョブズのｉＰｈｏｎｅのアプローチのように、第一原理方式でバンキングシステムを考え直すことだ。

だとすれば、「第一原理」で考えた銀行や銀行口座は、現在ではどのようなものになるだろうか？

## 第一原理では利便性が最重要

マスクが示唆したように、それを物理的な構成物に解体してみよう。銀行が行っていて他のどの組織にもできないこと、または少なくとも定常的にうまく行えていることは何だろうか？　あるいは、再構築された第一原理バージョンのバンキングにおいて銀行に提供を依存するものは何だろうか？

私の考えでは、銀行が伝統的に提供してきたのは、わずか3つの中核的な利便性要素だ。

価値貯蔵：貨幣を安全に貯蔵する能力（投資もこのカテゴリーに入る）
資金移動：おカネを安全に動かす能力
信用アクセス：必要時におカネを貸す能力

顧客として銀行に望むこと（消費者と事業オーナーのいずれも）のエッセンスを言葉にするとしたら、究極的には「商品A」とか「商品B」が必要という言葉が最初に出ては来ないだろう。究極的には次のような言葉になる。

「私のおカネを安全に預かってもらいたい」
「私のおカネを迅速に送りたい」

「将来の必要性／夢／願いのためにおカネを貯めたい」

「私の雇用者への賃金支払いをしてもらいたい」

「これを買うおカネを持っていないので短期融資が欲しい」

「社員に給与を支払いたい」

「家を買いたい」

「この請求書の支払いを行いたい」

「外国にいるときにどうやって支払いをすればいい？」

「請求書の支払いができるようにもっと稼ぐにはどうすればいい？」


銀行にしてもらうこと、必要なことについて私たちが通常話すときはいつも、チャネルや銀行の部門や商品のことは言わない。私たちが口にするのは、利便性と機能性だ。とは言え銀行は、それこそ一所懸命に商品視点で考えるように私たちを教育してきていて、それはある程度はうまくいっている。

14世紀にバンキングが誕生して以来、私たちは中核となる利便性を銀行として理解し、構造を銀行として発展させてきた。当初この構造はネットワーク、つまり銀行取引が可能な場所に関するものだった。そして銀行は、バンキングビジネスの周囲に信頼と本人確認（つまり銀行取引できる者かどうか）、銀行とは何か、そして銀行との取引方法を組み立ててきた。現在ではこの構造は、銀行と消費者双方のリスクを低減してはいるものの、利便性に関するリスクや複雑性を低減してはいない。バンキングのユーザーである現在の私たちは、基本的な利便性を手にするまでに、かつてないほど多くのフリクションを苦労してくぐり抜けなければならないのだ。

いまやテクノロジーのおかげで、こうしたフリクションを急激に低減し、私たちの周囲の世界に「組み込まれた」バンキングをつくり出し、「最も必要となる時と場所に」バンキングを届ける能力を手にすることが可能だ。私の良き友人のクリス・スキナーはこれを「セマンティック・バンキング（意味理解型バンキング）」と呼んでいる。

「セマンティック・ウェブは現在、私たちの周囲の至る所にあります。それは没入型で、ユビキタスで、情報に通じ、コンテキストに対応しています。セマンティックな銀行もこうした特性を備えています。私たちが必要なものを示し、金融上の健全性を損なうものがあれば警告してくれるのです。パーソナル化され、能動的で、予測力があり、認識力と状況理解力があります。私たちは銀行に電話する必要は全くなくなるでしょう。セマンティックな銀行がノンストップ、リアルタイムで常に傍らにいるからです。その結果、現在私たちが考えるほとんどあらゆる銀行の機能、つまり支払い、小切手振り出し、照合、検索などはなくなってしまうでしょう。セマンティックな銀行とウェブがそのすべてを行ってくれるからです。埋め込み型の金融アドバイザーと中核的なバンキング機能が私たちのデジタル生活の延長として傍らにあることで、私たちはただ生活を送るだけでよくなるのです」

――クリス・スキナー、『バリューウェブ（ValueWeb）』著者

バンキングが、予測アルゴリズムに基づいて、アレクサとシリのような音声ユーザーインターフェースを使って表に出てきて、マジックリープやホロレンズのような複合現実のヘッドアップディスプレイや、自動運転車や家庭のなかや、あるいはどこにでも持ち歩くスマートな腕時計や電話にリアルタイムで提供される世界では、バンキングは組込み型でユビキタスの双方の性質を備えたものになる。しかし、明確にしておくべきことがある。このスマート世界で最終的に組み込まれるものは、現在の銀行商品ではない。バンキングの機能の純粋形態のみである。

この新しい拡張世界が到来すると、銀行は、機能の真のオーナーに対して大きく劣後状態となる。そして新しいテーブルにつくための席の確保でいつも張り合わなければならない。そこでの機能とは支店やＡＴＭではなく、スマートフォン、ＩＰレイヤー、データ、インターフェース、そしてＡＩを経由したものである。

即時決済機能の新しい世界では、たとえば、現在支払いの際に私たちがお馴染みのモノや商品、つまり硬貨や小切手帳（注10）、デビット／クレジットカード、電信送金といったものはなくなってしまうだろう。突き詰めればそれらは、支払いの機能を実現する際の構造的なフリクションを表象している。このよい例は、アマゾン・エコー（注11）やグーグル・ホーム等でその登場を目にすることになった機能である。そこではいまや、声を使っ

て簡単な売買や取引を行うことができる。この種のスマートアシスタントのスマート度合いが増すにつれて、私たちはより多くの日常的な取引や売買行動をＡＩベースのエージェント（注12）に任せるようになる。


「アレクサ、電話の請求書を支払って」

「シリ、私の娘の小遣い口座に１００ドル送金して」

「コルタナ、今晩ディナーに出かける余裕あるかな？」

「アレクサ、ブレッシアーニのソックスを再注文しといて」（注13）

こうしたＡＩやエージェントが浸透した世界では、利便性が核心となる。商品は目に見えなくなり、形を変えて日常経験のなかに入り込む。

アマゾンのアレクサに音声をトリガーにして自分の支払いを任せるような世界になったら、クレジットカードにリンクした航空会社のマイレージプログラムは、支払い方式の選択に影響を与えるだろうか？　全くそうではないと私は言おう。いったんアレクサを自分の好みの支払い方式に設定すると利便性が向上するので、より多くの取引をそのアカウント経由で行いたくなり、物理的なカードを取り出して16桁の数字をアレクサに読み上げるような音声取引は行わなくなるだろう。この革新的な決済の利便性を打ち破るには、リワードでは不十分だ。

アマゾン、アップル、フェイスブック、アリババその他の企業は独自のテクノロジー・レイヤーを有しており、現在はそれが経験と利便性を提供している。このエコシステムの一部となるために、銀行はすでにアプリストアのルールに従わざるをえなくなっている。あなたが銀行で、ウーバーのドライバーやアマゾンの中小企業に何らかの銀行の利便性を提供するためにウーバーやアマゾンと取引しているなら、アクセス性と顧客規模という利点は得られるが、「顧客のオーナーシップ」は持てなくなる。もはや、目抜き通りにビルを構えることや、サインができる紙切れではなく、最も効率的にリアルタイムで顧客にバンキング機能を届けることが重要なのだ。

もう何年もの間、「フェイスブック・バンキング」、「ウーバー・バンキング」や「アマゾン・バンキング」の脅威について耳にしてきているが、そうした狂想曲から一歩引いてみれば、新しい第一原理型の競合がすでに登場しているのが私たちの目に映るはずだ。

## 常に傍らにいる銀行

多くの国で、何分かあれば電話でモバイル資金口座をすぐに開設することが可能になっている。中国、ケニア、カナダ、米国、英国、オーストラリア、タイ、シンガポール、香港そして欧州を通じた国々では、電話をタップするかバーコードをスキャンするだけで支払いを行うことができる。現在、190カ国を超える国々で、インターネットを通じて即時に友人に送金を行うことが可能だ（注14）。請求書支払いをリアルタイムで行える上に、電話や銀行口座にこうした支払の管理を行わせることも徐々に可能になっている。しかしながら、バンキングにおける真の第一原理思考は、先進国として確立した国々ではまだ出てきていない。実際の動きは新興市場や発展途上国など、昔からのものが少ない場所で起こっている。

２００５年にケニアに住んでいた人は、70％の確率で銀行口座を持っておらず、おカネを安全に貯めておくことができず、貯蓄もしていなかった可能性が高い。あるとすればマットレスの下だった。現在では、ケニアに住む成人は、ほぼ１００％の確率でモバイル資金口座（電話のＳＩＭに貯める）を利用したことがあり、ケニア国内の他の成人の誰にでも送金を行うことができる。データによると、現在のケニア人は安全や利便性の点では現金よりも電話を信頼しており、ＳＩＭカードを服に縫い込んだり靴のなかに隠すなどして自分とともに安全におカネを持ち運ぶ人々がいる。これがすべて可能になったのは、Ｍ－ＰＥＳＡと呼ばれるモバイルマネーサービスのおかげで、それはサファリコム（Safaricom）という通信事業会社がつくり出したものだ。こんにちのケニアのＧＤＰの少なくとも40％は、Ｍ－ＰＥＳＡ上で動いているのだ（注15）。

**「現在当社は、２６００万のモバイル顧客基盤のうち２２００万人に対応しています。さて、ケニアの人口を４５００万人とすると、そのうち半分が成人ですから、当社が国内のほとんどすべての成人を顧客としていることがわかるでしょう。当社はシステムを通じて国のＧＤＰの40％相当を送金しており、ピーク時には1秒当たり６００件を処理してい**

**ます。これは他のどのバンキングシステムよりも速くて大量です」**

――ボブ・コリーモア、CEO、サファリコム／M－PESA（注16）

モバイルを通じて100％の金融包摂を行うことは、この取組みには含まれていない。2008年12月、ケニアのザ・スター（The Star）（注17）が報じたところによると、金融省によって行われた査察は、実はケニアの大手銀行からのプレッシャーによるものだった。しかしこの時点でもう銀行は後手に回っていた。2008年には、M－PESAはすでに伝統的な銀行口座の保有者よりも多くの人のポケットに収まっていた。M－PESAがケニアにおける金融包摂にすでに影響を及ぼしていることは、規制当局にとってはもはや、伝統的銀行のご機嫌を取ってそ

**図1-3 ● M－PESAは金融包摂に向けた第一原理アプローチである**

れを禁止すればよいものではないことを意味していた。金融包摂は、既存銀行の保護よりも高次の壮大な理想だったからだ（**図1－3**）。

現在では、20万店ものM－PESAの代理店やディストリビューターがケニア全土に展開している。それはすべての銀行支店、ATM、両替業者や他の金融業者よりも多い。これらM－PESA代理店は、ネットワークへの現金の出し入れの心臓部となるものだ。しかし、ネットワークに参加することで代理店は、商品やサービスのモバイル決済をも受け入れることになる。M－PESAを始めてから商売が3倍に増えたり、店内での決済の60～70%が電話経由で行われるようになったM－PESA代理店は珍しくない。概して言うと、平均的ケニア人の貯蓄は、モバイルマネー以前よりも20%増えていると中央銀行は推計している。

モバイルが金融へのアクセスを全く変えることが判明したのはケニアだけではない。現在では世界20カ国以上の国々（注18）で、伝統的な銀行ではなく携帯電話上に価値貯蔵が行われている。サブサハラ・アフリカでは、10億近くの人々が世界で最も銀行取引の恩恵を受けていない範疇に入り、伝統的な銀行口座を保有するのはその25%に届かない。しかしながら、現在ではその30%を超える人々がモバイル資金口座を保有しており、その数は毎年2桁成長している。この個々人と従来の方法で銀行取引をしたければ、彼らを銀行支店に連れて行かなければならず、さらに伝統的な形の身分証明が必要だ。2015年にスタンダード・バンクが行った調査では、いわゆる「非銀行取引層（unbanked）」の人々の70%は、銀行支店に物理的に赴くための交通手段に1カ月分の給料全部より多くを支出しなければならなかった。支店ベースのバンキングは、これら個人を金融「疎外」に置くことを確実にしていたわけだ。

モバイル資金口座の導入は、バンキングシステムにも深い影響を及ぼした。大手銀行は、いったんはM－PESAを葬り去ろうと画策したが、それが自分たちの領域を広げるすばらしい機会であることを見出したのだ。

**「2年前にこの仕事に就いたとき私が思ったのは、当行は顧客が求める経験を提供しておらず、昔ながらの顧客に支店に来てもらうやり方から抜け出せないでいるということでした。私が求めたのは、モバイル機器を使って当行のサービスが受けられるような口座です。そこで私たちは『M－PESAとの協働』を始めて、1年間で250万顧客獲得という目標を立てました。ところが実際には、それがわずか1年で750万に到達してしまったのです。私たちが自分自身で作り上げた基本原則のすべてをぶち壊してしまったようなものでした。融資系の商品は現時点ですでに1億8000万ドルを実行しています」**

――ジョシュア・オイガラ、CEO、ケニア商業銀行（注19）

ケニア商業銀行はその顧客基盤を4倍に拡大し、200万少々の顧客数だったものが800万以上となった。それは、M－PESAに基本的な貯蓄と借入機能を追加してからわずか2年後のことだ。設立124年の銀行が200万顧客に達するまでには122年を要したものが、わずか2年でさらに600万が積み上がったのだ。それはすべてモバイルによるものだった。もう1つのケニアの銀行であるCBAはさらに驚異的な成果を挙げた。わずか万単位の顧客数だったものが、現在では1200万になっているのだ。それは同行のM－Shwariという、M－PESA上に貯蓄機能を加えた商品によるものだった。M－PESA以前に銀行取引を行っていたのは、ケニア人口のわずか27％だった。現在では、ケニアの成人のほとんどがモバイル資金口座を保有している。これは革命的な変化だ。

金融包摂に関するM－PESAの効果は驚異以外の何ものでもないが、一方で、本当に大きな数量的成果が生まれているのはアフリカではない。それは中国だ。中国のモバイル決済の取引量が10兆元（1・45兆米ドル）（注20）に達したのは2015年（注21）で、2017年には112兆元（17兆米ドル）に到達した。対照的に、米国におけるモバイル決済の同等の統計は2015年（注22）にわずか87億1000万ドル、2017年には1200億ドルで、中国の実績の0・1％にも満たない。米国のモバイル決済は2021年に3000億ドルに届くと予想されてはいるが、1人当たり取引量、取引総量やモバイル決済利用率で見れば、中国との間には声さえ届かないほどの距離がある。それはいくつかの要因に帰することができるが、最も顕著な理由は、現在の中国がノンバンクの決済パワーに支配されていて、それが非常に大規模なものであることだ。

2015年末には、3億5000万を超える中国人が日常的にモバイルを使って商品やサービスを購入していたが、2017年には7億人を超えるだろう。アリペイはそのトラフィックの巨大なシェアを握っていて、他を大きく引き離して世界最大の決済ネットワークとなっている。しかしウィーチャットペイも、同年中にはマスターカードとビザの両方を上回るだろう。アリペイが通常の決済ネットワークと比べてどれくらい巨大かを理解の一助として示すなら、２０１５年にビザはネットワーク全体で最大９０００トランザクション／秒であったとされるが、アリペイはピーク時に８万７０００トランザクション／秒を捌いた。ビザのほぼ10倍である。アリペイは現在世界89カ国で利用可能であり、ジャック・マーはそれを急速に拡大している。２０１６年11月11日だけでも、アリペイは１２０７億元（１７８億米ドル）の総売上（gross merchandise volume：ＧＭＶ）を処理した。その82％はモバイル電話利用である。

ペイパル、アップルペイ、アンドロイドペイ、サムスンペイは同年にモバイル決済で90億ドルをたたき出したが、米国は中国に大きく後れをとっている。現在のビザの時価総額は１８１０億ドルである。これに比べれば、今のアリペイは非常に大きな買い機会のように思える。最新の投資ラウンドでは約６００億ドルだった（注23）。中国のモバイル決済市場は前年比40〜60％で成長しており、アント・フィナンシャル（アリペイ）とテンセント（ウィーチャット／ウィーペイ）が現在のそのボリュームの92％超を占めている（注24）。これは読み間違いではなく、中国のモバイル決済の92％をテクノロジー企業2社が取り扱っているのだ。ユニオンペイ、マスターカード、ビザ、スイフトあるいは中国の銀行のいずれでもない。テクノロジー企業なのである。２０１８年の第1四半期には、モバイル決済は18・8兆元（２・８兆米ドル）となり、年間のモバイル決済合計は17兆ドルを超えそうだ。圧倒的な数字である。

アント・フィナンシャルは、世界のどの他企業よりも見事に、預金吸収と決済へのモバイル活用の可能性を示した。例外と言えるのはスターバックス（注25）とウィーチャットくらいだろうか。アリペイは、ユエバオ（余額宝）という資産管理プラットフォームを通じて1850億ドルの受託資産を管理している（現在も拡大中）。そのすべてがモバイルとネットチャネル経由だ。アリペイは、預金吸収目的の物理的な支店を持たない。ユエバオは現在、世界最大のマネー・マーケット・ファンド（注26）であり、JPモルガン・チェースの米国債ファンドをも凌駕している。それが証明したのは、世界で最も成功する預金吸収チャネルは、支店ではなく携帯電話だということだ。これは第一原理思考を使ってのみ実現可能なことだ。

このことで、中国におけるモバイル預金と決済をめぐる競争に火がついて、アップル、テンセント、ユニオンペイ、バイドゥの各社が競合する取組みを世に出した。ウィーチャットのネット貯蓄ファンドは導入初日で1億3000万米ドルをかき集めた。中国の銀行にとってのマイナスは、いまや全預金の4分の1がテクノロジー・プラットフォーム企業に流出し、預金に対する負債コストとリスクが40％も増加してしまったことだ（注27）。競合が新しい支店網を築くことは脅威にはならない。本当の脅威は、モバイルとメッセージングのプラットフォームである。

アント・フィナンシャルは、もはや単なる中国国内のインターネットベースの決済基盤ではない。世界最大のモバイル預金商品を有し、80カ国以上に進出し、米国ベースのマネーグラム、韓国のカカオペイ、フィリピンのGキャッシュ（Globe Telecom）、インドのＰａｙｔｍその他に投資を行っている。現在のアント・フィナンシャルは、世界最大の単一金融機関となる途上にある。これはジョークではない。

現在の成長が続けば、アント・フィナンシャルは10年以内に５０００億ドル企業となり、２０３０年には時価総額１兆ドルに近づく可能性が高い。これは現在世界最大の銀行の１つである中国のＩＣＢＣ（中国工商銀行）の４倍になる。現在のアント・フィナンシャルの時価総額は、世界のバンキングで最も評価の高い企業の１つであるＵＢＳと同等だ。アント・フィナンシャルは、モバイルの利便性の上に築かれた真の第一原理金融機関としての先行者利益を有している。アント・フィナンシャルは銀行ではなく、フィンテック企業だ。より正確にはテックフィン企業、つまり金融サービスに重点を置くテクノロジー企業である。

アント・フィナンシャルは明らかに突出した巨大ユニコーン企業だが、金融サービス業界における第一原理企業を探してみれば、フィンテック、スタートアップ、テクノロジー企業、専業企業などが山ほど見つかる。私が思うにその本質は、第一原理に回帰しようとする既存企業は、すべてを焼き払ってでも一から出直さざるをえないということだ。世界でより革新的な既存銀行、たとえばｍＢａｎｋ、ＢＢＶＡ、キャピタル・ワン、ＤＢＳなどを見ても、ｉＰｈｏｎｅのような第一原理のプロダクトデザインの存在の証にはお目にかかれない。そのデザインは現在も原商品の派生形に大きく偏っている。本来は物理的支店での販売用につくられた商品が、デジタルチャネル向けに改造されている。たとえば、インドにおけるＤＢＳのデジタルバンクや英国のアトムバンクは、従来の銀行商品・サービスをモバイル電話向けにデジタル的に手直ししたものにすぎない。それはすべて派生物だ。つまり、モバイルやデジタルに最適化されてはいても、商品の特性や名前のすべては基本的に変わっていない。

たとえば、金利が年利（ＡＰＲ）（注28）ベースでないとか、従来以外の方式で金利を受け取る貯蓄商品を既存銀行が出しているのは見たことがない。例外と言えるものは１つだけある。２０１６年にドバイのエミレーツＮＢＤは、歩数計測のウェアラブル機器による身体活動の計測結果に基づいて顧客にリワードが提供される貯蓄商品を発売した。エミレーツＮＢＤはいい仕事をした。

預金に関する第一原理アプローチの他の事例は、すべてフィンテックに由来するものだ。ディジット（Digit）とエイコーンズ（Acorns）は預金に対して行動ベースのアプローチを行った例だ。アプリが人々の日々の行動を変えてより貯蓄に向かわせるもので、預金を長く滞留させるために単に高金利を提供するだけではない。フィドールは、ソーシャルメディアでの活動に基づいた金利（注29）を導入した世界最初の銀行だ。

既存業界から新しい融資商品、つまり何百年間も見慣れたモデルに基づかないものが登場するのには、まだお目にかかっていない。ペイパル・マフィアの一員であるマックス・レヴチンは、２０１４年にアファーム（Affirm）を発表した。それは購買パターン、位置情報および行動に基づいて融資を提供するものだ。バングラデシュのグラミン銀行はマイクロクレジット、英国のゾーパ（Zopa）はピアツーピア（Ｐ２Ｐ）レンディングを開発したが、それに続いた銀行は、大半が先行者の派生形だった。行動モデルに基づいて新しい融資商品を開発するような銀行にはまだお目にかかれない。

融資やクレジットカード利用の適格性を判断するのに、インターネット上の申込みフォームによるクレジットスコアリング方式を捨て去った現行プレーヤーはほとんどいない。一方で、芝麻信用（アント・フィナンシャル）、レンドゥ（Lenddo）そしてバウチ（Vouch）は、ソーシャルベースのスコアリングを試行しており、レンドアップ（LendUp）では低スコア者を単純に謝絶することはせず、クレジットスコアの向上につながる融資を生み出している。

マネーそのものについて言えば、ビットコインが、通貨、本人確認、クロスボーダーのデジタル送金課題といった問題に向けた第一原理的アプローチであることに異論をさしはさむ余地はないだろう。資金移動自体について、スイフト、ウェスタン・ユニオン等が、第一原理を使うかブロックチェーンを適用して問題解決を行う様子は見られない。しかしM－PESA、アブラ（Abra）、リップル等は、自信満々で資金移動の課題解決に取り組んでいる。

ブロックチェーンのような分散台帳テクノロジーが、さまざまなものの第一原理プラットフォームになりうる可能性を有しているのは明らかだ。その最もわかりやすい例が、The DAOつまりDistributed Autonomous Organization（自律分散型組織）の創設だ。参加者がイーサリアム／ブロックチェーンのスタートアップに対して暗号通貨イーサ（Ether）で投資できるようにした第1号のAIベース企業は、純粋にコードとコンセンサスベースで動いていた。技術的には、The DAOとはステートレス（訳注・システムが状態を表すデータ等を保持せず、入力内容のみが出力を決定する方式。同じ入力に対する出力は常に同じ）で、暗号通貨ベースの投資家主導型ベンチャーキャピタルファンドであり、リスクやコンプライアンス・オフィサー、経営層、伝統的な企業構造が存在しない。ベンチャーキャピタル投資への第一原理アプローチであることは間違いない。

バンキングへの第一原理アプローチを見つけたいなら、従来型の銀行以外で多くの事例が見つかる。

## 銀行にとっては手遅れか？

イーロン・マスクのスペースXは現在世界で唯一のロケット製造企業ではないが、1キログラム当たりの軌道打上げコストが最も安価なプラットフォームを有している。テスラは世界で唯一の電気自動車ではないが、最も知名度が高くて販売台数が多く、そして自動車業界を定義し直した。ボルボや他の会社は、テスラの成功を見て同様の取組みを進めている。アップルのiPhoneは世界で唯一のスマートフォンではないが、電話や個人用コンピューティング機器についての私たちの考え方を完全に変えてしまった。

アント・フィナンシャル、テンセント、サファリコムそして何千ものフィンテックスタートアップ企業は、現代の銀行のあり方を再定義しつつある。電話に組み込まれた銀行口座の使い方を新たにつくり出しているのだ。

しかしながらBank 4.0は、新しい価値貯蔵、決済、融資利便性といったものを超えることになるだろう。Bank 4.0はクルマに内蔵されて、ドライブスルーでプラスチックカードを出さなくても支払いが可能になるだろう。あるいは自動運転車に搭載されて、クルマが自分で稼ぎを上げたり、道路料金を支払ったりするようになるだろう。Bank 4.0は、アレクサやシリのような音声ベースのスマートアシスタントに組み込まれて、支払い、予約、取引、照会、貯蓄や投資の指示に対応するようになるだろう。複合現実対応のスマートグラスに組み込まれて、テレビの新製品や新車等の何かに目を向けるだけで、それを買う余裕があるかどうかを知らせてくれるようになるだろう。Bank 4.0とは、おカネに関するソリューションが必要な場所で必要なときに、個人の行動に合わせて、リアルタイムでバンキングの機能にアクセスできるというものだ。

Bank 4.0の登場が意味するものは、あなたの銀行は顧客の世界のなかに組み込まれているかどうか、ということだ。つまり、あなたの銀行はコネクテッドな世界に適応し、フリクションを排除して使い勝手のよさを実現しているのかということであり、そうでなければ変化の餌食になってしまう。未来の銀行員は、現在の銀行員とは全く異なる。未来の銀行員はテクノロジストであり、顧客がデジタル世界でバンキングを利用できるようにする役割を担う。現在の銀行員、現在の銀行の形あるもの、現在の銀行の商品に終わりが訪れるのは時間の問題だ。

では銀行にとってはもはや手遅れなのだろうか？　ある意味ではそのとおりだ。バンキングの外ではあらゆるテクノロジーが変化し、消費者は次なる新しいものを求めてやまないことから、より意図理解型で拡張された世界への転換が起こりつつある。第一原理によって自らのビジネスが弱体化しないようにと望む銀行ができる唯一のことは、スマートフォンや音声ベースAIなどのすべての新しいテクノロジーの普及をうまくストップさせることだ。だがそれが不可能なのは明らかだ。モバイル決済のようなものの普及をうまく遅らせるような市場は世の中の異端児となって、世界の変化に取り残されるだろう。

端的な例を挙げよう。現在、世界中の小切手の3分の2は米国で切られており、カード不正も世界のなかで最も多い。そしてすでに見たように、米国のモバイル決済のボリュームは中国に比べればほんのわずかだ。こうしたトレンドから外れた動きが生き延びているのは、コンセンサスに支配された昔ながらの決済規制と、外の世界に10年遅れた支店中心の構造と、内在するフリクションの排除に消極的な既存プレーヤーたちでシステムが満たされているためだ。フリクションの排除は自分たちの寡占支配の弱体化につながるからだ。しかしながら実際には、モバイル決済ではケニア経済が米国よりもはるかに先進的だ。金融包摂について言えば、ケニアは大衆の生活を向上させるために、過去10年で米国の過去50年間よりも多くのことを行ってきている。まさに現在のケニアの金融包摂は、米国よりも高いレベルになっているのだ。統計が示す、ショッキングで明らかに不都合な現実である。

米国のバンキングシステムは、類推デザインが第一原理デザインに対抗しているマクロ事例であり、一方で中国とケニアはその逆となりつつある。経済における従来型の行動や規制が古いシステムのフリクションを支える度合いが大きいほど、銀行がBank 4.0に備えることは難しくなる。新しいテクノロジーへの適応を遅らせざるを得なくなるからだ。そのため、ロンドンやシンガポールは、金融サービス規制改革を全力で推進している。それが2030年やその先の金融センターの死命を制することを理解しているのだ。

最終的にはこの戦いが世界規模で起こって、経済の先進性を測るものさしは、GDPや経済成長ではなく、新しいテクノロジーを活用してスマート経済を実現する能力、自動化やスマートインフラへの投資を可能にする能力、変革の波に乗る能力になるだろう。バンキングは世界経済のインフラの重要な構成パーツであるが、自国のバンキングシステムの変革の歩みが遅いと、海外から次第に多くの競合が参入してきてブロックチェーンやAIベースの取組みが増え、従来型の銀行は完全に時代遅れとなってしまうだろう。

もしあなたの銀行が、従来のやり方にどっぷり浸っていて、多くのバンカーが運営しており、旧式のコアシステムを使用し、山のような規制のある市場にいて、収益を来店顧客に依存しているなら、かなりの確率でもはや遅すぎることになるだろう。銀行を完全に変革して、行動、位置、センサー、機械学習とAIによって機能する組込み型の使い勝手のよいバンキングの提供者とするためには、イノベーション部門、インキュベーター機能、モバイルアプリ、グーグルグラスのデモビデオといったものでは不十分だ。

Bank 4.0とは抜本的な変革であり、世界のベスト銀行が変化に対応している方法であり、第一原理型の競争相手が私たちに新たなバンキングを考えるよう迫っている方法である。

Bank 4.0とは、規制当局がフリクション、免許制および規制そのものについて再考するものである。Bank 4.0とは、新しいケイパビリティ、新しい職務そしてスキルであり、これまで銀行が全く必要としなかった能力をもたらすものである。Bank 4.0は、フィンテックスタートアップ企業の能力であり、どの従来型の銀行もこれまで不可能だったような、速くて安価で斬新な顧客経験を生み出すものだ。

Bank 4.0に備えたいなら、自分の銀行を第一原理に立ち戻るまでそぎ落としてから再構築する必要がある。そうしなければ、ビジネスがもはや経済的に成立しなくなるに至るのは時間の問題だ。特に、資産10億ドルに満たない銀行はそうなる。もし読者がこの見通しに脅威を感じたなら、私が皆さんをうまく刺激して、次に起こることへの興味を喚起できたということだ。

自分の銀行を現在地から未来の世界へと導く方法が記されている書物を求めているなら、この本を読み進めていただければよいだろう。これは、次の10年を生き残るために必要な変革を行う最後の機会であるかもしれない。

## ●特別寄稿①
# アント・フィナンシャル――デジタル時代の最初の金融企業

――クリス・スキナー

**「アリペイをつくったとき、私たちは中国に、あらゆる人が金融支援に同じようにアクセスできる公平な環境をつくり出したいと思いました。私たちは、あらゆる正直な人、あらゆる善良な人が、たとえ一文無しでも自分の正直さと美徳に見合った富と価値を十分に生み出せるのを目にしたかったのです」**

――ジャック・マー、アリババおよびアント・フィナンシャル会長

20年もの間、私は中国における金融サービスの発展をつぶさに見つめてきた。最初に中国のシステムに出会ったのは1997年のことで、アジア金融危機の直前だった。中国銀行は北京の本店を誇らしげに見せてくれた。同行には30万人が勤めており、そのほとんどが市民のおカネを政府主導プロジェクトに流し込んでいた。貯蓄水準は高く、信用アベイラビリティはほとんどなかった。顧客サービスには全く興味がなく、主たる焦点は国有企業の支援だった。当時の銀行テラーは、仕事を与えられる前にソロバンの熟練度テストを

受けなければならなかった。

その10年後、中国は世界に貿易の門戸を開き、経済成長は驚異的な拡大を見せた。私はQQという新しいソーシャル・ネットワークに目を奪われていた。それには3億人のユーザーがいて、私は市場変化のあまりの速さに驚かされた。上海を訪れてみれば、変化を目の当たりにすることができる。河岸の金融街区は、10年前は更地だったところに文字どおり出現した。そしてすでにグローバル金融センターになることを競っていた。長い道のりだったが、遂にそこに到達しつつあったのだ。胡錦濤は2006年に次のように述べている。

「1978年から2003年にかけて、中国のGDPは1473億ドルから1兆4000億ドルを上回るまでに増加しました。年平均成長率では9・4%です。対外貿易総額は206億ドルから8512億ドルとなりました。その年平均成長率は16・1%です。そして貧困に喘ぐ地方の住民の数は、2億5000万人から2900万人へと減少しました」

私は中国の変化について2006年にくわしく述べている（注30）が、その際に、10年以内に中国の銀行が世界最大の銀行となるだろうと予言した。現在の状況は以下のとおりだ（**表1-1**）。

現在、中国の驚異的な成長は減速を始めており、政府の成長支持政策には疑問が呈され、シャドーバンキングシステム全体への関心は世界のシステム全体への懸念を生み出している。しかし大丈夫だ。中国は現在も前進を見せており、QQはいまやウィーチャットとなってテンセントグループに属している。このグループと肩を並べて、中国のインターネット巨大企業が事業を行っている。そのなかにはアリババ（中国のアマゾン）、バイドゥ（中国のグーグル）や他にもあり、全部思い出すのは大変だ。

この間に、中国はレガシーな競争相手をカエル跳びで追い越してしまった。米国はレジで使う磁気ストライプをＩＣとＰＩＮ（訳注・暗証番号）に置き換えるのに苦労している。一方欧州は、ブレグジットに直面して連合をどう維持するかの問題解決に躍起になっている。対照的に中国ではすでに転換が起こっており、特に金融市場の転換が進んでいる。アント・フィナンシャルは今後２年間のどこかでＩＰＯを行うと予想されている。

しかしここでは、２０１４年より前のアント・フィナンシャルにさかのぼって

**表1-1 ● 2017年の世界トップ10銀行**

| ランキング（前年） | 銀行名 | 国 | Tier 1資本（100万ドル） |
|---|---|---|---|
| 1（1） | ICBC（中国工商銀行） | 中国 | 281,262 |
| 2（2） | 中国建設銀行 | 中国 | 255,838 |
| 3（3） | JPモルガン | 米国 | 208,112 |
| 4（4） | Bank of China（中国銀行） | 中国 | 199,189 |
| 5（6） | バンク・オブ・アメリカ | 米国 | 190,315 |
| 6（5） | 中国農業銀行 | 中国 | 188,624 |
| 7（7） | シティグループ | 米国 | 178,387 |
| 8（8） | ウェルズ・ファーゴ | 米国 | 171,364 |
| 9（9） | HSBC | 英国 | 138,022 |
| 10（10） | 三菱UFJフィナンシャルグループ | 日本 | 135,944 |

出典：『ザ・バンカー』誌、2017年7月

みよう。同社は2003年、慎ましやかにそのルーツをスタートさせた。当時アリババは、中国に根を下ろしたがっていた米国のある巨大企業と角突き合わせることになった。その企業とはイーベイである。ここから誰もが魅了される物語が始まる。それはとりわけ、アント・フィナンシャルが、本書中でも広く議論されているその夢を実現していく部分、つまり人類第4の時代（注31）の金融システムの創出である。

2017年7月に、私はアント・フィナンシャルとアリペイの役員と、自社の過去、現在、未来をどう見るかについて、中国の杭州とロンドンでの一連の会合を通じて会話した。また私は中国の国内を旅行して、現実の人々と同社の見方について会話した。以下はその経験をまとめたものである。

## アリババ物語

アント・フィナンシャルの成功への道を理解するためには、まずアリババの始まりについての短い歴史を振り返る必要がある。ポーター・エリスマン著の『アリババ（Alibaba's World）』は非常に読みやすい本だ。私はポーターがこの話をプレゼンするのを見たことがある。1994年から中国に住んだ彼は、初期のアリババにかかわることになった。

アリババのルーツは1980年までさかのぼる。当時オーストラリア人で共産主義支持者のケン・モーリーは、夏休みに中国を旅行していた。杭州を訪れたとき、ケンと家族は中心的な観光地域である西湖に足を運んだ。そこで彼らは若きジャック・マーに出会った。当時の彼の名はマー・ユンである。マー・ユンは当時16歳で英語を学んでおり、観光客と話して英語を上達させるため、ありったけの日々を西湖周辺で過ごすことを好んだ。ケンの息子のデビッドも16歳で、2人の少年は思いもよらず長い関係を結ぶことになった（図1－4）。

モーリー一家との偶然の出会いから、マー・ユンはデビッドと文通を始めた。家族はマー・ユンと手紙を交わしたが、その手紙はデビッドの父親のケン用に1行ずつ空けられており、ケンはそこにマーの英語のスペルを手直しした。ケンは息子の若い文通相手を手助けできるかやってみようと決心して、1985年に彼をオーストラリアに招待した。当時のマー・ユンつまり現在のジャック・マーは21歳であった。

その頃の中国の扉はまだ固く閉ざされており、個人は旅行ビザを取得できなかった。しかしながら、ジャック・マーは決意して許可を得ようと北京に行った。

**図1－4 ● マー・ユンとデビッド・モーリー、1980年**

そして7回拒否された。当時ビザは公務、家族または留学のためだけに発行されており、観光の一般ビザはなかった。そのためジャック・マーは、7回続けてビザが拒絶されて、ほとんど希望を失いかけた。ケン・モーリーも心配して、ジャック・マーにビザを付して欲しいと中国のオーストラリア大使館に電報を打ったほどだ。

ジャック・マーは1週間ほど北京にとどまり、毎日欠かさずビザを申請した。首都への旅行で彼の財布は底をついた。これが最後と大使館に足を踏み入れると、彼は最初に会ったビザ担当官のところへ駆け寄って言った。「1週間ここに通って、今日が最後のチャンスになりそうです。私はビザが欲しいのです。真剣に申し上げたいのです」

「何を話したいのかね?」と事務官が答えた。

「この1週間、7回ほどビザの許可が下りないでいました。私はもうおカネがないので帰郷しなければなりません。でも私は、下りない理由を知る必要があります」

ジャック・マーの粘り強さに感銘を受けて、ビザ担当官は彼とモーリー一家との関係の話に耳を傾け、そしてジャック・マーはオーストラリア行きのビザを遂に手に入れた。これが人生を変えたと、何年も後になって彼は回想している。「ニューキャッスル(シドニー近郊)で過ごした29日間は、本当にオーストラリアに感謝しています……。オーストラリアに着いたとき、すばらしいもの、人々、文化、景色、商品に私はショックを受け、そして魅了されました……。私は……中国が世界で最高で最も豊かな国だと中国で教えられました……。オーストラリアに着くと、私は全く違う世界を目にしたのです」

それ以降、ジャック・マーの考え方のすべてが変わった。とは言え、このときはまだ自分の夢は実現できなかった。その代わりに、彼は杭州に帰って英語を教えた。しかしながら、オーストラリアへの旅は彼のなかで生き続け、それに1995年の米国訪問が加わって、彼の人生の道筋が明確になった。

ジャックは1995年前半に米国を訪れ、その際に検索エンジンとコマースの最初のルーツが生まれた。ジャックがインターネットを見出したのはその時だ。それが彼にインスピレーションを生じさせ、彼は人生を方向転換して、帰国するや自身の最初の事業である中国版「イエローページ」を立ち上げた。ビジネスは失敗したが、ジャックはそこに留まらず、1999年にはアリババを作った。アリババはアマゾンに基礎を置いてはいるが、中国のものなので同じではない。たとえば、アマゾンは西側経済から登場して、零細商店から大規模モール、スーパーマーケット、都心のショッピングセンターへと移行していった。その結果、リテールのモデルはこうした集中化したセンターのオファーを複製したものであり、時間とともに差をつけてそれに置き換わった。

中国にはそうした市場構造がなかった。1990年代の中国は零細商店があるだけで、大規模ショッピングセンターやモールはなかった。そこでアリババは、グローバルなマーケットプレイスを創出して中国の中小企業を世界のバイヤーに結びつけるという独自のアイディアを生み出した。それは中国の企業にとってインターネット上の商品見本市と形容され、国外の世界すべてに向けて可能なものを何でも陳列できた。そしてジャック・マーはそのことを中国企業に売り込んだ。1999年のアリババは、中国企業が世界の製造業者とつながるための巨大な博覧会を構築していたのだ。これは独自のアイディアであり、そして成功した。すばらしい成功を収めたジャック・マーとそのチームは、人々をつなぐサービスを提供するという機会を見出した。それはタオバオと呼ばれるものだ。2003年に立ち上げられたタオバオは、米国でのイーベイの成功に倣ったものだったが、その方法は異なっていた。結局のところ、当時の中国の消費者は蒐集品を買わなかったし、蒐集価値があるか、そう中国人が考えるものも全くなかった。2000年代初頭に中国人が蒐集可能と考えた唯一のものは毛沢東語録で、ほとんどの人はそれを処分したがっていた。

このため、「宝探し」という意味であるタオバオは、大企業があまり存在しなかった中国で、中小企業と個人業者、つまり零細商店を中国市民と結びつけることに専念したわけだ。それはうまくいったが、それもイーベイの中国市場への参入にさらされ、影響を受ける可能性が高まるまでのことだった。

**「イーベイは海のなかのサメです。**
**そして私たちは揚子江のワニです。**
**海で戦えば、私たちは敗れるでしょう。**
**しかし川で戦えば、勝つのは私たちです」**
――ジャック・マー、CEO、アリババグループ

イーベイは中国参入にあたって、中国の同業者であるイーチネットの買収に深くかかわ

った。ジャック・マーはアリババがイーベイに滅ぼされるかもしれないとわかっていながらも、米国のオークションサービスは中国に適さないと断定した。とは言え当時のアリババは、何百万ドルもの中国市場への投資資金を有する強大なイーベイに比べればちっぽけな存在だった。しかしながら、イーベイは中国企業ではなく、ジャック・マーとアリババの彼のチームのようには中国市場を理解していなかった。たとえばイーベイは、顔文字やアニメーションといった中国人消費者が好む機能を削ぎ落とした。

タオバオはこうした機能を強化して、はるかに馴染みやすい商取引モデルとなり、無料のスプリンクラーまでが商品に加わるほどだった。イーベイは競争して無料品を載せることはしなかった上に他の失敗も犯して、最終的には何百万ドルをも失った末に、中国から完全に撤退した。

ここに至ってアリババは勝者となり、他の分野にも多角化し始めた。たとえば、アリペイは2004年にエスクロー口座サービスとして立ち上げられた。これは、消費者がめでたく商品を受領するまでその資金を留めておけるものだった。これがタオバオ成長のカギとなった。というのは、中国の消費者保護法制は非常に貧弱だったからだ。2008年にはTモールが立ち上げられた。主要ブランド商品販売およびサービス用のB2Cサイトで、タオバオから派生したものだ。

2013年には、アリババのマネーファンドであるユエ・バオ（「余った宝物」の意）がスタートし、アリペイのユーザーに売り込まれた。次いで2015年にはバンキングへと拡張し、夏季にマイバンクを立ち上げて、アプリとAPIのオープン・マーケットプレイスを通じてその銀行機能を他の中国の銀行にも開放するという大胆な手を打った。

アリペイ、マイバンク、ユエ・バオ、オープンバンキングといったこれらすべての金融活動は、アント・フィナンシャルのブランドに集約されている。アント（蟻）は事業をうまく喩えたもので、個々の蟻は弱くとも、群れになれば強い。アント・フィナンシャルが中国市民に送りたかったメッセージであり、それはうまくいっているようだ。アント・フィナンシャルは2015年には時価総額450億ドル、2016年には600億ドルとなっており、2019年前半のIPOの時期には1000億ドルに達していそうだ。

この流れを整理すると、アリババに加えてタオバオ、Tモール、アリペイ、ユエ・バオとその他の関連会社を1つにしてみれば、アマゾン、フェイスブック、ネットフリックス、ペイパル等のように、すべてが1つのエコシステムのなかにある。たとえば、アリババのビジョンは次のようなものだ。

- **映画のコンセプトを宣伝して、顧客に好きな映画のアイディアに対してクラウドファンディングに応じるよう依頼することが可能であり、資金のすべてをアリババ・ピクチャーズを通じて流すことができる。**
- **映画が資金を受けて作られれば、チケットを買ってその映画をタオバオで観られる。**
- **映画を観ると、そのデジタルバージョンを自宅で、ヨンクで観たくなるかもしれない。ヨンクはネットフリックスのアリババ版。**

**・その映画がとても好きなら、Tモールでブランドのノベルティを買うことができる。**
**・上記すべては、アント・フィナンシャルの口座を通じて支払いまたは資金提供される。**

換言すれば、アリババはデジタル・マーケットプレイスを提供しており、そこでは最初から最後までのデジタル経験創造の完全なプロセスが運営されているのだ。エコシステムのなかには、バンキングの要素も組み込まれている。このコンセプトはうまくまとまっていて、ジャックは2017年、「インターネットが作る：ネット起業家（Netrepreneurs）」と名付けたタオバオの年次パートナー・ミーティングでそれをプレゼンした。私は杭州でこのミーティングに出席したが、それは没入型経験だった。ティーンエイジの有名人が複数登場して、起業家精神にあふれたタオバオのビジネスに対するアイディアをストリーミングして、そのビジネスモデルと夢について話すのだ。すべてが非常に中国的だった。

ミーティングの終わりはジャックへのインタビューで、以下は彼の言葉の主な記録と主なポイントだ。

「あらゆるものの何かがオンライン化している以上、こんにちビジネスをオフラインで行うことは不可能です。それがもっと多くのネット起業家が必要となる理由です。サプライチェーン全体がインターネットの影響を受けます。私はこのチャレンジについて多くのカンファレンスで話しますが、聴衆の皆さんは信じてくれません。でも私はそれには慣れています。これは山登りのようなものです。山の麓から見える景色と、中腹まで登って見える景色は大きく違うものです。山の頂上にいるのは、人々のマインドセットを変えてしまう人たちであり、30年後には、世界は皆さんの想像を超えて変化しているでしょう」

「AI、ビッグデータ、クラウドによって、10年後にはすべての製造業が変わります。製造業はひっくり返ってしまうでしょう。つまり、『メイド・イン・チャイナ』とか『メイド・イン・インディア』のような『メイド・イン』は、将来にはなくなるのです。ただインターネット上でデザインされ、アイディア化され、プリントされ、製造されるのです。同様に、いまやあらゆるものがカスタマイズ可能です。現在カスタマイズは高コストですが、将来これができなければ、その企業は立ち行かなくなるでしょう」

「アリババはeコマースを行っているのではありません。プラットフォームを提供しているだけです。ですから、パートナーが成功すればするほど、私たちも成功するのです」

「3年前、私たちはクラウドとビッグデータがカギとなると確信しました。最も重要なのはデータとコンピューティングです。私たちはすべての資源をデータ、コンピューティングおよびデータサービスに振り向けています。しかしそれでも、私たちがやっていることは全体のごく一部にすぎません。間もなく、IOTとすべてのデバイスがデータを生み出す世界になりますが、それが私たちがパニック状態にある理由です。取り扱うべきデータが膨大な量になるのです」

「データの時代には、あらゆるものを支配するという考えはなくなります。独占は製造業時代の考え方です。私たちは人々の手助けをしたいのであり、独占を望んではいません。私たちはあらゆる人がつながるようにしたいのです」

「私たちは決済と物流と配送を提供します。中国のどこでも24時間以内に配達が可能です。北京や上海ではこれでは遅すぎるかもしれませんが、村々ではどうでしょう。私たちはこのインフラストラクチャーを中国全土に作り上げたいのです。ただし、私たちは決して物流企業にはなりません。そのため、他企業と提携を行います。そして私たちは、他の人たちができないか、やりたくないことに注力します。私たちは中小零細企業ができないことに注力します。私たちは、他者と共有やパートナーシップを組もうとしない企業と競争したいだけなのです」

「あなたがスタートアップ企業として困難に直面しているなら、私たちもかつてそうでした。しかし私たちには夢があり、今そこに到達しています。いまや私たちは巨大企業ですが、現状に満足してその富を分かち合わないでいれば、あらゆる人の憎しみの対象となるでしょう。ですから、私たちはすべての人を豊かにしなければならないのです。あなたが貧しい村のなかでただ1人豊かであれば、人々はあなたを殺してしまうでしょう」

「アリババは、あらゆる人の役に立つ誰でも使えるツールであり、特に若い人々のためのものです。私が教師であったことを思い出してください。そしてどんな企業も最後には衰退します。私は皆さんにアリババはスゴイと言っていただきたい。私たちが沢山の商品を売るからではなく、若い人々と社会を支援していることによってです」

「マネジメントという言葉は、ふつうの企業のためにあるものです。アリババではそれを、経済を運営するように行っています。というのは、パートナーである私たちに依存する非常に多くの企業にかかわらなければならないからです。いまやどんな中小零細企業も、アイディアがあればそれを実現する方法があります。アリババのマーケットプレイスでは、買い手と売り手を見つけることができます。クラウドを通じてコンピューティングを提供することができます。商品を流通し配達することができます。2036年に私たちが築き上げている経済では、1億もの事業が何十億ものユーザーに向かうことが可能になるでしょう。私たちはそれを運営するだけです」

「すばらしいスマートな経験を有することが、次の10年間へのキーワードとなります」

「フィンテックは金融セクターに力を与えるものです。私はそれを、消費者が金融に平等にアクセスできるものにしたいと思っています。私は人々がおカネや哀れみを待つ存在であるのを望みません。アクセスと包摂を通じて彼らに力を付与

**図1-5 ● 中国のアリババのイベント「M@de in Internet」で講演するジャック・マー**

し、人々がものをより早く簡単に手に入れられるようにしたいのです」

「5年前と今年は大きく違います。今年私たちが注力するのは『メイド・イン・インターネット』です。企業のビジネスモデルは、消費者、サプライチェーン、ファイナンシングの方法をメイド・イン・インターネット時代に合わせて再定義することになります。私が申し上げるのは、すべての小売業者、製造業者そして銀行は、急いでこれに取り組まなければならないということです。これは私が10年以上も言い続けていることです。残された時間は多くないのです」（**図1-5**）

最後に、ジャックがビジネスピープルに提示した10のメッセージを掲げよう。

①追いかける夢について：大きな、本当に大きな夢を持つこと。
②覚えておくべきこと：問題が大きいほど、機会も大きい。
③今日が大変でも、明後日はすばらしい。
④顧客にフォーカスすること。そうすればそれ以外は後からついてくる。
⑤競合から学ぼう、ただし決してコピーはしないこと。
⑥最初であることよりも最良であることが重要。
⑦危機のなかに機会を見つけること。
⑧競合の強みを競合に対して使うこと。
⑨失敗にこだわらないこと。
⑩チームはゴールのために働くこと。ボスのためにではない。

## アリペイのイノベーション推進

アリペイがエスクロー・システムとして始まった時の情報のやり取りは、ファックス送信に基づいていた。タオバオの注文は、アリババ経由で銀行と売り手とがファックスでメッセージをやり取りすることで処理可能だった。5年が経ち、それは変わった。

2011年の夏、中国のアリペイが、決済をサポートするQRコード決済システムを開発した。これが革命となって、中国における決済トランスフォーメーションが加速した。その理由は、中国ではクレジットカードとデビットカードがほとんど人口に行き渡っていなかった一方で、誰もが携帯電話を持っていたことだ。当時、電話を使って決済するのは簡単ではなかった。そこにQRコードシステムが登場してすべてが変わった。米国でスターバックスがスターバックスアプリで新たな決済の現象を巻き起こしたのと似ているが、アリペイは同じことをやって、レジで独自のQRコードを生成することで、売り手はバーコードリーダーか店のスマートフォンのカメラでそれをスキャンする。システムはユーザーのクレジットカードまたはアリペイのプリペイド口座から資金を引き出す。

しかしながら、この打ち手は問題も生み出した。ジャック・マーが、アリペイを別会社として独立させる意思決定をしたことが物議をかもしたからだ。それは当時アリババ株の40%と30%を保有していたヤフーやソフトバンクの承認を得たものではなかった。そうすることが必要だったのは、政府から第三者決済免許を受けなければ決済処理業者としての活動を続けることができなかったためだ。アリペイの収益の一定比率をアリババに戻すという合意によってこの論争は収まったが、投資家の口元には苦い味が生じることにはなった。

独身の日は、中国におけるモバイル決済利用促進のために生み出されたイベントの1つにすぎない。もとをたどればそれは、中国の新年を祝う紅包（訳注・お年玉）の日をめぐるアリペイとウィーチャットの争いである。

最初のアイディアは2014年で、テンセントが4億人のユーザーに対して互いにバーチャル紅包を送りあうようプロモーションを行った。それはユーザーのモバイル決済口座に預けられる。この仕掛けは大ヒットで、4000万のバーチャル紅包が交換され、4億元（6400万ドル）という記録となった。ジャック・マーはこれを社内で「真珠湾的瞬間」と名付けて仕返しの準備を整え、2015年に、紅包メッセージングシステムを使うと「ラッキーマネー」のギフトが当たるとして、1億9000万人のユーザーに対して6億元（9600万ドル）を超える額を還元すると発表した。テンセントは数時間後に応酬し、こちらもバーチャル紅包サービスの利用者に8億元（1億2500万ドル）の還元を発表した。そしてアリペイユーザーがウィーチャットの友人から紅包を受け取るのをブロックした。戦いはウィーチャットが勝利し、2月18日に送られたバーチャル紅包は10億件を超えた。これに対してアリペイのウォレット経由のものは2億4000万件であった。このように、両企業の競争は熾烈である。

その一方で、アリペイはその触手を他の領域にも伸ばしていた。たとえば、アリペイを使わないときでも残高を置いておくための顧客向け貯蓄ファンドの創設である。それはユエ・バオ（前述のように「余った宝物」の意）という名前で、ある金額分のプリペイド資金をアリペイの残高から金利が得られるユエ・バオへと移動させる手段として機能する。西洋のメディアはこれを「マネー・マーケット・ファンド」と呼ぶが、アント・フィナンシャルはこれに異議を唱えており、使わない資金に金利をつけるための方法にすぎないという見解だ。つまり、行動的に見た預金の特性である。

２０１４年にはもう１つの動きがあった。中国の規制当局が民間企業に銀行免許申請の機会を提供したのだ。それでアント・フィナンシャルは、２０１５年にマイバンクという銀行を設立することに

**図1-6 ● アリペイの独身の日は、同日のコマースとしては世界最大である。ビザの平均は1750件／秒で2万4000件／秒に対応可能である一方、独身の日のアリペイはそれを軽く凌駕し、30万件／秒を超える取引量である**

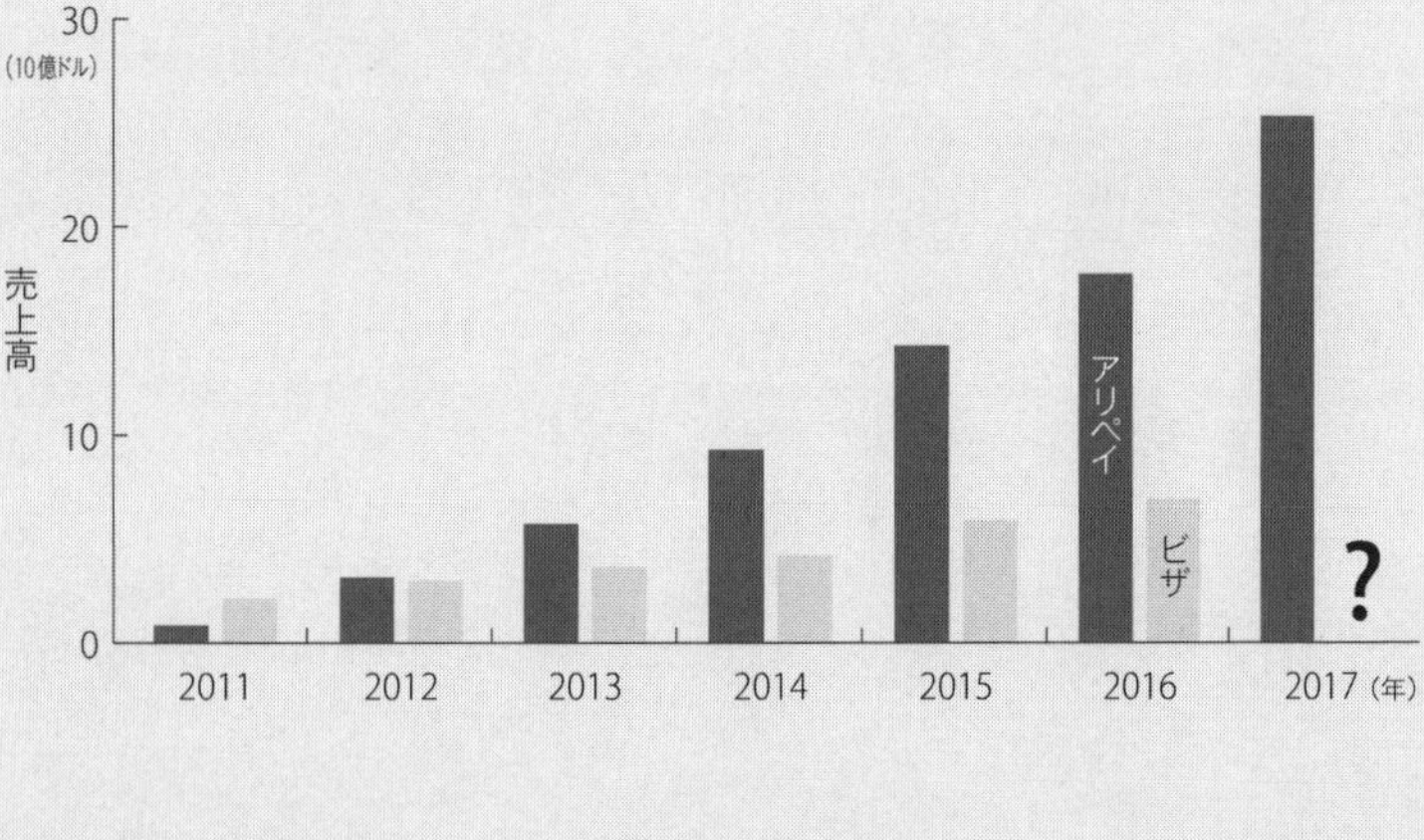

なった。アント・フィナンシャルは30％を出資したが、それに並ぶ株主のなかには、復星産業（Fosun International）、万向集団（Wanxiang Sannong）、寧波金潤（Ningbo Jinrun）という3つの中国のコングロマリットが含まれる。彼らは農業、保険、機械その他の産業に投資している。創立メンバーの初回投資は40億元（約6億4400万ドル）である。マイバンクの最重要パートナーはアリババであるが、融資商品の主要オファリングは、タオバオとTモールにおけるユーザーの取引履歴に基づいている。

マイバンクはタオバオ上の中小企業の支援に注力しており、サポートする商業者は500万を超える。マイバンクの会長であるエリック・ジンは、立ち上げ時にそのミッションについて次のように述べている。「中国で金融サービスへのアクセスが限定されている人々のニーズに応えることは、小規模および零細企業の利用可能なローンを提供するということです」

こうしたサービスの好例の1つが、タオバオを申し込んだビーフジャーキー販売店のオーナーである。彼らは注文を受ける度に、マイバンクの短期マイクロローンを通じてそれをすぐにキャッシュに転換可能だ。この特別な店主は最初の5年間でこのローンを3795回利用した。平均して1日2件のローンで、金額は3元（0・5ドル）から5万6000元（8000ドル）までさまざまだ。

アリババは、マイバンクを通じて得た学びから、他の中国の銀行にもマイバンクのサービスが利用できるようにした。それは2013年のことで、アリババは自社クラウドを子会社化して、アリ・クラウド・フォー・フィナンシャル・サービス、略称アリ・ファイナンス・クラウドを発表した。

アリ・ファイナンス・クラウドの開発は、アント・フィナンシャルが引き起こしたパーフェクト・ストームの一部だった。彼らはマイバンクの免許申請を行っていて、長期間維持可能なコアバンキングシステムを持つ必要があるのは明らかだった。外部のプロバイダーを探す代わりに、彼らは内部開発を行うと決定したのだ。

コアバンキングシステムを社内開発する銀行は、中国では珍しくないが、アント・フィナンシャルはさらに一歩先を行き、クラウドベースのソリューションを中国内の他の銀行にも販売することを決定した。ソリューションの幅は広く、リスクマネジメント、融資、預金、モバイルアプリ、インフラストラクチャー・アズ・ア・サービス（IaaS）、プラットフォーム・アズ・ア・サービス（PaaS）、顧客確認（KYC）などが含まれる。

中国バンキング業界に対するアリ・ファイナンス・クラウドの潜在的影響、あるいはグローバルな潜在的意味は、強調してもしすぎることがない。中国におけるアリ・ファイナンス・クラウド利用の普及は急速で、約40社がサービスを利用している。それには銀行、決済業者、そしてピアツーピア（P2P）プラットフォームまでが含まれる。

## アント・フィナンシャル：よりよい中国を作る

アント・フィナンシャルについての重要なことの1つは、その原則とミッションである。

そのすべてが、テクノロジーを使って社会と経済を向上させることだ。2016年のサステナビリティ報告書（注32）の冒頭では次のように述べられている。

「人類の進化と文明化の歴史はつまるところ、取るに足らない種が、認知、農業、製造業、科学、そしてテクノロジーを発展させて、急速に生態系連鎖の頂点に登りつめるという発展の歴史です。現在人類はいわゆる第3次産業革命の黄金時代にあります。

テクノロジー企業として私たちが行いたい、そして現在行っていることは、テクノロジーを使って社会を人類の始まり、つまり簡素、公平、そして自由な状態へと戻していくことです。たとえば、私たちの日常的な用足しを、列に並ばず、人に頼み回らず、外出もせずに済ませることはできるでしょうか？　これは簡素性の原則です。おばあさんと銀行の頭取が、同じ品質で同じ利便性の金融サービスを享受できるでしょうか？　これは公平性の原則です。ややこしいパスワード、現金、あるいはIDカードとパスポートにもおさらばして、顔やその背後の信用データを使って簡単に支払いができるでしょうか？」

テクノロジーがそのビジョンの中心にあり、さらに重要なのは、ビジネスの中心にあることだ。たとえば、同社は信用度がよりよい社会へのパスポートであると公言している。信用度は歴史的に難しいものだった。何らかの形式の信用履歴で人々を評価する必要がある。データがなければ簡単ではない。

現在はすべてが変わった。クラウドコンピューティング、機械学習、そしてビッグデータの発達のおかげだ。信用度はかつて道徳性を評価するものとして見られていたが、いまや直接的で数量的になり、リアルタイムで分析・活用可能となっている。そこでアント・フィナンシャルは全く新しい信用評価システムをつくり出した。芝麻信用（ジーマ・クレジット）と呼ばれるもので、より多くの人が金融、生活その他の分野で利便性を享受可能になる。

芝麻信用のスコアは金融行動とおカネに関する信頼度に基づくもので、その重要部分は、人々の返済を確実にすることだ。芝麻信用のスコアリングは、インテリジェント意思決定のサポートによって機能する。アント・フィナンシャルのオペレーションの中核部分であり、確立されたリアルタイムの信用度評価とリスク予測システムに基づくものだ。その結果、銀行ステートメントのない農業者でも、マイバンクを通じて肥料や種子を購入するローンを利用できる。

アント・フィナンシャルはこのことを、パートナーのストーリーを通じて例示している。芝麻信用スコア、信用度、マイクロローンおよび包摂の背景として重要なものが、アント・フィナンシャルが有する継続的リアルタイムアナリティクスとリスク管理の仕組みだ。この存在が、同社の「3、1、0戦略」の実施を可能にしている。3分でローンを申し込み、1秒で資金を申込者の口座に入金し、全プロセスにおける**人手の介在をゼロにする**というものだ。

マイバンクは多くのブルーカラー労働者、大学生、移民労働者が新たな人生へと旅立つのを支援してきた。2017年末までには、わずか2年の間に650万人が8000億元（1250億ドル）を超える融資を受けた。

これは信用度と富の一元化をもたらして、あらゆる職業の人がその夢を実現するのを支援するものだ。信用度は富とだけでなく、社会の運営やガバナンスとも連係される。あらゆる人の日常生活にも深く関係している。だからこそ、テクノロジーを活用してあらゆる人に信用を供与することが、より包摂的な経済とより公平な社会を生み出すのだ。

アント・フィナンシャルは、近い将来、レストラン、地下鉄、空港にあるカメラが自動的に個人の信用ステータスを識別するようになるだろうと考えている。人々は携帯電話、現金あるいはIDカードさえ持たずに出かけられるようになるだろう。認証システムとして顔だけを使うことで、どこにでも行けるようになる。クラウドと信用度のビッグデータを背景に、顔が社会におけるあらゆる人のパスポートとなるのだ。信頼できる人はどこでも歓迎され、逆に信頼できない人はどの段階でも拒絶されるようになるだろう。

だからこそ、信用度が重要要因となって、アント・フィナンシャル、中国の社会そして経済を前進させるのだ。そして企業が、信頼できる者とそうでない者の間の仲介者として常に活動する。それが、アント・フィナンシャルの芝麻信用システムが、中国最高人民法院と協働して不正信用行動者への処罰を行っている理由だ。2017年1月、芝麻信用は最高人民法院が73万人の不正債務者を処罰するのを支援した。うち5万人近くは債務を完済している。これがアント・フィナンシャルのビジョンのもう1つの重要な信条であり、とだ。

信用度を使って社会のガバナンスを向上させ、誠実性を社会における価値の特性とすることだ。

1990年代生まれの人たちは、信用度の概念と社会への適用が世の中に広まった環境のなかで育ってきた。たとえば、1990年以降に生まれた中国人の4人に1人は、消費にアント・クレジット・ペイを利用している。だから、彼らはより高齢の世代よりも信用度についての理解がより明確で、それを大事だと考えている。アント・クレジット・ペイに関する統計は、1990年代生まれの人々が負債を期限どおりに返済した比率は99%であると示している。誠実さを重視し、守る社会が姿を見せつつある。

2017年7月に私がアリババのパートナー・ミーティングに出席したときには、彼らは杭州で最も成功しているタオバオ企業の多くを招待していた。その多くは企業家である若者だ。興味深いのは、こうしたビジネスのなかには地方の村発のものがあり、それが可能になっていることだ。これは中国社会における巨大な変化である。デジタル時代のプラットフォームという世界からの変化だ。誰でも、どこにいても、それがひどい片田舎でも、インターネット接続があれば起業家になれるのであり、スマートフォンを通じて、次第に誰もがその接続を手にするようになっているのだ。

だが、アント・フィナンシャルが注力しているのは、商業や社会だけではない。一方で、アント・フィナンシャルが何をおいても金融企業だというわけではないことも強調しておくべきだろう。彼らはテクノロジー企業であり、テクノロジーを活用して社会と経済を向上させることに注力しているのだ。これをよく示しているのが、彼らの政府に対するサービスである。

アント・フィナンシャルの戦略において言及しておくべき最後の要素は、地球環境の改善である。これは「アント・フォレスト」というゲーミフィケーションのプログラムを通じて実行されている。

アント・フォレストのアイディアは、アリペイの炭素排出勘定から生まれたものだ。それは世界の個人炭素勘定のプラットフォームとして群を抜いて世界最大である。アリペイの炭素勘定では、ユーザーはエネルギー節約と排出量削減について世界でよく知られる手法のいくつかを使って教育される。具体的には、アント・フォレストはユーザーによりグリーンなライフスタイルを選択するよう奨励する。それは、公共交通機関を使うとか、公共料金をデジタルで支払うとか、チケットをオンラインで予約することなどだ。それは世界で初めて、上から強要するやり方ではなく、自ら進んで低炭素生活を送るよう何億もの人々に促すものでもある。

## 組込み型バンキング：販売するのではなく理解すること

アント・フィナンシャルは現在、グローバルな金融包摂プラットフォームの構築に注力する世界で唯一の企業である。75億人をリアルタイムでサポートし結びつけることが可能なプラットフォームだ。少なくとも、現在金融ネットワークから除外されているすべての人々を包摂するプラットフォームであり、それを、モバイルネットワークとシンプルなテクノロジーで、すべての国にいる利用者同士がやり取り可能にすることを通じて実現する。

彼らの戦略の基本にあるのは、電子ウォレット決済サービスを提供する他国の企業を見つけて、それらに投資して彼らのテクノロジーを使ってもらうことだ。最終的には、アリペイとアント・フィナンシャルの基本技術が、世界の電子ウォレットの中核インフラストラクチャーを駆動することになりそうだ。それは、世界的に統合されたウォレットサービスのようなものになる。

第一に、彼らはインドとタイなど、似た市場にある同等の商品やサービスに投資する。アント・フィナンシャルの幹部が包摂性について話すのはそのためだ。それはモバイル・ウォレットを使ったすばらしい戦略である。そして彼らは2015年9月、インドのPaytmに6億8000万ドルを投資した。それは、高額紙幣廃止に刺激を受けたインド人が、Paytm上に2億個のウォレットを開設する直前のことだった。アントは、タイで同様にデジタル・ウォレット・サービスを運営するアセンド・マネーと提携した。アント・フィナンシャルはアセンド・マネーがそのオンライン／オフライン決済と金融サービスエコシステムを成長させるのを支援することになる。アセンドはタイに拠点を置くが、インドネシア、フィリピン、ベトナム、ミャンマー、カンボジアでも業務を行っている点は注目に値する。

2017年2月に彼らは、30億ドルの負債による資金調達案件を発表した。投資ポートフォリオを拡大するためのもので、興味深いことに、マネーグラムに対して8億8000万ドルの買収オファーを行って米国市場に参入した。それに続いて、韓国のメッセージングサービスであり、カカオペイも提供しているカカオに対して戦略的投資を行った。また2017年3月には、Paytmへの出資比率を引き上げた。その結果現在は、同サービスの株式の過半数を有している。

その一方、包摂に向かうのとは別に、アント・フィナンシャルは米国と欧州へも進出している。2015年末、同社はワイヤーカード（Wirecard）とのディールにサインして欧州に参入した。それは中国人旅行者向けのウォレットを使ったレジ精算サービスである。次いでインジェニコ（Ingenico）と提携して欧州でのプレゼンスを拡大し、次いでファーストデータとのディールで北米での同様の業務範囲を手に入れた。

メディアはこのワイヤーカード、インジェニコ、ファーストデータに対する打ち手を純粋に中国人旅行者向けサービス提供のためと位置づけるが、ことはそれほど簡単ではない。同社は動きの速い企業であり、グローバル・モバイルウォレットとなるというミッションのために不断の拡大を行っているのだ。

それは同社のミッションであり、アント・フィナンシャルのCEO、エリック・ジンが2017年1月にダボスで明言している。彼は次のように述べた。「私たちはグローバル企業になるという大志を抱いています。私のビジョンは、テクノロジーを使ってパートナーとともに事業を行い、10年後に20億人にサービスを提供することです。十分なサービスを受けていない人たちの役に立つのです」

アント・フィナンシャルの考え方は米国と欧州のハイテク企業とは大幅に異なる。なぜなら同社は、何もなかった市場を自動化しているからだ。アリペイがeコマースを始めたとき、それは中国には存在していなかった。アリババとアリペイがつくり出したのだ。

これは、アマゾンやイーベイのような米国のインターネット巨大企業のように、実商店をもつ大手の競争相手とインターネットで競争し、決済が全く統合されていない状態から始めるのとは大きな違いである。同様に、米国の巨大企業の相手は発展した市場であり、消費者はオンラインに対して先進的なニーズを有している。これに対してアリババとアリペイは、ダイナミックに変化する市場に対応している。そこでは中国市民が地方の農業労働から、急速に拡大する都市に移動し、都市では製造業が貧困から富裕への急速な生活向上を提供する。実際、アマゾンは14年前からあるACH決済システムを現在も運営していて、それがアリババと米国のコマースの巨人との中核的な違いの1つを示している。

この中国におけるコマース革命を生み出すにあたって、アントは製造業とオンラインの双方でリーダーとして登場し、世界中でデジタルな金融生活を実現していくことについて語っている。このことは重要だ。なぜならそれは、決済アプリやモバイルウォレットのことではなく、社会、商業そして金融システムを完全に1つのものとすることだからだ。フェイスブック、アマゾンそしてペイパルがすべて1つのアプリに統合されると考えてみよう。それが、アントが行っていることなのだ。

そして彼らのビジネスモデルは根源的にユーザーを深く理解することに基づくものであり、クロスセリングではない。

これは、クリス・スキナーの新著『デジタル・ヒューマン』のアント・フィナンシャルの詳細なケーススタディの簡略版である。フルバージョンにはアント・フィナンシャルの過去・現在・未来に関して、最初のコードを書いた人から企業の未来を築く戦略部門長までの5人のインタビューが含まれている。

注1：1945年5月2日
注2：出典＝英国国家安全保障省の統計、1939〜1945年、http://myweb.tiscal.co.uk/homefront/arp/arp4a.html
注3：本章後段で見るように、これが私たちが過去100年にわたってバンキングシステムを前進させてきた唯一のメカニズムである。
注4：私はハイパーループと彼のロサンゼルスのトンネルマシンが必ずしも成功すると思っていない。理由は単に、それらがマスクが運営する独立した事業になっていないということだ。
注5：イーロン・マスクの「第一原理」についての説明、https://youtube/NV3sBIRgzIT、出典＝Innomind.org
注6：ASDS（Automated Spaceport Drone Ship：ロケット回収自動ドローン船）
注7：スペースXの海上ドローンと回収プラットフォームの名前は、イアン・バンクスの「The Culture（星間文明）」世界についてのSF小説にちなんでつけられている。
注8：『Bank 2.0』で私は、これを実に賢く実現した銀行の例を見出した。そのネット上のクレジットカード申込み書式では、顧客に対して所得証明を書式にホチキスでとめるよう要求している。画面上

の電子書式が「ホチキスどめされた」所得証明書を要求しているのだ。
注9:支店については後述する。
注10:小切手について"check"という綴りを使うのは米国だけであるため、本書では世界的に受け入れられている英国式バージョン"cheque"を使用する。
注11:より一般には「アレクサ」として知られる。
注12:このトレンドのより詳細な分析は、私の書籍『拡張の世紀(Augmented)』を参照されたい。
注13:この多くは現在可能か、ほぼ可能になっている。アレック・ボールドウィンが登場するアレクサの広告を見てもらえば、そこで彼がブレッシアーニのソックスを注文している。
注14:これはペイパルの対象範囲のみである。アリペイはすでに80カ国をカバーし、さらに増えつつある。
注15:出典＝The Economist "A new east Africa campaign" 2015年7月9日
注16:"Breaking Banks"のラジオインタビュー。2017年2月9日放送。
注17:出典＝The Star "Big Banks in Plot to Kill M-Pesa" 2008年12月23日
注18:出典＝世界銀行——中国、ケニア、タンザニア、ナイジェリアを含む
注19:"Breaking Banks"のラジオインタビュー。2017年2月9日放送。
注20:兆(Trillion)の「T」は大文字にしてある。
注21:出典＝iResearch, http://www.iresearchchina.com/content/details7_21238.html
注22:出典＝CIO Magazine "7 reasons mobile payments still aren't mainstream" James A Martin, 2016年6月7日
注23:彼らが2016年4月に40億ドルの資本調達を行った時点。公正に言えば、現在の収益と活動に基づけば、現在の同社の価値は1000億ドルを優に超えている。
注24:出典＝ChinaDaily.com, 2017年8月3日、"Alipay, WeChat Pay vie for customers" http://www.

chinadaily.com.cn/bizchina/tech/2017-08/03/content_30337784.htm

注25：２０１６年、スターバックスのモバイルベースの「カード」には、約80億ドルがチャージされていた。（出典＝スターバックス投資家説明会）

注26："Chinese money market fund becomes world's biggest"『フィナンシャルタイムズ』、２０１７年４月26日、https://www.ft.com/content/28d4e100-2a6d-11e7-bc4b-5528796fe35c

注27：出典＝Asian Banking Journal

注28：Annual Percentage Rate

注29：ちなみに、これは現在の米国のような司法管轄地域では、技術的には違法になる。貯蓄口座に関する開示要求によるもので、ＡＰＲ金利を厳格なスケジュールに基づいて公開することを求めている。

注30：https://www.finextra.com/resources/feature.aspx?featureid=845 を参照。

注31：クリスの最新著『デジタル・ヒューマン』に詳述。

注32：このセクションに記された事実とステートメントの多くはアント・フィナンシャルの２０１６年サステナビリティ報告書からのものである。https://os.alipayobjects.com/resportal/omkAQCxPyHDDqtqBDnlh.pdf.

CHAPTER 2

# 規制当局のジレンマ

THE REGULATOR'S DILEMMA

ブレット・キング／ジョー・アン・ベアフット

## 「現在各国中央銀行が行っているような、貨幣交換のフローとシステムの規制を司る『世界中央銀行』的な機能を実行する組織の必要性の高まりが見られる」
――バチカンの正義と平和の高位聖職者会議、2011年白書

全体的に第一原理的見直しが必要な分野が1つあるとすれば、それは規制だ。現在の私たちは、ソフトウェア業界の用語で言う「パッチ」をシステムに必死で当てて何十年前かの規制とコアシステムを手直しし、増加しつつある新しいチャネル、行動そしてテクノロジーに対応しようとしている。しかし、システムに修正を加えようとすればするほど、ひと塊になったスパゲティ・コードの度合いは増していく。すでに何十年も経って旧式となってしまったレガシー・システムとプラットフォームの制約のために、システムはいつ何時統一性を失うかもしれないおそれがあるのだ。特に先進国は、すべてが紙ベースで電子データは少なく、コンピューティング・パワーも乏しくて非常に高価だったアナログの時代に築かれた、精緻で堅固な規制システムを有している。しかしいまや、データ蓄積とコンピューティング能力のいずれもがユビキタスで安価となり、紙は動かしがたいフリクションとして見られる度合いが増している。私たちは、デジタル市場を規制し、規制プロセスにも新しいテクノロジーを配備するために、デジタル時代に向けた全く新しいモデルをつくり出す必要があるのだ。

必要なのは、デジタル・ネイティブな規制だ。それはゼロベースで設計され、旧システムの傍らに配置されて徐々に置き換わっていくものであるべきだ。そのなかには小規模の

テスト実施を組み込む必要がある。そして以下で議論するように、2017年に英国の金融行動監督機構が実施した画期的な実験の上に築かれるものであるべきだ。その実験は「machine-executable regulation（マシンが実行可能な規制）」であり、言葉ではなく、コンピューター・コードとして自動実行型で発せられる規則である。

変革は容易ではない。規制当局は、ハーバード大学のクレイトン・クリステンセンが作った有名な用語「イノベーションのジレンマ」のたちの悪いバージョンに直面した。クリステンセンはその記念碑的な本（注1）において、成功した企業は、昔の製品と流儀があまりにうまく行ったためにそれに囚われてしまって棄てられず、より優れたディスラプティブなテクノロジーに対して無防備となって置き換えられてしまうのだと主張した。規制当局もこのリスクに直面していて、痛みとともに学んだ長い教訓の歴史の上に築かれた伝統にしがみついている。規制当局にとっては、リスキーで窮屈な枠組みのなかで運用を行うことが、課題への取組みをより難しくしてしまっている。急速な変化に向けて作られていない点では、規制当局は銀行さえも上回っているのだ。

過去どんなにうまく規制システムが機能していたかを議論することはできても、システムの特性に込められた設計意図は、現在直面する課題にはそぐわない。金融規制フレームワークは、リスク回避的で、慎重（つまり遅い）で、明確（つまり堅い）であり、そうあるべきものとされている。政府機関のなかには、競争や金融包摂といった目標を推進する役割を負っているものもあるが、ほとんどの規制当局はその主要なミッションとして、リスクを検知して対応する。特定の種類の市場変革の先頭に立ったり、推進するように作られてはいない。規制面での後押しや救済が妥当となるホットな新商品・新サービスを特定するように作られてはいない。そのプロセスだと、あるサービス提供者群を他よりも安全にすることで、金融商品の設計において最終的にイノベーターでなく規制当局の立場を有利にしてしまいかねない。

皮肉なことに、市場のスピードと規制変化の間の溝が広がるにつれて、規制当局を機能させている特性そのものが、新しいリスク発生の最大貢献要因となってきている。規制当局は、自分たちが理解していない、そして現行の規制の枠組みの限界を露わにしてしまう新しいテクノロジーに迅速に対応しなければならない。規制当局は、新たな便益の登場を差し止めないことと、新しいリスクの急増を許してしまわないこととの間で、ナイフの刃渡りをさせられているようなものだ。失敗を最小限に抑え込んでこのすべてを円滑に乗り切る可能性は、正直なところゼロである。実際、Bank 4.0のモデルが失敗するとすれば、下手な規制をかけてしまうか、現行金融機関のグローバルな競争力を維持しようとして、業界を未来に備えさせるのに失敗してしまうことだ。

規制のイノベーションを阻害する障害は、数多く、大きく、そして複雑に絡み合っている。そのなかには、構造と領域（その多くは19世紀かもっと以前に作られた基礎の上に築かれている）、組織文化、インセンティブ・システム、対外・対内政策、スキルセット、法的枠組み、煩雑な手続き、スピードの遅さ、意思疎通や協業上の制約、前デジタル時代のリーダーたち、変化に脅かされる既存業界による規制の「固定化」、そしてもちろんのこと、現行法律および規制そのものが含まれる。

これらを終わらせることは、困難なだけでなく、ひどく複雑で絡み合ったものでもある。どの部分を修正するにしても、それはクモの巣の1本の糸を、他の糸を動かさずに取り除こうとするようなものだ。米国のドッド・フランク法が2300ページに上り、さらに数万ページもの規則(10年後もその数は増加中)が派生したのには理由がある。規制の変更とはとんでもなく複雑なことなのだ。それはおそろしく費用のかかるものでもあり、規制の変更を望む企業でさえも、そのコストのせいでそれに現実に対応するのに反対することが少なくないほどである。いったん始めてしまったら、その修正はうまく行かず、事態が改善どころか悪化してしまうか、改善されてもその度合いが導入にかかる膨大なコストに見合わない限界的なものに留まることを、彼らは知っているのだ。

金融危機とiPhoneは、いずれも2007年の産物だ。政策立案者はそれ以降、危機に起因するバックミラー的な指示対応に忙殺されてきた。その間に彼らを取り巻く世の中すべてが変わってしまっているのだが。

## 規制によるイノベーション阻害リスク

現在のイノベーションの性質は、政策とプロセスをベースとする部分が非常に大きい。政府が政策を設定すると、それが法律として施行されるか、新しい規制主体と行動様式がつくり出された。規則と標準が発表され、それら規則の遵守を確認するために検査官が動員される。ルール違反は文書化されて対応され、政策や規則が機能しないか支持を失った場合はそれが政策立案者にフィードバックされるが、その結果として起こる変化は遅い。それは、議会で法案が起草されて施行されて、ようやく再びサイクルが始まるからだ（**図2－1**）。

規制の変化の際には、システムの変更や新しい市場リスク、そして適用する法律や運用の変更が生じることも多いので、その双方をきちんと認識することが求められる。こうした変革の効果がもたらされるまでには何年もかかることがよくある。政策は現行行政の範囲内で行われることが多いので、政府レベルでの変化があれば変更が起こりうる。こうした政府内の盛衰は、現在私たちが目にしている市場のイノベーションの進み方に対して逆行的に働く。ほとんど例外なしに、規

**図2－1 ● 市場レベルでの典型的な規制構造**

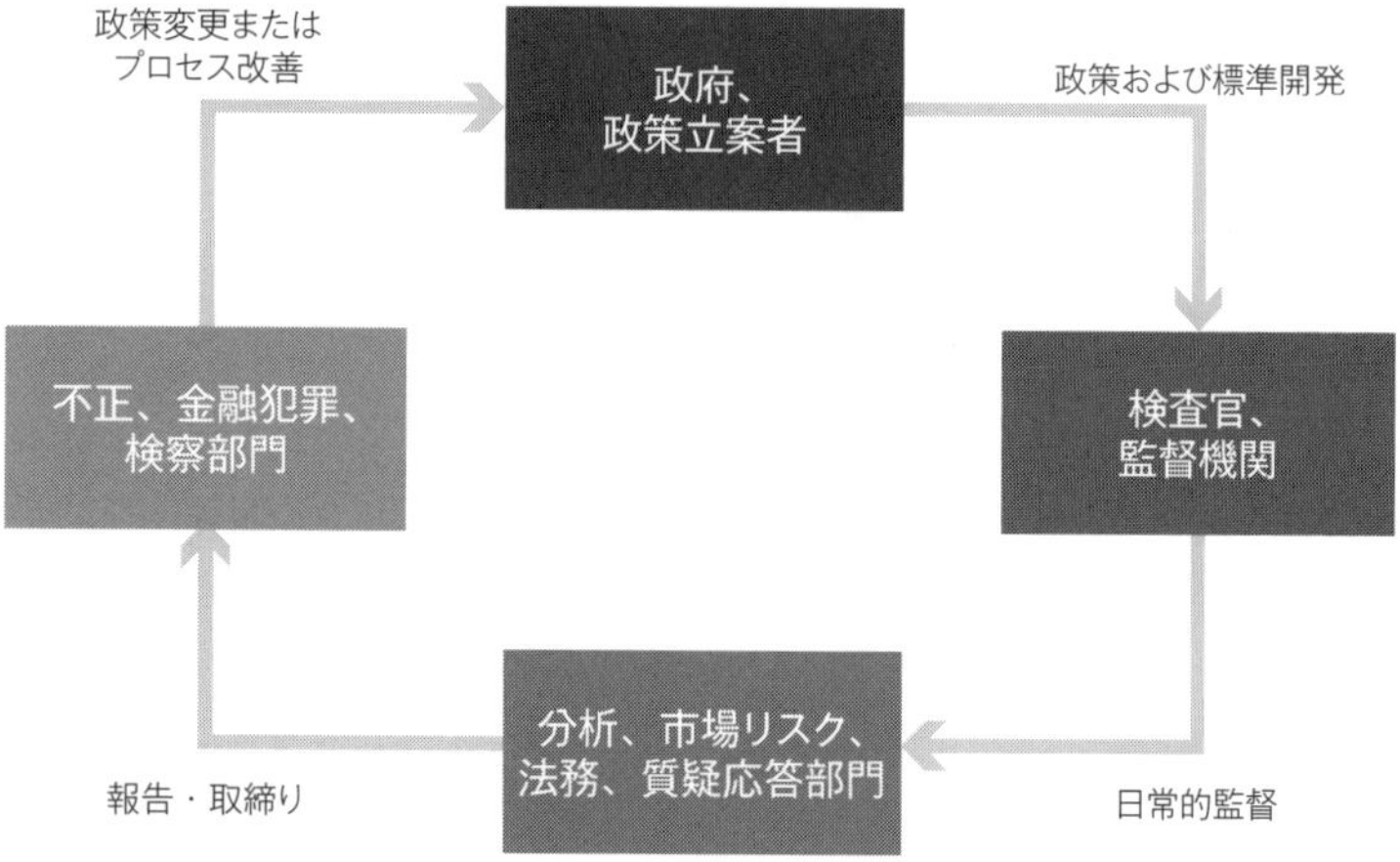

制当局はイノベーターではない。そしてイノベーションに対しては、市場へのリスクとして反応する。規制という免疫反応によって駆逐しなくてはならないウィルスというわけだ。

急速に台頭するテクノロジーが現行規制環境を損なうものとして見られる例をいくつかご紹介しよう。それは、規制当局がイノベーションを制限することのリスクをよく示すものだ。

## ビットコイン――新しい通貨か、ポンジ・スキームか、あるいは貨幣の進化か？

純粋に規制的観点から見た場合に、ビットコインはどう位置づけられるだろうか？ それは通貨だろうか？ 市場あるいは交換所だろうか？ 決済ネットワークだろうか？ 新しい資産区分だろうか？ マネー・ロンダリングのツールだろうか？ 税制や国際的通貨管理を迂回する道具だろうか？ 中央銀行と不換通貨に対する脅威だろうか？

ビットコインは、どの規制主体から見るか、どの時点か、どの役割にあるものかによって、上記のいずれにも、あるいはこれら異なる性質のすべてにもなりうるものだ。ビットコインの分権的性質、明確な内部監査体（合意形成に対するものとして）の不在、そして匿名性を有しているように見えることが、ビットコインの規制を難しくしている。ビットコインを違法とする命令を発する国々が時間とともに出てきており、さらにビットコインの交換所や、不換通貨をデジタル暗号通貨に交換可能なプラットフォームに、明確な制限や認可制を課す国々もある。

しかしながら、あくまで説明例として示すが、米国内で米ドルをビットコインと交換することが恒久的に違法となったとしても、人々が新種のビットコインを売買したりマイニングするのを米国政府が止めることは、現実にはほとんど不可能なままだろう。実際、ビットコインに完全にアクセスできないようにするためには、米国政府はインターネットを停止させなければならないだろうし、もしそうしたとしても、人々は個人的に対面でビットコインを交換することができる。これはビットコインが法的に認められる以前に当初から行われていた方法だ。

どんな規制当局であれ、ビットコインをうまく規制できると考えているなら、この現象を理解していないことはほとんど確実だ。ビットコインを止められないのは、現在の仕事からインターネットの利用を止められないのと同じだ（注2）。ビットコインがバンキングシステムを破滅に追い込む（一部の純粋主義者が主張するか望むように）ことはほとんどありえないが、仮にビットコインが実用に足る高いレベルを実現して安定した価値交換形態になるとすれば、クロスボーダー商取引においては、最も利用されている不換通貨よりも、現実により有効なものとなりうる。世界はグローバル化されたインターネット商取引に向かっており、ＩＰレイヤーでは地理にひもづいた通貨には何の優位性も存在しない。したがって、人気のあるデジタル暗号通貨は、純粋に利便性に基づいて伝統的な不換通貨と競い始めることが可能なのだ。そういうわけで、中央銀行がビットコインを禁止するか、少なくとも利用を妨げたいと考える理由は理解しやすい。

現実には、ビットコインには設計上の問題があり、それが最初に真にデジタルでグローバルな通貨になることを妨げている。そして現在のトレンドは、ビットコインを貯め込んで（注3）、その将来価値上昇の可能性に投機するというものだ。膨大な数のビットコイン保有者が妄執しているのは、ビットコインの希少性がいつかその価格を1ビットコイン当たり10万ドルあるいは100万ドルにさえ押し上げてしまうことであり、そのため彼らは金かアップルコンピューターの株のごとくにそれにしがみつき、現金化する日が来るのを待っている。こうした行動は、現時点ではビットコインが純粋な通貨として成立する可能性を損なうものだ。理由は、誰もそれを使いたいと思わないからだ。その結果ビットコインは、米ドルのような不換通貨に比べて使い勝手が非常に悪い。これは設計上の欠陥とも捉えられるものだが、主にはユーザー行動の問題として表面化したものだ。

ビットコインの価値がクラッシュして何らかの安定した価値水準を実現する、つまりより紙のマネーに近い振るまいをするようになって人々がそれを使い始めるようにならない限り、ビットコインは、いつか登場する、よりディスラプティブでユビキタスな未来のデジタル通貨のための学習基盤としての役割に終わることになるだろう。

本書の執筆時期には、だいたい4500種類の暗号通貨とアルトコインが選択対象として存在している。規制当局がＢＴＣ（ビットコイン）、ＥＴＨ（イーサリアム）、ＸＲＰ（リップル）その他を徹底的に止めてしまえば、投資家とアントレプレナーたちにとって市場の魅力はなくなる。

自律的ネットワーク、スマートコントラクト、スマート資産とスマートインフラが発展すると、それに伴って、プラットフォームを中心に最適化された新しい価値交換の手法が生み出されることになりそうだ。たとえば、サン・エクスチェンジ（Sun Exchange）はアフリカ大陸におけるソーラー電力のスタートアップ企業だが、ビットコインを使って地域の村々がソーラーパネルを買うことができるようにするだけでなく、生産されたエネルギーについてキロワットごとに生まれるリターンを「ソーラーコイン」として実体化可能だ。人工知能、ブロックチェーンそしてスマートコントラクトへのニーズは、インターネット世界に合わせて最適化された価値交換システムを生むことにつながるだろう。それは必然的に、貨幣管理の手を迂回するものになる。

規制当局が暗号通貨モデルやブロックチェーンの採用を妨げれば、それらが生み出す経済活動も鈍り始めることだろう。

## The DAOとICO

The DAOはコンピュータープログラムベースのベンチャーキャピタル投資ファンドまたは組織であり、イーサリアム・ブロックチェーン上に作られたものだ。通常ある企業のガバナンス構造はなく、イーサ（Ether）という名の暗号通貨を原資産用のアーキテクチャーとして使用した。The DAOは技術的には、AIベースまたは自動化されたスマートコントラクトで実験に参加したコミュニティのメンバーを結びつけるものだった。それは、10～15しかし規制的な視点からすれば、それは全くの悪夢と言えるものだった。それは、10～15

年後には当たり前となるであろう未来の事業運営のテンプレートを象徴するものだったが、世界中のほとんどの法管轄区域における現行の規制は、こうしたタイプのエンティティ（組織、対象物）の存在を禁止しようとするだろう。

The DAOは取締役会、設立認可書や事業免許を持たない。AIベースであろうがなかろうが、現代企業の代用品としては、厳密には適法ではない。The DAOの運用の仕組みには、意思決定に最終的な責任を持つ「法人」の役員が存在せず、すべてはプログラムで作られている。業務規則や経営構造、社員やガバナンスはなく、指示を実行するプログラムがあるだけだ。企業の財務上のガバナンスに関する受託者義務を担うCFOやCEOはいない。税法違反で訴えられるべき人物もいない。じっさいには、The DAOは従来型の収入または所得源を持たずに運営されるので、厳密に言うと税金を払うことにはならなかっただろう。

投資の観点から言うと、The DAOをつくった人またはプログラマーたちは、イーサコイン（The DAOで利用されるアルトコイン）の投資がリスクを伴うこと、この投資アプローチがほとんどの先進国市場において証券関係規則違反であることを説明していた。The DAOの投資家たちは、公認の投資ファンド経由で投資を行わず、投資アドバイザーのアドバイスを受けておらず、投資プロセスに関する証券委員会の監督もなかった。リスクプロファイルのアンケートは実施されず、リスク受容のサインもされなかった。それでも、運用開始から最初の数週間で、The DAOに集まったイーサは1億5000万ドル相当に上った。そしてイーサの価格が上昇したことで、現在の価値はゆうに10億ドルを超えるものとなっている。まさに、非常に大きな投資資金プールだ。

この暗号通貨を使ったブロックチェーン・スタートアップへの投資は、規制下にないクラウドファンディング方式のコイン・オファリングとして最初のものではなかった。その栄誉が向かうのは2013年のマスターコインだ。Wi－Fi禁止の引きこもり生活をしていない限りは、ICOまたはイニシャル・コイン・オファリングの噂を耳にしたことがあるだろう。マスターコイン、The DAO、イーサリアム、ブロックチェーン・キャピタル（注4）そしてその他多くは皆、暗号通貨ベースの店頭取引売買またはICOによるコイン発行を通じて、何十億ドルもの資金を集めた。

証券発行（少なくとも証券取引委員会（注5）の用語で）として法律上厳密に想定されているもので言えば、2017年前半には、30〜40件／月のICOオファリングが行われていた。SEC（証券取引委員会、米国）、FSA（金融サービス機構、英）、MAS（シンガポール金融管理局）、HKMA（香港金融管理局）、ASIC（オーストラリア証券投資委員会）やその他は、今後もずっとICOを違法とするのだろうか？　ICOの創造者たちは、証券法違反で罰金を課されるのだろうか？

もし規制当局が起業家の事業アイディアへと向かう資本の流れや投資を推進したいなら、ICOを禁止することは資本の自由な移動を促進することにならない。それは、消費者に対するリスクを別にすれば、監督領域で最も革新的な一部のスタートアップ企業への資本の流れに制約を課してしまうことになるだろう。より大きな問題は、ICOが本質的に司法の管轄外で行われており、それが法律の執行を難しくしてしまっていることだ。ある国で法人格を持ったスタートアップ企業が別の国で活動し、世界中の暗号通貨投資家から投資を受けてコイン・オファリングを行うことは、暗号通貨を別の司法管轄下へと、何の運用上の影響もなく動かしてしまえることになる。唯一の問題は、そのコインを現金化することだろう。しかしながら、社員、下請業者、サプライヤーが現金でなくアルトコインでの支払いを受け入れるのにやぶさかでなければ、これは実質的にストップ不可能だ。

このことで、規制当局がＩＣＯの撲滅を図りはしないだろうということにはならない（証券取引委員会は合法的にトークンを発行することを難しくしている）。そうすることは法律上大きなチャレンジとなりそうだし、暗号通貨ベースのオファリングが違法となれば、スタートアップ企業にとって市場の競争力や魅力が大きく失われるだろう。規制当局が台頭するフィンテックのエコシステムにおける急速なイノベーションと投資を促したいならば、ファンディングとイノベーションの双方で活発さを維持するために、規制の観点からはＩＣＯに対して軽度の対応をする可能性が非常に高い。ＩＣＯを合法としない規制当局は、市場レベルで将来の金融サービスへの参加を厳しく制限する一方で、最高レベルのイノベーションはＩＣＯベースの資金調達を最大限活用し、当局の規制を迂回することになるだろう。これについてはＣＨＡＰＴＥＲ　５でさらに述べる。

ＡＩベース企業としてのＴｈｅ　ＤＡＯに内在する法的問題は、それが伝統的な意味で人間の法律に服するビジネスではなかったことだ。それはプログラムベースでの指示を介して機能する構成物であった。法律は、私たちが人間として、企業として行動規範や倫理を得るものであるのに対して、The DAOは本質的に、プログラムを法律として使い、事業の内部オペレーションを行っていた。マシンにとってはプログラムが法律だが、私たち人間にとっては、法律は行動規範だ。これらの概念を混同すると、その結果The DAOのような状況が生まれ、それは投資、企業そしてリスクに関する私たちの現行の定義がそぐわないものになってしまう。

究極のできごとは、The DAOのスマートコントラクトに欠陥があったため、あるプログラマーたちがThe DAOに保持されていた価値の3分の1（約5000万ドル）を盗み出すのを許してしまったことだ。そのため、多くの人はこれを失敗と捉え、実験結果は無に帰したとした。しかしながら、私たちはThe DAOの経験から教訓を得た。そしてAIベース企業として後に続くものが出てくる可能性は非常に高い。

規制当局はThe DAOのようなAIベース企業やスマートコントラクトのような事象が将来出てくるのを止めるか、投資ビジネスを規制する証券法や規定にしっかり準拠したコードを書くようプログラマーに強要するかもしれないが、これは間違いだ。将来、AIベースのスマートコントラクト実行がさらに増えていくことは明らかだ。特にトレーディング・フロアは消滅して、プログラムに置き換わっていく。そうすれば、AIによる執行が次第に当たり前になってくる世界のなかで、こうしたAIベースのプラットフォームを禁止する規制当局はどこも、自国市場の大幅な競争力欠如に直面するかもしれない。

未来のAIトレーディングは、FINRA（訳注・Financial Industry Regulatory Authority：金融取引

業規制機構）のシリーズ7、OFQUAL（訳注・Office of Qualifications and Examinations Regulation：資格・試験監査機関）やSFC（訳注・Securities and Futures Commission：証券先物委員会）の免許試験にパスする必要があるだろうか？　プログラムが投資意思決定を大量に実行しているというのに、フィナンシャル・アドバイザーが免許を持つことにこだわる一方で、プログラムのほうは勝手に動くのに任せるのだろうか？　資格試験を受けているからといって人間のほうを選ぶ、というのが答えではない。本書後段で学ぶのは、ロボアドバイザーがすでに人間のアドバイザーと同等レベルの成果を上げており、2～3年後には一般的なポートフォリオ・マネジメントで人間を上回るようになるということだ。

## 金融犯罪とKYCへのアプローチの欠陥

30年ほど前（注6）、金融活動作業部会という、OECDの付属機関でG7メンバー国政府と37カ国の中央銀行がスポンサーとなった組織が、マネー・ロンダリングと戦うための40の推奨事項（およびテロリストへのファイナンスに関する9項目）を設定した。これらの項目は現在、世界中のメジャーな金融センターで法制化されている。これらの変化のなかには、マネー・ロンダリングを示す可能性のある「疑わしい取引」について、銀行に対して報告を要求する項目が入っている。こうした疑わしい取引の定義は、それ自体がやや問題含みである。

**「もし金融機関が、ある資金が犯罪活動の収益金であるとか、テロリストへの資金融通につながるものであることを疑うか、疑う合理的根拠を有する場合は、その金融機関は法に基づいて、その疑わしい項目について速やかに金融情報機関（Financial Intelligence Unit：FIU）に報告することが求められる」**

――勧告第20号、FATF勧告、2012年

銀行はいまや意図せずに、自らがグローバルなアンチ・マネー・ロンダリングへの取組みに向けた警察力となってしまっている。それはおそろしく無駄な仕組みだ。アンチ・マネー・ロンダリング（AML）法には3つの要素が含まれる。第1は、銀行は、口座開設を行う人々に対して、複雑な「Know Your Customer（KYC）：顧客確認」規則に基づいて身元確認を行わなければならないことだ。第2に銀行は、正常パターンと理解する顧客取引をモニタリングして、異常なものを検知しなければならない。そのなかには現金取扱いも含まれる。第3は、銀行は異常取引について調査を行い、必要であれば「Suspicious Activity Report（SAR）：疑わしい取引報告」を作成して報告を上げなければならない。

こうした取組みは部分的には自動化されてはいるが、そのほとんどが当初から、銀行のテラーやアナリストに書式に記入させることがマネー・ロンダリングと疑わしいものを見つけて報告する最良の方法であった時代に組み立てられたものだ。それがうまく機能していないのは、驚くようなことではない。

国際連合は、現在の金融犯罪は世界のGDPの2〜5%、年間2兆米ドル相当に及んでいると報告している。そして現行のAMLへの取組みは、現在の違法な資金フローの1%も捕捉していないとしている（注7）。残念なことだが、銀行が巨額の費用をかけていても、悲惨で効果の薄い結果しか得られていないのだ。米国だけをみても、銀行全体ではAMLコンプライアンスのみで500億ドルを支出していると推計されている（注8）。このことは、現在発生しているすべての金融犯罪を捕捉するためには、AMLの取り締まりだけで英国1国分の年間GDPに相当する支出が必要になるということだ。現行モデルは拡張性がなく、有効でもない。

AML対応のコストは、銀行にとって巨大なリスクがある点で問題を悪化させている。単独金融機関への罰金が10億ドルを超えるのだ（注9）。その積極的適用への怖れが、疑わしい取引を過剰に報告することにつながり、それは結局、低価値のデータで法を執行してしまうという問題を引き起こすことにつながり、重大犯罪の検知を阻害することになる。米国では、大都市が関連機関間のタスクフォースを持っており、そこではSARレポートを毎月大量にプリントアウトして、黄色い付箋の大量の束をテーブルの周りに集め、意味のある情報を見つけようとしている。おそらくこれが、レポーティングがひどく役に立たないことの理由だろう。法執行の行き着く先が、結局は黄色の付箋なのだ！

もう1つ、このローテクシステムは意図せざる結果をもたらしている。「リスク分離」という規制当局の指令のせいで、経済のすべての業種から金融へのアクセスがブロックされてしまいかねないことだ。現行のKYC手続きでは、遵法者と悪者とを正確に区別することがあまりに困難で、高コストで、高リスクであるというだけで、業種、所在地、環境などが潜在的にハイリスクと判断される顧客はふるい落とされてしまうのだ。これは発展途上国の政策立案者にとって大きな懸念である(注10)。米国でこれは「新しいレッドライニング(赤線引き=差別)」と呼ばれている。

このシンプルなプロセスが現在起こしている副作用の1つが、ある法律群で顧客全員がまるごと維持不可能になってしまうことだ。米国のFATCA(訳注・Foreign Account Tax Compliance Act:外国口座税務遵守法)の取締り条項は、世界中のどこの銀行であれ米国市民を顧客とした場合は、IRS(訳注・Internal Revenue Service:国税庁)に報告することを要求している。このことは、世界中の数々の銀行が、あらゆる米国市民に対して口座開設の申込みさえも拒絶することへとつながった(注11)。

AMLの課題も増え続けている。

決済分野の進化が示しているのは、規制当局が価値貯蔵や決済手段のタイプの多様化に対応しなければならないことである。それらの多くは規制の埒外にある。たとえば、ビットコイン、イーサ、リップル、スターバックスや、Xboxクレジットについて考えてみよう。もし誰かがこれらを使って1万米ドル超を送金すると、現状ではそれはSTR(疑わしい取引報告)(注12)中にはレポートされない。中国では現在、モバイル決済の90%がアリペイとテンセントのウィーチャットのネットワークを通じて行われており、このネットワークを通じて飛び交っている年間何兆件もの決済は、従来のバンキングシステムのチェックポイントからは実質的にモニター不可能だ。

1万米ドルの取引が予測パターン外の場合、現行の報告プロセスは、マネー・ロンダリングを行っている者を見つけるのにはひどく役に立たない。本当に必要なのは、資金の流れをモニターして、こうした資金が集中するパターンを探すシステムだ。そのためには、最低限でも国全体レベルでのAIベースのモニタリング機能が必要となるが、おそらくそれはグローバルベースでの異なる当局間の協調を伴うものになる。こうした取引フローモニタリングシステムは、マネー・ロンダリングが発生している場所と関係するプレーヤーの身元を発見するのに、現行のレポーティングシステムよりも全体としてはるかに有効性が高い。

新しいテクノロジーは、AML規制の中核的なロジックに対してさえも疑問を生じさせている。システムは犯罪者やテロリストを金融システムに入らせないように設計されているが、彼らを検知し、モニターし、捕捉することに使える先進的なデータ分析のテクノロジーが規制当局内に配備されるべき時に、私たちは紙ベースのレポーティングと人間の眼を使って取締りを行っているのだ。最近のシカゴ大学のレポートの推計によれば、その「厳しくない」アセスメントにおいて、**ロンダリングされた資金のうち、うまく捕捉されたのはわずか0・2%**である。つまり、現在のAML規制によって1ドルが捕捉されると、他方で499ドルがロンダリングに成功しているということだ。私たちは、AMLで0・

2％の成功率を実現するために、世界で毎年500～1000億ドルを費やしている。効果が出ていないのは明らかだ。膨大な規制、何十億人時と作業の投入、邪魔をされ告発される顧客、そして執行のアクションがとられるが、それは機能していないのだ。

AMLへの取組みを有効かつ効率的にするテクノロジーはすでに存在している。システムに必要なのは、レポーティングのデザインと基準の改訂、セキュアなデータ共有の拡大、情報セキュリティの向上、パターン分析の速度と精度の向上、そして手作業と銀行の専門家と法執行の排除である。シンガポールのような一部の国では、KYCのために政府と業界間でのデータ共有の仕組みを創出しようと試みている。より多くの規制当局が取り組む必要がある。

## 現行のKYC法は排除につながる

ここでKYCの今後について考えてみよう。ウーバーはここ2～3年大きな損失を出しているが、業況は上向きのようだ（注13）。2017年の第2四半期、ウーバーの予約数は17％増加し、その前の四半期は10％の増加で、売上高はほぼ90億ドルであった。アマゾン設立以来の20年間は赤字であったから、ウーバーの投資家は現在のところ、成長に向けた損失という代償を受け入れているようだ。しかし、ウーバーが成長するにつれ、特にミレニアル世代の運転慣行は明らかに変化してきている。私の娘のハンナは現在17歳だが、ニューヨークに住んでいるときに、彼女には運転免許を取る意思が本当にないことが明らかになった。実際、私が彼女にクルマを買おうかと話すと、「パパ心配ないわ。それよりウーバー使うのを許してくれない？」と言ったものだ。

自動運転車の利用が始まってウーバーのようなサービスが当たり前になると、私たちの息子や娘たちが私たちよりも運転しなくなることは明らかに予想できる。２０１６年の米国フロンティア・グループのレポートは、米国において60年の長きにわたった運転ブームはすでに終焉となったことを示している（注14）。ウーバーは他の要因に基づいてこのブーム衰退を加速することになる。

**「米国における20世紀後半の運転ブームは、急速な経済的、文化的、人口構造的変化と軌を一にしたものだった。こうした変化は大枠では同じ方向に向かうものだ。より自動車指向の社会である。しかしながら、これらのトレンドの多くは、おのずと限界に到達するか、反転してきている。運転ブームの間は、個々人による運転という終点へと向かう途上にあることが当たり前だったが、そのトレンドは終局を迎えた可能性が高い」（図２－２）**

――フロンティア・グループ、米国における運転の未来についてのアセスメント

したがって、運転の動機付けや性向の低下と、ウーバーのようなライドシェアサービスのユビキタス性の拡大、そして自律的あるいは自動運転車がもたらす中期的な影響とを組合せれば、１つのことがきわめて明白となる。運転者数の減少は運転免許証数の減少であり、身分証明書数の減少であり、そのことが米国のような市場における現行ＫＹＣルール

に基づけば、金融排除の拡大につながるということだ（注15）。

　サブサハラ・アフリカのような発展途上経済地域では、金融包摂のメカニズムとしての支店展開は行き詰まっている。アクセンチュアとスタンダード銀行の調査では、アフリカ大陸で現在銀行取引を持てない人々の70％は、物理的に利用可能な銀行支店に足を運ぶだけで、丸1カ月分の給料を超える額を支出する必要があることが示されている（注16）。インドでも似たような状況が見られる。インド準備銀行は当初、インドに拠点を置く銀行に対して、新設する支店の少なくとも25％を地方に配置するよう求めて、銀行取引のない人々に対応させようとした。しかしながらこの施策は金融包摂に十分明確な影響を及ぼさなかった。理由は、

図2-2 ● 減少に向かう走行距離、運転者数、本人確認用運転免許証数

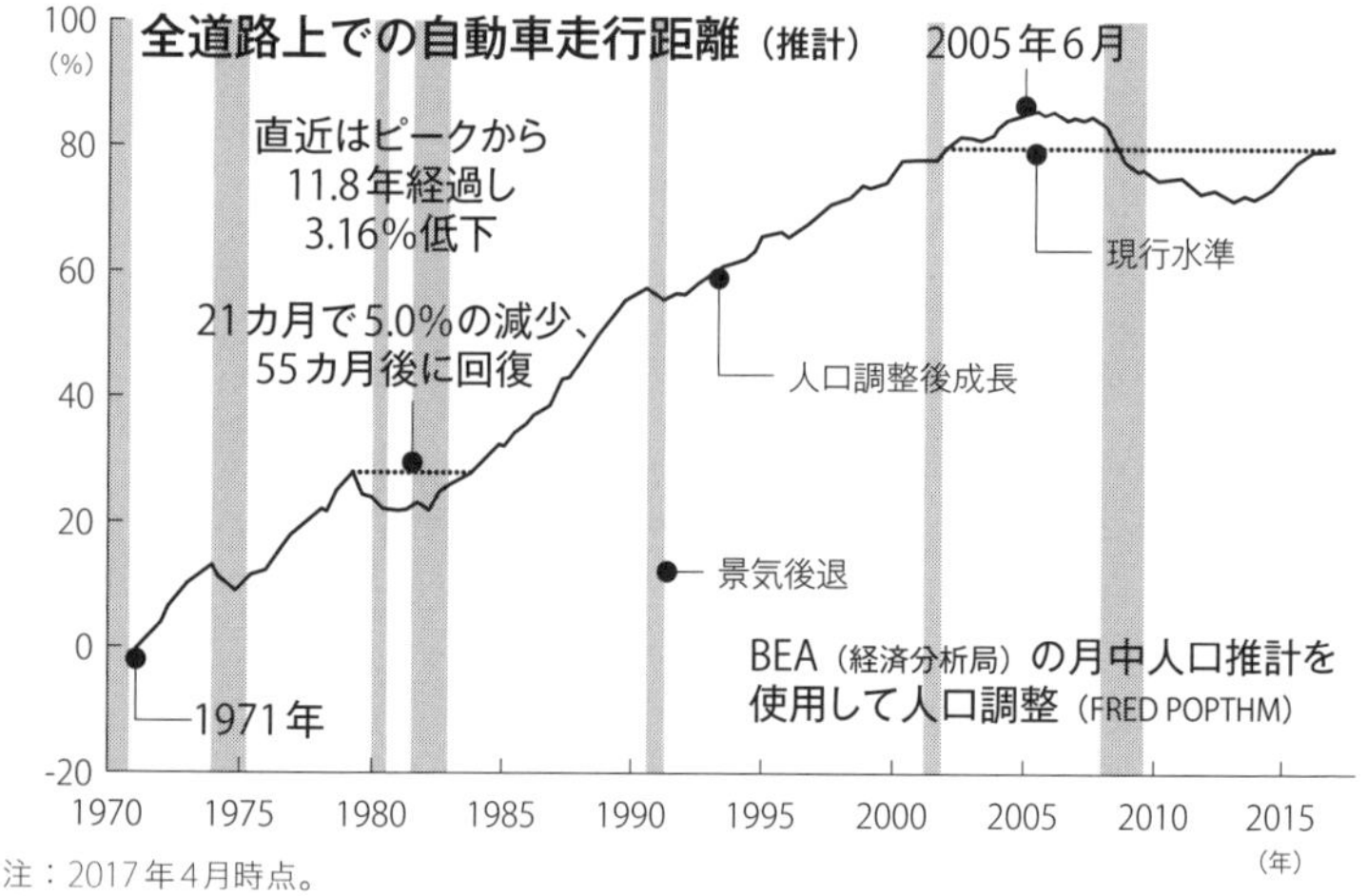


注：2017年4月時点。
出典：dshort.com

銀行取引のない人々は、新規口座開設のための身元確認要求に応えられなかったからだ。だからこそ、インドにおいて、アドハー・カード導入という施策が金融包摂に非常に役立った。これで状況が変わった。２０１７年８月15日時点で、11・71億人を超える人々がアドハー・カード・プログラムに加入している。これはインド人口の88％に上る。

インドではアイデンティティ改革の結果、金融システムに包摂される人の数が爆発的に増加している。以前のバンキングシステムで排除されていたほとんどの人口セグメント、つまり低所得の家計と女性が、アドハー・カード施策が開始されて以降、前年比１００％の勢いで毎年増加しているのだ。２０１５年時点で、３億５８００万人を超える女性（61％）が銀行口座を保有しており、２０１４年の２億８１００万人（48％）からの増加となった。これは、南アジアとアフリカの８カ国のなかで、「銀行取引ができる」女性の数の増加として唯一最大のものだ（注17）。身元確認の要求レベルを引き下げるか、新しい身元確認の仕組みをつくり出して金融包摂を推進することも可能だが、運転をしない人や海外旅行をしない人向けに運転免許証やパスポートが必要な身元確認の仕組みをつくり出して支店経由での金融包摂ができると考えるのは無理な話だ。銀行取引がない米国家計の25％にはすでにわかっていることだが、このモデルでは金融排除への処方箋となってしまう。

しかしながら規制の観点から言えば、身元確認のケイパビリティを最も有する者は誰か？　という問いが発せられるべきだ。今後20年くらいの間、金融包摂と金融アクセスをサポートするのによいポジションにいるのは誰か？　率直に言えば、それは銀行ではない。

現在、幅広いアイデンティティ・データを最も大量に有するのは、フェイスブック、アップル、テンセント、アマゾン、アリババ／アリペイ、ウーバー、スナップチャットや他の巨大なプラットフォーム企業だ。こうしたプラットフォーム企業は、基本的な身元確認データを保有しているだけでなく、顔認証などの生体認証データとあわせて非常に先進的な行動データセットを保有していることが多い。フェイスブックは現在、大多数の世界のリテール銀行よりも良質な身元確認情報を保有している可能性が高い（注18）。そしてそれはすべてクラウド上にあるのだ。

リアルタイムでのデリバリー機能が競争力の中核となるにつれて、住民の多くがもはや使いもしない身元確認書類を提出するために支店に赴く必要があることは、金融包摂の構造的障害でしかない。運転免許証かパスポート、および物理的な署名を使った対面での身元確認にこだわる規制当局は、バンキングを消費者にとって安全なものにしていないのであり、それが問題の一部となっている。問題は悪化する一方だ。自筆サインに基づく対面での身元確認は、フィンテック企業が提供する、前述のようなユビキタスなプラットフォーム上の新しい価値貯蔵によってディスラプトされること、請け合いである。

規制当局が現行プレーヤーの競争力維持を確実にするための唯一の方法は、対面とクラウド・プラットフォームの両方の制約を取り払うことだ。２０２５年には、ほとんどの銀行が、フェイスブックやアドハー・カードのようなアイデンティティ・ブローカーに身元確認をアウトソースしているかもしれない。将来は、銀行が身元確認データを収集・保有することは意味を持たない。それよりはるかに可能性があるのは、銀行が身元確認サービスと接続して必要な情報を受け渡し、新規顧客の身元の正確性を確認するというものだ。言うまでもないが、ソフトウェア・ベースの顔認証のようなテクノロジーが顧客を特定する正確性は、通常の対面取引の15〜20倍である（注19）。もはや対面での口座開設は安全ではなくなっており、それはおそらく統計的に、今この時代において銀行が行う唯一最もリスクの高いことかもしれない。

しかし、後でブロックチェーンの章でお読みいただくことになるが、規制当局と銀行は、身元確認データ収集やKYC規制に今後長く頭を悩ます必要がなくなる術があることを示そう。

## クラウドは非現実的か？

もう1つの重要な課題は、規制当局は世界のテクノロジーがクラウド・コンピューティングへと移行するのに対応しなければならないことだ。つい最近まで、米国の検査官は銀行に対して、サーバールームにアクセスするための物理的な電子カードキーのようなものと、書面によるサーバー保護のための消火計画を作ることを求めていた。これらはITリスク管理における必要事項であった。これと対照的に、フィンテック企業はサーバールームを持たない。データはクラウド上にある。ムーブンがテクノロジーの置き場所を最初にカナダに移行した際には、カナダの規制当局がアマゾンのAWS（アマゾン・ウェブ・サービス）に対して、匿名化されトークン化された顧客データが蓄積されている物理的なサーバーのった。

存在場所を知らせるよう求めた。言うまでもないことだが、AWSは要求を満たさなかった。

規制当局はセキュリティへの懸念から、クラウドベースのシステムに対して一般に難色を示してきた。しかしながら、使われ方が正しければ、AWSのようなクラウドシステムは、安全度が低いどころかはるかに高い。これは主に、AWSは防御しやすいためだ。従来型銀行のITシステムには数々の弱いリンクがある。なぜなら、どのアクセスポイントも脆弱性が生じる可能性があるからだ。銀行では、アクセスポイントが至る所にある。数多くの場所に複数のサーバールームがあり、システム内では通常多種類のソフトウェアが動いていて、それらはさまざまなバージョンで十分にアップデートされていない。そしてこれらのシステム間をつなぐパイプは漏れやすく、セキュリティ上のひび割れが山ほどあって、データが失われたり盗まれたりしうる。盗難はハッカーによっても、すべてをメンテナンスするためにアクセスしなければならない銀行職員によっても起こりうる。

しかしもっと決定的なのは、アマゾンAWSやマイクロソフト・アジュールは、戦争のようなセキュリティ環境のなかで成長してきていることだ。定常的にハッカーに探りを入れられるため、彼らのサイバー・セキュリティ部隊は世界最高だ。時間の経過とともにこれが免疫システムのように機能し、大手クラウドプロバイダーは自社のプラットフォームのセキュリティを軍事レベルのもの（注20）に構築することが可能になる。セキュリティとパフォーマンスの双方の範疇において、銀行保有のITシステムを常に能力で上回るプラットフォームだ。

クラウドシステム内でのデータはすべてオンラインであり、つまり火事のような物理的災害から保護されており、効率的に安全も保証されうる。規制当局は、セキュリティの形式ではなく成果に着目すべきだ。銀行と規制当局が侵入テストを適切に実施して環境がセキュアであることを確認するなら、顧客データがセキュアである限りは、セキュリティがどのように実現されているかは問題でないはずだ。

規制当局はこの件について次第に受け入れつつあるが、彼らは完全に方針を変えて、クラウドベースシステムを認め、さらに推奨もする必要がある。それが銀行と消費者の双方にとってよいことだ。規制当局にとっても同様である。収集が容易なデータを使って分析するレグテック戦略を駆使することで、銀行のコンプライアンス状況をモニターすることが次第に可能になっていくだろう。

オンプレミスのソリューションを要求するという規制当局のトレンドは、未来の金融システムのテクノロジー・アーキテクチャーのなかに独立した「島」を実質的に構築していることになる。こうした島は、銀行が他の提供企業とシームレスに協働することを妨げてしまう。

私たちは、将来はクラウドベースの金融サービス提供者がより多く出現することはあっても減りはしないことを想定しなければならない。実際、経験ベースの機能の大半にはクラウドの要素が入る可能性が大きい。現実には規制当局は、規制対象がプラットフォームとしてクラウドを利用するのを制限することを通じて、配下の銀行が新興のフィンテック企業やテクノロジーリーダー企業に対して競争力のあるプラットフォームを維持できなくなる可能性を高めているのだ。そうなれば、クラウドを禁止することが、全体として金融サービス市場の有効性を低下させ、競争力を減じることになるだろう。現在クラウドを制限することは、最も進歩的な金融市場と自国市場とのギャップを拡大してしまうことになる。

## クレジットアクセスの改善

古い規制と新しいテクノロジーの間の溝が広がりつつあるもう1つの場所は、信用リスク評価と、その結果としての金融包摂である。現在は、新しい種類のデータと機械学習を使って、リスク評価モデルをファインチューニングすることが可能だ。そうしたモデルは、データやコンピューティング・パワーがいずれも不足していた時代に開発されたものだ。このデータ革命に、携帯電話が物理的な支店のサービスを受けられない何十億もの人々に金融アクセスをもたらしつつあることが組み合わさって、金融の歴史のなかでも最も民主化を推進する力となっている。残念なことに、公共政策と既存の融資企業寄りの政策方向性が、その可能性を大きく阻害してしまうおそれがある。信用調査機関がしっかり確立されている米国のような国では特にそうだ。

米国の規制当局が多種のリスク分析用データモデリングを認めている一方で、政策立案者は、新しい種類のデータを使った消費者向け融資用に、特別なリスク領域を創設した。信用差別を禁止する法律には、非合法な「差別的効果」の概念が含まれている。女性やマイノリティのような「保護対象層」に対して、融資結果の統計的差異という形で意図的ではない差別を行ってしまうことだ。こうした統計パターンを示す融資は、融資提供者がビジネスニーズの存在を証明し、そのニーズがより差別性の低い方法で対応できないことを示せなければ、違法であるとの異議申し立てを受けるかもしれない。

すべての融資は異なる借り手集団に対して異なる結果を生み出す。そしてこの相違は、所得、財産、職業の安定等の信用度に影響しうる特性を持つ人種的・民族的マイノリティに対して不利に働くことが多い。こうしたモデルには前述の影響があるにもかかわらず、ずいぶん前の規制当局はそれを妥当なものとしていて、統計的に健全で予測力があるという見解だった。こうして認められたモデルは一般的にクレジットスコアの利用に強く依存しており、スコアの良好な消費者に対してはよい効果が出た。しかしながらそれは、信用情報が「薄っぺらい」とか信用履歴のない、あるいは入手可能データからはうまく判定しにくい複雑な履歴（健康上の問題で金銭的損害を被った経歴のある場合など）のある人々を排除するか、その人たちに対して意図なくして不利に働く可能性がある。こうした顧客がいた場合にクレジットスコアに依存すると、貸し手がより多くの情報を評価できなければ、実際には信用力があるかそれを証明できる人を排除してしまいかねない。

テクノロジーによってそれが可能になる。現在の貸し手は、人々の信用履歴やスコアを超えるはるかに多くのことについて容易に知ることができる。実際、不正検知やアンチ・マネー・ロンダリングのKYC規則への対応などの領域では、そうしたことが日常的に行われている。融資においては、ほとんどの貸し手が新しいデータを使うことに懸念を持っている。その理由は、こうした手法を差別的効果の面でどう評価するかを規制当局が明確にしていないからだ。

米国では、8000万~1億3000万の米国人が、金融システムの外縁で高コストのサービスに依存して生活していると推計されている（注21）。規制当局がテクノロジーの進歩に追いつくことができれば、何百万もの人々に対して、適正な価格の本来的な融資へのアクセスを利用可能な条件で提供することが可能になる（注22）。

## 規制の形態と機能の未来

第一原理に立ち返れば、そもそもなぜ私たちが規制を生み出したのかという問いかけをする必要がある。根本的には、それは形態ではなく機能である。しかし、現代のファイナンスでは、その機能は古くて硬直的な構造内に閉じ込められるようになっており、本来の役割とのズレが大きくなっている。

現存する最古の中央銀行で、厳密に言えば最初の通貨の政府規制当局であるのは、スウェーデンのリクスバンク（注23）で、1668年に創業している。しかし、政府が通貨管理に関与するのは新しい現象ではない。通貨の政府管理の最も古い事例は、紀元前2750年のエジプトにまでさかのぼる。そこでは、国が発行したシャット（注24）という通貨単位が金に固定されていた。バンク・オブ・イングランドはリクスバンクのすぐ後の1694

年に設立されたが、それはフランスのルイ14世との戦争のための資金調達の仕組みとしてのものだった。

中央銀行は、もともとは政府または王室のプライベートバンクであった。金融システムを効果的に規制するというその役割が発達したのは、18世紀から19世紀にかけてである。1844年には、英国の商業銀行は自行で紙幣を発行できるようになっていた。それ以降、紙幣の発行は中央銀行に限定され、それは金によって裏付けられていた（一般に「シニョレッジ」と呼ばれる）。時間の経過とともに、中央銀行はバンキング市場全体を管理するようになった。それには銀行が商業銀行業務を行うための免許付与も含まれていた。その後、経済成長の規制監督手段として、経済政策もまた中央銀行と通貨当局の管轄となった。しかし現在明らかとなっているのは、2007〜2008年の世界金融危機以降、中央銀行が金融政策のみで経済成長を効果的に促すことはもはや不可能になったということだ。

銀行の規制は、中央銀行の通貨発行管理とセットで生まれた。認可を受けた銀行だけが紙幣の発行または預金の受け入れが可能だった。このすべてが変わったのは、大恐慌が到来した1930年代のことだ。銀行の倒産や株式市場の崩壊からより幅広く消費者を保護するために、規制が導入された。

したがって、預金受け入れまたは通貨発行機関に対する規制は、中央銀行の歴史的役割である。しかし、プログラマーの集団による暗号通貨の発行が可能な世界、またはアント・フィナンシャル、マイクロソフト（Xboxクレジット）、あるいはスターバックスのようなテクノロジー企業が現代の銀行1行よりも多くの預金（資金と読み替える）を顧客のために保有可能であるような世界では、管理とその構成要素は崩壊し始める。

価値貯蔵がより代替可能なものとなり、ノンバンクのプレーヤーがより利便性を手にするようになるため、将来、銀行免許自体が有する価値とは何なのかという本質的な問題が問われるだろう。マイクロソフトは、保有するあなたの資金についてＦＤＩＣの預金保証をつける義務を負うべきだろうか？　アント・フィナンシャル、フェイスブックあるいはアマゾンは経済のなかで資金を動かすことができるバンキングあるいは決済の免許の取得を義務付けられるべきだろうか？

しかしながら、もしアリペイが（例としてだが）中国において決済免許を発行されて、そのユーザーの半分が中国外にいるとしたらどうだろうか？　アリペイは業務を行うすべての国で決済免許を取得することが求められるだろうか？　これは現行の規制が前提としていることだ。しかし、ウォレットに保有される預金や価値についてはどうだろうか。アント・フィナンシャルは、預金を保有するすべての国において銀行免許の取得を求められるべきだろうか？　私が考えるに、これが合理的な問いかけだと想定するのは規制当局だけだろう。アント・フィナンシャルの株主は、それは合理的ではないと主張するだろう。アント・フィナンシャルのような企業が米国で業務を行うことを制限する法律を中国内で作ることは、オペレーション上は可能だ。そうしないと規制間に矛盾が生じる。ｅ－Ｍｏｎｅｙ免許かチャレンジャーバンクの認可書を有する英国のノンバンク企業は、現在も米国での顧客からの預金受け入れを禁止されている。彼らが米国居住者に対してビットコインでクロスボーダーでの預金を受け入れ、米国居住者向けに英国のデビットカードを発行したらどうなるだろうか？　これは米国の規制に違反することになるが、それを取り締まって防止することは非常に難しいだろう。

経済のグローバル化が進み、資金移動が地理に限定されることが少なくなっているなかで、中央銀行はその役割として、テクノロジー・プレーヤーが従来のバンキングシステムの拡張として機能することを認めているのが現状だが、それは伝統的なバンキングシステムが効率的に機能することを前提としている。しかしながら、純粋に経済的な観点からは、銀行認可という方法と銀行口座保有の制限という方法は、未来のファイナンスの世界に登場するであろう数多くの新しいタイプの価値貯蔵と価値交換システムに、うまく対応できないだろう。

たとえば、シリやアレクサのようなＡＩエージェントやスマートアシスタントが、２〜３年後にあなたのエージェントとして取引を行う機能を持つと考えてみよう。「アレクサ、金曜の夜にチャイナタウンのレストランを５人で予約して。夕食に飲茶を出す店で、４つ星以上のランクでお願い」といった具合だ。

このシナリオで対象となるレストランも予約を処理するＡＩエージェントを有している場合、こうしたエージェントによって近いうちに決済も完全に自動化されることはほとんど確実だ。これら２つのＡＩエージェントは互いの間でやり取りして決済を円滑化するが、その場合、背景となる価値貯蔵は重要ではない。あなたがアレクサのアカウントに紐付けたマスターカードを持っていなくても、おそらくＡＩは止まらないだろう。あなたが中国人旅行者でニューヨークのチャイナタウンを訪れているとすると、あなたのＡＩは、ウィーチャットかアリペイ方式の価値貯蔵で動いている可能性が高く、それはクラウド上で使用可能で、スマートフォンに組み込まれている。食事を終えるまでには、レストランＡＩが旅行代理店のエージェントを呼び出して決済を求め、どこかのクリアリングハウスが、アリペイからニューヨークのシティバンクにあるレストランの銀行口座への支払いを円滑に行う。

たとえ話を進めよう。もし、レストランが配達ロボットから食材のデリバリーを受けて、ロボットに配達料を払わなければならないとしたらどうだろう？　そのロボットは、決済を受け付ける価値貯蔵を有しているだろう。しかし、どこかの銀行がロボットに伝統的な銀行口座の開設ができるようにして、ロボットが社会保障番号から16桁のカードナンバーを発行してもらうことができるだろうか？　こうした価値貯蔵は、従来型の銀行口座よりも、価値貯蔵ＧＰＲ（訳注・General Purpose Reloadable：汎用リロード可能）プリペイドカードか、いわゆるｅウォレット（ペイパル、ヴェンモ、アリペイ、ウィーチャット等）的なつくりとなる可能性がはるかに高い。大量の商取引がノンバンクの価値貯蔵へと移行する場合、中央銀行はあらゆる種類の価値貯蔵に認可を与え、預金保証をつけることにこだわるものだろうか？　あるいは、単純にその活動をモニターして、消費者を保護するのだろうか？

## うまくいかない可能性はあるか？

領域の重複によって規制がうまくいかなくなる状態が到来すると、次々と恐ろしいことが起こるだろう。

第1に、過剰規制となれば、必然的に望ましく助けになるようなイノベーションは押さえつけられる。そうなる理由は、規制当局はアップサイドの可能性を理解せず、ダウンサイドのリスクを見るようにできているからだ。イノベーション、特に小規模のスタートアップ企業によるものには、ビジネス上とテクノロジー上のリスクが内在する。失敗して顧客を混迷させるイノベーション企業もあるだろう。そのなかには無保証の手段に価値を貯蔵していて、カネを失う人々もいるだろう。セキュリティ侵害を起こすイノベーション企業もあるだろう。もちろんそうした侵害は、現在の高度に規制された銀行においても当たり前にあることだが、こうした新種の企業群に対しては、一般大衆と規制からの強い反発があるだろう。他にも、現行企業が政治的圧力によって、より俊敏な競合相手に対して規制による保護を求めることで、政策立案者がイノベーションを妨害しようとすることは多いだろう。

第2に、レガシーな規制領域のなかに規制不足とギャップが存在すると、新たなリスクが発生・拡大するのを許容することになる。そのなかには、消費者プライバシーやサイバー・セキュリティの喪失、マネー・ロンダリングの増加、アルゴリズムに基づく意思決定におけるバイアスや不正確さの発生、そして金融システムの不安定性といったことがある。革新的な金融サービス手段は、規制当局が適応するよりも速く発達するものだ。したがって、こうしたギャップが拡大することが予想される。

第3のケースは、規制の一貫性がないために市場の歪みやシステム全体の不確実性が生じてしまい、将来性のある分野への新たな投資に冷水を浴びせてしまうことだ。ほとんどの国では、複数の規制当局の管轄や司法権が重複している一方、協調や協働の仕組みの作動は一般的に弱い（そして非常に遅い）。米国ではこの問題はとりわけ強く、5つの官庁が金融機関を直接監督しており、さらに2ダースが規制上の問題に関係し、そして50の州が銀行とノンバンク金融企業を監視している。なかには協調する組織もあるが、この細分化した構造は一貫性の欠如を助長するものだ。そしてそれが、規制上の不確実性とリスクを生むことになり、ここでもまたイノベーションを滞らせる。

最後に、規制はその目標を効果的に達成することが次第に難しくなってきている。規制当局は、アナログ的なテクノロジーで作られており、大量のデータとAIに支えられた先進的なデジタルやコンピューターによる産業（犯罪やテロも同様）の進歩に次第に後れをとってしまうのだ。

こうした問題が金融システムの健全性に脅威を及ぼすことは間違いない。銀行はノンバンクよりもはるかに強く規制・監督されているが、このパターンは市場変化が加速するにつれて強まりそうだ。おそらく銀行は競争相手よりも高い規制コストとリスクを負い続け、旧いシステムを維持することを余儀なくされるだろう。それはたとえば、特に低所得地域で支店を維持し続けるといったことだ。その結果の1つは、市場シェアの低下だ。もう1つは、適応できない銀行の破綻である。規制による拘束とコストという力が働き続けて、イノベーションを規制の目が行き届きにくいバンキング業界外の場所へと押しやってしまうために、これらすべての問題はスパイラル化する傾向がある。そうなると、リスクは上昇し、検知されず、時には危機につながって政策対応は後手となり、長期的には事態が悪化しかねない（サブプライム住宅ローン危機が「シャドーバンキング」という言葉の流行に火をつけたことのように）。これらのトレンドは、金融システムの流動性、資本、社会的な信認といった面で、システム全体の危機を引き起こしかねない。

このことが必ずしもノンバンクのプレーヤーにもマイナス影響を及ぼすとは考えないことだ。多くの銀行が、市場へのサービス提供能力の中核にあるのは「銀行への信頼」だと言うが、現実には、M－PESA、アリペイ、ウィーチャットペイといったプレーヤーはその利便性を通じて強い信頼を築き上げており、それはネットワーク効果によって増幅されている。

新しいテクノロジーに迅速に適応できない民間企業は、それに適応する者やより高い利便性を持つ者に取って代わられるだろう。しかしながら規制の領域内で企業をつくり出すのは、主権を有する政府である。多少のリストラクチャリングはあるだろうが、ほとんどはそのままだ。前述のように規制が災害を生むことを避けるためには、これら企業が変わらなければならない。21世紀の金融規制システムへの道程は、長く厳しいものになるだろう。

## 改革の要素

成功のためには、第一原理を基礎とする戦略が必要であり、それは金融システムの安定性、顧客公平性、およびマネー・ロンダリングの抑制（競争と、消費者や中小企業向けの金融包摂の推進による経済成長の促進を含む国もある）を保証するものだ。

### ・RegTech（レグテック）とSupTech（スーパーテック）：原則ベース、データ主導の監督

政策立案者はルールベース規制を重視するのをやめて、原則ベースの監督と数量指標に対するデータ集約型モニタリングを組合せたものへの依存度を次第に高めることになるだろう。ルールベースの規制が機能しうる領域もあるだろうが、規範型、手続き型の要件は、テクノロジー主導で起こる商品や実務の変化に徐々について行けなくなる（先進国では、新しい規制を1つ作るのに数年を要しかねないが、そうなると導入時点ですでに時代遅れとなっている可能性はかなり高い）。

その代わりに規制当局は、取引、業務遂行、市場パターンに対して、データ集約型でAI駆動のモニタリングを行う方向へと動かなければならない。規制当局は「RegTech（レグテック）」または「SupTech あるいは SupTech（スーパーテック）」と呼ばれることの多い監督テクノロジーを使うことになる。そこでは、定量的で測定可能な標準を設定することが求められる。原則は個々の規制目標のなかに具現化するという形で満足される、リスク調整後資本の妥当性やインサイダー取引の防止から、消費者の非差別的取扱いまでにわたる。

### ・デジタル・ネイティブな規制

改革とは新しいシステムを生み出すものであるべきで、それは当初からデジタルであり、昔のアナログプロセスの単なる拡張ではない。システムは、規制目標達成のために必要となるデータや分析の種類を決定し、次いで規制設計をデジタル化して、世のデジタル化されたすべてのものと同様に、品質、スピード、コストを一気に向上させる。数多くの領域においてこうした新しいアプローチがアナログモデルと並行して確立されるべきであり、業界は移行を容易にする方法として2つのうちどちらを選ぶかを認められるべきだ。

### ・機械実行可能な規制

2017年11月、英国の金融行動監督機構（FCA）は、機械実行可能な規制の実験を実施した。業界と共同でハッカソンを開催し、規制報告指示の変更をプログラムし、それをダミーデータのセットに適用して、マシン同士の間でルール改訂を反映したレポートを作成することに成功した。報告の変更は、従来の方法では何カ月とか何年もかかりそうなものだが、それが約10秒で実施されたのだ。FCAはテストに関する報告を発表し、次の段階に向けたパブリックコメントを求めて、他国の規制当局にも連係を働きかけた。機械実行可能な規制は目的によっては機能しない場合もあるが、実行可能な分野では、政府と業界の双方にとって、膨大な量の時間とコストを節約できる。規制改革の中心的存在となるべきものだ。

**・AMLのネットワーク・モニタリング**

前述のとおりである。たとえば未来の姿は、報告の仕組みを通じて、実質的な取り締まり力として機能するよう銀行に求めるようなものではないだろう。銀行は、疑わしい取引と疑わしい口座保有者を検出する活動を行っている。その代わりにAIが大量のトランザクションを追跡して、疑わしいフローを探し出し、取り締まり対応を要するAML活動の中心を特定する。現在、偽のフィッシング・ウェブサイトを特定しているのとおおむね同様の方法で悪者にフラグを立てることが可能であり、銀行は、取引を行うべきではない相手方を自動的に知ることになる。

**・テストベッド、サンドボックス、レグラボ**（Reg-Labs）

規制当局には、テクノロジー主導の変革について、まず考案・試行してからシステム全体に導入することを可能とするような新しい戦略が必要となる。同様に業界側では、現行の規制要件には正面から適合しないが有望なイノベーションを試行できるよう、注意深く設計された安全なスペースが必要となる。規制当局は双方のために、明確でよく考慮された制約下で非常に小規模のテストベッド、レグラボあるいはレギュラトリー・サンドボックスをつくり出して利用可能にするべきだ。

これらはすでに世界的に普及の只中にある。英国の金融行動監督機構に触発されて、20カ国以上でレグラボが設立されるかその調査が行われている（注25）。

**・ミッション、文化、スキル、プロトコルの変革**

現行のほとんどの規制体は、ミッション、スコープ、プロトコルに関して再考が必要となろう。訓練の変革と、新しい、特にデータサイエンス分野でのスキル保有者の採用が必要である。テクノロジー中心のイシューに対応した組織再編と、チーフ・イノベーション・オフィサーやチーフ・データ・オフィサーのような新しい役割のリーダーシップを創設することも必要だろう。また組織文化についても、イノベーションのアップサイドに開かれるよりも保守的でリスク回避に大きく重点を置いた文化を変革しなければならない。業界や他の利害関係者とコラボレーションする自由度を上げて、場合によっては規制や共有データベースを「共創」するような変革も必要だろう。他にも、パブリックコメント募集のような、長くて形式的な期間を必要とするような規制上の慣例的手続きも変更が求められる。ただし、定常的なインプットはこれまで以上に重要ではある。

構造的な刷新のなかには、どんな企業がどのような手段で中央決済システムにアクセス可能か、そしてそれをどう規制するかも含まれる。このことはまた、暗号通貨の規制上の課題について熟考することを意味している。また、バンキングの本質自体についても同様だ。

**・規制のアジリティ、オープン・プラットフォーム、プログラミング**

規制当局は、規制の作成と更新のサイクルをスピードアップしなければならない。GitHub（ギットハブ）またはアプリストア的に機能するような構造になるかもしれない。標準を規定した上で、オープン・プラットフォーム上でそれらに適合する方法のイノベーションを認めるような業務のやり方だ。行き着く姿は、規制当局がコンピューター・プログラムの形式で一部の規制を発布し、それが業界のシステムに接続されて自動実行型のコンプライアンスをつくり出せば済むようなものになるかもしれない。市場でクラウドベースのシステムを動かすことのできる能力は、新しいプレーヤー、既存企業、そして規制当局自体のいずれにとっても不可欠となるだろう。

**・現実的な導入ロードマップ**

もし現時点でゼロからスタートするならば、現在私たちが有するような規制システムをデザインする人は、いたとしてもまれだろう。現行規制システムは、デ

**図2-3 ● 規制は、テクノロジーの取り込み、アルゴリズムのモニタリング、そしてリアルタイムでのリスク中和に関するものが中心になる**

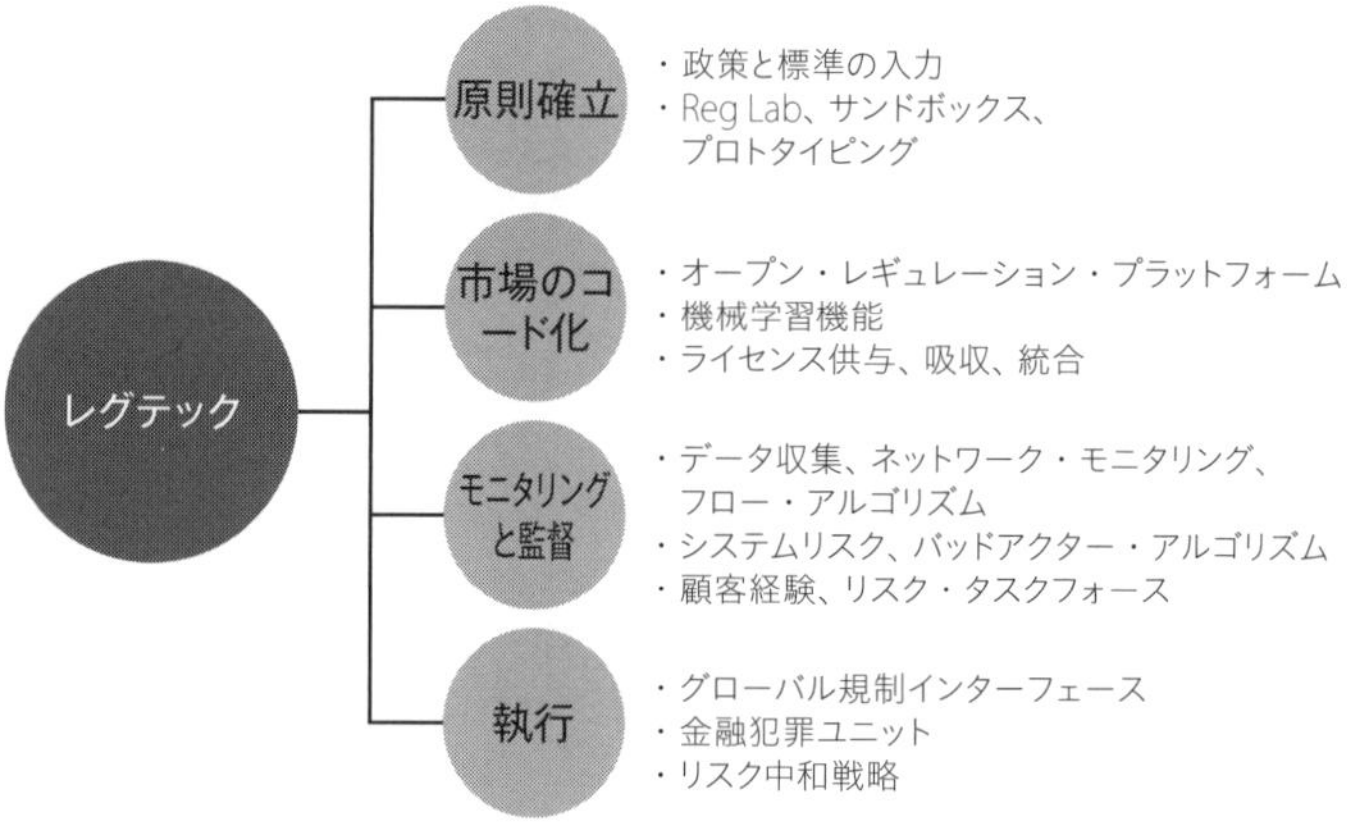

ジタル以前の時代の前提、ミッション、テクノロジー、構造によって成り立っている。しかしながら、私たちはゼロからスタートするわけではない。民間セクターには競争を通じて変革が起こりうるが、規制の世界は、政策立案者の意思によってのみ変えられる。規制当局のジレンマが変革が起こることに抵抗しようとする可能性は非常に高い。それは、免疫システムが変化というウィルスを攻撃するようなものだ（**図2-3**）。

したがって、可能性についてのビジョンだけではなく、同時に現在地からそこにいけるような現実的な道程をつくり出すことが肝要だ。政府を変えるための伝統的な手法、つまり新しい法律、新しい規制、規制の再編的なものを使うところには、そうした道程は存在しない。

## 規制当局がまず手をつける場所は？

その代わりに、規制当局は3つの具体的な項目について、小さく、しかし迅速に手をつける必要がある。

第1に、規制当局は上述のようなテストベッドを小規模の学習用ラボラトリーとして使用しなければならない。そこでは、重要な変化によって便益がもたらされ、リスクや害悪がほとんどないこと（試行によって、どんな問題発生防止手順を組み込むべきかを定義できる）を実験的に証明することが可能だ。経験に基づく裏づけを通じて利点に懐疑的な人々を説得することが、必要な改革に向けた支援を確立する助けとなる。同時に、こうした試行プロセスが進め方に関する必要なインサイトを与えてくれる。

第2に、規制当局はこれらレグラボでの学習成果を、データとAIを介して動く実験的な新しい規制チャネルに組み込まなければならない。ここでも、このチャネルはスモールスタートとすべきだ。さらに重要なこととして、それは業界にとって選択可能なものとするべきである。

規制対象側には選択が与えられるべきだ。彼らは、自分たちが嫌ってはいるがよく知る従来型の規制プロセス中に留まることもできる。あるいは、新たなデータ主導型レグテックのチャネルを立ち上げて、集中的でリアルタイムの監視に対応することで、プロセス指向のコンプライアンス要求から解放されることも可能だ。政府のスタンスとしては、規制対象が、透明で経験に基づく標準によって測定され、求められる成果に達していることがデータを通じて証明されれば、規制当局はその実現方法を気にしなくてもよいということだ。

新しいチャネルを選択可能にすれば、規制改革における最大の障害、つまりシステム全体に一気に変革を強いる必要性を回避できることになる。現在の規制当局は、どんな変革が必要とされているかさえ知らない。それは試行や他の手段を通じて学習される必要がある。しかしたとえそうしたときでも、システムは巨大な政治的抵抗力を駆使して大きな変化に対抗しようとするだろう。そこには、定められたルールの実行開始に伴うリスクへの懸念と、改革の果実がその採用にかかる移行コストを上回らないことへの懸念がある。そうした懸念を払拭することで、新しい規制規範を金融システムに徐々に広めることが可能になる。それは小規模な学習と洗練化の後に、規模を拡大することを通じて行われる。

最後に、規制当局も改革が必要だ。最も重要な変革は、政策とプロセスベースの規制ではなく、テクノロジーベース、あるいはデジタル・ネイティブな監督に焦点を合わせた指導を行うことだ。２０３０年の規制当局が求めるスキルセットとは、政策立案と検査官ベースのコンプライアンスではない。それはほとんど完全にテクノロジーの監督に基づくものであり、非常に動的でリアルタイムの対応力によって、市場に呼応して修正を施す能力である。この進化はわずか10～15年という、規制の観点からすれば急速に起こるものだ。

これら変革の遂行には、政策立案者の強力なリーダーシップと勇気が求められる。幸いなことに、すでに多くのリーダーたちが歩を進めつつある。

## 特別寄稿②
# テクノロジーによるアイデンティティの再定義
――デビッド・バーチ

バンキングの未来がアイデンティティの未来と深く関係していることに、疑う余地はない。デジタルのアイデンティティは、新しい経済と銀行において重要な資源であり、それは他の企業がデジタル・アイデンティティ戦略を策定する必要があるのと同様である。だが、それはどんなものであるべきだろうか？　そして、これら戦略を策定しなければ何が起こるのかについて、銀行はよく考えてみるべきかもしれない。

私たちは、数え切れないほどの記事を読み、無数のカンファレンスのプレゼンテーションの席を温め、ブログに目を通し、ツイートをチェックしてきた。それらはすべて、新しい経済におけるデジタル・アイデンティティの重要な役割に焦点を当てたものだ。必ずしもすべての書き手が、デジタル・アイデンティティとは何であるかについて完全に明確にしてはいないだろうが、一般的懸念として明らかに共有されているのは、何らかの形でデジタル・アイデンティティのインフラストラクチャーが存在しなければ、新しいオンライン・エコノミーへの移行期における成長可能性と参加者の便益が十分に実現されないということだ。私が抱いている懸念はさらに強い。適切なインフラストラクチャーが整備されなければ私たちに前進の機会がもたらされないことはほとんど確実であると、実は私は考えている。

デジタル・アイデンティティとは、率直に言えば、未来に向けて最重要のインフラストラクチャーである。だがそれは、どのように機能するのだろうか？　それを管理するのは誰だろうか？　私はこの種のことを考える場合、何らかの形を作ってみる。私は長年この分野で働いてきており、このテーマの発展にいく分か知的貢献をしてきたことについて一定の評価をいただいている。私は、コンサルト・ハイペリオンの私の同僚とともに、かなりよいデジタル・アイデンティティのモデルを開発して、数多くの異なる領域で試用、テストしてもらって有用であるという結果を得ている。このモデルは「3ドメイン・アイデンティティ（3D―D）」というもので、**図2―4**に示した。デジタル・アイデンティティを実社会とバーチャル世界の間のブリッジとして定義し、その双方との結合の仕組みについて考える明確なフレームワークとなるものだ。ハイレベルでは、こうした結合は高度に非対称的であるということだけを知っていれば十分だ。リアルの世界でデジタル・アイデンティティを何かに結合させることは、時間がかかり、複雑で高コストとなるが、バーチャルの世界では低コストで迅速に行える。要は暗号化と鍵と、それをどううまく使うかだ（「デジタル・アイデンティティのモデル」、『デジタル・アイデンティティ・マネジメント』誌、編集は私、2007年）。

こうした結合を具体例として示しうるさまざまな企業と、まさにこうした結合に関する異なる制度的取り決めが数々存在するなかで、いくつもの理由から、銀行はデジタル・アイデンティティの先駆的提供者となりうるものであり、そのなかに含まれるべきだというのが仮説として妥当だと考えられる。2〜3年前、私はこれに関する書籍（『Identity is the New Money：アイデンティティという新しい貨幣』、LPP、2014年）を書いて、アイデンティティ・インフラストラクチャーに関するイシューのいくつかを調べて、現代世界にもっと適合するよりよいアイデンティティ・インフラストラクチャーを構築する方法について、いくつかの積極的な提言を行い、こうした結合をつくり出して管理する組織として銀行が妥当であることを説明した。

　総論としては、私の主張は現在でも正しいと考えている。最近、友人の1人が、

**図2-4 ●「3ドメイン・アイデンティティ」モデル**

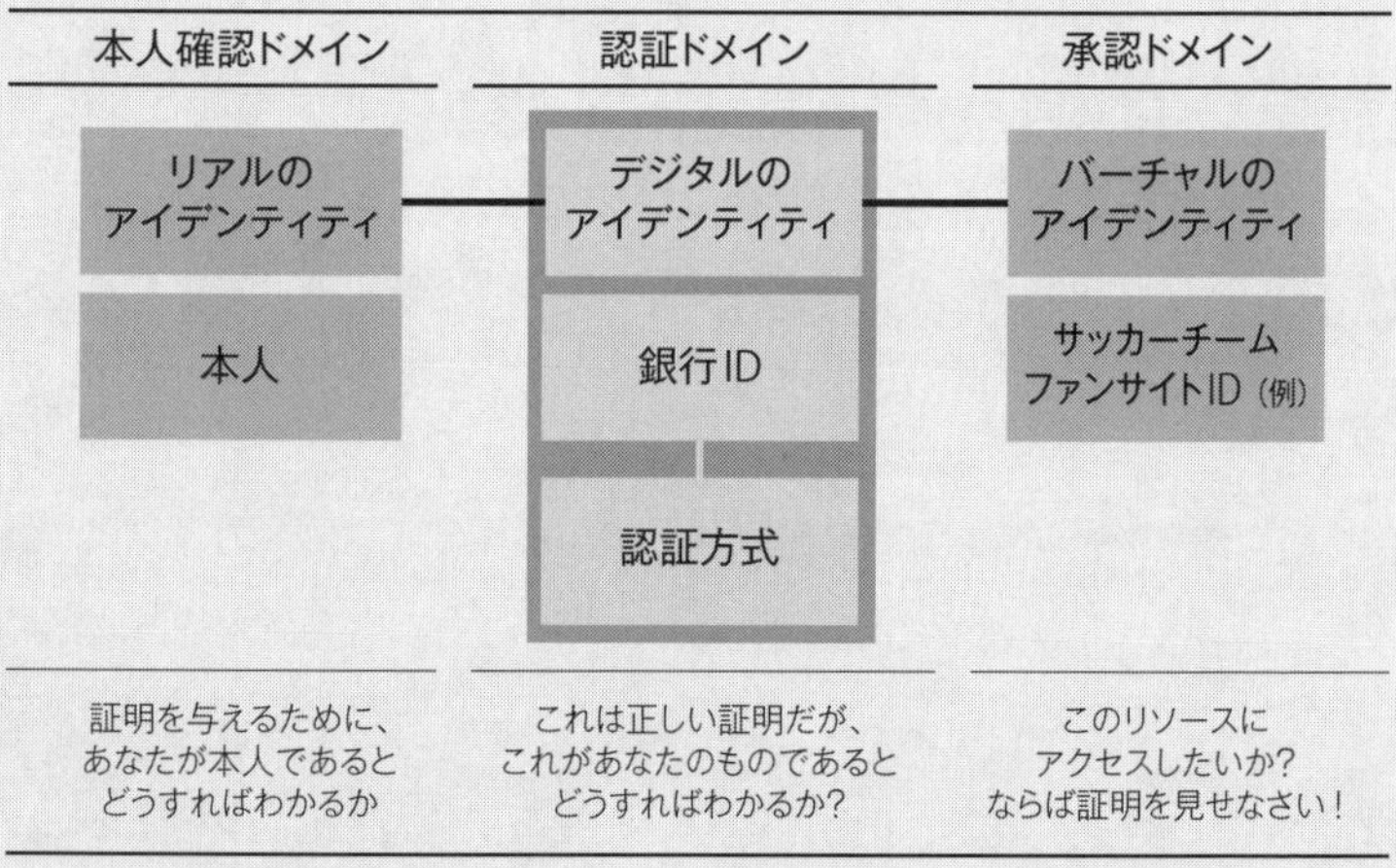

フェイスブック・アカウントを詐欺師に乗っ取られたことで、私はその主張を思い出した。彼はフェイスブックに連絡して対応してもらうことに非常にフラストレーションを感じていた。私が彼に指摘したのは、もっと異なる対応をしてもらえると期待する理由が見つからないということだ。フェイスブックはこうした問題を解決する法的義務を負っていない（注26）。一方で銀行は金融機関として規制を受けており、もしアイデンティティ・サービスを提供することになれば、利用者のアイデンティティ保護を保証するように規制を通じて義務付けられるだろう。利用者の銀行口座が泥棒に乗っ取られれば、銀行はそれに何らかの対処を行い、銀行口座の正当な所有者が誰であるかを確定する手続きを踏んで利用者の口座管理を回復して、銀行の行動に何らかの過失があれば適切な補償を行うだろう。

私はこの未来ビジョンを好ましく思っている。私が言わんとすることを、非金融のユースケースで考えてみよう。インターネットの出会い系サイトは、アイデンティティに関するさまざまな異なる概念を調べるリッチで実用的な環境を提供してくれる。そこで、例としてこれを使ってみよう。私が出会い系サイトでアカウントを作成したとしよう。プロセスの一部として、出会い系サイトは私に銀行アカウント経由でログインするよう依頼してくる。そこで私は銀行を相手にすることになり、適切な2ファクター認証を行って私のアイデンティティを確定し、銀行はそれを認める。次いで銀行は、適切な暗号化トークンをインターネット出会い系サイトに打ち返し、私が18歳以上でニュージャージー州居住であり、請求に対応できる資金を有していることを知らせる。この例では、私の真のアイデンティティは銀行の金庫に安全に保管されているが、私がインターネットでのやり取りに使えるのはバーチャルなアイデンティティに限られる。そのため、私のインターネット出会い系サイトのペルソナには個人情報（Personally Identifiable Information：PII）が含まれない。しかし、もし私がそのペルソナをよからぬことに使えば、出会い系サイトはトークンを警察に提供可能であり、警察ではトークンがバークレイズの発行であると判明し、バークレイズはそれがデビッド・バーチのものだと警察に伝える（注27）。私にはこれが、責任分担の形として非常に適切であると思える。インターネット出会い系サイトがハッキングされた場合には必然的に、犯罪者が手にするすべては意味のないトークンだ。彼らはそれが誰のものかわからず、バークレイズも身元を知らせることはない。

このアーキテクチャーの重要な利点の1つ（そう考えるのが私だけではないことは確実だが）は、何らかの間違いが不可避である場合にも、その救済に対する期待があることだ。間違いは必ず起こるものだ。重要なのは、そうした間違いに対処する構造／仕組み／プロセスがどうなっているかである。詐欺師が私の銀行口座を乗っ取って、私のアイデンティティを使って出会い系サイトに偽のプロファイルを作成した場合には、私が銀行に対して期待するのは、トークンを無効化した上で、無効化の実施と私の個人情報が暴露されていないことを出会い系サイトと私の双方に通知することだ。この点は重要である。なぜなら、個人情報は本質的には一種の有毒廃棄物であり、どの企業も絶対的に必要でない限りは触れたくないからだ。欧州一般データ保護規制（GDPR）では、データ主体の同意なき個人情報の漏洩に対して課されうる罰金額は天文学的だ。インフラストラクチャーは、システムが通常稼動しているときは個人データが保護されているが、システムが故障したり故障回復を試みているときには保護は無理だというようなことはありえないから、サイクルを完全なものにするよう十分考えることが必要だ。

銀行がこの分野で新しい機会の活用にとりかかる方法を理解するために、手短に世界を俯瞰してみよう。英国でバークレイズが行っていること、ベルギーでitsmeが行っていること、カナダでトロント・ドミニヨンが行っていること、そして地球の反対側でオーストラリア・コモンウェルス銀行（CBA）が現在行っていることを見る。

バークレイズは、英国政府のアイデンティティ・サービスにおける「アイデンティティ提供者」の1つである。このサービスを使ってさまざまな政府のサービスにアクセスするためには、まずオンライン上のアイデンティティを作成しなければならない。そうするためには、多くの民間セクター企業から1社を選んで、自分の個人詳細情報を確認した上で、それをオンライン・アイデンティティとしてまとめる。バークレイズはそうした企業の1つである。現在のところ、このスキームは限定的な成功に留まっている。その理由はこのアイデンティティを使う場所が非常に少ないためだが、サラ・ムンロ（バークレイズにおける情報問題担当役員）は、このモデルは今後発展するものだと述べている。

ベルギーで2017年に開始されたitsmeサービス（注28）は、かなり異なるアプローチを見せている。ベルギーの銀行とベルギーのモバイル業者とのコラボレーションという点で、これは非常に興味深い。参加者はベルフス、BNPパリバ、オレンジと提携するKBC/CBCおよびING、プロキシマス、そしてテレネットである。このサービスを使うためには、itsmeアプリをダウンロードして自分のアイデンティティを認証し（ベルギーではこれは容易である。誰もがすでにeIDカードを持っているからだ）、そしてそれを使って加入用ウェブサイトにログインする。こうしたサイトはまず（毎度のように！）納税用に使えるが、保険会社や小売業者もプログラムに参加している。近いうちに、ユーザーは自分の携帯電話を使って公式書類にサインし、幅広いシステムに安全にリモートアクセスできるようになる。アイデンティティとSIMとアプリの組合せが、非常にセキュアで信頼度の高い環境をもたらしてくれる。本当に正直なところ、銀行とモバイル業者がなぜ10年前にこのような共同作業を行っていなかったのか、私には理解不能だ！

カナダの主要銀行（BMO、CIBC、RBC、ナショナルバンク、スコシアバンク、トロント・ドミニヨンを含む）は、国全体にわたるコンソーシアム（注29）で先進的なデジタル・アイデンティティ・インフラストラクチャーを開発して、市場にセキュリティと利便性をもたらした。itsmeのケースと同様に、顧客はアプリ経由でサービスを利用するが、カナダの方式では、IBMのブロックチェーン・サービス（ハイパーレジャー・ファブリックを実装）を使って構築した分散台帳上に信用のおける認証情報が保管される。このスキームは「三重目隠し」方式を試用しており、信頼できる認証情報に依存している人々と、認証情報を提供している人々との間で互いのアイデンティティが決して見えないようにしている。

CBAはエアタスカーとともに、個人認証サービスの提供という試験的サービスを開始している。「ギグエコノミー」が成長するなかでこれは意義深いステップだ。なぜなら、アイデンティティ・インフラストラクチャーをこうした市場に提供することは、銀行が取引にかかわる1つの方法であるからだ。エアタスカーはオーストラリアのオンライン・コミュニティであり、米国のタスクラビットに似ていて、人々や企業が業務をアウトソースできるものだ（たとえば、買ったイケアの家具を組み立てて下さい！など）。エアタスカーのプロファイルを保有していれば、CBAの認証プロセスを通過することができて、プロファイルにその印が加わる。印は人々に、あなたの身元をCBAが知っていることを知らせるものだ。それは、あなたのスキルと時間を使いたい候補者にそのことを知らせるだけで、個人情報は全く提供しない。このシンプルな評価の表現方法は、ユーザー候補者を満足させるとともに、将来のコラボレーション型経済における重要なポイントを示すものだ。そこでは、アイデンティティよりもレピュテーションがはるかに重要となる（そしてそれは偽造するのがはるかに難しい）。

銀行は、ここではインフラストラクチャーの提供者として大きな優位性を得るはずだ。その理由は、コラボレーション経済のステークホルダーたちは、自分自身の身元証明、認証、許可のインフラストラクチャーを自分で作る必要があることなど求めてはいないからだ。これは純粋にテクノロジー的観点からではない。しばらく前の2014年にフィナンシャル・タイムズがレポートしているのは、英国の銀行は、将来自分たちがデジタル・アイデンティティの保管庫の役割を有するようになると考えているということだ（S・ディビーズ、「金庫にデジタルIDを保管したがる銀行」、フィナンシャルタイムズ、2014年9月2日)。

こうした事例が、デジタル・アイデンティティ領域において銀行サービスの市場可能性があることを示していればよいと私は思うが、すべてそれが利益のためというわけではない。規制下にある金融機関がデジタル・インフラストラクチャーを提供することを求めるべき理由の1つは、このインフラストラクチャーは、金融セクター全体としての健全な戦略に不可欠な要素となるからだ。現在私たちは、犯罪者やテロリストが銀行口座を持つことや、麻薬ディーラーや汚職政治家がシステム内で資金を動かせること、そして金融機関が汚れた資金に屈服させられることを望んでいない。したがって私たちは銀行が一種の特権を持つことを許しているが、同時に銀行に対して、顧客身元確認(KYC)、アンチ・マネー・ロンダリング(AML)、テロ資金対策(CFT)、重要な公的地位を有する人(Politically Exposed Person：PEP)除外等の重い業務を負うよう求めているのだ。

ちなみに銀行にとっての大きな問題は、現行アプローチに要するコストが、近く実行される新しいアンチ・マネー・ロンダリング規制の下では全く維持不可能となることであり、規制はさらに重くなる方向にある。おそらく代替案としての何らかの実験が考えられて然るべき時期となっているのだろう。レグテックによってマネーフローのモニタリングの新しい仕組みをつくり出せるかどうかといった分野が研究の対象だ。したがって私たちは、明らかに急進的な選択肢について考えることになるだろう。人々をシステム外に排除したままにしておくよりも、すべての人をシステム内に取り込むよう策を尽くすことができるはずだ。何故だろうか？　人々をシステムから排除すると、その人たちがやっていることが全くわからないからだ。このことが非常に明白なのは、主要な送金経路における送金サービスの「デリスキング（リスク回避）」のケースだ。英国～ソマリアの送金経路が好事例で、それは英国議会の詳細な調査とコメントの対象となった。デリスキングの一環として、銀行はサービスを取りやめた。その結果はもちろんのこと、ソマリアへの資金フローがストップし、その一部は疑わしい先へと向かった。電子チャネル経由で資金が動けば、少なくとも何が起こっていて悪人たちがやっていることを露呈させられる可能性がある一方で、スタンステッド空港からスーツケースでキャッシュが持ち出されれば、何が起こっているかは誰にもわからず、犯罪的行動を追跡やモニタリングできる機会は存在しない。

しかし、である。これは大きなことだが……（注5）。この銀行中心的なビジョンが必然というわけでは全くない。逆に、銀行とその法的拘束力と規制対象金融機関に基づくのではなく、ビッグデータ、人工知能、そしてより包括的な世界の見方に基づいた新しい観点を構築することも全く可能だ。

インターネット出会い系サイトの例に戻ってみよう。理由は、さらに深堀りしてみるのが有用だからだ。私はインターネット出会い系サイトに入って、アイデンティティを作成する。このプロセスのなかで、出会い系サイトはアイデンティティを認証するよう私に求めてくる。私がマイクロソフト、アマゾン、フェイスブック、アップルあるいはグーグルに行ってログインすると、暗号トークンとともに出会い系サイトに打ち返される。それは、とこ（たとえば）アマゾンが、私が18歳超で英国在住であると知っており、そして最も重要なことして、アマゾンはこの認証が不正であることが判明した場合に生じる負債を最大限まで受け入れるということだ。アマゾンはこれらの事実が間違いないと知りうる。というのは、アマゾンは何をおいても、オープンバンキング・イニシアティブのおかげで私の銀行口座にアクセスを有しているからだ。加えてアマゾンは、私が買うあらゆるもの、私がどここにいるか、私の給料がいつ口座に入るかを知っている。アマゾンは出会い系サイトに対して、個人情報を全く開示しなくても、私が何者かを非常に正確に示せるのだ。

世界経済フォーラムが明らかにしたように、規制下にある金融機関にはこの領域での役割が存在する（「デジタル・アイデンティティの設計図――デジタル・アイデンティティ構築における金融機関の役割」、世界経済フォーラム、ジュネーブ、2016年）。しかしながら、デジタル・アイデンティティは、それを利用して儲ける権利を銀行に付与するものではない。「脱産業」革命にふさわしいデジタル・アイデンティティ・サービスを提供しないなら、銀行はそのコストを何らかの収益を生む（そして通常は有用な）新しいサービスで相殺する機会を失うことになるだろう。それどころか、銀行は自らをデータ源から切り離してしまうことになる。そのデータは、自分たちの未来の人工知能エンジンに食わせる必要があるものだ。そして、リスク分析や価値を生む情報分析ができなくなり、膨大な量の情報、リレーションシップ、レピュテーションのデータへのアクセスが不可能になる。そのデータは、次世代の銀行の中核となるべき、巨大な機械学習が持つ旺盛な食欲を満たすために必要なものだ。

デジタル・アイデンティティは銀行と規制戦略の推進の中核にあるべきものだ。デジタル世界でそれなくしては、数字でさえないどころか、存在すらなくなってしまうのだ。

注１：The Innovator's Dilemma（邦題『イノベーションのジレンマ』）、クレイトン・クリステンセン、https://www.google.com/url?sa=t&rct=j&q=&esrc=s&source=web&cd=3&cad=rja&uact=8&ved=0ahUKEwj9rOKe_uDVAhUMmoMKHb1-CBkQFgg0MAI&url=http percent3A percent2F percent2Fwww.claytonchristensen.com percent2Fbooks percent2Fthe-innovators-dilemma percent2F&usg=AFQjCNHyfrCGTv2MBU9wUzlWnNrj8n2SrA.

注２：「グレート・ファイアウォール」がアクセスを制限している中国のような国においてさえ、ＶＰＮ（Virtual Private Network）が増殖して、何年も間、こうした制限を迂回することが可能だった。

注３：ビットコイナー（ビットコイン愛好者）間では持ち続けるための合言葉のスラングまである。"Hold on for dear life!"（必死でしがみつけ！）というものだ。

注４："Are cryptocurrencies about to go mainstream?", The Observer, ２０１７年７月１日、https://www.theguardian.com/technology/2017/jul/01/cryptocurrencies-mainstream-finance-bitcoin-ethereum.

注５：SEC Investor Bulletin ： Initial Coin Offerings, https://www.sec.gov/oiea/investor-alerts-and-bulletins/ib_coinofferings.

注６：１９８９年のパリＧ７サミットで創設。仏語ではGroupe d'action financière（ＧＡＦＩ）。

注7：出典＝FATF/United Nations Office on Drug and Crime（UNODC）
注8：http://www.unodc.org/unodc/ue/money-laundering/globalization.html.
注9：HSBCには19億ドルの罰金が課された。https://www.google.com/url?sa=t&rct=j&q=&esrc=s&source=web&cd=2&cad=rja&uact=8&ved=0ahUKEwi7qbb4hOHVAhXBfyYKHa5-DcAQFggtMAE&url=https percent3A percent2F percent2Fdealbook.nytimes.com percent2F2012 percent2F12 percent 2F10 percent2Fhsbc-said-to-near-1-9-billion-settlement-over-money-laundering percent2F percent3Fmcubz percent3D1&usg=AFQjCNGaAgOEpYZm0Pp0WaupEedz3rwIw
注10：Alliance for Financial Inclusion report on pillars for financial inclusion, http://www.afi-global.org/publications/2458/The-2016-Global-Policy-Forum-GPF-Report-Building-the-Pillars-of-Sustainable-Inclusion.
注11："Overseas Americans can't open foreign accounts because of FATCA? Court says tough luck!" AngloInfo.com, ２０１６年4月29日、Virginia La Torre jeker J.D.
注12：Suspicious Transaction Report（疑わしい取引報告）
注13："Uber second-quarter bookings increase, loss narrows" Reuters Technology News, ２０１７年8月24日
注14："A New Direction : Our Changing Relationship with Driving and the Implications for America's Future"
注15：投票機会の減少にもつながる。
注16：出典＝Standard Bank/Accenture Research, ２０１５年
注17：出典＝Intermedia
注18：偽のプロファイルを除けばだが。

注19：調査によれば、対面での身元確認を行っているオーストラリア税関および国境警備局では、7件の偽IDのうち1件を見落としている。http://theconversation.com/passport-staff-miss-one-in-seven-fake-id-checks-30606

注20：アマゾンはまさに米国国防省にクラウドサービスを提供している。

注21："Report on the Economic Well-being of U.S. Households in 2015" Board of Governors of the Federal Reserve System, 2016年5月、https://www.federal reserve.gov/2015-report-economic-well-being-us-households-201605.pdf

注22：本稿執筆時点では、米国消費者金融保護局がこのイシューを評価中であり、イシューに対応した法制化や他のガイダンスが行われるかもしれない。

注23：事実上は「王国資産の銀行」と訳される。

注24：誓ってマジメな話である。

注25：Aspen Institute Report, https://www.google.com/url?sa=t&rct=j&q=&esrc=s&source=web&cd=2&cad=rja&uact=8&ved=0ahUKEwjj1unioOHVAhVk6YMKHeOtANEQFggmMAA&url=http percent3A percent2F percent2Fassets.aspeninstitute4.org percent2Fcontent percent2Fuploads percent2F2017 percent2F07 percent2FModernizing-Reglabs.pdf&usg=AFQjCNEZSooEnB6NYEFmWRbZVyiOyNMKA

注26：しかし、最近のフェイスブックの問題は、データ利用に関する規制を強める方向につながるかもしれない。

注27：私の出会い系ウェブサイトを警察が懸念している理由は、全く別の話である。

注28：https://www.itsme.be/en を参照のこと。

注29：Secure Key と呼ばれる（https://securekey.com/）。

PART 2

# リアルタイム世界における バンキングの再構築

BANKING RE-IMAGINED FOR A REAL-TIME WORLD

CHAPTER 3

# 組込み型バンキング

EMBEDDED BANKING

**「よりよく、より速く、より便利で、より安い決済方法はすでに存在しますが、そこにはテクノロジー普及のカベが同時に存在しており、多くの企業はそれを乗り越えられません……。『米国』の決済システムは、おそらく全世界で最も旧式のものです。小切手を排除するという要求への対応が他国よりはるかに難しいのは、文化的観点からですが、同時に中央銀行の観点からも言えることなのです」**

——トム・ハント、財務サービス担当役員、金融専門家協会

中国でウィーチャットペイを使用している約7億人のユーザーの多くは、普段利用しているデビットカードを手元に持っていない。主な価値貯蔵または決済手段は、現金か電話（スマートフォン）のどちらかだ。中国の都市部ではそれが次第に電話だけになってきており、銀行口座は持っていても、送金、チャージおよび現金引出し以外には使わない。銀行にとっての主たる課題は、資金がウィーチャットまたはアリペイのエコシステムにいったん入ってしまうと、そこからほとんど出てこないことだ。いったんそうなると、銀行にはその動きが全く見えなくなる。中国では、モバイル決済の戦いは決着がついたようだ。預金についての戦いも、まもなく同じことになるだろう。

これは、決済に適したチャットアプリの話という範囲に留まるものではない。第一原理の視点で見れば、25億人という巨大な「非銀行取引層（unbanked）」が、将来には「リアル」の銀行口座を持つ必要がない確率が非常に高いということがわかる。実際、２０３０年には、銀行口座自体がスマホ上の価値貯蔵にすぎなくなりそうだ。21世紀に新たにバンキン

グシステムに入ってくる大多数の消費者はそうなるだろう。ほぼ付随的に、ウォレットか価値貯蔵が電話上にあって、資金はどこかの銀行口座に入っているという状況が生じる。

2000年のバングラデシュの金融包摂はわずか14%であった。現在は、成人人口のほぼ40%がbKashを利用しており、日常的な決済をモバイル経由で行っていて(注1)、人々は次第に携帯電話で給料を受け取るようになってきている。中央銀行がモバイル決済サービス提供企業に制限を課すと、バングラデシュの人々はより多くのSIMカードを入手して、電話に現金を貯め続けられるようにした。

2000年のケニアの金融包摂は27%であり、現在は成人人口のほぼ100%がM-PESAのモバイルマネーを日常的に使っていて、M-PESA以前より20%多く貯蓄している。2011年には、インドは5億5700万人が銀行取引のない状態だった。2015年にはその人数は2億3300万人へと半減した。それは、モバイルアクセス(注2)と、新しいアドハーのアイデンティティカードの仕組みによるものだ。インドの代表的なモバイルウォレットであるPaytmは、現在ユーザー数2億8000万人であり(注3)、3年以内に5億人とすることを目標としていて、日本のソフトバンクと中国のアリペイと提携している。

さらに興味深いのは、ウーバー、アリババ、アマゾンがバンキング周りのイノベーションを行う方法について考えていることだ。ウーバーは自社独自のデビットカードを発行した。それは銀行になるということではなく、ドライバーがより早く仕事に就けるようにして、売上を増やすためだった（注4）。しかしながら、ドライバー業務開始プロセスのなかにバンキングを組み込むことによって、ウーバーは、銀行取引のないドライバーが銀行支店を訪れてプラスチックカード1枚を入手しなければならないというフリクションを迂回したのだ。現在ウーバーは、同社の新しい「インスタントペイ」機能を使って、日に3回までドライバーに対して支払いを行える。そしてそれは、ウーバー・ドライバーのデビットカードを通じてのみ可能だ。独自のデビットカードを発行することにより、ウーバーはいきなり、米国における中小企業銀行口座取得数で最大級の存在となった。しかしそれは彼らのゴールではなかった。彼らは自分のビジネス拡大を加速したかっただけであり、そこが銀行がスピードダウンしている部分だったのだ。

アリババとアマゾンは、そのプラットフォーム上で、起業家たちに対してビジネスバンキングのサービス提供を始めることが増えてきている。プラットフォーム上にある店頭での取引、中小企業ローン、外国為替、資本管理、税金対応およびその他の業務項目の何であろうと、企業ユーザーは彼らのプラットフォームによって、そこに組み込まれたバンキングやファイナンスを利用できる状況が増えている。彼らが求めているビジネスとは、プラットフォーム上ですべての業務を実行して、そこで提供可能な機能については銀行支店に行かなくてもよいというものだ。

21世紀の銀行口座は、消費者や中小企業が銀行支店から受け取る物理的なものではない。それは、テクノロジーを通じて彼らの世界に組み込まれた有用な機能にすぎない。19世紀のバンキングシステムが生み出した物理的なカード、通帳、ステートメントといったものは、私たちの子供の時代のバンキングになると、はるか過去の遺物となっているだろう。発展途上国が最初にその状態になるだろう。それはすでに、クリス・スキナーのアント・フィナンシャルに関する記述で力説されているとおりだ。というのは、新たに銀行取引を行うようになった消費者たちは、伝統的なバンキングや商業を中心に築かれたレガシーな行動様式を持たないからだ。米国では今でも小切手を書いている人がいるという事実は、銀行口座が現行形態のまま生き残ることの証拠にはならない（注5）。そして、米国での小切手の利用は、2000年以降だけでみても70％も減少しているという事実がそれを証明している。

顧客行動は世界中で、モバイルとデジタル決済へと移行している。そして2030年にはほぼすべてデジタル化するだろう。音声ベースのコマースや複合現実テクノロジーは、物理的な人工物からの離脱を加速するであろう。

銀行口座の性質は、こうした環境のなかで存在意義を維持するために、大きく変化せざるをえない。19～20世紀には、銀行口座の価値は主に「おカネを安全に置いておく」ものであった。そこではおカネを安全に貯蓄することができ、銀行の権威に基づいて何かの支払を行うことができた。その際には小切手を書き、人々はそれを価値交換のメカニズムとして信頼していた。銀行がその背後にいたからだ。21世紀の銀行口座の価値は、いかに状況に応じて機能を提供するか、いかに顧客の金融生活や行動に適合するかという点にある。銀行口座は、スマートなおカネの表象へと形を変えつつある。銀行の機能は利用者の世界に組み込まれ、人工知能によって拡張されて、利用者の金融ニーズに対応して必要な時に姿を現すものとなる。
21世紀の組込み型のスマートな銀行口座の背後にある原理と、それが私たちのおカネとの付き合い方をどのように変えるかをくわしく見ていこう。

## 新しい世界ではフリクションに価値はない

世界のチャレンジャーバンクやフィンテック銀行をくわしく調べてみると、一貫したテーマが見えてくる。そのメッセージがどのようなものかおわかりだろうか……。

**「シンプルの起点は、銀行に対する欲求不満でした。私たちは、ポジティブで情熱的な集団であり、お客様が過去に使った個人金融商品とは異なる経験を創造することに真剣に取り組みます」**

――シンプル

**「ムーブンでスマート・バンキングを手にして、自分の金融のハンドルを握りましょう。食料品を買うか、外食するか、買いたいもののリストの何かのために貯蓄するかのいずれであれ、ムーブンは自動的にお客様の支出を分析し、その場でレシートとインサイトを提供します。お客様はよりスマートにおカネを使い、貯蓄し、生活することができるようにな**

**ります」**

――ムーブン

**「生活に境界が存在しないのに、なぜバンキングに境界が必要でしょうか？　私たちはバンキングをより簡単で直感的に使いやすく、必要な時にいつでもそこにあるものにします。そのすべてをモバイルで」**

――アトムバンク

**「モンゾは生活をより簡単にする銀行です。難しくはしません。私たちはスマートフォン上のスマートな銀行なのです」**

――モンゾ

既存の銀行の場合は、銀行を訪れたときに一貫して宣伝を受けるメッセージは、本質的には「当行に最善の商品があります」というものだ（**図3-1**）。チャレンジャー／フィンテック銀行と既存銀行との違いの中心にあるのは、そのミッションである。チャレンジャー／フィンテック銀行は、バンキング経験を徹底的に簡素化したいとしているが、現行プレーヤーは、競合に対して自行の商品を選んで欲しいという意図がはるかに強いように思われる。

**フリクション**は、フィンテック銀行のデザイン前提の対極にあるものだ。どのフィンテック企業も顧客経験からフリクションを取り除いて、より速く、より簡単でセクシーにしようと試みている（注6）。

既存銀行がフリクション上で堂々めぐりしているのは確かだが、コンプライアンス、法務、リスク部門が一貫してあらん限りのフリクションを維持しようとするのに対しては、腰を上げて対峙しなければならない。こうしたシステム全体の思考を変革するためには、真に強力なCEOと経営層が必要だ。

このように書くと多くの読者がショックを受けるかもしれないが、実際のところは、フィンテック企業は銀行を完全に打ち負かすまでには至らないというのが現実的だ。その理由は、銀行口座争奪戦の真の勝者は、私たちが日常使うテクノロジー・レイヤーを握る者であるからだ。それは音声、拡張現実、AIエージェン

**図3−1 ● 世界の銀行のホームページ例**（商品が中心）

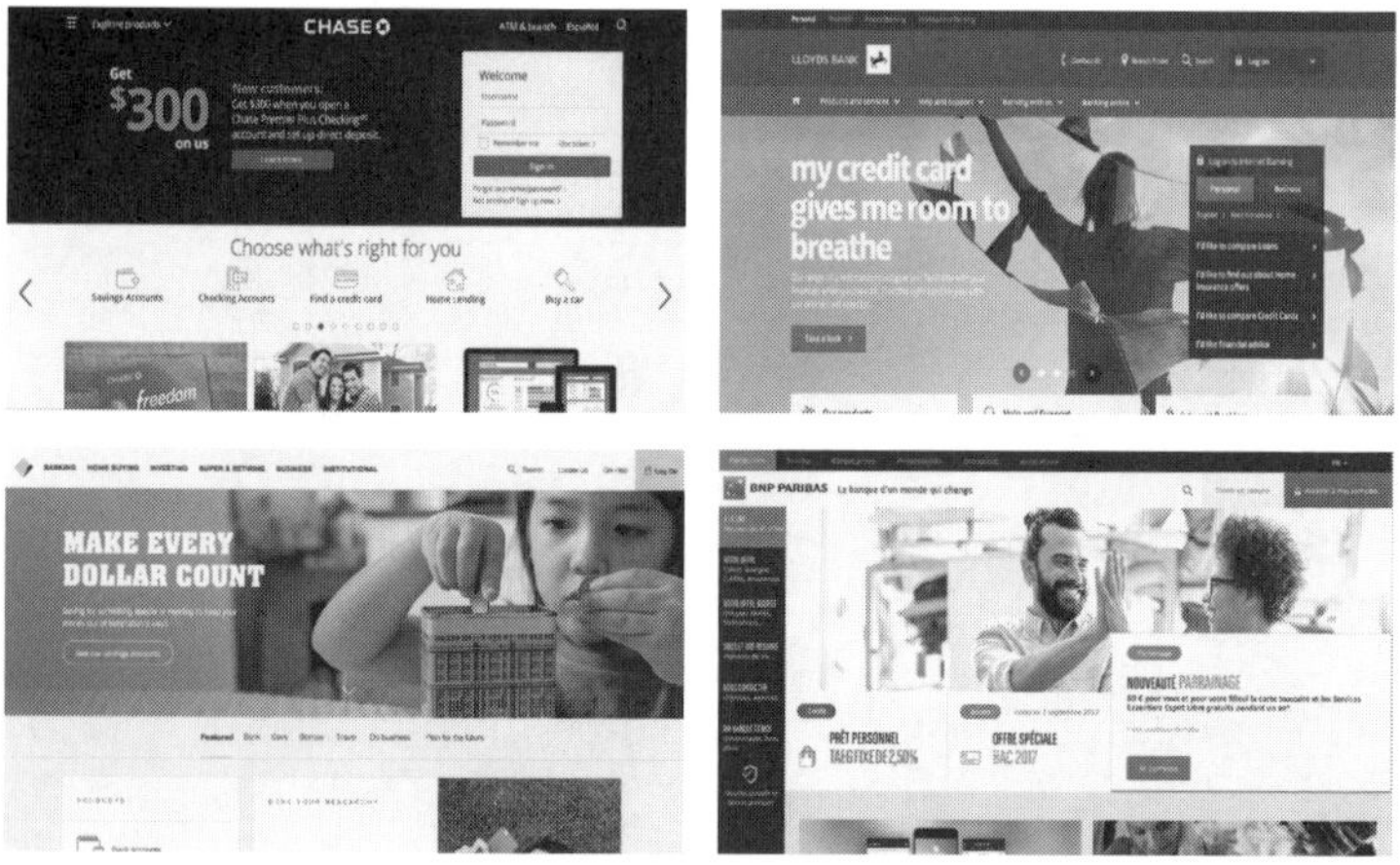

ト、スマートアシスタント、日々の購買やメッセージング・プラットフォームといったものであり、バンキングはそこに宿るものだからだ。CHAPTER 1で述べたように、銀行がこのレイヤーを握ることは決してないだろう。したがって、バンキングの未来という点では、チャレンジャー銀行も伝統的な銀行も機会を失うかもしれない。その理由は、未来の銀行口座はまずもって、起動状態にあるクラウドベースの価値貯蔵として、私たちがおカネを使う場にテクノロジー経由で対応するものだからだ。それはアプリでも、ウェブサイトでも、支店でもない。とは言っても、フリクションのない価値貯蔵はすでにデジタル的に実現されており、それは速やかにこの新しい状態へと移行することが可能だ。そしてそれは、物理的な建物のなかで販売を行い、紙の書類に署名を求めるやり方に縛られているプレーヤーよりも明らかに速い。

バンキングの改善をデザインするにあたっての重要な問題はまさに、バンカーたちが支店を離れて思考することが驚くほど難しいことに起因しているのだ。

## 新しい顧客経験の起点は支店ではない

1960年代と70年代には銀行がATM（注7）を初めて世に出したが、それは顧客の現金引出しを支援する支店内のテラーの機能を自動化するというだけの試みだった。インターネットが登場した時に、バンキングはほとんどのリテールビジネスとは異なり、eコマースのアプリケーションの構築に手をつけなかった。銀行が始めたのは、トランザクション機能をそのまま支店の外に出すことだった。eコマースの導入にあたって銀行は、単に申込み書類を支店から持ってきてオンラインに乗せただけだった。

「インターネット・バンキング」の初期バージョンを作る際には、銀行は簡単なトランザクションを行おうとした。通常なら支店にいるテラーに頼むような類のものだ。1995年にウェルズ・ファーゴが「オンライン」バンキングを導入した時には、そこでできたのは残高照会だけだった（注8）。次に銀行がやったのは、バーチャルな銀行ステートメントを載せることだけだ。その後には口座間送金を追加した。銀行は踏み出す一歩ごとに、テラーの作業を少しずつオンラインに載せていった。なのにほとんどの銀行では、インターネット・バンキングの「登録」をするためにさえ、支店を訪れる必要があった（**図3－2**）。

モバイルが登場すると、銀行はインターネット・バンキング用に作ったものをそのまま使って、それをより小さな画面に合うように縮小しようとした（**図3－3**）。

そこにイノベーティブな思考は、事実上なかった。デザインの観点からは、銀行はインタラクティブ・デザインとユーザビリティ・テストのような新しいツー

**図3－2 ● 初期の銀行ホームページ**

出典：ウェルズ・ファーゴ、バンク・オブ・アメリカ

ルを学ぶ必要はあったが、モバイルやウェブ上に新しいシステムをデザインすることはせず、古いものを使い回した。ウェブとモバイルのいずれであれ、考え方には支店に基づく部分が非常に大きく、デザインの観点からは、おそらくこれが最も動かし難いものだ（**図3－4**）。

**「2014年の当行の最大の支店は、7時01分のレディング発パディントン行き列車――16万7000人を超えるお客様が、毎日通勤中の午前7～8時に当行のモバイルバンキングアプリを使っておられます。210万人を超えるお客様が当行のモバイルアプリを毎週使っておられるのです」**

――ロス・マクイーワン、CEO、ロイヤル・バンク・オブ・スコットランド、2014年

**図3－3** ● 2007年にシティバンクがモバイルサービスを開始した際には、アプリで150件の取引を見ることができ、支店とATMの場所を検索できた

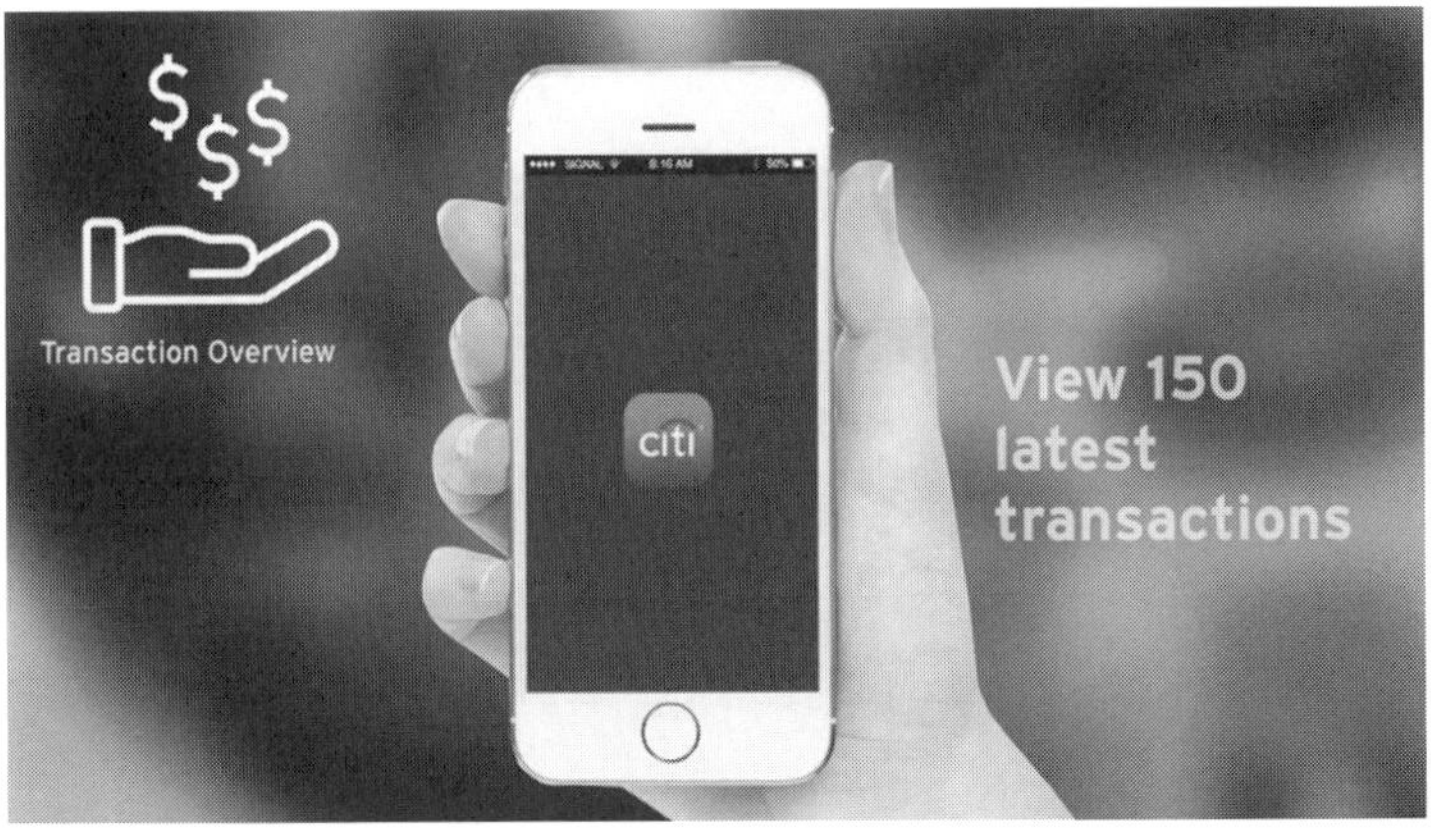


出典：シティバンク

類推デザインは、ほとんどの銀行のＤＮＡに根付いている。アップルがＮＦＣ対応型ｉＰｈｏｎｅを発売するかもしれないという噂が流れ始めた時、主たる決済網の提供者であるマスターカードとビザは、決済について全く新しい考え方を打ち立てるのではなく、アップルに対してスマホ内部に模擬プラスチックカードを付加することだけを強要した。追加的セキュリティとしてトークナイゼーションが付加されたが、それは旧システムのさらなる使いまわしであり、目に見える形の第一原理思考ではなかった。

これにはいくつもの理由がある。第1に、**レガシー**システムは支店の業務をメインフレーム上にプログラムして発展してきた。そして、レガシーシステムを新しいデジタルレイヤーに適合させる必要がある場合は、単に支店向け商品やプロセスをデジタルバージョンで使えるようにする方が、新しいものをゼロから作るよりも簡単だった。第2に、**規制**がイノベーションを阻害している。それは支店ベースの商品構造とプロセスを強要するものである場合が多い。モバイルに関して現在多くが直面する最大の課題は、まさに規制当局から許可を取得して、**署名なし**で新商品・サービスへの契約を行えるようにすることである。ムーブンが米国で預金年利率（注9）に関する

**図3-4 ● 2017年、バンク・オブ・ニュージーランドのＣＥＯは同行の最大の支店はウェブサイトであると述べた**

イノベーションを試みた時には、規制に取り囲まれて、当社のクレドスコア（credscoreTM）のアルゴリズムに基づいて預金金利を変動させることよりも、預金金利を顧客向けディスクロージャーに公表することと、顧客ごとに一貫性を維持することを要求された。

最後に、レガシーシステム、ネットワーク、規制が意味するのは、**伝統的な顧客行動**であり、米国における小切手の使用のような行動をうまく変えることはまさに難しい。だからこそ、アフリカや中国のような市場では、モバイル決済の普及率の上昇が米国よりもはるかに速いのだ。それらの国では、人々をレガシーな行動から移行させる必要がないからだ。

CHAPTER 1で議論したように、テクノロジー企業やフィンテック企業には第一主義思考が明らかに存在している一方で、既存企業ではそうした思考はほとんど見られない。それは支店第一というマインドセットのためだ。しかしながら、組込み型バンキングという真のイノベーションは、チャネルや商品に限定はされないだろう。ただし、アドバイスには焦点が当てられる。

## 必要な時と場所でのアドバイス提供

バンカーたちは長い間、人間によるアドバイスこそが、ウェブとモバイルのようなテクノロジーに対して支店での顧客経験を差別化し続けるものだという信仰を持ち続けてきた。

投資領域や、バンカーたちが「複雑な商品」と呼びたがるものに関しては特にそうだ。現在、この信仰の核心が試されている。ロボアドバイザーとチャットボットスタイルのアドバイザリー機能が、日常的なバンキング経験に次第に組み込まれるようになってきているのだ。しかしながら現実には、音声やＡＩのようなテクノロジー経由で将来銀行から得ることになりそうなアドバイスは、現在受けているものとは大きく異なるものになるだろう（**図3－5**）。

現在は、家を買おうとアドバイスを求めて銀行を訪れると、それは必然的に、どの住宅ローンが自分に適しているかを決めるものであるのが実態である。投資アドバイスか退職プランの相談に銀行を訪れると、そこでのアドバイスは必然的に、どの資産クラスや投資商品に投資す

**図3–5 ● 現在の銀行における「アドバイス」の位置づけの典型例**

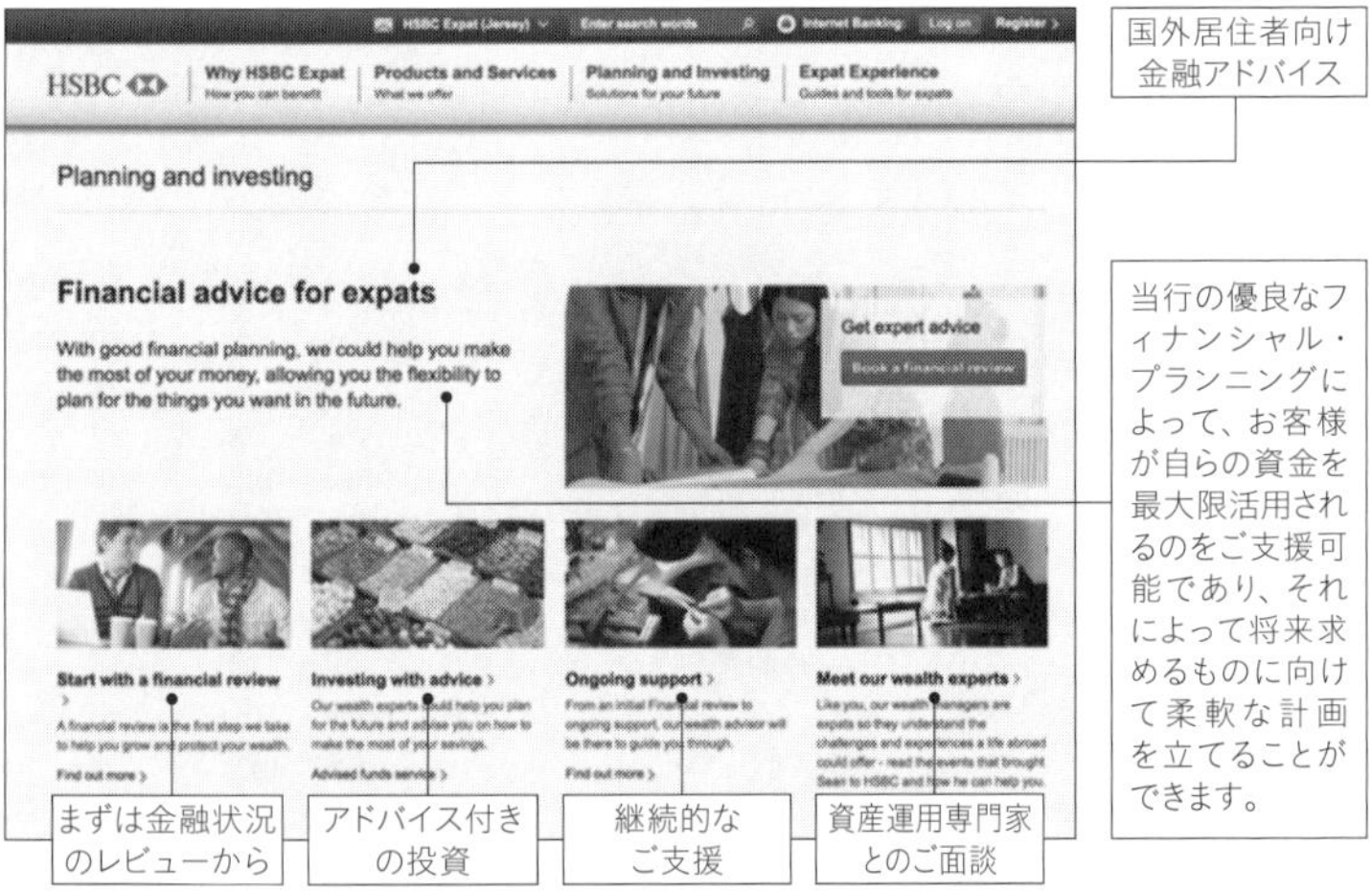

べきかというものになる。日常的なバンキングについてアドバイスを求めに銀行に行けば、出てくる時に手にしているのは銀行口座であって、自分のおカネをより有効に使う方法についてのアドバイスではない。現在私たちが得ているアドバイスは、ほとんど「アドバイス」ではないのだ。それは、商品販売かアドバイスと名づけられた仕事であるのが通常だ。

この種のアドバイスには顧客定着力はあまりない。それは長期的な顧客ロイヤルティを育むものではなく、銀行にとっての短期的な販売の色合いが強い。そうしたアドバイスをAIよりも銀行の人間から受けるほうがよいかどうかについて言えば、正直に言って私は、この領域で人間が競争力を持ち続けるのはあまり長くないのではないかと疑っている。以下に例を示そう。

## 情報の非対称性とAI

アドバイザーは、投資、プライベートバンキング、住宅ローンおよびその他の金融サービスの領域において、自分たちがそのテーマについてより知識があるから必要とされると主張することで、従来から自らの存在の正当性を示してきた。

**「情報の非対称性、時に情報の失敗と言われるそれは、経済取引の一方の側が他方よりも多くの実体的知識を有することである。これが通常表れるのは、商品やサービスの売り手が買い手よりも多くの知識を持っている場合であるが、その逆もありうる。ほとんどす**

**べての経済取引は情報の非対称性を伴っている」**

――非対称情報、インベストピア定義

マシンにおける情報の非対称性の例として、台頭しつつあるAIテクノロジーを見てみよう。

自動運転車における新興テクノロジーのなかには、カメラ、ライダー（lider：灯火検知と測距）、位置マッピング、ソナー、レーダー、レーザー等々が含まれる。人間の眼は夜、ヘッドライトの補助によって約250フィート（76m）先が見通せるが、ロボットカーのレーダーは現在、約820フィート（250m）、そして360度が見渡せる。マシンは乾燥路面で障害物の可能性があるものに0・5秒で反応するが、これと比べて人間は平均1・6秒を要する。現在の自動運転車には、

**図3-6 ● 自動運転車は間もなく運転能力で人間を凌駕するだろう。それは情報の非対称性、つまり一連のテクノロジーを通じて集まるより多くのデータがより質の高い意思決定を可能にするからだ**

人間の視覚野が処理可能な情報の1000倍を超える情報を捕捉するものがある。これらすべてが示しているのは、10~20年後にこうしたテクノロジーが十分に成熟すると、AI駆動の自動車より安全な人間のドライバーは存在しなくなるということだ。理由は、情報の非対称性である(**図3-6**)。

自動運転車は、人間の脳よりもはるかに高速でより多くのデータを処理することが可能だ。自動運転車が成熟に達すれば、安全面だけでも(注10)その能力の高さに太刀打ちできる人間はいなくなるだろう。バンキングにおいてアルゴリズムが、住宅ローン商品や投資方針などについて、人間のアドバイザーよりもよいものを、より早く、より多くのデータに基づいて推奨できるかもしれないと想定することは、それほど困難ではないだろう。自動運転車は、1日当たり3000人の交通事故死を防ぐことが可能であり、それは現在ヒューマンエラーで発生しているものの95%を超える。最終的には、人間のドライバーは、たとえば都心のような多くの環境では危険過ぎる(注11)と考えられることにつながるだろう。

## AIは会計士よりも予算策定がうまい

私たちの自宅、自動車、スマートデバイスに組み込まれるAIアシスタントから受けるアドバイスは、現在私たちがバンカーから受けているものに似たものではないだろう。未来のスマート銀行口座の真の利点は、基本的なパラメーターをいったん設定してしまえば、パーソナル化されたアドバイスを受けられるようになることだ。それは、おカネの指南役がお尻のポケットに常時収まっているようなものだ。これは、「あっちの住宅ローンではなくこっちにしなさい」といった商品アドバイスではない。「ねえシリ、今晩ディナーに出かけられる余裕あるかな？」といったシンプルなものだ（**図3-7**）。

予算作成は、金融の安定性を改善するための仕組みとして18世紀初頭に登場した。消費者向けではなく、政府のためのものとしてである。「予算（budget）」という用語の起源は、フランス語の「bougette」にあり、それは書類や紙幣を入れておく革製の小物入れのことである。１７２０年に南海泡沫事件のバブルがはじけると、英国経済のバランスシートは破綻し、大蔵大臣がロンドン塔に投獄される事態となった。同じ世紀の終わりの１７９９年、ピット・ジ・ヤンガー首相は所得税を導入して、戦争資金調達の方策の１つとした。これが、英国国庫の歳入と歳出の管理における常識的な年間プロセスを作り上げる推進力となった。

１９００年代初頭には、個人の家計管理が大流行となり、家庭で使える既製品の予算項目入り用紙が登場して、イブニング・ワールド・ニューヨークなどの新聞は１９１６年に節約キャンペーンを行い、封筒を使った家計管理を奨励した。

現在では問題が1つだけある。米国家計の70％（注12）と英国家計の65％（注13）は、何らかの小さな金融的ショックを吸収できなくなっており、家計管理は社会の過半数で明らかに役に立たなかったということだ。

これこそAIが、私たちのおカネとの付き合いについての考え方を大きく変革しそうな部分である。銀行口座は、決済機能を備えた価値貯蔵から、私たちがはるかに頼れるものへと変化するだろう。

現在の家計管理には適切なツールが必要だが、より重要なこととして、「今年はジムに通ってもっと健康になるぞ」といった新年の決意のような、山ほどの自己管理が必要とされる。そうした自己管理能力がある人は、米国では人口の8％にすぎない（注14）。これが示しているのは、ダイエットが失敗するのと同じ理由から、私たちの92％は、デジタルツールがあっても決してうまく家計管理ができないだろうということだ。一方で、フィットビットタイプのバンド、カロリーと歩数計測器、そしてフィットネス用自己定量化アプローチは、健康増進において統計的により大きな成功を収めている。私たちの金融行動をうまく操作する支援

**図3-7 ● AI時代の金融アドバイスは、はるかにパーソナライズされたものになる**

出典：ムーブンにおけるシリ実装

を提供するAIにも同じことが疑いなく当てはまるだろう。その方法が、認識を高めたり、支出を制限したり、単純に節約を考えるタイミングを増やしたりのいずれであれ同じだ。スマート銀行口座やそれにリンクしたAIスマートアシスタントがアドバイスに優れている理由は、それが**私たちが愚かな意思決定をしてしまうのをストップしてくれることだ。銀行は現在、私たちがそうするに任せているのである。**

現在、銀行がデビットカードやクレジットカードをどうやって推進しているか考えてみよう。キャッシュバック、マイレージ、ショッピング・ディスカウントはすべてバンキングにおけるカード利用を刺激するものだ。しかしそれは必然的に（設計上そうであるように）支出の増加につながり、それが負債（注15）につながる。ところが、スマートバンキングを備えたAIに、支出抑制を支援する役割を与えるとどうなるか考えてみよう。

「アレクサ、クリスマス用に新しいXbox One Xを注文して」

（アレクサ最高のHALの語調で）「デイブ、それはできません。あなたは今月の推奨支出限度をすでに大きくオーバーしています。私のアドバイスを無視して買い物を続けても構いませんが、そうすると新年に計画している休暇用のおカネがなくなります」（訳注・HALは映画『2001年宇宙の旅』に登場するAIの名前）

あなたがバンカーなら、個人用AIが支出やクレジットカードの使用を思いとどまらせてしまうのを残念に思うかもしれない。しかし、行動ベースのAIマネーコーチは、日常的なバンキングのリレーションシップについて、銀行の支店にいるアドバイザーができるよりも、はるかに銀行との関係を強化する行動を推奨してくれる。クレジットカードのリワード程度では、アップルペイ／シリ、Tモール・ジェニー（注16）、アレクサの音声ベース取引のリンク先口座を変更する労力には見合わないからだ。

現在、スターバックス（注17）、ドミノ・ピザ、テスコ、エクスペディア、アマゾンその他山ほどの小売企業で、音声発注機能が使えるようになっている。2025年には、私たちが行うeコマースの50％近くが音声ベースになる（注18）と予測する向きもある。それは、1990年代半ばにウェブの商業利用が登場して以降、世界にeコマースが拡大してきた速度とおおむね同じだ。論理的には、アドバイスはこのエコシステム中に包含されて、リアルタイムで私たちの行動に対応するようになる。しかし、今後10年のうちに真に銀行口座のコンテキストを変革するのは複合現実だ。そこでは私たちは、チャネルと商品を超えて考えることが必要になる。

## 複合現実とそのバンキングへの影響

2017年9月、アップルは新しいiPhone Xを発表して、その後10年にわたる拡張現実またはAR戦略を開始した。

**「これは奥深い話だと思います。私はこの件に非常に興奮していて大声で叫びたいほどです……。私たちは、自分がやりたいことを何でもできるでしょうか？　答えはノーです。テクノロジーはいまだ完璧ではありません。しかし、ある程度いいところまではきています。『拡張現実』は今、離陸前の滑走路上です。そしてそれはすばらしい滑走路です。今こそ、シートベルトを締めて出発すべきときです。人々がそれで可能なことを理解し始めたら、大いに興奮することになるでしょう。今の私たちがそうであり、そしてこれまでもそうだったのです」**

——ティム・クック、アップルＣＥＯ、ブルームバーグ・ビジネスウィーク、２０１７年６月15日

アップルは、消費者のテクノロジー経験が次第に私たちの生活のなかに統合されるようになると考えており、音声と拡張現実はいずれもその非常に大きな部分を占めると考えている。評論家のロバート・スコーブルとシェル・イスラエルは、現在私たちが皆スマートフォンを持ち歩いているのと全く同じように、10年後にはスマートグラスをかけているようになり、２００７～10年にかけてｉＰｈｏｎｅが急速に普及したのと同じになると予言している（注19）。

バンキングでこれが意味するものは、日常的なバンキングに使用する最も影響の強い未来の２つのチャネルは、いずれもリアルタイムで経験的性質のものとしてデザインされるのであり、トランザクションや商品ベース的な性質のものではないということだ。ヘッド

アップ・ディスプレイや音声は、従来型のクレジットカードや住宅ローンを選んだりするために使うのではない。こうしたツールの支援によって、自分が住宅を買う余裕があるかとか、ショッピングにいくらおカネを使えるかとか、もっとよいアプローチはないかといったことを決めるのだ。テクノロジーは住宅ローンではなく、家を買うのを支援するようになる。

キャピタル・ワンが発表した最初のアレクサのスキルの第一弾のなかには、「アレクサ、私のクレジットカードの決済日がいつかキャピタル・ワンに尋ねて」というものと、「アレクサ、私のクレジットカードの請求を支払うようキャピタル・ワンに頼んで」というものが含まれている。

これは類推思考によるデザインだが、Bank 4.0の世界への移行を行うためには、これだけでは十分ではないのだ。

●特別寄稿③

# コンテキスト対応型エンゲージメントとマネー・モーメント

――デュエナ・ブロムストロム（『エモーショナル・バンキング』著者）

AIとデバイスの能力が追いついてくるのを待ってデザインを行うべきか、それとも日常生活にバンキングが埋め込まれたコンテキストの世界におけるデザインを再考すべきなのだろうか？　意思決定と消費者エンゲージメント、たとえばトランザクション分類、位置情報、行動トリガーにおいて、銀行はデータの役割を進化させることができるだろうか？

## バンキングはチャットボット化するか？

ジュニパーが発表したレポート（注20）によれば、2022年にはチャットボットは80億ドルを超えるコスト節減を担うとされている。この節約分は消費者と銀行のどちらに向かうのだろうか？

それは銀行であると明確に答えなければならないと私は思う。現在、ほとんどの銀行がチャットボットを、コールセンター人員を置き換えうるコスト節減の仕掛けとして捉えている。もっとよくないのは、チャットボット開発企業には、市場と投資家から製品に対するプレッシャーがかかっており、そのため人間の情緒と真の顧客ニーズの解析を通した顧客とのやり取りを再構築する試みが妨げられていることだ。

消費者が本当はどのように感じているか、何が消費者を動かして、幸せを感じさせるのかを調べるのは、時間とリソースの集約を要する作業だ。チャットボットにかかわるほとんどのフィンテック企業もまた、その種の調査を行うことを正当化できていない。彼らはむしろ、商品ベースかマーケティング重視のアドバイスを重視しがちなAIを漸進的に開発することに注力しており、最終消費者にとって価値あるものは後回しとなっている。

ブレットが述べているのは、ここでの問題は、大半のチャットボットが支店ベースのバンキングかコールセンターのやり取りの派生物であることだ。そのため、ほとんどのシナリオやユースケースが現行のコールセンター型のサポートの質問やクロスセルのマーケティング・オファーに似てしまっている。チャットボットに第一原理アプローチを適用するにあたっては、顧客にとって悩ましいおカネに関する日常的な問題と、その解決の手助けにおける銀行の役割が起点となる。

過去2〜3年にかけ人間中心デザインの実践が広がり始めるにつれて、業界マスコミや調査機関は、既存銀行はフリクションの削減への取組みに十分な時間と労力を注ぎこんでいないとして、その名誉を繰り返し傷つけてきた。ブレットは本書の冒頭で、第一原理のデザイン思考を使ってバンキングのデザインをゼロから始めることを主張している。この主張を支持する強力な論拠は、消費者ニーズに対するインサイトをもとにデザインされた商品を調べてみると、それらはそうした考慮なしに作られた商品よりも明らかに収益を上げていることだ。これが十分ビジネスとして成り立つにもかかわらず、銀行はそれに沿った対応ができていない。対応を妨げているのは、コンプライアンスの問題や組織文化、プロセス、テクノロジー面での重いレガシーだ。

AI駆動の音声バンキングやチャットボットのアプリケーションを構築しているフィンテック企業は、こうした文化的レガシー問題を全く抱えていない。しかしたいていの場合、彼らは感情を認識してそれに基づいて機能する商品をデザインする以前に、使用上の機能性を直接搭載してしまう。

「金融チャットボット」は現在増えつつあるAIの分野の1つだが、懸念がある。私たちの生活に有意義な貢献をしてくれるリアルでインテリジェントなアシスタントと、もっと愚鈍なバージョンで、「口座を貸越しのままにしておくとどれだけ請求が来るの？」といった問いかけに対して「預金金利」と「起こりうる利益／損失シナリオ」といった回答しか推論できないものとが別物であってはならないのだ。

真に意味のある存在となって行動に影響を及ぼすようになるためには、AIは日常的な同伴者となる必要がある。位置情報や支出パターンから推測されたものとしての顧客の活動だけでなく、全体としての感情の状態と、最も深いところの秘密までも理解する存在となり、そして心理状態に働きかけてよりよい金融面での選択を行うよう仕向けることができなければならない。それはドライで意味のない情報を提供するだけのものではない。金融コーチ機能がアップル、アマゾン、グーグルの音声ベースのAIまたはデジタルコンパニオンが有する機能のサブセットとなることは明らかだが、銀行は現在、チャットボットをアプリのごとく取り扱っている。人々がシリやグーグル・ホームではなく、チャットボットにやってきて取引してくれると考えているのだ。それは傲慢の極みというものだ。チャットボットの制作者が発するべき問いは、「今月の位置情報ベースのプッシュアラートはどのように設定しようか？」ではない。そうではなく「何らかの利得が得られる可能性を顧客の行動中に知らせることで感謝の気持ちをもってもらい、無分別なマーケティングと感じて腹を立たせないようにするには、いつ、どのように位置情報ベースのお知らせを使えばよいか？」が正しい。考えるべきなのは、おカネに関して助けが必要なときに消費者が向かおうとする、信頼できてかけがえのないアドバイザーに、どうすればなれるかということだ。

こうした能力をもつAIが登場するのはまだ2〜3年先のことだろう。その間に銀行は、2009年にPFM（個人金融マネジメント）が登場して以降自分たちの手の内としてきたものを地固めすることが可能だ。それは通知型バンキングで、「Contextual 1.0（訳注・コンテキスト型1・0）」とも呼ばれる。細かい状況には対応しないが、包括的な原理としては、モバイルデバイス上へのお知らせの形式で、適切な時と場所に有用な金融情報を消費者に提供するというものだ。プラットフォームが成熟すれば、音声や拡張現実がさらに進んだコンテキスト型通知を提供するようになる。
その核心部分には、コンテキスト型のおカネのアドバイスが提供可能であるための、大きな前提条件が1つある。つまり、通知のトリガーとなり、かつ正しいアドバイスを提供するための情報を銀行が保有していることだ。「データ」と「情報」には、実質的な、そしてこの場合は定義上の相違が存在している。銀行は消費者の金融データを入手はしている（そしてはるかにより多くを入手することも可能だ）。それを何らかの方法で処理して意味や推論や妥当性を引き出し、それを「情報」へと転化できるかどうかは全く別の問題だ。大多数の銀行はそれを行っていない。

エモーショナル・バンキングTM理論において私は、なぜこうなってしまうのか、なぜ消費者の心理を十分探求して金融情報の必要性がどんなに重要かを銀行が理解しようとしないのかを研究した。原因は複合的ではあるが、主に組織文化に根ざしている。しかしこのことが実務的な障害をも生じさせている。たとえば、現在のほとんどの銀行では、データを集めたり整理したりして意味のある情報に仕立て、適切なお知らせとして出すことで消費者の役に立つことを可能にする仕組みを持っていない。

顧客にとって、商店の前を通り過ぎようというときに、お気に入りの商品を安く買える嬉しい驚きの機会があると知らされるのはすばらしいことだ。しかし現在の銀行は、顧客のお気に入り商品が何か、あるいは顧客がその店の前を歩いていることについて知る術を全く持たない。仮にコーヒー1杯を控えれば貯蓄のゴールに1週間ほど近づくと教えてもらえるのは役に立つ可能性があるが、現在の銀行は、顧客がそのコーヒーを飲もうとしているところなのか、あるいは貯蓄のゴールが何かを知る術を全く持たない。銀行は顧客に対して、あるタイプの支出を抑えるとか、個人年金制度への直接払込みを始めて退職について考えることをアドバイスすることができない。顧客の現在の状態やその推進力が何であるか実際に知らないからだ。

「データ」を「情報」に転化するためには、データを蓄積するだけでなく、それを有効に、効率的に、そして正確に分析する能力が必要だ。金融データ分析の中核にあるのは、トランザクションと行動を分類する能力であり、そしてその情報に限りなくリアルタイムでアクセスし、発信する手段を保有することである。こうしたステップの1つひとつが、無意味でタイミングの悪いデータの断片の代わりに、個人の金融生活に真の差異をもたらす適切な情報を提供してくれる、効果的な通知を実現するための必須条件である。

銀行がデータを切り刻んでContextual 1.0（コンテキスト型1・0）の約束を現実化すれば、その後にすぐ真のアドバイスが続いて実現される（これが2・0である）。これはIOT関連のデータソースを活用してより幅広い行動上の手がかりを推測し、さらに意味のあるコンテキストに対応しようとするものだ。

**・タイミング**

情報は常に同じように受け取られ、消費されるものではない。そのため、金融に関するお知らせは、位置情報に加えてこの要因にも敏感に対応可能にする必要がある。個人の貯蓄に関するプラスのメッセージは、消費者が特にオープンになっていてそれを受け入れ易い週末の朝などに配信すると、はるかに有効度が高い。その逆は、通勤の最中の不便な時間帯である。顧客の心理やスタイルを考慮に入れることも、メッセージ送信においては非常に重要である。

### ・生活コンテキストの広がり

スマートデバイスは有用で、単なるトランザクションをはるかに超えて、健康の数値や感情のヒントなどといったデータにもアクセス可能だ。Contextual 2.0とそのAIコンポーネントでは、銀行はこのデータを活用して、消費者の「マネー・モーメント」を浮き彫りにしてサポートすることで、クセになるくらいの適合性を作り上げる方法を理解しなければ

**表3-1 ● スマートデバイスによるエンゲージメント例**

| お知らせ | コンテキスト型お知らせ | より幅広い生活コンテキスト | 次世代AI |
|---|---|---|---|
| 「今週の支出は10ドル少なかったです」<br>月曜午前9時配信、位置無関係 | 「おめでとうございます、今週はスイーツ支出が10ドル少なかったですね!　いい炭水化物対応です。このままいきましょう!」<br>あなたが地元のダンキン・ドーナツのある地域に近づいているときに配信 | 「お、いいですね。今週は10ドルお金持ちで、2ポンド減量になりました!　この調子で行けば、メキシコOKのビーチボディになって、バケーションの買い物もいつもの2倍できますよ!」<br>土曜10時14分配信。アレクサで毎週のスーパーの注文をする直前で、週末パーティの招待にeメールで返信する前 | 「;)」<br>タップやウィンクの後に、15ポンド減量して手に飲み物を持ち、笑って頭が後ろに反って、メキシコでショッピングを楽しんでいる消費者のgif画像が送られてくる。<br>誘惑がある度に配信 |

出典：『ザ・バンカー』誌、2017年7月

ならない。

**表3-1**の以下のうちどれがより有効そうだろうか？

2〜3年のうちには、消費者はこのタイプの金融コンパニオンを受け入れるようになるだろう。それが銀行発のものか、他のテクノロジー企業発というはるかにありそうなものかはともかくとして。後者は、金融データを総合して、それをより幅広く、役に立ち、コンテキストに合ったものにする能力を発展させてきている。Bank 4.0の変革のなかで自らの確固たる地位を築きたいならば、こうしたタイプの感情に繊細で意味のあるバンキングを推進するようなデータ要件の拡大への取組みを始める必要がある。

注１：ｂＫａｓｈの包摂に関する解説 "More than Tk1,000cr transacted on mobile phones daily" Dhaka Tribune, ２０１７年７月25日、https://www.dhakatribune.com/business/banks/2017/07/25/daily-mfs-transactions-cross-tk1000cr-mark/

注２：出典＝ＰｗＣレポート "Disrupting Cash, Accelerating electronic payments in India" ２０１５年10月、https://www.pwc.in/assets/pdfs/publications/2015/disrupting-cash-accelerating-electronic-payments-in-india.pdf

注３：２０１８年1月、ユーザー数2億８０００万人、https://blog.paytm.com/looking-back-at-2017-top-10-interesting-facts-from-paytm-7bc59e0863f

注４：“Uber is trying to lure new drivers by offering bank accounts” Quartz online magazine, Ian Kar, ２０１５年11月、https://qz.com/533492/exclusive-heres-how-uber-is-planning-using-banking-to-keep-drivers-from-leaving/

注５：NPR story “Is it time to write off checks?” ２０１６年。２０００〜２０１４年の間に小切手の利用が66％減少したことを示している。https://www.npr.org/2016/03/03/468890515/is-it-time-to-write-off-checks

注６：“Banking needs an ‘Amazon Prime’ Marketing Strategy” 参照。Jim Marous, The Financial Brand, https://thefinancialbrand.com/66545/amazon-prime-digital-banking-loyalty-experience-strategy/

注７：バークレイズは、１９６７年7月27日、ロンドン北部のエンフィールドタウン支店で「キャッシュマシン」を初めて使用した企業として知られる。

注８：https://www.wellsfargohistory.com/internet-banking/ 参照。

注９：ＡＰＲまたは年利率は、貯蓄口座に対する年間の金利の標準的な通称で、クレジットカードの場合はカードで保有する残高に課される年利率である。

注10：“This is the end game for autonomous cars” Marc Hoag 参照。https://www.linkedin.com/ulse/end-game-autonomous-cars-mard-hoag

注11：出典＝The Guardian, Stuart Dredge, ２０１５年3月18日、“Self-driving cars could lead to ban on human drivers” https://theguardian.com/technology/2015/mar/18/elon-musk-self-driving-cars-ban-human-drivers

注12：出典＝“The Precarious State of Family Balance Sheets” Pew Research, ２０１５年1月、http://www.pewtrusts.org/en/research-and-analysis/reports/2015/01/the-precarious-state-of-family-balance-sheets

注13：出典＝プレスリリース、https://www.moneyadvaceservice.org.uk/en/corporate/press-release-64-of-consumers-are-exposed-to-unplanned-financial-shocks

注14：出典＝University of Scranton Research, ２０１３年

注15：出典＝Wall Street Journal, Conor Dougherty, ２０１０年12月、"Rewards Cards lead to More Spending, Debt"

注16：アリババの音声システム。

注17：出典＝Retail Dive, Starbucks enabling ordering via voice in Alexa-enabled Ford Vehicles, ２０１７年３月、http://www.retaildive.com/news/starbucks-enabling-ordering-via-voice-in-alexa-enabled-ford-vehicles/438730/

注18：出典＝https://techpinions.com/there-is-a-revolution-ahead-and-it-has-a-voice/4507

注19：The Fourth Transformation ：How Augmented Reality and Artificial Intelligence Will Change Everything, Robert Scoble and Shel Israel, Patrick Brewster Press, ２０１６年11月

注20：https://www.juniperresearch/press/press-releases/mobile-banking-users-to-reach-2-billion-by-2020

CHAPTER 4

# 商品とチャネルから顧客経験へ

FROM PRODUCTS AND CHANNELS TO EXPERIENCES

**「現在も100万人の人々が毎日当行の支店を訪れており、そのチャネルを必要としています。トランザクションのために必要な人もいますが、多くの人はアドバイスを求めて来店されるのであり、私たちもそうしたいと考えています。そのため、フィナンシャルセンターを設けるスペースが必要です」**

――ポール・ドノフリオ、CFO、バンク・オブ・アメリカ

## 「ネットワーク」と「ディストリビューション」の新しいパラダイム

デジタル時代に関して、二択の質問をさせていただこう。10年後に生存の可能性がより高いのはどちらだろうか？　収益とリレーションシップを完全に支店に依存している銀行だろうか、それともデジタルチャネルに完全に依存した、すべてをデジタルで行うチャレンジャー銀行だろうか？

支店ベースの銀行と回答したなら、事実はそれと異なる状況（注1）を指し示していると私は考える。今後10年過ぎても銀行支店が消滅することはないだろうが、日常的なバンキングにおける銀行支店の相対的な重要性が低下しつつあることはほとんど確かだ。2015年12月のバンクレート社のレポートでは、アメリカ人の39％が過去6カ月の間に支店を訪れていないとされており、2017年のCACI社のレポートでは、今後5年で銀行支店への訪問は、さらに40％減少すると予測している。これは先進国におけるグローバルな現象である。

**「2〜3年の間に来店者数の30〜40%の減少が見られており、オーストラリアのある地域における伝統的な銀行支店には、1日当たり5〜10人しか来店者がいないというところもあります。そして支店は経済的に大変厳しい状況です。他方でいま起こっているのは、デジタル接点での活動が驚くべき成長を見せていることです。取引数ゼロから始まったものが、いまや月間1150万となっているのです。それはスマートフォンです」**

――マイケル・キャメロン、CEO、サンコープ銀行、The Courier Mail インタビュー、2016年11月

現実には、ただ1つのシンプルな指標で計測すれば、銀行支店の未来とその重要性が時間とともに失われていく様を簡単に示すことができる。その指標とは、自行のネットワークにおける**1支店当たりの年間顧客1人当たりの平均支店訪問回数**である。この数値を得る方法がわからなくても、銀行で仕事をしていれば簡単だ。1年間の支店当たり1顧客当たりの商品販売数、受付申請書数、あるいはトランザクション数を見ればよい。ただし、最大で1日当たり1トランザクションを1回の「訪問」として数える（注2）。

驚くかもしれない（注3）が、私が協力した大多数の銀行では、この数値を発表していないだけでなく、行内で計測することさえ怠っていた。その代わりにディストリビューションの有効性を示す中核的KPIとしていたのは、年間の支店当たり商品申込み数である。しかし、データは動かぬ証拠だ。先進国のどの銀行も、1990年と現在で計測してみれば、このシンプルな年間指標でおよそ60〜80%の減少を目にすることだろう。つまり、1

990年時点で1人の顧客が年間10回支店を訪れていたとするなら、現在それは平均で2~3回未満になってしまっているということだ。こうした訪問者数の多くは、「誤検出」であることも指摘しておきたい。銀行のコンプライアンス要件では、他の新チャネルではなく支店訪問を求めているからだ。たとえば、新規顧客の住宅ローン申込みは支店でのみ受け付けているとか、パスワードを忘れてインターネットバンキングへのアクセスを回復させたい（注4）ときには来店が必要となる。最近チェースから私宛てに、身分証明の確認のために米国内の支店に出向くことを求めてきた。というのは、口座作成後何カ月かして初めて、私の口座から電信送金を行おうとしたからだ。

私が挙げたような例はすべて誤検出であって、支店の存続可能性の議論を具体化するものではないことは明らかだ。なぜだろうか？　それは、ネオバンクという競争相手がベンチマークとなる商品・サービスを実現して、それが来店不要で同等の機能を持つものなら、既存銀行も結局はその基準に照らして評価されるようになるからだ。私が挙げたような例はいずれも、規制からは要求されてはおらず、過度に保守的な内部コンプライアンスプロセスによるものだという点には留意すべきだ。

しかしながら、多くの銀行にとっては、自行のディストリビューション・プラットフォームは支店網である。それはアクセスのアイデンティティであり、コミュニティに根付いたやり方であり、ブランディングの中核であり、顧客対応の卓越性、顧客経験、そしてエンゲージメントを評価する方法なのだ。1980~2000年代にバンカーが「ネットワーク」とか「ディストリビューション」という言葉を使う場合、内部でそれは支店網と支店ディストリビューションのみの意味だった。戦略的観点からは、現在のほとんどの大手リテール銀行でその実態は明らかに変質してしまっているが、すべての収益が支店から来ていると言うのをやめるのは非常に難しい。マイケル・キャメロンが前述の言葉で暗に述べているように、最も活況の支店を除けば、支店は経済的に成り立たなくなるだろうし、収益もまた同様だ。

ここで、支店網に訪れる変化について私が語ったことでショックを受けている方々に向けては、次のことはきちんと記しておこう。私は支店が完全に駄目になるとも、全くなくなるとも思っていない。しかし2025年には、ほとんどの支店は経済的に維持困難となり、一方でバンキングへの新しいアプローチが拡大していく。こうした新しいアプローチが一貫して示すのは、支店はデジタルと同等の収益やリレーションシップを生み出さないことだ。ムーブンやモンゾのようなネオバンクや、アマゾンやアリペイのようなテクノロジー・ジャイアント、そしてエイコーンズやベターメントのようなフィンテック企業と、巨額の不動産投資をあわせて抱えるオムニチャネル銀行とを市場が定常的に比較するようになれば、支店網は閉鎖への巨大な圧力にさらされるだろう。それは買収コストが上昇するのと、差別化の余地が小さくなるからだ。2~3年のうちには、株式市場アナリストが、バンキングビジネスを行う方法として支店網は維持可能かという疑問を呈するようになるだろう。そうなるとアナリストは間もなく、保有不動産過剰という理由で銀行株の評価を引き下げるだろう。上場銀行は、支店網のライトサイジングを強いられる。支店に依存する銀行は行き場を失い、支店の優位性を主張しながらも勢いを失っていく。小売企業が人々は今でも商店に行きたがるものだと主張していた一方で、何千もの小売店がシャッターを閉ざしていったのと全く同じ構図だ。

銀行にとっての問題は、新しい顧客経験世界においては、ネットワークはテクノロジーの関数であることだ。テクノロジーは、リアルタイムで大量に機能をデリバリーし、顧客ニーズを予想・予測し、顧客世界のなかに埋め込まれ、バンキングの利便性と顧客の日常生活中への取り込みを再構築する。

2017年7月、韓国のインターネット・プラットフォームで、国内最大のメッセンジャーアプリを有し、カカオタクシーというウーバーのようなサービスを運営しているカカオは、独自のインターネット専業銀行であるカカオバンクを設立した。わずか5日のうちにカカオは100万以上の口座を開設し（注5）、50億米ドルを超える預金を集めており、需要にテクノロジーが追いついていればさらに多くの口座を開設できたと述べている。

これが次第に新しいインターネット銀行が作られる標準形となっていくだろうが、カカオ、テンセント、アマゾン、ウーバーそしてアリペイには、デジタルオンリーの銀行と既存銀行に対する優位点がある。彼らは、既存プラットフォームから得られるネットワーク効果を、預金獲得と決済のような機能に適用することができるのだ。彼らが何百万もの顧客にアクセスを有するというだけではなく、その顧客たちが、彼らのネットワークを使って決済、購買、そしてその他の銀行的なことを行うだろう。こうしたプラットフォームがバンキング機能を提供し始めるのであれば、そのネットワークは明らかに進化する。

**「2004年には、家賃を支払うときにはいつも自分の取引銀行に行き、列に並んで、家賃額を現金で引き出し、通りを横切って大家の取引銀行に行って、番号札を取って列に並び、そしてようやくそのおカネを大家の口座に入金したものでした。現在では、アリババのアリペイを使って家賃を支払っています。テンセントのウィーチャットを使って投資をしています。そしてバイドゥで投資信託を買いました。状況は全く変わりました」**

――カプロン、上海の住人、中国のバンキングを語る：ブルームバーグ・マーケッツ（注6）

私たちが日々利用する基盤技術の進歩の結果として起こった日常的な銀行機能の変化は、バンキングの有効性を測定する方法も変えることになる。中国ではアリペイとテンセントのウィーチャットが決済市場を席巻しているが、銀行は預金や手数料の消滅のリスクが高まるにつれて、自らのモバイル機能を早急に一新して構築しなければならなくなった。

中国における金融サービスのディストリビューションは、テックフィン企業のおかげで根本的に変化した。しかし、どこであろうが、リアルタイムのデリバリー上に築かれた収益戦略またはリレーションシップ戦略を持たなければ、近い将来大きな壁に突き当たるだろう。5年後にも署名を必要とする商品やサービスを抱えているなら、どんなクロスセルやアップセルでも非常に苦労することになる。支店だけからの収益で銀行として生き延びることはできなくなるだろう。それは不可能だ。10年後には、フリクションが銀行収益の最大の破壊者となる。最もフリクションの低い顧客経験が、最高のネットワーク普及率を獲得するだろう。すでに、中国、インド、バングラデシュ、ケニアそして他のあらゆるところでその事例が見られる。

中国における世界最大の現行の銀行がどこか、ICBCに尋ねてみればよい。アリババとタオバオが大きな優越性を持っているため、彼らは最近、アリババのeコマースへの対抗馬を自ら投入せざるを得なくなった。ロンイーグー（Rong E-Gou：大雑把に訳すと「簡単に買おう」）である。現在このプラットフォーム上で、1万以上の業者が商品やサービスを販売しており、2016年には1・27兆元（1840億米ドル）を超える売上をたたき出した（注7）。2015年、ロンイーグーは10万台を超えるiPhoneを販売したが、それには、ICBCがiPhoneのインターネット購買にファイナンスを付けたというからくりもあった。ここで発するべき問いは、このように顧客とのつながりを維持するために自国市場においてアマゾンやアリババの競争相手を作り上げるのに必要なリソースを有している銀行がどれくらいあるかということだ。

ICBCは2015年、ロンイーグーに事業者向けサービスを追加した。現在は3000社が2180億ドルの商品売上を実現しており、品揃えはオフィスサプライから製造用ロボティクスまで幅広い。25万以上のバイヤーがプラットフォームを利用している。このケースでは、ＩＣＢＣは銀行のプラットフォームやチャネルを構築しているのではなく、日常的な商取引向けのバンキング機能を組み込んでいるのだ。なぜだろうか？　同行は気づいたのだ。バンキングが競合先のプラットフォームに急速に組み込まれていくと、低フリクションを選択する顧客は、「銀行に行く」よりもプラットフォーム提供者経由で受けられる同等の金融サービスを選ぶということに。ここ2〜3年のテンセントやアリペイの成功がなかったら、ＩＣＢＣがこうしたｅコマースのプラットフォームに乗り出すことは想定できなかっただろう。ロンイーグーの稼動にＩＣＢＣがどれだけの費用をかけたと思われるだろうか？　2億ドル？　4億ドル？　少なくともそれくらいだ。この種の小売商業への投資は昔だったら、それが特にバンキングビジネスの中核ではないということで、批判に耐えられなかっただろう。

しかしこれは賢明な打ち手だ。

エミレーツＮＢＤはスカイショッパーを発表して、今年5月にリテールｅコマースの狂騒に足を踏み入れた。スカイショッパーは、世界中の小売業者がエミレーツＮＢＤの顧客に特別なオファーを提示可能なプラットフォームである。なぜこのような銀行がこうした商業寄りの施策を求めるのだろうか？　それは主に、バンキングサービスの利用につながるデータと行動が次第にインターネットとモバイルに移行しており、看板やテレビや新聞の宣伝では、もはやそれを止められないからだ。現在では、顧客にバンキングのサービスを使ってもらいたければ、それは次第に他の種類の取引ややり取りのなかに包含されなければならなくなってきている。たとえば、購買を完結させるために利用可能な信用枠が必要な場合などがそうだ。さらに、消費者がいったん他のプラットフォームに組み込まれたバンキングを使い始めると、銀行には顧客の行動が見えなくなってしまう。

２０１７年3月に北京の新聞が実施した調査では、中国の都心にいる消費者の70％が、現金かカードを持たずに家を出ても問題ないと回答した。『ニューヨーク・タイムズ』は２０１７年7月に、中国の都会のかなりの地域では、モバイル決済が非常に普及しているためにに実質的にキャッシュレスでカードレスになっていることを伝えている（注8）。２０１７年8月、シンガポールの首相は、シンガポールを訪れた中国の旅行者が、「なぜここはこんなに遅れていて今でも現金を使わなければならないのか」と尋ねたことを国内での演説で話している。彼はその場で、シンガポールは迅速にキャッシュレスに向かわねばならないと述べ、その実現のために政府支援の施策を進めることをアナウンスした。

商業銀行、マスターカード、ビザ、ユニオンペイは、中国におけるモバイル決済ゲームの主要プレーヤーではない。なぜだろうか。それは、プラスチックカードは中国のモバイル決済ゲームには入っていないからだ。ＰＯＳターミナルも同様で、ＡＴＭさえありえないという状況だ。新しいエコシステムが経済を覆い尽くしてしまった。中国で現在もまだデビットカードを使っている銀行は、インターネット購買でないところでどうすれば人々にプラスチックカードを使わせられるかを考えて頭を掻きむしっているだろう。モバイルアプリで口座を開設してカードを顧客に郵送するのが銀行の最新イノベーションだとすれば、中国だとそれでもかなりまずい状況だ。

この世界では、プラスチックカードの発行やその申込みは、もはや何の価値も持たない。中国では2016年にモバイル決済額がカード決済額を上回った。2018年には中国のモバイル決済額はそれ以外の世界の国々のクレジット／デビット取引額を凌駕するだろう。中国でのプラスチックカードの衰退は、始まりにすぎないのだ。

ウーバーは、エクスチェンジ・リーシング・プログラムを打ち出して、自動車金融市場に波紋を起こした。昨年、シカゴのある日産ディーラーでは、ウーバー・エクスチェンジが売上の41％を占め（注9）、第1四半期の前年比売上200％増に貢献した。ウーバーの中国版である滴々出行も同様に、2016年に自社リースビジネスに進出した。

米国のキャベッジ、オンデック・キャピタルや、英国のファンディング・サークルのような中小企業向け融資業者のことを耳にしたことがあるかもしれない。しかし、アマゾン、スクエア、ペイパルといったプラットフォーム企業が、この領域でも次第に動きを強めている。アマゾンは昨年10億ドルの融資を実行し、2011年に中小企業向け融資を開始して以来、2万社以上の中小ビジネスに30億ドルを融資してきている。アリババもその融資額を急速に拡大させており、500億元（75億米ドル）の事業者向け融資を行い、独身の日だけで1億人を超える個人顧客向けのクレジットラインを提供した。

中国人旅行者獲得のために練られた戦略的な動きとして、マリオット（訳注・米国ホテルチェーン）までもがアリペイのゲームに参加した。2017年8月には同社の世界中の施設でアリペイのデジタルウォレットによる支払いを受け入れると発表したのだ（注10）。ニューヨークのイエローキャブも同様だ。

こうした事例はすべて、バンキングが次第にノンバンク企業のネットワークとプラットフォームに組み込まれていくことを示している。こうした企業の多くが、状況に応じた金融サービスの提供を始めている。大きな変化とは次のようなものだ。1400年代から1995年まで続いたバンキングの世界では、あらゆる銀行取引や商品は銀行が保有し運営するチャネルを通じて提供されるものだった。支店、コールセンター、ブローカーあるいはATM網などだ。現在では、**ノンバンク企業のチャネル**が日常的なバンキングへのアクセスと取引活動において優越していることは明らかだ（たとえばモバイルアプリ、ウェブ、音声など）。今後10年のうちには、ノンバンクのチャネルは収益でも優越することだろう。

## 商品よようなら、経験よこんにちは

テンセントのウィーチャット、アリペイ、Gキャッシュ、カカオペイ、Ｐａｙｔｍ、ヴェンモ、Ｍ－ＰＥＳＡはすべて、日常的な決済機能を提供しており、取引にプラスチックカードを必要としない。これらのプラットフォームは、決済機能の差別化を生み出したのだ。自社プラットフォームを通じて、アリババとアマゾンは中小企業融資を、ウーバーは起業家向けの自動車リースを提供しており、そこでは申込書、伝統的な審査承認やクレジット・スコアリングは求められない。ディジット、エイコーンズ、キャピタル（Qapital）、ムーブン、スタッシュ（Stash）はいずれも貯蓄行動をシミュレートするアプリの例だが、伝統的な預金や投資口座の仕組みは有していない。貯蓄を始めるために預金口座を申し込む必要さえなく、サービスやアプリへのアクセスを申し込むだけですむ。

バンカーの主張は、そんなものは解釈の問題であり、それでも結局のところおカネを握っているのは銀行なのだ、というものかもしれない。しかし、それが最初に頭に浮かんだことだとしたら、それはここで起こっているより大きなトレンドを見過ごしているのだ。

例を示そう。決済が進化して、音声や拡張現実（AR）スマートグラスのようなテクノロジーが今後10〜20年のうちに普及すると考えてみよう。20世紀初頭の米国か英国に住んでいるとしたら、現金で給料を受け取り、あらゆる支払いを現金で行っていることだろう。しかしその50年後には高額商品の主要な決済方式は小切手となり、人々は食料品の購入にも小切手を使おうとした。そして１９８０年代にはカードが次第に普及して、ｅコマースが登場すると、カードはオンラインでの使用に適応した。

現金はその場ですぐ使えるが、持ち運ぶ必要があり、追加で入手するには銀行を訪れる必要があった。

小切手は銀行の交換所を通じて処理されるのに少なくとも3〜5日はかかり、定期的な残高チェックのために手帳を持ち歩くことが求められる。小切手が不渡りにならない限りは、その有用性は非常に高い。

カードは非常に便利であり、インプリンターをやめて電子ＰＯＳターミナルに移行すると、決済は実質的に瞬時に行われる。

中国、インド、そしてアフリカでは現在、アリペイ、Ｍ－ＰＥＳＡ、ＭＴＮモバイルマネー、Ｐａｙｔｍそしてウィーチャットペイのウォレットは、すべて瞬時に決済ができるが、プラスチックカードやＰＯＳターミナルは不要だ。でなければ銀行の支店に行ってカードを申し込むことだ。

ヴェンモ、ペイパル、ゼル（Zelle）その他は米国におけるその同類だ。これらサービスのほとんどを使えばデビットカードか銀行口座をチャージ用にリンク可能な一方で、自社ネットワーク内での活動については銀行口座を経由する必要がない。

過去50年にわたってこうしたビジネスの発展をたどれば、低フリクション、即時決済、そして複雑さの継続的低減への注力度合いが加速していることがわかる。決済の未来は明らかにこのトレンドに基礎を置くものだ。ある価値貯蔵から別のものへのリアルタイムでフリクションレスの決済、有形の決済道具（小切手やカードのような）からの解放が、大きなネットワーク効果とともにもたらされる（**図4－1**）。

決済は、進化するにつれて、銀行が保有・運営する決済ネットワークが持つ、クローズドで自前主義という性質と複雑で遅いシステムから、オープン・ネットワーク上でのほぼリアルタイムの決済へと移行していく傾向がある。その理由は、ネットワーク効果が決済の利便性の拡大をもたらすからだ。

現金は手早いが、定期的に銀行に行って入手する必要がある。外国にいると時間がかかるのが通常で、オンラインを使うには山ほどのフリクションがある。つまりこれが基準値だ。ＥＵ内の銀行間ネットワークとカードのネットワークは速いが、これも一般的に包括的とは言えない。小切手は過去40年間もそれを使ってきた人にとってはシンプルに思えるかもしれないが、プロフェッショナルとして働く若者に小切手を振り出してもらうよう頼むか、米国銀行発行の小切手を米国外かオンラインで使おうとすれば、笑われるのではなかろうか。

現実には、ペイパル、ウィーチャットペイ、アリペイのようなネットワークは、そのネットワーク内部であれば、その規模の大きさから、現在の銀行間取引や現金よりもはるかに利便性が高い。そう、多くの点でこれらはクローズドループのシステムなのだが、現在のシステムのスケールが何億あるいは何十億のユーザー数のソーシャルメディアに基礎を置くものであるため、オープンであると言ってもよい。JPモルガン・チェースは8000万人の顧客を有するが、アリペイは6億5000万、ウィーチャットは10億、フェイスブックは20億なのだ。

エマージング市場のデジタルウォレットは、幅広い包摂性と低い利用障壁を意図して築かれ、リアルタイムであるように作られている。そうであるのは、それがIPレイヤー上に構築されているからだ。方向性としては、未来の決済は、よ

**図4-1 ● 新しい決済経験は、時間とともによりシンプルで包括的なものとなりそうだ**

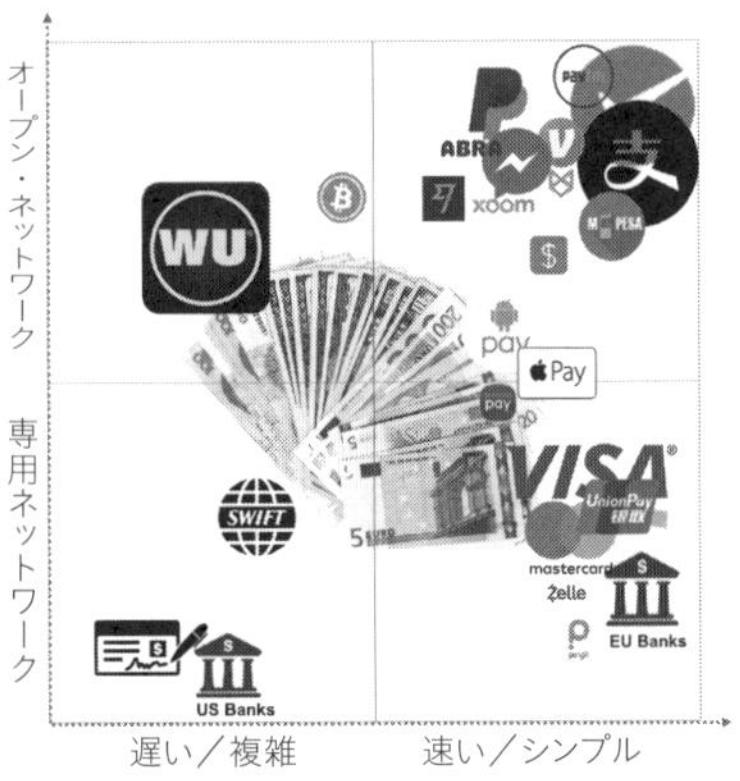

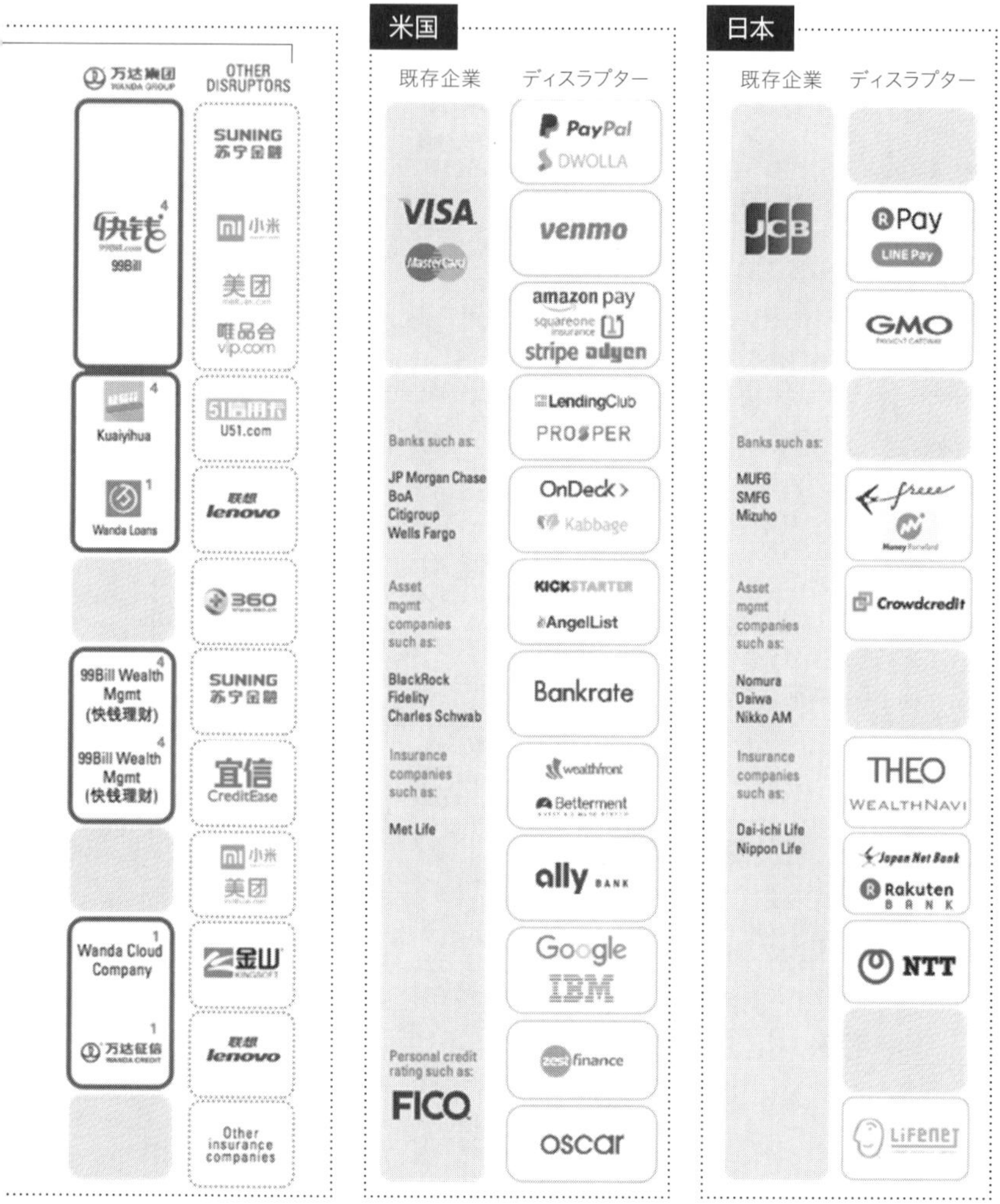
米国
既存企業
ディスラプター
日本
既存企業
ディスラプター
OTHER DISRUPTORS
99Bill
Kuaiyihua
Wanda Loans
99Bill Wealth Mgmt (快钱理财)
99Bill Wealth Mgmt (快钱理财)
Wanda Cloud Company
U51.com
Other insurance companies
Banks such as:
JP Morgan Chase
BoA
Citigroup
Wells Fargo
Asset mgmt companies such as:
BlackRock
Fidelity
Charles Schwab
Insurance companies such as:
Met Life
Personal credit rating such as:
Banks such as:
MUFG
SMFG
Mizuho
Asset mgmt companies such as:
Nomura
Daiwa
Nikko AM
Insurance companies such as:
Dai-ichi Life
Nippon Life

### 図4-2 ● 中国、米国、日本のフィンテック・エコシステム

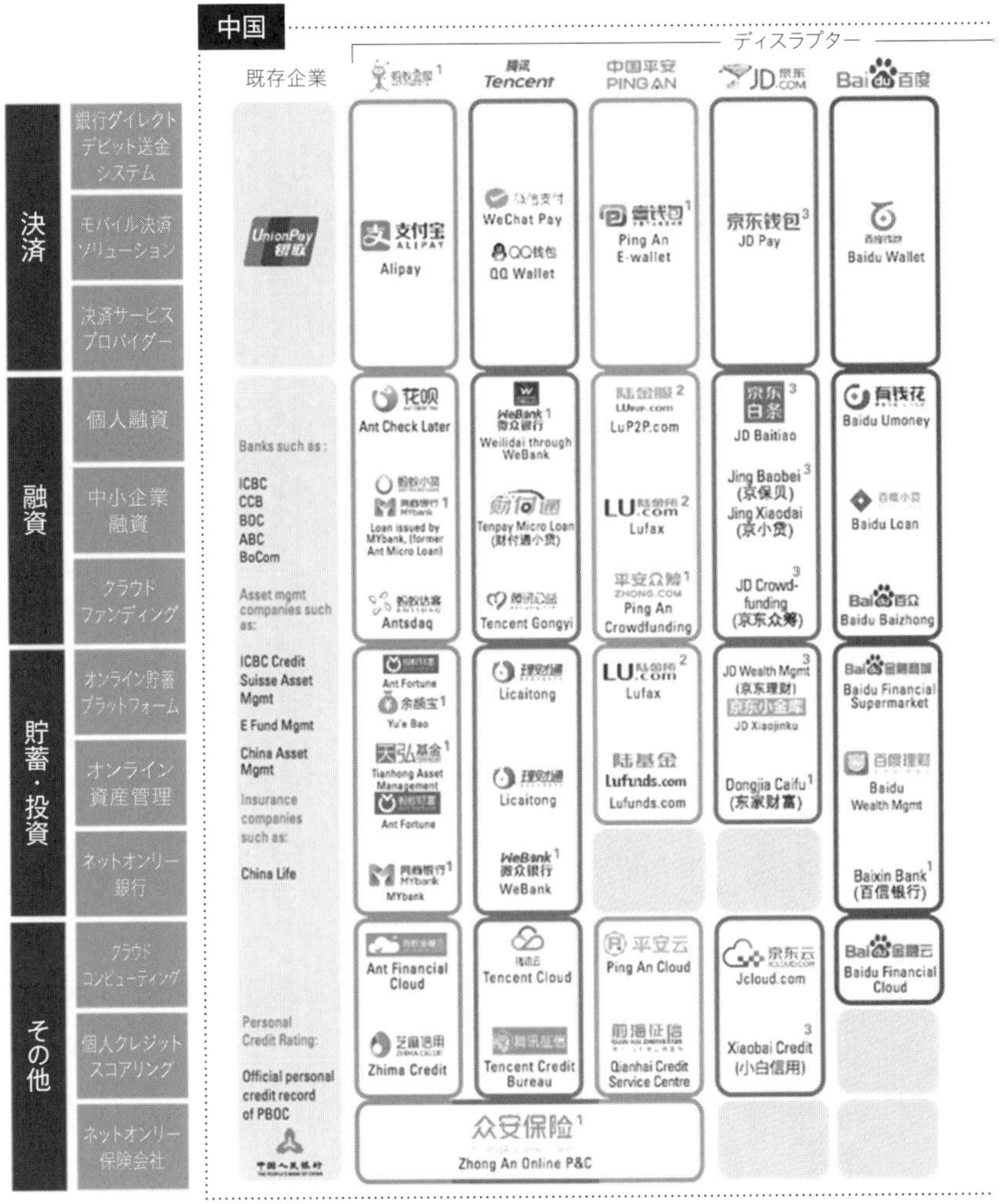


画像出典：Life.SREDA

りシンプルで、より包摂的で、デジタルエコシステムのなかに築かれてシームレスで経験に合わせて最適化されたものとなる兆候が明らかなようだ。未来の購買経験として最高なのは、店に入り、欲しい商品を手にして、そのまま歩いて出ることだろう。未来のインターネット購買経験として最高なのは、音声か拡張現実が、私と私の支払い方法を認識し、取引上のフリクションを完全に排除することだろう。友人に支払い送金をする最速の方法は、自分のモバイルウォレットから相手のものへと資金をスワイプする簡単なジェスチャーをするか、「シリ、マークに50ドル払ってね」と言うものだろう（注11）。

決済の未来は、経験が大きくなり、フリクションやモノ依存が小さくなることは不可避である。

貯蓄、信用と融資およびその他の金融領域についてくわしく見ても、同様のトレンドが表れるだろう。オンラインとモバイルで経験をデザインすることが、機能と実行の迅速性へとつながっていく。最も速く、最もシームレスなクレジット経験とは、小売店内で電話やラップトップ上からクレジット商品を申し込むことではなく、優先的に利用可能なリレーションシップに基づいて信用枠を準備しておくことだ。商品（クレジットカード、貸越し、個人ローン、クレジットライン等）という構築物は消え失せて、最も必要なタイミングで単に追加キャッシュ提供機能へのアクセスが可能になるということだ。カードは不要で、現金も不要だ。カードの申込みはまさに不要なフリクションである。

こうしたテクノロジーの最終形は、**コンテキスト適合型のバンキングサービスと機能**である。音声を使ってアレクサでクレジットカードの支払いを行ったり、銀行支店に足を運んで有形のクレジットカードを申し込むというのではなく、第一原理を使ってクレジットへのアクセスについて大きく異なる考え方をするのだ。第一原理では次のように問いかける。ショッピングの最中にパーソナルAIにアクセスできるなら、顧客が誰で何をしているかに基づいて、どのようにクレジットへのアクセスをデザインすればよいだろうか？

第一原理アプローチは、食料品の買物の例を使って示すのがよいかもしれない。第一原理思考を使ってあなたのクレジットのニーズを予測して（食料品の買物に行ったときにあなたの価値貯蔵の残高が通常より少ない）、顧客がホールフーズやテスコに足を踏み入れたら、その際に、ショッピングに必要な追加現金の提供を申し出る。手数料構造は簡単で透明なものだ。未来の食料品店では精算レジがないことを思い出し

図4−3 ● クレジットカード決済は次第にコンテキスト対応になり、フリクションは極端に低くなる

コンテキスト対応収益
銀行の機能は商品からユースケースとその瞬間のニーズ満足に移行する
15:22
Friday 29 August
Moven
Emergency Cash Available $500
低フリクション
リレーションシップと収益的エンゲージメントは通知とともに即時に発生しうる

てみよう。あなたが商品を持って店を出れば、決済は自動的に実施される（**図4－3**）（注12）。

銀行支店からの類推デザインでは、いつかおカネを必要とする場合に備えて、顧客は事前にクレジットカードの申込みを求められる（たとえスマートフォンやアレクサ経由でもだ）。第一原理が言うところでは、新しい金融サービスネットワークでは、あなたがカードの決済をしなかったことの罰則としてクレジットスコアを計算するようなことはしない。第一原理企業は、行動を予測するシステムをデザインして、顧客が本当に必要な場合はクレジットの利用を促し、状況に対応してクレジットラインを管理するのを支援する。そのなかには、新しい支出に関する意思決定も含まれるので、クレジットラインの返済能力を損なうことはない。

信用の領域で第一原理デザインを行うと、提供者ははるかに強いリレーションシップを持てるようになり、それが非常に高いロイヤルティを生み出す。現在のように、レジの列で別の銀行のクレジットカードに主役を奪われてしまうかもしれないということはない。なぜなら、顧客の生活に欠かせないものになっているからだ。銀行の能力が、顧客の行動を理解して最もぴったりのソリューションを提示してくれるものであることが、そのブランド力を強化する。類推デザインでは、スマートアシスタント（アレクサ／シリ／コルタナ）経由でクレジットカードのオファーを提示して、申込みプロセスを効率化しようとするかもしれない。第一原理デザイン思考は、プラスチックカードや申込みプロセスが全く不要であることを意味する。

コンテキストは経験という新しい戦場である。なぜならコンテキストは、顧客が必要とする時と場所にバンキングの機能を持ってくるものだからだ。それは、顧客が商品利用の承認を求めてくることに依存しない。これこそが、現在進みつつある転換のカギである。**Bank 4.0の経験は、現在まで銀行がデザインしてきたオンボーディングや申込みプロセス全体に攻撃を加えるものなのだ。**

ここに示すのは、フリクションやチャネルの陳腐化の結果として、今後15～20年の間に消滅する可能性がある典型的な銀行商品のリストだ。それに置き換わるのは、リアルタイムで敏感に反応して銀行の機能を浮かび上がらせるという経験である（**表4－1**）。

バンキングサービスへのアクセスに関して顕著な影響を及ぼす新しいテクノロ

**表4－1 ● 消滅可能性のある典型的銀行商品**

| 金融商品・サービス | 置換先となる組込み型経験 |
|---|---|
| クレジットカード | 予測型／コンテキスト対応の信用アクセス |
| 貸越し | 緊急時信用アクセス（食品スーパー／ヘルスケアに最適化） |
| 当座（小切手口座）、普通預金、デビットカード | クラウドベースの個人価値貯蔵とモバイルウォレットのリンク |
| 貯蓄預金口座 | 行動型預金ツールと預金促進 |
| 個人ローン | 店内で、またはコンテキストに対応した決済オプションのアドバイス |
| 住宅ローン | 住宅購買支援 |
| 自動車ローン／リース | 自動運転車利用申込み |
| 中小企業銀行口座 | 事業用インテリジェント価値貯蔵（会計／税務／決済AIが付属） |
| 事業用貸越枠 | 予測型のキャッシュフロー分析および円滑化 |
| 生命保険証書 | 長寿および死亡後のマネジメント |
| 健康保険補償 | 健康状態最適化とモニタリングサービス |
| 定期預金、CD、投資または高利回り預金口座 | 資産形成ロボアシスタント |
| 投資信託または投資商品 | 資産マネジャー機能付きロボアドバイザー |
| 外国為替サービス | グローバル・ウォレットの拡張機能 |

### 表4-2 ● 類推デザインと第一原理アプローチの対比

| 新テクノロジーレイヤー | 現行商品・サービス | 類推デザイン例 | 第一原理思考 |
|---|---|---|---|
| 音声スマートアシスタント、クラウドベースまたはデバイスベースの個人AI | クレジットカード<br>・申込み<br>・決済<br>・限度額 | 事前承認型信用オファー<br>音声カード決済<br>限度額変更リクエスト | 緊急時現金アクセス<br><完全自動化><br>行動ベース、即時対応信用限度およびコーチング |
| | 住宅ローン<br>・申込み<br>・借換え | 音声住宅ローン申込み<br>借換え申込みオプション | 住宅購入アシスタント<br>年間費用最低の返済変更可能性アドバイス(組込み型) |
| | 当座<br>・開設<br>・貯蓄 | 口座開設迅速化<br>特別預金金利オファー | ウォレットサービスの有効化<br>購買のクラウドファンディング化 |
| 拡張現実スマートグラス | クレジットカード<br>・加盟店オファー<br>・リワード<br>・プロモーション<br>・店舗内信用供与 | ポップアップ式割引オファー<br>ポップアップ式リワード加算<br>利用可能な信用供与アラートフラグ | 価格変更の視覚フィード<br>リワード商品ゴースト表示<br>月次支払額をビジュアル上で商品にタグ付け(ベストな信用供与オプションに基づくもの) |
| | 自動車購入<br>・個人ローン<br>・リーシング<br>・オプション<br>・保険 | 利用可能な自動車購入クレジットライン<br>リース計算アプリ<br>保険証券検索ツール | 購入可能性状態をオーバーレイ表示<br>シェアリング・プラットフォームのオプション<br>レンタルのプロテクション・プラン |
| | 健康保険<br>・申込み<br>・自己負担費用<br>・請求プロセス | 即時承認アラート<br>自己負担アラートフラグ<br>請求支援 | 病院「プライム」契約<br>承認通知<br>補償アラート |
| | 自宅購入/賃貸<br>・住宅ローン<br>・不動産検索 | 月次返済表示<br>GPS物件ファインダー | 予算適合住宅の視覚表示<br>家具ビジュアル化アプリ |
| 自律運転自動車 | 支払いオプション<br>デビットカード<br>給油カード<br>ウーバーAI運転モード | テスラ・ウォレット設定<br>支払い設定<br>モバイルウォレット設定 | 自動車支払い起動アラート<br>自動課金設定<br>自律的ネットワーク・オプション |

ジー（モバイルやウェブがそうであったように）について考えるのであれば、この領域でのイノベーションに対する類推デザインと第一原理アプローチの対比を示そう（**表4-2**）。

Bank 4.0時代における経験をデザインすることは、この新しい世界では、以前の商品やチャネル構造がほとんど何の便益ももたらさなくなることを意味する。実はそうした昔のものが、不要なフリクションを伴う経験の側へのバイアスをもたらし、規模拡大の面で制約となるのだ。

第一原理の秘訣は、ゼロからスタートする必要があるという点にある。新しいテクノロジーという範囲で問題の最適解を得る方法について考えてみよう。問題とは、家を購入する最良の方法、現金が足りないときに商店で食品のようなものを買う最良の方法、緊急状態で病院にいるときに治療コストに対応する方法、「友人の結婚式用の新しいドレスを買うおカネをどうすればよいか？」といったアドバイスなどだ。新しいチャネルで現行の銀行商品を使えるかにこだわる方法を考えることから出発してはいけない。それは支店の類推デザインなのであり、**経験における競争**のあり方でさらに劣後してしまうような方法である。

アリババ、アマゾン、アップル、グーグル、ウィーチャット、フェイスブックのようなプラットフォームを有する企業は、この分野ではかなり大きい優位性を持っている。だからテクノロジー製造企業は、銀行よりもはるかに多くのモバイルおよび拡張現実の決済の特許を保有しているのだ。もしテクノロジー分野において特許がイノベーションの測定尺度だとしたら、現在の銀行や金融サービスプレーヤーが決済領域での新しい特許の大多数を保有していないのはなぜか？　ということだ。

これは次のような疑問につながる。もしコンテキスト型経験が商品に優越するとしたら、銀行の組織図はどのようなものになるだろうか？　商品やチャネルはそのどこに入るのだろうか？


「BBVAは将来、ソフトウェア企業になります」

――フランシスコ・ゴンザレス、会長兼CEO、BBVA、モバイル・ワールド・コングレス、2015年

## Bank 4.0の組織図は全く異なるものになる

第一原理が及ぼす影響を真に理解したいなら、第一原理思考がエコシステムにおよぼす大幅な変革効果を見ておく必要がある。

自動車が発明された頃、都市交通の主要方式は馬だった。30年のうちにそのすべてが変わり、都市、製造、自動車関連サポートシステムの形も変わった。電話が発明されると、それはコミュニケーションを急速に変えた。iPhoneの影響についても、同様にこれが正しいのは明らかだ。それは人々が「電話」をどう考えるかを変えただけでなく、アプリを通じた全く新しいビジネス手法を生み出し、音楽とタクシー業界を様変わりさせ、私たちがデバイスに向かう時間を変え、人々がコンテンツを消費し、つくり出す方法を変え

た。モバイル上に登場したビジネスは、それ以前とは似ても似つかぬものであり、そのなかにはいまや何十億ドルの価値を持つものもあるが、それはスマートフォンなしには存在しなかっただろう。

スマートフォンの影響の1つの小さな分野の例として、写真を見てみよう。大衆向けカメラが登場する前は、わずか200万〜300万枚の写真しか撮られていなかった。コダックが1900年にブラウニーを発売すると、それは急速に写真を変革し、1930年には年間10億枚を超える写真が撮影された。デジタルカメラの登場によって、2000年には私たちは世界中で年間860億枚の写真を撮影することになった。しかし、それからスマートフォンがやって来た。2017年には1兆2000億枚の写真が撮影された（注13）と推計されており、スマートデバイスを通じてクラウド上には4兆7000億枚の写真が保存されることになる。2017年に撮られた1兆2000億枚のうち、デジタルカメラまたは従来のカメラで撮られたものは10・3%だけであり、85%がスマートフォン由来だ。

これが第一原理思考のもたらす幅広い影響である。だからテスラは電気自動車（EV）の製造だけでなく、充電ネットワーク、ソーラー充電ステーション、そして自律運転システムまでを構築する企業なのだ。

スマートフォンがバンキングにすでに与えているインパクトを考えれば、このことは明らかに大きな意味を持つ。2015年は、銀行支店、コールセンター、ATMまたは銀行ウェブサイトを訪れるよりもスマートフォンで銀行取引をする人の数が上回った初めての年だった。スマートフォンが日常的なバンキング利用の主要形態となるのに要したのは、わずか8年である（注14）。それにもかかわらず、こうした行動変化に対応する銀行の組織図には本格的に大きな変化が起こっていない。現在は、モバイルのトップ、CDO（チーフ・デジタル・オフィサー）とテクノロジー出身者が組織図の階段を上ってきてはいるが、銀行のその他の部分は構造的には大きく変化していない。しかし、前出のフランシスコ・ゴンザレスのコメントにも示されるように、バンキング経験の世界でテクノロジーが優位となるにつれて、組織図は全く新しい業務機能を反映して変化せざるをえない。

## 欠けているものは何か？

次に来るもののためにどんな人間を雇えばいいのかとバンカーに質問されると、私は常にまず「バンカーを雇うのをやめること！」と言っている。将来も競争力を持つために必要なスキルにはどんなバンキング経験も必要ないが、これら新スキル群は銀行の死命を制するものだ。過去2〜3年にわたって私は、フィンテック業界の友人たちに対して、どんな採用がビジネスの成長に最も重要であるかを調査し、求人掲示板等を注視してきた。私が行った定量調査で浮かび上がったのは、わずか数えるほどの職種が、今後5年程度の金融サービスにおける収益と能力の成長に重要と見られているということだ。

### ①データ・サイエンティスト

データ・サイエンティストはアナリストとデータ・アーキテクトの新しいタイプであり、難しい問題を解いて大きな疑問に答えを与える専門スキルを有している。たいていの場合、データ・サイエンティストはデータの導くところにしたがって、どんな問題が解かれるべきかを正確に探し当てる仕事をしている。彼らは数学者、コンピューター・サイエンティスト、トレンド発見者としての部分をあわせ持っている。彼らはビジネスとＩＴの世界の間に存在している。

### ②機械学習の専門家

機械学習またはアルゴリズム専門家は、プログラマー、アーキテクトそしてモデラーとしてのスペシャリストであり、最先端の人工知能を使ったシステムを構築する。彼らが取り組むのは、機械学習アルゴリズムの設計、ソースデータ、機械学習モデルの訓練・評価・配備、そして予測的でコグニティブな処理機能の開発だ。システムを手早くテストして迅速に大規模導入を行える能力がカギとなる。

### ③経験デザイナー／ストーリーテラー

経験デザイナーまたはストーリーテラーは、最もフリクションのない方法でテクノロジーを活用して、銀行とその機能を顧客の生活のなかに位置づけることができる。彼らは、相互のやり取りとインターフェースのデザイン、ラピッドプロトタイピングおよびユーザビリティ等のデザイン側面に注目して、非常に魅力的でフリクションの低いエンゲージメントを開発する。従来と異なる考え方をして、現行プロセスと方針を迂回し、組織に問題を投げかける能力がカギとなる。

### ④行動心理学者

相互のやり取りと新しいシステムをデザインする段になると、誰がどのように反応するか、特定のシナリオにどんな行動モデルを適用するか、そして意識的／無意識的なトリガーを使って行動をゲーム化することが、短期的そして長期的なエンゲージメントとロイヤルティを築くための方策となるのは、遠い先ではない。

### ⑤ブロックチェーン・インテグレーター

資金の移動、ＩｏＴウォレット機能、個人アイデンティティのパスポーティング（訳注・複数個所での利用）、貿易金融等々で、ブロックチェーンが重要となる。現在のコアシステムは、トランザクション・バンキングにかかる変革の推進力のレベルに対応できなくなるだろう。銀行にはコアシステムの全面的刷新に割ける時間的余裕がもはやないため、ブロックチェーン機能のクラウド統合によって銀行プラットフォームを拡張し、新しい回路との一体化を可能にすることが重要となる。

### ⑥コンプライアンスおよびリスク・プログラマー

すべてのコンプライアンス、法律およびリスクが自動化されたプロセスのなかに組み込まれるのは遠い先ではない。これによって、コンプライアンスとリスクの機能は、人的プロセスと銀行の方針から、モニタリング、アラート、そしてアクション・トリガーのシステムへと移行するだろう。今後20年のうちには、ほとんどの規制当局も同様のシステムに移行しているだろう。そして、銀行ＡＩが規制当局ＡＩに通信することになる。

### ⑦コミュニティ代弁者

コミュニティ代弁者は、新しい経験を最もよい場所に配置して、普及に弾みをつけ規模を獲得することに目を向ける。コミュニティ代弁者は消費者トレンド、ネットワーク効果、そして新しいテクノロジーに目を向けて、将来的に顧客とつながるために銀行が最も活発になるべき領域を理解する。それは、企画担当者が、都市におけるヒトとクルマの流れを見てどこに物理的に支店を置くべきかを決める作業によく似ている。

### ⑧アイデンティティ・ブローカー

未来では、ノンバンク企業がアイデンティティ、ヒューリスティクス、バイオメトリクス、そして行動について、銀行よりもはるかに、はるかに良質の情報を持つだろう。そこで、顧客を正確にリアルタイムで特定するブローカーが必要になる。アイデンティティ・ブローカーは新しい身元確認システムを構築して、現行のＫＹＣプロセスを置き換える。

これは、リアルタイムの顧客プロファイリングと本人確認なのであり、プロセスを通じたオンボーディングではない。

ロボット心理学者、絵文字翻訳者、顧客経験の忍者をリストに加えるのはお断りだ。しかしながら、たとえばＡＩ倫理学者を加えるのはよいかもしれない。

私がリストに加えなかった役割で未来の発展に重要なもののいくつかは、すでに数多くの銀行に実在しているが、彼らは競争力のある銀行プラットフォームの構築において次第に重要さを増すだろう。そのなかには、ビジネス・アナリスト、フィンテック投資を行うベンチャー・キャピタルのチーム、テクノロジー・パートナーシップ、ハッカソン、インキュベーション・ラボを管理し発展させる人々等が含まれる。それらは基本的には、銀行のテクノロジー能力を銀行内ではないところで急速に育成する能力だ。もちろん銀行にとっての真のチャレンジとは、理系の大学新卒者で現在仕事を探している人が、スタートアップ企業や、フェイスブック、アップルあるいはグーグルのようなテクノロジー大手企業で仕事を探そうと思うのか、それとも銀行で働きたいと思うのかということだ。そうしたスキルを採用することは金融サービス企業にとって組織文化的にチャレンジとなることは間違いないだろう。それについては先の章で述べる。

外部企業が有しているようなテクノロジー専門性をもはや持ちえないことと、それを自前で築き上げることが、同じことにより優れるフィンテックやテクノロジー企業と提携するよりもはるかに多くのコストと、さらにそれより長い時間を要することに銀行が気づくにつれて、銀行外の企業とのテクノロジー・パートナーシップは次第に当たり前のことになっていくだろう。

ムーブンではこの能力を、パートナー向けに**場所と時間を傾ける**（注15）と呼んでいる。銀行が要求するのと同等かそれ以上の技術的経験または顧客経験を提供するのだが、内部リソースを使って提供する時間とコストのわずか一部で済むわけだ。そう断言することに懐疑的なままのバンカーがいることも私は知っているが、ここではムーブンの例をひいて耳の痛い真実を披露しよう。

2013年にムーブンを創設して以降、私たちはオーストラリアの大手4行のうち1行にアプローチした。彼らは当社と何度かかかわりを持ち、当社はオーストラリアでプレゼンを行い、彼らは私たちに会いに2度ほどニューヨークに飛んできた。そして彼らはいくつか具体的なプロジェクトに私たちをかかわらせようとした。彼らは当社の提携先であるTD Bankを訪れて、「TD My Spend」というブランドで同行向けに発表したムーブンのホワイトラベル商品（訳注・ある企業が開発・生産した商品を他の企業が自社ブランドで発売するもの）を確認した。CEOによれば、それはTDの歴史で最も成功した商品発売の1つである（注16）。しかし時間が経つにつれて明らかになってきたのは、2～3年のやり取りを続けても、彼らは冷やかしを続けており、当社のロードマップについて可能な限りの技術的詳細を探り出そうとしてはいても、サービスを買うか提携する本当の意思はないということだった。

そして2015年にはそれが面白い展開となり、彼らは当社のチーフ・プロダクト・オフィサーをリクルートして、ムーブンを出るにあたって年間50万ドルを超える金額をオファーした。その後2年間かけて2000万～3000万ドルを追加支出して、ようやく彼らは自行の「金融ウェルネス」機能と呼ぶものを世に出した。そう、読者は、それは「MySpend」なのではないかと思われるだろう……大変オリジナルなものだ。

そう、2年の後に2000万ドルを超える費用をかけて、彼らはムーブンの金融ウェルネスの独自バージョンを発売したのだ。自社単独でやらずに当社と提携していれば、3カ月後には100万ドルで発売できていたであろうものである。それだけでなく、MySpendの機能は根本的にはムーブンが2015年当時に有していた能力を反映したものであったが、現在当社は、行動貯蓄とコンテキスト対応クレジットの先進的機能を商品に加えており、彼らがそれらを開発するにはさらに2000万～3000万ドルの費用と2～3年の期間を要するだろう。当社と提携していれば、現在持てているはずの機能である。

さて、この大手金融機関の人は、自分たちがこの道を進んだ理由を非常にうまく説明することだろうと私は確信している。そして同行は、いかに自分たちが俊敏になったかを語るだろう。しかし結局のところは、当社と提携すればすむところを、同行は20倍の費用と10倍の時間を費やして内部構築したわけだ。私は同行が当社と提携しなかったことに腹を立てたからこの話をしているのではない。彼らにはその権利がある。この話をしている理由は、後から見れば、それは明らかによくない経済的意思決定だったからだ。だが、このケースは本当に驚くようなことだろうか？

金融サービス向けの新しいテクノロジーを早く安く構築できるのは、誰だろうか？　それは、より小さくてアジャイルな組織構造を有しており、世界中の複数の金融機関と協働していて、ベンチャーキャピタリストだらけの取締役会に対して答えを出さなければならないテクノロジーに注力している企業だろうか？　それとも、レガシーシステム、コンプライアンスとリスク問題、そして新しいテクノロジーを組み立てる正しいスキルをリクルートするという大きな課題に取り組まなければならない銀行だろうか？

このことは次第に、大手銀行のＣＥＯにとって答えなければならない質問となってくるだろう。自らを再構築して俊敏なテクノロジー組織になるのか、それともテクノロジー・ファーストでより安く早くイノベーションを実現する企業との提携を増やすことを指向するのか、という質問だ。

ちょうど今、逸話としてのストーリーが進行している。それは、ジェフ・ベゾスはＡＩとデータサイエンスが大のお気に入りで、あまりの傾倒から彼は、新しいデータ・サイエンティストを１０００人採用して必要なあらゆることをさせるよう部下に指示した。報じるところでは、この試みは６００名をかき集めるにとどまったということだ。この領域では地球上で最も話題の企業の１つで仕事ができて、平均よりもよい給料がもらえるのに、である。一方、銀行がたかだか20～30名のデータ・サイエンティストを採用しようとしており、アマゾンよりも成果を上げたいのだとしよう。この問題は解決が難しい。大学の奨学金のスポンサーとなるか、そうしたスキルを内部育成する社内訓練プログラムを作ることが必要となるかもしれない。

図4-4 ● 現在の商業銀行の代表的な組織構成

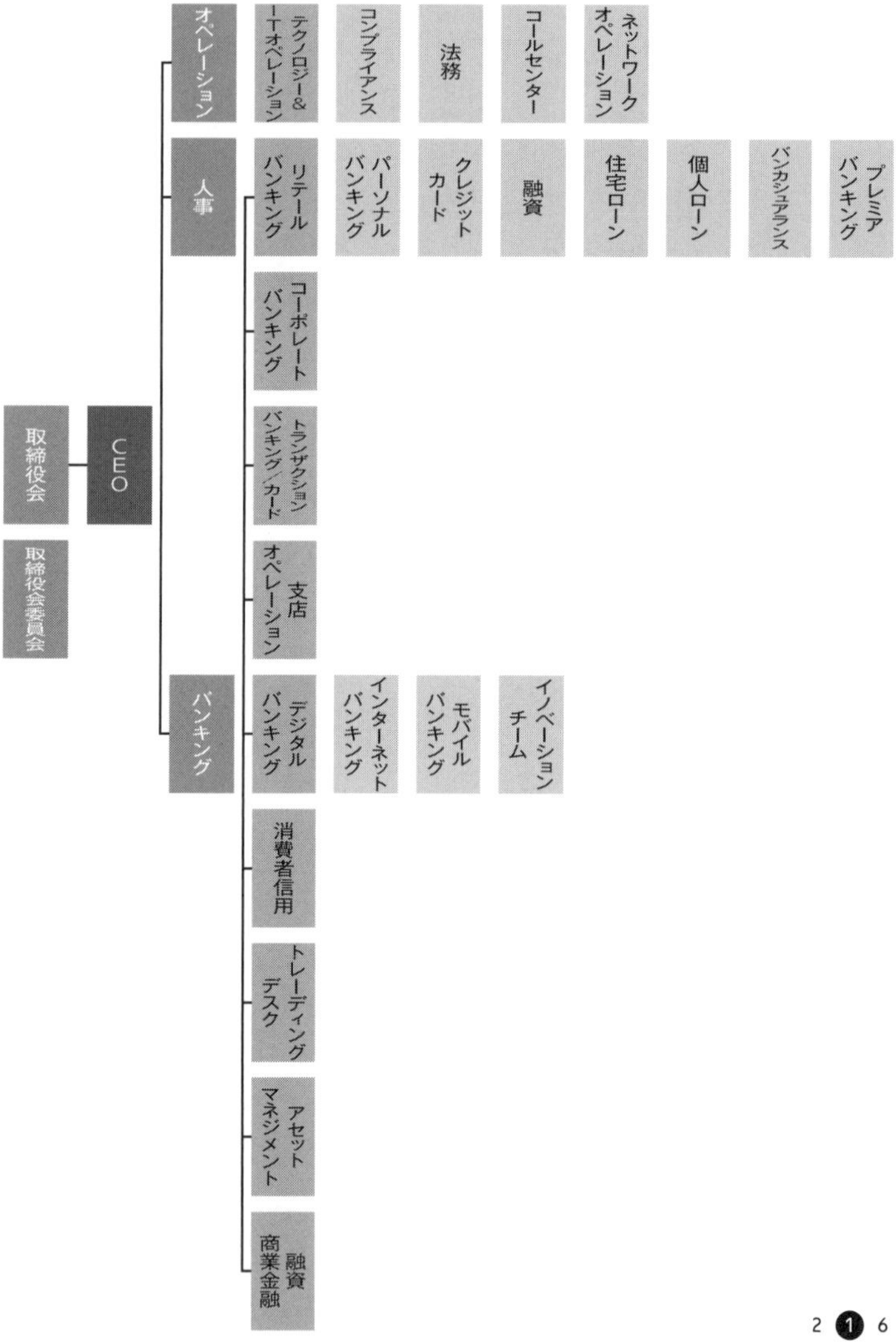

このことは、銀行が幅広い能力を必要としていることを示している。21世紀のBank 4.0の銀行では、これらの新しいコンピテンシーをどのように組み立てるだろうか？ 既存事業のなかに新しい役割を設けるだけで済むだろうか、あるいはビジネス自体をより効果的なものに再編する必要があるだろうか？

組織デザイン理論におけるこのような頭の体操は、部屋いっぱいの学者たちでも解決までに長い年数を要しそうだ。この説明をすることは本書の範囲を超えるため、その代わりにここでは、シンプルなコンピテンシーの用語を使って表現を試みよう。まずは現在の銀行の典型的な組織図が、非常に一般的に見てどんな様子かということから始めてみよう（**図4-4**）。

現在の銀行の組織図は、何十年にもわたる進化を反映したものだ。注力する市場、規制の増大、そしてテクノロジーの影響からの結果として、徐々に変化してきている。現実には、30〜40年前のバンキングで見られる組織図と大きく異なるものではないが、新しいコンピテンシーやケイパビリティが組織に組み込まれてきている。

第一原理アプローチをバンキングに持ち込むと、必然的に大きな組織的影響が生じる。未来の銀行の組織図で非常に顕著なのは、「プラットフォーム」としての銀行の機能である。つまり、銀行に内在する機能やケイパビリティを表出させる能力だ。Bank 4.0の組織では、カギとなるのはオムニチャネルのケイパビリティではなく、完璧なチャネルのアルゴリズム、エンゲージメント、そして実現収益重視である。利便性で競争を行っている世界では、商品構造とチャネル機能は水面下にあって、頭を出している氷山の一角はすべて経験の作用の仕方である。経験の世界では、ビジネス全体がすばらしいバンキング経験の提供をめざすものとなる。それは、クレジットカードをアレクサ用に仕立て直して顧客がその支払いをスケジュールに沿って行うといった、チャネルに基づいて後づけで考えるものではない。

ＡＩについては、その性質上、レガシーのアーキテクチャーとプロセス中に現在プログラムされている多くのものを自動化しようとするが、それはＩＴを支えている部門だけに留まるものではない。人工知能は現在ある組織図をまるごと不要にするものとなりそうだが、ＡＩとデータのマイニング／モデリングは、ほとんどあらゆる顧客とのやり取りの要素を強化する。銀行がウェブサイト（テクノロジーの1つのピース）をやっているのと同じようにＡＩについて考えたいなら、思考の反復（類推デザイン）によって競争力がひどく制限されることになるだろう。なぜなら行き着く先は、ＡＩプロジェクト同士の競合、サイロ化したデータ、チーム間の競合、バラバラの予算、そしてプロセス・アプローチの一貫性欠如となるからだ。リテールではプロセスが高度に自動化されるが、法人バンキングでは山のようなフリクションが残る。リテール部門がより多くの予算を獲得するからだ。

商品構造やチャネル機能が予算をめぐって争わなくなり、エンゲージメント、リレーションシップそして収益の単なる手段となれば、組織の階層性が減少し、コラボレーションが増加する。このアプローチによって理論上は、さまざまな機能について大幅なテクノロジー活用推進が可能になり、不可侵性やサイロといった問題に陥らずに、提携先が提供す

## 表4-3 ● 機能領域別にみた企業機能とコア・コンピテンシー

| 企業機能 | コア・コンピテンシー | アウトプット |
|---|---|---|
| デリバリー | データ・モデリング／行動 | 中核的な発見のケイパビリティであり、現在一般的なセグメンテーションとターゲティングに代わるものである。データサイエンス、心理学、ゲーミフィケーション等。 |
| | コア・ケイパビリティ | 銀行内の中核機能へのインターフェース。従来商品と呼んでいたものを機能および融資関係のルール等として捉えなおすもの。 |
| | ブランド／アドボカシー | ブランディングの中心は物理的なものよりもデジタルで実現されるものへのつながりがより強くなる。しかし支店はブランド・プレゼンスとして重要であり続ける。 |
| | 経験デザイン／テクノロジー | 以下のすべてのものが一体となる場。顧客期待、データおよび観察、行動科学、予測分析、デザイン能力、エンゲージメント、デリバリー。 |
| | 顧客サポート／エンゲージメント／リテンション | 戦術的な顧客リテンションとエンゲージメント計画は、コールセンターおよび人的フロントラインの支援とともに、ここで実施される。 |
| テクノロジー運営 | AI、機械学習、モデリング | 中核AIアセット、機械学習能力はここに置かれる。 |
| | テクノロジー・スタック（ネットワーク、コア、クラウド、プラットフォーム） | すべてのテクノロジー・スタックはここで管理される。内部コアシステム、クラウドベースのモジュール、他のIP／ネットワークベースのプラットフォームも含まれる。 |
| | 内部システム | 内部システムの運営機能であり、企業内のテクノロジー活用を行う。 |
| | 本人確認、セキュリティ、リスクマネジメント | サイバーセキュリティ、詐欺、本人確認、ITリスクをこのチームでマネジメントする。必要に応じて外部機能やプラットフォームと連携する。 |
| | 新テクノロジー | 新しいテクノロジー・ケイパビリティ探索チームの場。プロトタイピングと市場テストに大きく注力する。 |
| 業務運営 | 提携管理、運営 | テクノロジー／フィンテックの提携先が銀行固有能力を超えるようになるため、提携とコラボレーションは次第に不可欠となる。 |
| | コンプライアンス、法務、アルゴリズム | 事業運営上のコンプライアンス、法務、リスク要件について、プロセスや法律から、プログラムやアルゴリズムまでにわたるビジネスルールを体系化する。 |
| | 研究、戦略、開発 | 戦略チームが、典型的な銀行商品・サービスの脅威となるトレンド、競争差別化、新ビジネスモデルをチェックする。 |
| | 財務、管理 | コーポレートファイナンス、コスト管理、会計機能。 |
| | コミュニケーション、組織開発 | 企業コミュニケーション、IR、組織開発。 |
| バンキング | 信用供与、融資 | 中核的な信用供与・融資コンピテンシー。信用リスク機能、行動モデルの適用、経験デザインのアウトプットを含む。 |
| | 価値貯蔵、投資、貯蓄 | 中核的な価値貯蔵エンジンで、さまざまな貯蓄方式、ウォレット、ロボアドバイザーシステム等への拡張可能性を備える。 |
| | 決済、ネットワーク、商業金融 | オープン／クローズドな決済ネットワーク、銀行間決済スキーム等にまたがる資金移動。 |

るブロックチェーンやIPベースのソリューションを活用することが可能になる。この組織構造でははるかに俊敏性が高まり、テクノロジー専業の競争相手とも対等に戦うことができる。最新のバンキング組織とは、顧客デリバリーに焦点を合わせたものである。それはリテール、中小企業、法人その他のいずれでも同じだ。だから、組織の収益責任についてはミッション重視の度合いがはるかに高まる。

アント・フィナンシャルと同種の企業がこの分野へ侵入しようとしているのを見ると、こうした企業のビジネスユニットはコア・コンピテンシーが中心となっており、商品を重視した組織図ではない（**表4－3**）。彼らの組織図は型にはまらず、アクティブユーザー、日々のエンゲージメント、累積的なアクション（たとえば顧客の生涯借入れ）、前年比成長を測定するKPIに焦点を当てたものになっている。ビジネスユニットの成長は全体として、成長につれてそのネットワークの範囲拡大が加速するようにデザインされている（**図4－5**）（注17）。

コンピテンシーについては、私たちは「バンキング」自体が銀行のコンピテンシーの1つとなっていくのを目にしている。デリバリー、業務オペレーション、そしてテクノロジーオペレーションが重要なのと同様である。

AIとアマゾンのアレクサ的なものや最新のモバイルアプリは現在、ITやデジタル部門の配下に置かれているかもしれない。しかしデリバリー機能は、この新しい世界では顧客経験やエンゲージメントのプラットフォームとなってはるかに広い範囲をカバーし、収

図4-5 ● Bank 4.0のコア・コンピテンシー図（2025年頃を想定）

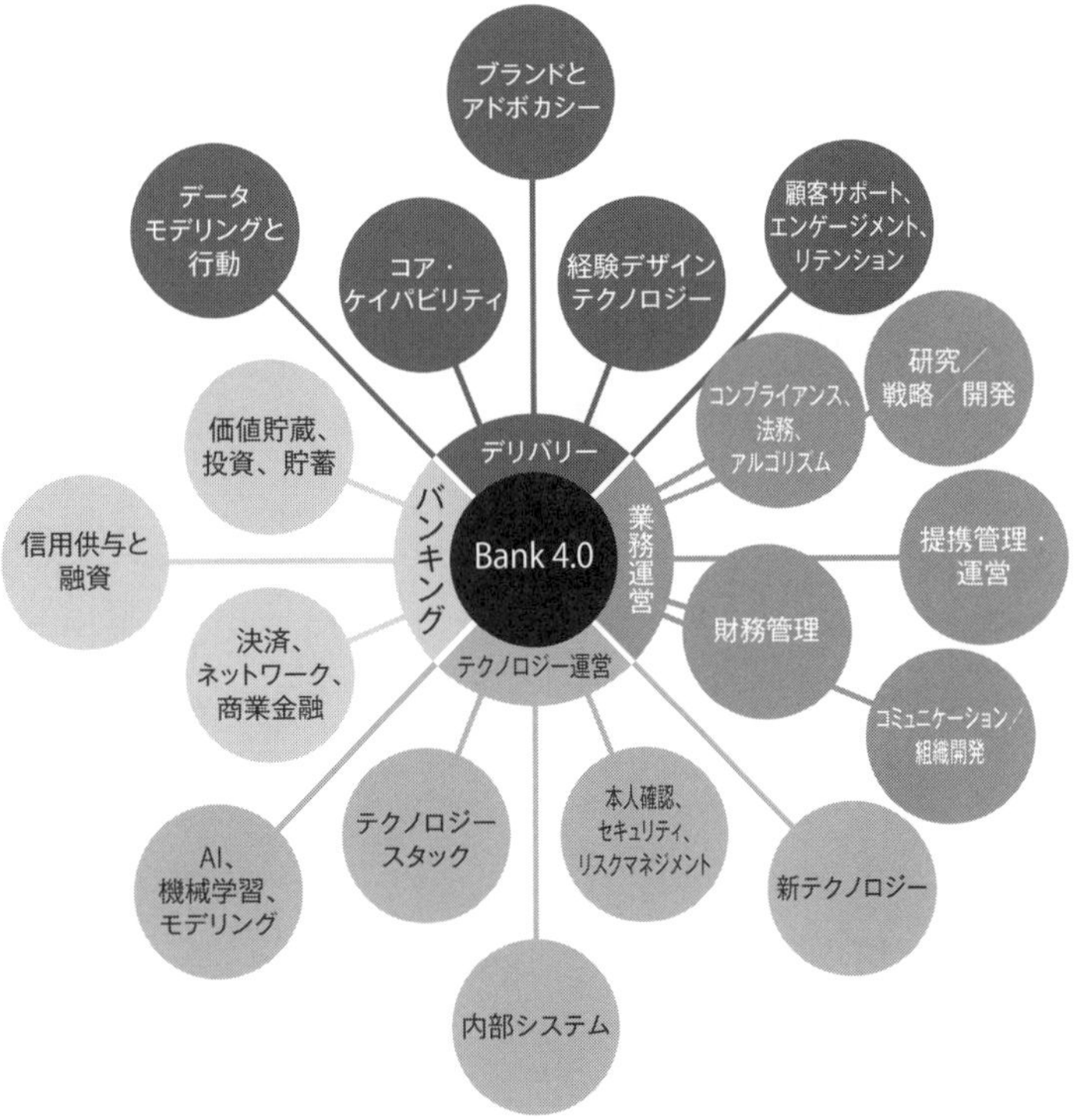

益、リレーションシップ、そしてリーチ拡大の新たな推進力となる。この新しいモデルでは、テクノロジーオペレーションは、機能や経験をリアルタイムで表出させるために必要とされる根本的なプラットフォーム能力となる。従来型のオペレーションと入れ替わりに、私たちはテクノロジーと業務オペレーションのコンピテンシーを有することになる。それらは双方とも現在と同様に重要だが、必要とされるスキルセットと業務上の役割は大きく異なる。

いくつかの新しい領域では、現在のような組織図が見られなくなる状況が生じるだろう。具体的には、研究開発、パートナー管理および業務運営、データ・モデリング、経験デザイン、そしてもちろんのことＡＩだ。これらの機能の多くは、Bank 1.0 の世界から反復を続けてきた銀行にとっては直感的に理解しにくい。内部コアシステム、レガシープロセス、コンプライアンス、そして凝り固まった商品チームといった免疫システムが、これらの新しい戦略ビジネスユニットに抵抗する可能性はきわめて高い。しかしながら、これらのコンピテンシーが構築されなければ、リアルタイムでテクノロジー・ファーストの世界で収益を得るのは困難となる。

**「顧客になってもらうのに現在も紙にサインをしてもらうことを求めている銀行は、まさに現在、非常に、そう非常に神経を尖らせているでしょう。フィンテックの『スタートアップ企業』は、考えうるあらゆる商品をリアルタイムでサインなしに提供できるように**

作られているのです」
——アクセンチュア・パースペクティブ、2016年

## 新しい世界におけるオンボーディングとリレーションシップ販売

経験に基づくバンキングの世界では、現在の世界で言うクロスセリングのようなものは存在しない。バンキング利用方法の選好において劇的な行動変化が起こることを考えれば、銀行がこのニュー・ノーマルに適応しなければならない可能性は高い。短期的には、商品やサービスをリアルタイムにデジタル経由で提供できなければ、2020年には顧客と収益が失われつつあるだろう。2025年には、サバイバルモードに陥っている可能性が5割を超えるだろう（**図4-6、図4-7、図4-8**）。

地域別のこのデータを見ると、時期的には多少の違いがあっても、トレンドは同じだ。日常的に選好されるチャネルとしては、支店は2008年以降**50～80%減少**している。ノバンタス、スタティスタ、CACI、BBAその他の調査がすべて示しているのは、このトレンドが今後何年間かは継続するかむしろ加速しそうだということだ。

繰り返すが、このデータはあらゆる支店が閉じられることを示すものではない。それがここで私の言いたいことではない（注18）。しかしながら、データが絶対的に示しているのは、支店での接触の選好は、全体としては減少し続けることだ（小売業の店頭では広くそうなっているのと同じく）。したがって、マルチチャネルでの収益獲得能力はもはや追加オプションで

はない。それは２０２０年から先にはリテール銀行の生き残りにかかわってくる。フィンテック企業は支店なしで顧客獲得を行うことで、すでに先祖である銀行の20分の１か50分の１の価格で新規顧客オンボーディングを実施している。だからそれは可能なことであり、すでに行われているのだ。これについては後段でよりくわしく述べる。

音声による顧客インターフェース（２０１６〜22年以降）と拡張現実ヘッドアップディスプレイ内へのアドバイスとフィードバックの表示（２０２５〜28年以降と推定）はいずれも、支店でのプロセスを日常的なエンゲージメントとセールスからさらに遠ざけるテクノロジーである。より深刻な問題なのは、この新しい世界での顧客獲得、クロスセル、アップセルの能力は、以前のものと全く異なるコンピテン

**図4-6 ● 米国で好まれるバンキング方法**

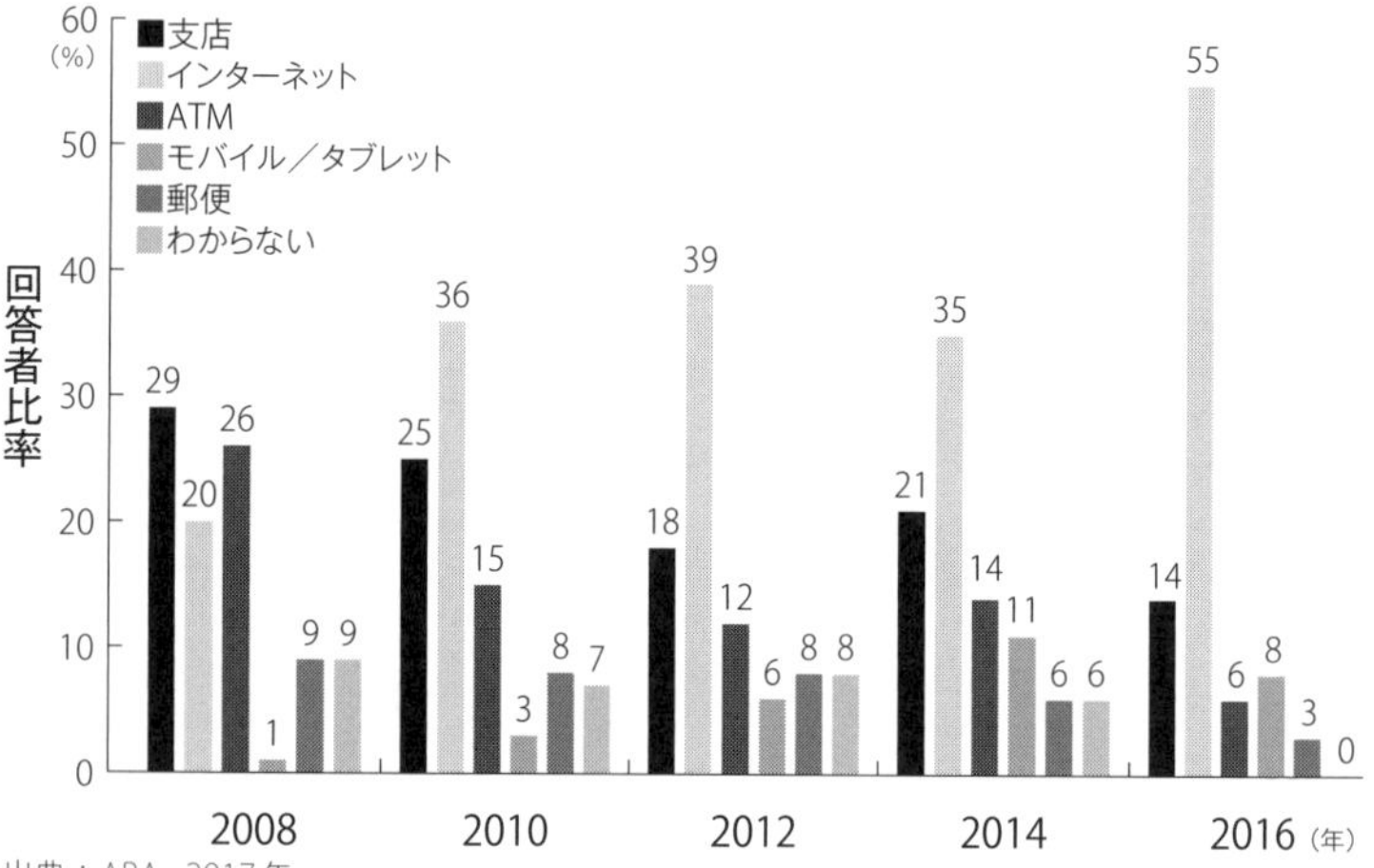


出典：ABA、2017年

## 図4-7 ● 中南米で好まれるバンキング方法

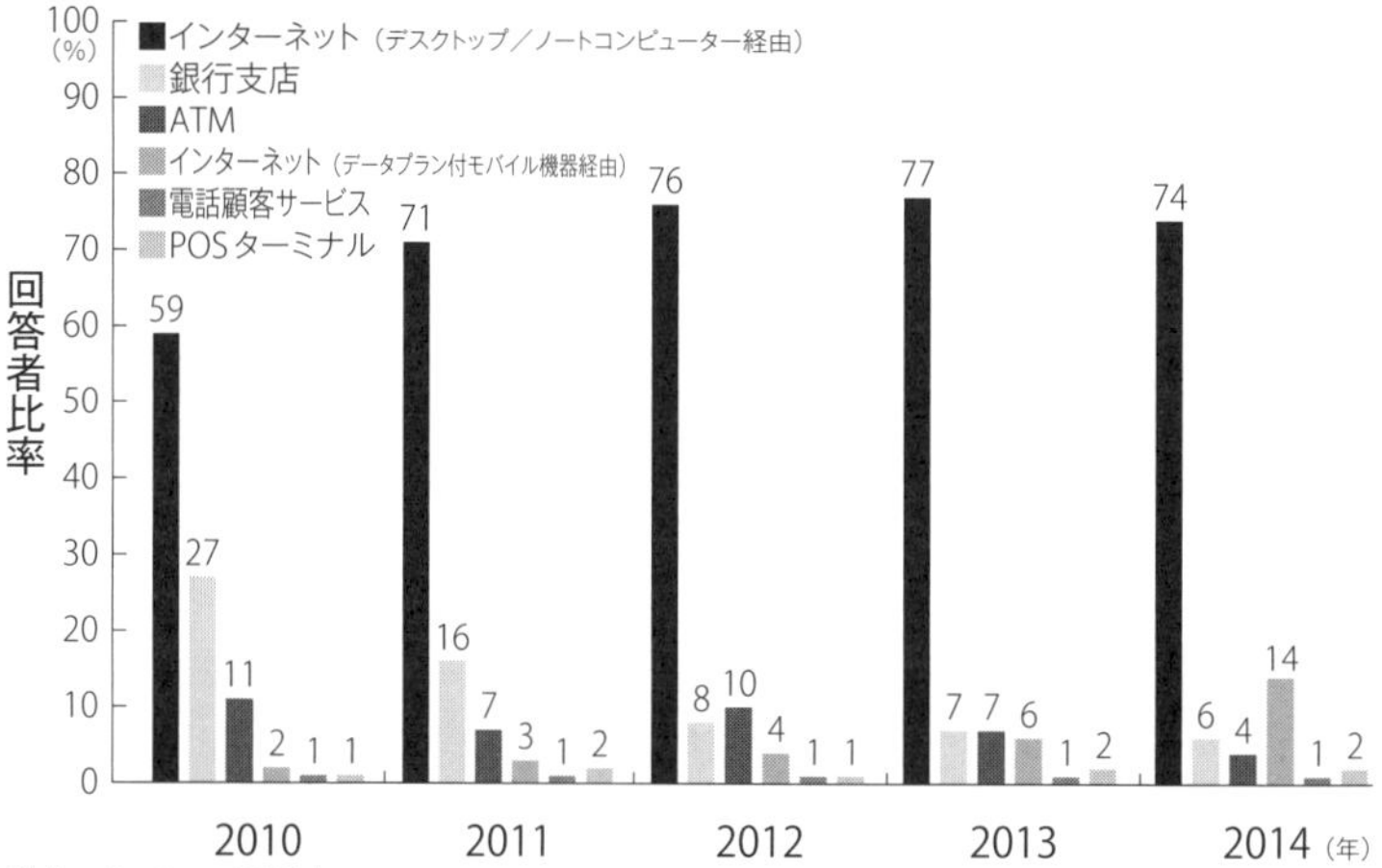


出典：Statista、2015年

## 図4-8 ● 英国で好まれるバンキング方法、接触数

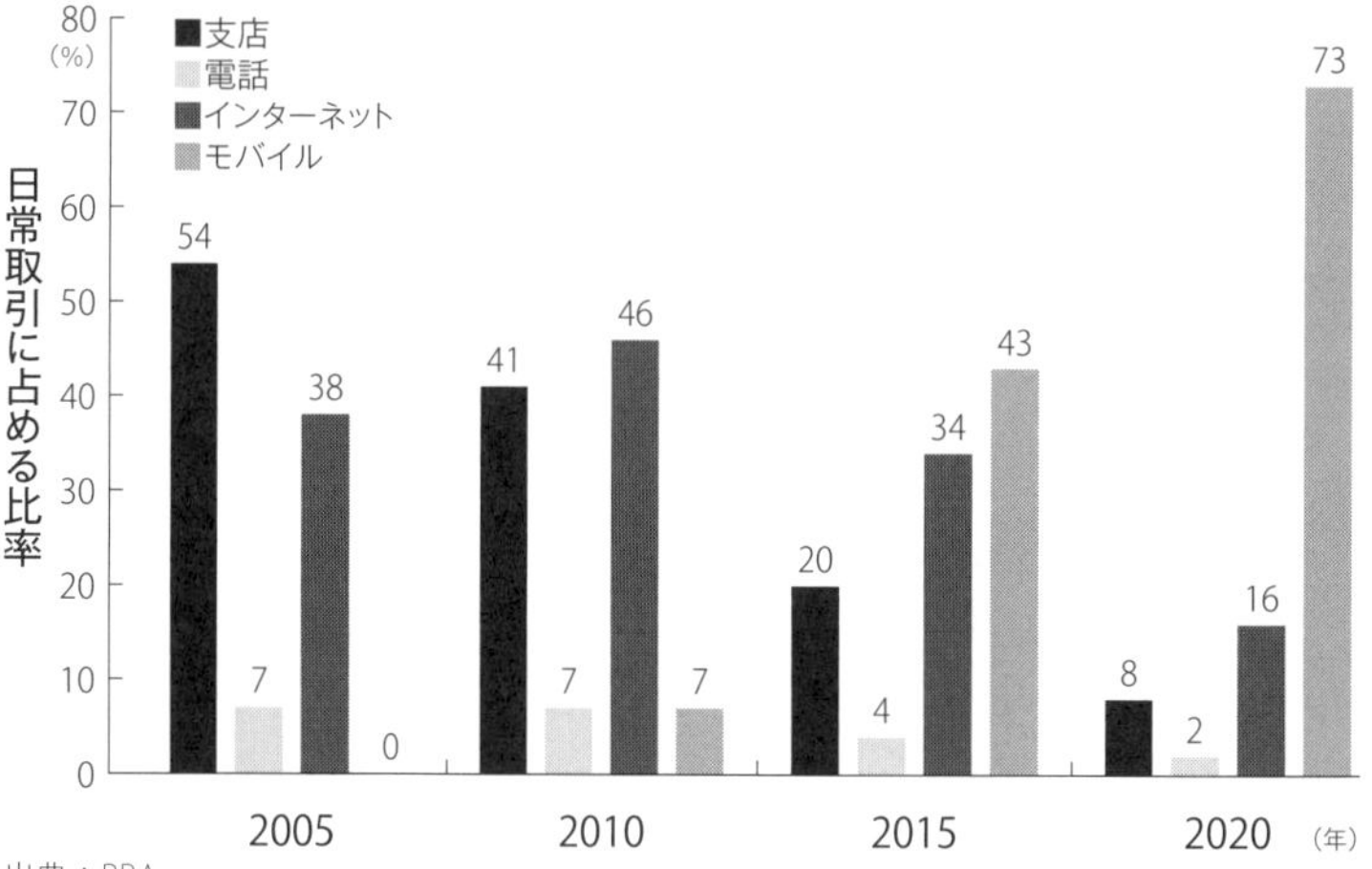


出典：BBA

シーに基づいているということだ。

それは、「アレクサ、私のおカネを投資する選択肢には何があるの？」に対応できる能力である。

## トト、カンザスにはもう人がいないわ

（訳注・『オズの魔法使い』中のドロシーの言葉「トト、私たちもうカンザスにいないみたい」の変形）

現在私たちは、人口統計と同種の人たちが示す行動に基づいて重要セグメントを割り出している。現在のバンキングの世界で「準富裕層（マス・アフルーエント）」がたとえば顧客1人当たり3～5個の商品保有率であると測定されれば、その平均値を能力基準として目標にする。たいていの場合、この数字が下りてきて販売目標とマーケティング支出になるが、それはプラットフォームの能力にはつながらない。

近未来の世界では、顧客にアップセルやクロスセルする能力は、活用可能なデータと顧客行動インテリジェンスに基づいたものとなるだろう。問題解決やニーズ満足のために顧客が銀行を必要とする時と場所を予測する能力が、リアルタイムか準リアルタイムで適切度の高いクロスセルやアップセルのエンゲージメント実行のトリガーとなる。差別化の礎となるのは、データプール、提携先およびセンサーで、それが正しいタイミングと正しいトリガー、そしてコンテキストに沿って最小のフリクションでデリバリーを行う能力につ

ながる。

これをデータベースマーケティングの進化系として捉えたい向きもあるだろうが、ここでのカギは行動モデルであって、セグメンテーションとターゲティングではない。マーケティング部門にはこのスキルがないため、これは根本となるケイパビリティの変化として非常に重大だ。これはデータモデリングの問題であり、ターゲティングの問題ではない。データサイエンスなのであり、市場調査ではないのである。

●特別寄稿④

# 未来ビジョン：個人向けの音声ベースAIバンカー

——ブライアン・ローメル（音声ファーストおよびアップルペイ市場アナリスト）

1970年代のATM機登場から現在のウェブベースのインターフェースまで、銀行はテクノロジーとの愛憎関係でよく知られてきた。多くの基本的機能によって銀行のコスト削減と、利用客のスピードアップが可能になるという豊富な証拠があったにもかかわらず、銀行がATMの常連利用客に課金することにこだわったために、初期のATMは危うく命運尽きるところだった。最終的にATMが普及すると、フルサービスの支店を訪れなくなるというトレンドが始まった。地元のバンカーにとって顧客の支店訪問は、常連客とより近くなって、個人およびその金融ニーズやゴールを知ることができるようになる場だった。テクノロジーが常連客を支店から遠ざけ始め、リレーションシップの分断が始まったのだ。

現在ではこの谷間は過去になく広がっており、35歳未満のほとんどの人々にとっては、銀行のATMロビーを越えてその先に思い切って進むという心痛む経験は、おそらく数えられるほどしかないだろう。もっと年上の顧客には銀行訪問の記憶があっても、それは郵便局に行くのと同じ範疇に入るか、もっとよくないもの……車両管理局を訪れるようなものだ。さらにずっと年配の人々が思い出せるのは貯蓄貸付組合で、昔の映画「すばらしき哉、人生！（It's a Wonderful Life!）」に出てくるようなエッセンスを持つものだ。こうした過去の記憶のなかに、未来の弧が垣間見える。

100％セルフサービスの金融サービスとともに育ってきた世代がいるのが現在だ。もちろんそのなかには必要とされるものもあるが、いまやよく見えなくなっているようなのが、個人的なほぼ人間同士のコネクションである。昔の時代のバンキングでは、ほとんどの中小規模の町では、バンカーは顧客を知っていて、顧客が育つのと、最初に作る貯蓄口座、大学ローン、自動車ローン、結婚指輪ファイナンス、最初の家購入ファイナンスといったライフイベントに出会うのを見つめてきた。これらすべてのバンキングのライフイベントの間には、ガイダンスやアドバイスのポイントが無数に存在している。バンカーとのリレーションシップは、ホームドクターとのそれにほぼ近いくらい高い位置にあった。アドバイスは歓迎され、そこには信頼と信用があり、常連客は顧客というよりも友人に近かった。

このすべてが昔のやり方で古臭く響くかもしれないが、現在のより若い世代の人々は、金融アドバイスを受ける相手としての真に信頼できる親友がないまま金融システムに入ってくる。確かに、インターネットで検索するか無料通話番号にかけるかすれば、相手の支援に多少は興味があるかもしれない人か、あなたに商品を申し込ませて販売手数料を獲得したい人に、簡単な回答の画面を読み上げてもらうことは可能だろう。しかしながら、スマートフォンアプリが台頭したことで、パーソナライズされたサービスを通じてより深く銀行とつながることができるというトレンドが始まった。アプリのエコシステムによって、私たちは独立したATMの時代から進歩して、音声コントロールAIという次の変革への基礎を築いたのだ。

現在のアレクサ、シリ、グーグル・アシスタントそしてコルタナは、すでに非常に有用な質問応答（Q&A）システムとなっている。Q&Aシステムは、人間とAIシステムとの間の連続性やコンテキストを認識しないという点で限界がある。継続性には多くの要素があるが、最もシンプルな要素は、最低限でもそれは以前に問われた質問を理解して、質問とその前の会話とのつながりを確立することができることだ。コンテキストはさらに多くの要素を持つが、最もシンプルな要素は、あなたが誰かと、あなたがこのやり取りで達成しようとしていることを認識することだ。これは私が「音声第一革命」と呼ぶものの次のステージであり、それによってさらに進んだやり取りのステージが設定される。それは真に対話とか会話と呼べるものだ。

これはすべて、AIのコンテキスト形態によって仲介される。そのAIは、現行のAIシステムとアレクサのような音声ファースト・プラットフォームでは実現されていない程度までユーザーを知っていることで成立する。その変化のさまは見事なほどだ。継続性とコンテキストを実現するために使える新しく革新的なテクニックやプロトコルは数多く存在しているが、それが真のデジタル・パーソナル・アシスタントの基礎を形づくることで、アシスタントは時間とともに次第により有用でより強力になるだろう。真のパーソナル・アシスタントは数多くのことを行う。その1つが顧客向けに個別にしつらえた金融アドバイスで、それは顧客の深いコンテキストとゴールに基づいている。

パーソナル・アシスタントは音声ファーストのAIシステムであり、決して利用者の側を離れることがない。AIシステムは時間をかけてコンテキストを確立していくが、それは利用者の明確な許諾と最高度のセキュリティの下に行われる。利用者はこれまでのテクノロジーでは見られなかった方法で、パーソナル・アシスタントと仲間になるだろう。このことで、新しい自動化されたパーソナル・バンカーの登場が可能になる。パーソナル・バンカーはパーソナル・アシスタントによって駆動され、銀行や他の金融企業と統合されている。

こうしたやり取りは、1950年代の米国におけるファミリー・バンカーから受けていたようなアドバイスをも上回るものになるだろう。新しい音声ファーストのAIパーソナル・バンカーを形づくるものは、目の前のコンテキストや継続性と、顧客のために行う能動的なやり取りとを比較するというとてつもない能力である。このパーソナル・アシスタントは、すべての過去、現在、そして将来可能性のある金融イベントについて最も詳細レベルまで知っている。AI駆動バンカーは、銀行取引ステートメント、投資実績ステートメント、クレジットカード取引ステートメントからは見出せないような詳細まで知っているのだ。究極的にすべてを知っていると言える。

以下に示す例は、パーソナル・アシスタントAIと行う典型的なやり取りである。「レスリー、私はこの新しいVRシステム買えるかな？　今が一番の買い時かなあ？　価格はベスト？」。AIバンカーは過去の購買や計画しているもの等、時間軸に沿って「買える」かどうかに関する情報を収集し、コンテキストに沿ったインサイトを利用者向けにしつらえてつくり出すことができる。この買い物をする余裕はないかもしれないが、他にも多くの提案や選択肢があるかもしれない。ここでは、この買い物でのベスト価格が2000ドルで、今が一番の買い時だとしよう。次の質問は、支払い方法はどうするか？　ということだ。AIバンカーは、オンデマンドのクレジット発行や返済計画設定のいずれも実施可能だ。またリアルタイムのバンキング・オークションも可能で、その場合は現在の金融状況や購買のタイプを使って、クローズドな方法でビッドを受けることができる。システムは可能な限り最善のロイヤルティおよびボーナスポイントを設定することも可能だ。

次のようなやり取りを想定してみよう。「レスリー、いつ頃になったら初めての家を購入できるようになるかな？　預金が十分な額になるまでの時間を短くするために今だと何ができる？　どんな投資をしたらそのために役立つかな？」。現在なら、こうした種類の質問に回答するためには、ファイナンシャル・プランナーのインサイトが必要になるだろう。投資アドバイザーとバンカーもそれに協働する。しかし、この新しいAIバンカー、つまり利用者の背景をすべて理解している単一の接点ならば、簡単な会話で有用な回答を得られるだろう。他の方法では何時間もかかるところだ。AIバンカーは住宅ローンを売りつけることはない。住宅を購入するのにやらなくてはならないことを理解するのを支援してくれる。この段階ですでに、実は異なるタイプの住宅ローンを提示することしかできない住宅ローンアドバイザーよりも進歩が見られる。

AIバンカーは粘り強く1日24時間、週7日間働き続けて、利用者と金融界をつなぐ専門の仲介者となるだろう。この世界では「広告」は直接利用者向けにではなく、AIバンカー向けとなる。銀行と金融サービス企業は、AIバンカーが選択・選好するサービスとなれるようテクノロジーを開発することになるだろう。これらすべては利用者の監督の下に行われる。しかしながら、利用者はどこかの時点で、AIバンカーが常に自分にベストなことを行ってくれるという信頼の気持ちを固めなければならないだろう。

音声ファーストAIの能力によって、必要なときにはいつでも呼び出せるこの新しいパーソナル・バンカーの台頭が可能になる。その知識の深さとコンテキストの深さは、富豪向けのパーソナル・バンカーに匹敵するレベルの「リレーションシップ」をつくり出すことだろう。目の前で、そしておそらく生涯にわたってパーソナルAIバンカーとの対話ができることは、私たちが人生で築く唯一最も重要な取引関係となる可能性のあるリレーションシップを生み出すだろう。このリレーションシップは私たちの生活のあらゆる側面に織り込まれる。パーソナルAIバンカーの力をいったん手にすれば、それが存在しない世界を考えたくなる可能性など存在しない。同時に、銀行支店に行って人間のバンカーに話しかける理由もなくなってしまう。

注1：そう回答するなら、あなたはおそらくコロラド、オレゴンかワシントン州の住民だろう。喫煙が合法だ。

注2：つまり、支店を訪れて、現金を引き出し、同日にクレジットカードや定期預金を申し込む場合も、その日の訪問は1回ということだ。

注3：驚かないかもしれないが……。

注4：私は香港で銀行取引があり、現在もそうだ。

注5：Ｐｕｌｓｅニュースを参照のこと。"Kakao Bank attracts more than 1 million accounts in 5 days" ２０１７年7月31日

注6："A Hundred Apps Bloom in China as Millions Bank on Their Phones" ２０１５年8月、https://www.bloomberg.com/news/articles/2015-08-19/wechat-baidu-and-alibaba-help-chinese-embrace-digital-banking

注7：出典＝中国工商銀行、アニュアルレポート

注8："In Urban China, Cash is Rapidly becoming Obsolete" ２０１７年7月16日、The New York Times

注9：出典＝Fox Business, ２０１６年６月、"Uber's Leasing Program is Changing The Auto Loan Market"

注10：出典＝マリオット、プレスリリース、https://www.digitaltransactions.net/news/story/Mariotto-Will-Accept-Alipay-As-Part-of-an-Ambitious-Joint-Venture-With-China_s-Alibaba

注11：次の記事を参照。"Future Vision：Your Personal Voice-Based AI Banker" Brian Roemmele.

注12：Amazon Goを参照。

注13：出典＝InfoTrends Worldwide Consumer Photos Captured and Stored, 2013-2017. http://mylio.com/true-stories/tech-today/how-many-digital-photos-will-be-taken-2017-repost

注14：ATM Marketplace 参照。"Mobile vs. branch : Beyond the tipping point" 2016年3月
注15：この言葉を言ってくれたグレッグ・ミトボにエールを。
注16：出典＝TDのCEOによる2016年第4四半期業績報告。MySpendはTDのあらゆる商品・プラットフォームのなかで史上最速で顧客100万人へと成長した。MySpendはまた、カナダのアップル・iTunesとグーグルプレイのアップストアでナンバーワンヒットとなったTD唯一のアプリとなった。
注17：アント・フィナンシャル投資家説明会報告を参照。https://www.alibabagroup.com/en/ir/pdf/160614/12.pdf
注18：ロン・シェブリン（Ron Shevlin）とケビン・ティナン（Kevin Tynan）を落ち着かせてやってくれ。（訳注・ロン・シェブリンは"Smarter Bank"の著者。ケビン・ティナンはシカゴのLiberty Bank for Savingsのマーケティング担当SVP）

CHAPTER 5

# 分散台帳技術、ブロックチェーン、仮想通貨、分散型エコシステム

DLT, BLOCKCHAIN, ALT-CURRENCIES AND DISTRIBUTED ECOSYSTEMS

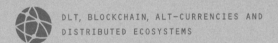

**「ドバイは、最新テクノロジー採用のフロントランナーであり、2020年までに実装可能なすべての取引をブロックチェーン上で実行する世界初の政府となるという目標を設定しました。この方向に沿った政府施策は、UAEの民間セクターにすばらしいビジネス機会をもたらすでしょう」**

——アフマド・アル・ムラ、会長、CIOMajilis, 2017年7月24日

この章を始める前に、疑いようのない見解を述べておこう。本書が世に出るまでには、ブロックチェーンと暗号通貨について私がここで何を書こうが、それは時代遅れとなっているだろう。中国とそのビットコイン交換所、イニシャル・コイン・オファリング（ICO）に対する規制への反応、バブルまたはポンジ・スキーム（訳注・出資金詐欺）について語るバンカーに関するニュースは日常茶飯事となっている。次のことも明確にしておこう。ブロックチェーンがどう動くか、コンセンサスとプライベートとパブリック等々といったことに関する長文の論文を読者が期待しているなら、がっかりするだろう。この本はそういったものではない。私が議論したいのは、ブロックチェーンのようなテクノロジーがどのようにして銀行を進化へと追い立て、資本市場、商品および資本のフロー自体についての考え方の進化的変化に向けて、暗号通貨とICOがどのようなシグナルとなるかといったことだ。言ってみればエコシステム全体に対する未来学者の視点である。

2008年以前は、ビットコイン、ブロックチェーンあるいは分散台帳について耳にすることはなかった。デジタル通貨に関する議論はまばらに行われていた。それはQQコイ

ンやセカンドライフのリンデンドルといったものだが、分散台帳技術（DLT）（注1）は影も形も見えていなかった。

現在、暗号通貨の時価総額は数千億ドルと見られている。ICOはスタートアップ企業への初期のベンチャーキャピタル投資を上回っており、一方大手銀行、政府、企業はブロックチェーン技術の配備に向かっている。ブロックチェーン、ビットコイン、アルトコイン、ICOがホットなテーマだ。

このことはニュースではない。また驚くべきことでも全くない。現在、米国の時価総額でみたトップ6社のうち5社はテクノロジー企業（アップル、アルファベット、マイクロソフト、アマゾン、フェイスブック）なのである。フェイスブックのIPOが完全な失敗だったかについての論争が行われていたのは、それほど昔のことではない。そしてそれより前、人々はインターネットが一時的な流行かどうかについて議論していた。いまやテクノロジーはあらゆる産業セクターを変革している。それは電気自動車とソーラーのように化石燃料の将来を絶滅させるものから、アップルのアプリケーションのエコシステムのように世界で最も高速に成長する企業（ウーバーやAirbnbなど）を生み出すものまで広がっている。私たちはこうした変化を描写する新しい言葉までつくり出す必要があった。たとえば「シェアリング・エコノミー」、「ギグ労働力（gigging workforce）」、「ユニコーン」、「ソーシャルメディア」等々だ。

重い規制のかかるバンキング業界から一歩下がって幅広く世界で起こっている変化を眺めれば、観客席から見える景色は、すべての旧いインフラストラクチャーとバリューチェーンがテクノロジー・ファーストの新たな構築物に置き換わりつつある様子だ。私たちが移行している先の世界では、古いやり方に旧式の規制システムを適用していては生き残れない。保護主義でも駄目だ。その理由は、新しい世界が高速で、自由度が高く、スケーラブルであり、そこでは20万台のインターネット対応スマートフォンが毎日毎時販売されているのだ（注2）。腰を下ろした木の枝から眺めれば、目に入るのは変革の森であり、そこでは物事の行い方について否応なく考え直さざるをえない。A地点からB地点におカネを送る方法、ビジネスを成長させる方法、ブランド創造の方法、価値交換の方法や、他にも色々だ。

## デジタル通貨の登場

ビットコインとその下層にあるブロックチェーンは、マネー、価値貯蔵、決済システムを、ユーザーがゲートキーパーを経由せずに直接アクセスできるようなIPレイヤー上のリアルタイム世界に適合させなければならない場合に、必然的に登場してくるものだ。どこか単一のデータセンター内に置かれた単一のバンキング用コアシステムでは、「預金」と世界中のモバイルウォレットが存在するあらゆる場所で同時発生するトランザクションを処理することが不可能だと気付いた時点で、この種のソリューションが浮上してくる。そうなるのは、何百万ものコンピューターが同時にアクセスしてくるかもしれない場合や、単一のデータベースではデジタルマネーを安全に管理し続ける必要性というセキュリティ要件に対応できない可能性がある場合だ。また、取引を行っているデバイスがＡＩか自律決済機能を備えた自動運転車の場合、有料道路や料金所を通ろうとすると、まずＫＹＣの輪をくぐって決済システムにアクセスするという仕組みが機能しないことに気付く場合だ。あるいは、もはや実行を要するトランザクションだけではなく、他のすべてのデータ（位置、生態、行動、ヒューリスティック）がトランザクションと同時に動き、それがビジネスの未来を形づくるのに不可欠であると気付く場合である。

ビットコインのような暗号通貨と分散台帳技術にかかわる人々は、それが世界を変えるものだと語ることが少なくない。それは彼らが「熱狂的な信者」であるからではなく、新しい世界が持つ可能性を目にしたからだ。インターネット登場の何十年も前に築かれたレガシーシステム上にある、19世紀の銀行向けに築かれた規制の制約を受けることがない世界である。

以前の章で述べたように、バンキングで私たちの目に映る変化の最初のレイヤーは、チャネル主導のものだ。最初はインターネットチャネルであり、次はモバイルチャネル、そしてオムニチャネル・バンキングである。銀行の言うことやインターフェースにユーザーが不満を覚えるようになると、銀行はユーザビリティや、顧客経験を改善するデザインや、画面を読みやすく、アプリを使いやすくする前提について語り始めた。そのことは、新しいテクノロジーがバンキングへのアクセス方法を根本的に変えるかもしれないと銀行が理解することにつながった。そして突然、世界で最も急速に成長する金融機関は、テクノロジーによるインターフェースと経験デザインに基づくものとなっていた。金融包摂に関するルールは、基本的な携帯電話でアクセス可能なシンプルな価値貯蔵によって完全に変革された。次いで、フィンテックがユーザー経験のベストプラクティスに関して安定した地位を占める気配が強まるとともに、イノベーションの第2段階が始まった。フィンテックとテクノロジー・スタートアップ企業は、銀行を動かしているコア・インフラストラクチャーとバックエンドの再構築に目を向けたのだ。配管や線路のアップグレードである。ここに至って銀行は、伝統的なインターフェースを丸ごと取り払うことになるかもしれないことに気付き始めた。

2017年7月、過去最大のICOで2億3200万ドルをテゾス（訳注・仮想通貨プラットフォームの一種）（注3）が調達した。テゾスはビットコインとイーサの双方を使って資金調達を行った。報道によれば、テゾスの調達目標は2億3200万ドルではなく、3000〜5000万ドルであったが、数日の間に6万5693ビットコインと36万1122イーサを集めることになった。私がこの章を書いている間にビットコインは過去最大級のジェットコースターのような相場変動を見せ、2017年のクリスマス前に2万ドルの天井を、そして2018年1月には6000ドルの底を打った。その価格でも、テゾスが占めるビットコインはゆうに4億ドルを超えている。

正直に言えば、テゾスはICOを通じてあまりに多くの資金を調達してしまい、そのすべての暗号通貨をどうすればよいかわからなかった。そこで彼らは独自のベンチャーファンド（注4）を立ち上げた。その後彼らはちょっとした暴落を経験した。2億3000万ドルという望外の額を手にしたことが、一部の創設者をそうさせたのかもしれない。

いまやテゾスは昔の話だ。もはやテゾスはＩＣＯの歴史上最速での2億ドル調達の記録保持者ではない。２０１７年8月初旬には、ファイルコインのＩＣＯが2億５０００万ドルを超える資金をわずか60分で集め（注5）、それに続く12月には、ＥＯＳの調達が7億ドルで、過去の3倍の記録となった。これを書いている私が嫌と言うほどわかっているのは、この本が発売される直前までこの章の数字を更新し続けなければならないということだ。そして、書籍が発売されるや否や、その数字はすべて古くなってしまう。暗号通貨とＩＣＯに関しては、私たちがいる世界はすべてがどんどん変化している。

２０１７年前半には、スタートアップの資金調達のうち１２０億ドル以上をＩＣＯが占め、同期間中にベンチャーキャピタルのアーリーステージ投資の総額を超えたとＣＮＢＣがリポートした（注6）。信じられない数字だ。なぜか？　それは、１２０億ドルという調達額は、２０１６年にはわずか７８００万ドルだったからだ（Ｔｈｅ ＤＡＯのＩＣＯの1億５０００万ドルの調達失敗分を除く）。そして米国では前述のように、ＩＣＯで資金調達を行ったスタートアップ企業の多くが、証券取引委員会の統治によって間もなく違法と見なされるかもしれない。なぜか？　その理由は、迅速なリターンをもたらしうるようなテクノロジー進歩があると、数多くの悪質なプレーヤーが現れて、それが必然的に、革新的な手法で事業開始資金を募ろうとするまともなプレーヤーの名を汚すからだ。

**「友人がカジノを建設していて、あなたに投資を求めたとしよう。その代わりにあなた**

**は出来上がったカジノで使えるチップをもらう。さて、そのチップの価格は固定されておらず、カジノの人気、ギャンブラーの数、そしてカジノの規制環境に応じて変動するとしよう。おっと、そしてそれが友人でなくインターネット上で偽名を使う見知らぬ人物であり、実はカジノの建て方を知らないかもしれず、あなたのおカネを盗んでポルシェを買うのに使っても彼を詐欺で訴えられないとしよう。ICOとはそういうものだ」**

――「暗号通貨バブルは存在するか？　ドージに聞け」、『ニューヨーク・タイムズ』、2017年9月15日（訳注・「ドージ（Doge）」はインターネット上のミームで実在しない）

2017年12月にはICOの調達総額が50億ドルに達し、第4四半期には大きく増えた。これを広い視野で見れば、累積調達額のうち40億ドルは2017年だけのものだ。2017年7月の証券取引委員会のICOに関する投資注意喚起やさまざまな政府のICOに対する取り締まりにもかかわらず、状況は沈静化しそうにない。それどころか加熱しそうな気配だ（**図5-1**）。

こうした活動の盛り上がりと調達額の大幅増加にもかかわらず、ICOはすべてが成功しているわけではない。

2017年、「ビットコイン・マーケット・ジャーナル」の分析では、彼らが調べた約600件のICOのうち、最終日までにICOが完結できたものは394件にすぎなかった。調達明細を報告または公表しているのは全体の約35％である。つまり、このデータから得られる仮説は、2017年のICOのおおよそ3分の2は目標調達額に到達しなかったというものだ。それは完全な失敗を意味しているわけではないが、思いどおりの額は達成できなかったということだ。それが1つの説だ。もう1つの説は、規制のない市場では財務数値は**随意的**なものにすぎないということだ。

だが、とんでもない失敗もなかにはある。テクノロジーの失敗、実務能力の欠如、あるいは完全な詐欺のいずれにせよ、ICOは一般に資産クラスとしては非常に厳しい評価を受けており、それは主に自己統治への依存と、悪質なプレーヤーが数多くいて、よくない話が少なからずあるせいだ。2017年の公表された主な失敗例には次のようなものがある。

**①ワンコイン**（OneCoin）：多階層マーケティングの出資金詐欺の類である、教科書的詐欺。3億5000万ドルの損

**図5-1 ● ICOは2017年に爆発的に増加**

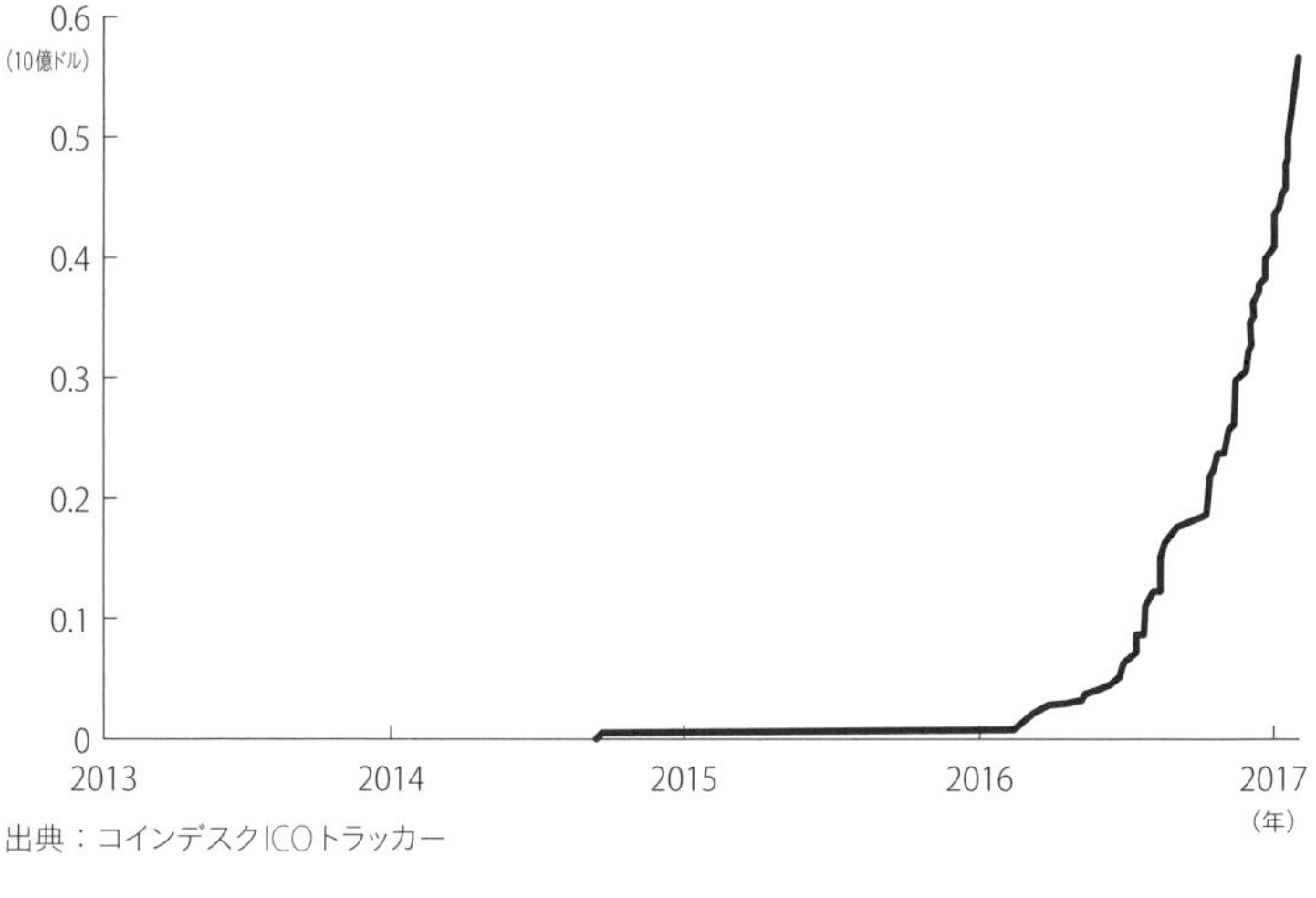


出典：コインデスクICOトラッカー

失と18人の創設者がインド当局で拘留。

②**エニグマ**（**Enigma**）：実務能力の欠如で失敗した暗号通貨と証券サービス。CEOはハッキングされ50万ドルを失い、証券の認可を取り消された。

③**ドロップレックス**（**Droplex**）：ICO詐欺で、文字どおり他社のホワイトペーパー（QRL）（訳注・Quantum Resistant Ledger：仮想通貨の一種）をコピーし、グローバルで検索・置換を行った。現在でも2万5000ドルの投資家資金を持ち出したままになっている。

④**コインダッシュ**（**Coindash**）：ハッカーがフィッシングサイトを通じてイスラエルのこのスタートアップ企業から1000万ドルをかすめとった。内部犯行という噂があって、チームは現在も苦しんでいる。

⑤**ヴェリタシアム**（**Veritaseum**）：YouTubeの広告がこのICOを盛り上がらせた後、540万ドルのコインが盗まれてすぐにイーサリアムに移された。ヴェリタシアムのチームがハッキングを行って資金を懐に入れたという主張が続いている。

⑥**パリティ**（**Parity**）：コードと2段階認証プロセスの欠陥を衝いた、マルチサインウォレットに対する正真正銘のハッキング。ホワイトハッカーが盗まれたイーサのほとんどを回復できた。

このすべてから得られる1つの教訓は、スタートアップ向けの資金調達メカニズムとして、ICOに有望性はあるものの、現状はまだ「買い手ご用心」状態ということだ。

## ビットコインと暗号通貨の急成長

２０１７年末、ビットコインとビットコインキャッシュ（ＢＴＣ／ＢＴＨ）、イーサ（ＥＴＨ）、リップルコイン（ＸＲＰ）、ライトコイン（ＬＴＣ）その他はいずれも記録的高値をつけ、多くの従来型の投資家やトレーダーはそれを傍観して首を左右に振っていた。リップルコインは２０１７年前半だけでほぼ４０００％値上がりし（注８）、現在では世界の30カ所の取引所で上場されている。しかしビットコインこそが暗号通貨のすべての始まりだった。

２０１０年５月22日、ビットコインでのリアル世界の最初の取引の１つが実行されたが、それは「ビットコイン・ピザデー」として永遠に記念されるだろう。その日、ビットコインユーザーがベイエリアのパパ・ジョンズ・ピザのピザ２枚に１万ビットコインを支払ったのだ。２０１７年12月のビットコインのピーク価格でみると、このピザ２枚は２億ドルを超えることになる。

２０１１年２月、ビットコインは対ドル相場で問題を抱えていた。何度も相場決定まであと一歩まで行った後に、２月９日にようやく記念すべき日が訪れた。２０１１年６月、ビットコインは「１コイン」当たりほぼ30ドルで取引されていた。その後６月19日には有名なマウントゴックス事件が発生し、ビットコインの価格はその後数カ月かけて２ドルまで落ち込んだ。当時のマウントゴックスのハッキングの損失資産額は20億ドル以上（または30万ビットコイン）であった。

多くの人は、この事件はビットコインがコンピューターベースであることに起因する弱点にさらされており、それゆえもう終わりだということの明らかな証拠と見ていた。

しかしながら、ビットコインの性質は変化していて、人々はビットコインの将来価値について非常に持ち上げて語っていた（注9）。2013年には、ビットコインは1000ドルの節目を突破し、年末近くには1242ドルの高値をつけた。しかしそこでまた大混乱が生じた。中国政府が金融機関のビットコイン取引を禁じたのだ。ビットコインの価格は2014年には低下の一途をたどって200〜250ドルの水準となり、2015年はその状態が続いた。多くのトレーダーやアナリストは、ビットコインが安定点に到達して、2013年の高値に再び届くことはなさそうだと考えていた。しかしそれは明らかな誤りだった。

2017年にはすべての暗号通貨が暴落した。1つまた1つと節目の度に途中で失速しながらも、ビットコインはひたすら上伸を続けた。ジョン・マカフィーは以前ベリーズに住んでいた変わり者だが、ビットコインは100万ドルになると明言した。さらに具体的には、マカフィーはビットコインが100万ドルにならなければ、自分の局所を民放の生放送で食すると発言した。架空人物であるサトシ・ナカモトの純資産は、彼のビットコインの保有分（注10）に基づけば、10億ドル、次いで100億ドル、さらには194億ドルに達した。テレビの金融番組でビットコインの話を耳にしないことはなかった。ジェイミー・ダイモンは、ビットコインは史上最大の出資金詐欺だと言ったが、その同じ日にJPモルガンは数100万ドルのビットコインを売買していた。ランサムウェアが世界的に出現し始め、ファイルを回復できる唯一の方法はハッカーにビットコインを送金することだとされた。世界はビットコイン狂想曲に陥った。ついでながら、もしビットコインの価格が100万ドルに達したとしたら、サトシ・ナカモトは世界初の1兆ドル長者となっていただろう（ジェフ・ベゾスが先んじなければだが）。

そして2018年1月、ビットコインは派手に暴落した。2015年にビットコイン価格は安定したと言った同じトレーダーやアナリストが、今度はビットコインは価格ゼロに向かうと言っていた。ノーベル賞経済学者たちは、バブルが弾けてビットコインは市場から退出するだろうと言っていた（注11）。これを書いている時点で、ビットコインはゆっくりと相場を戻して7000〜10000ドルレンジにあり、国際市場は2018年の1回目の反発時期を消化したところだ。

ビットコインを変動が大きいと言うのでは、まだ表現が控えめだろう。最近は、ビットコインをデジタル通貨と言わず暗号資産クラスと称するアナリストもいる。世界のすべての中央銀行に代わる存在であるとまだ主張している者もいる一方で、出資金詐欺バブルが続くと予言する向きもある。ビットコイン信者はそれでも独自の物言いで、ビットコインの価値と変動をジェットコースターに乗るのに例えて、HODLと言っている。「Hold On for Dear Life!（必死でしがみつけ！）」である。

どうしてこんなことになったのだろうか？

## ビットコイン台頭を理解する

デビッド・バーチの最新著『ビットコインはチグリス川を漂う――マネーテクノロジーの未来史(注12)』をまだ読んでいなければ、ぜひ一度この面白くてアカデミックな珠玉作を読まれたい。暗号通貨の未来についての論考中でバーチが指摘したキーポイントの1つは、時間経過とともにマネーは利便性と機能を増大させてきており、中期的には理に適ったものとなって利便性と機能を維持しなければならないというものだ。最終的には、マネーはテクノロジーの一形態そのものとなる。マイケル・J・ケイシーとポール・ヴィニャは、最新著『The Truth Machine』で同様のことを述べている。

多少SFじみて聞こえるかもしれないが、ビットコインとICOは通貨と売買システムのデジタル進化の一部にすぎない。しかし、そこには単なる通貨とかマネーの進化を超えたものがある。

ビットコインは数多くのことを証明してみせた。ブロックチェーンは安定したテクノロジーであり、それでも進化を続けており、時の試練に耐えてきている。数々の重罪に値するウォレット盗難が起こったし、何年も前に古いハードドライブを無くして、それを無くしていなければ億万長者になれていたことに気付いた有名なウォレット保有者もいる。マウントゴックスや他の交換所は、目を見張るような盗難に遭った。それでもブロックチェーンがハッキングされることは決してなかった。その強靭性は証明されたのだ。

ブロックチェーンは、ビットコインやICO等のアプリケーションを可能にする新しいアーキテクチャーだ。ICOトークンの販売が、ブロックチェーンの「キラーアプリ」だと言う向きもある。しかし、次のことは頭に入れておこう。これらのアプリケーションは現在ほとんど自立的となっており、市場資本が十分にあることで、完全な崩壊(ゼロになる)は考えられなくなってきている。非常に多量の資本がこれにつながっているため、すべてが消滅するということはないのだ。ビットコインが金の価値を超えてからは、トレーディングの観点からはすでに市場変動に対してヘッジをかける資産クラスとなったと述べる人が多い。変動は大きいが、そのパフォーマンスから長期的な投資対象としての地位は確立しており、もし機関投資家が取引を続けるなら、それは主流の取引対象となるだろう。

## これはグローバル資本市場の進化か?

ビットコインの台頭は、市場全体のコンテキストのなかで捉える必要がある。世界の株式市場が記録的水準に達し続けているなかで、資本市場や経済の構造的変化の兆候が現れている。米国や英国等の先進国経済は、低GDP成長が持続する国のグループには入っていない。リセッションではないとは言え、現代の経済は20世紀に見られたような高い成長率を実現できていない。それは生産性の成長が減速しているからだ。私たちはGDP成長が2%を超える数字なら喜ぶところだが、現在はその1~2割程度だ。経済成長を押し上げてきた主力企業、たとえばGE、エクソンそして銀行は現在でも利益を上げているが、

FANG（フェイスブック、アップル、アマゾン、ネットフリックス、グーグル）やBAT（バイドゥ、アリババ、テンセント）のようなテクノロジー巨大企業と比べると、1980年代に上げていたような業績を再び見ることはなさそうだ。その根拠となるいくつかのマクロトレンドがある。

①**生産性**は、テクノロジーに合わせてすべて変動するものであり、伝統的なプレーヤーも「テクノロジー」化してそうなるか、でなければ収益、株価やリターンには徐々に減速が忍び寄る。

②**予算緊縮**および複数回にわたるコスト削減は、経済的に出口のない道である。

③**初期的な兆候**としては、ブレグジット（注13）とトランプの政策が経済と産業を減速させている（移民政策のため、先頭に立つのは農業だ（注14））。それは、成長の前提としてのグローバリゼーションという呪文の信憑性を高めている。

④**エネルギー市場**は、深い構造的変化の只中にあり、そのことが、もはや石油が商品市場と先物市場の礎石たりえない状況をつくり出している。

⑤**資本フロー**と市場の構成の変革は、ほとんどテクノロジー・エコシステム周辺のみで起こっているようだ。

2018年1月の大きな調整以前には、米国株式市場は2017年に30億ドルの時価総額増加と、17％の上昇を実現した。しかし、ゆうにその4分の1はテクノロジー株だけに由来するものだった。具体的にはアップル、マイクロソフト、フェイスブック、アマゾン、アルファベット（グーグルの親会社）である（注15）。

デジタル・コモディティ、テクノロジー・インフラストラクチャー、スマート・エコノミーおよび新しい価値システムの時代がやって来つつある。経済は１９６０年代にそうだったようには機能しえなくなっており、ブレグジットとトランプ政権の政策のような保護主義的施策は、経済成長を生み出し続ける手段から経済を切り離してしまうおそれがある。その手段とは具体的には、21世紀のインフラストラクチャーと経済を支える重要テクノロジーの進歩への投資だ。この件について論争があるのはわかるが、真の構造変化が進んでおり、私たちはそれを以前、産業革命のときに見てきている。

過去2年間に中国は太陽エネルギーに向けて大規模な移行を行った。２０１７年だけでも、中国は60ギガワットのソーラー発電能力を設置した。それは米国のソーラー発電能力の総計を上回る。そして中国はそれをわずか1年で配備した。インドも同様の方向へ突き進んでいる。どちらの経済も石炭依存を可能な限り早く減らそうとしている。石炭は現在1ショートトン（訳注・約９０７キログラム）当たり40ドルで、ほとんど２００１年の価格水準と同等であり、原油価格は安値が続いている。２０３０年代中には総発電能力で再生可能エネルギーが化石燃料を凌駕すると見られ、キロワット時当たりで今年はソーラーが補助金なしの発電形態で最も安価となるなかで、私たちは商品市場がゆっくりと崩壊していくのを目にしている。

「大石炭（big coal）」時代を呼び戻そうとするトランプの努力があろうが、米国のソーラー産業は２０１６～17年の間に35万人以上の職を生み出した（注16）。政府によれば石炭関連の職は5万人増加したが、エネルギー省の統計によれば、石炭産業全体では、総計でわずか16万人しか雇用されていないのだ。過去2年間にソーラーが新たに加えた職の数の半分にも届かない。そして2018年1月、トランプは外国製ソーラーパネルの関税を引き上げ、ソーラーエネルギー自体への課税に言及し始めた。これは世界的に最も急速に成長している業界の1つであり、雇用創出の点では米国でもそうだ。そして政府は化石燃料に味方して、それを減速させようとしている。

2016年には、エネルギーベースの商品が米国の取引金額の50%を上回った（注17）。もしこれら商品の価格が上がらないか下がるなら、商品売買とその量は今後30年にわたって何兆ドルかの大幅な減少となるだろう。市場が望むのは成長

**図5-2 ● ソーラーの価格が急速に低下するとすれば、原油価格は底値を維持することになる**（1987年以降）

出典：エネルギー情報局および労働統計局

なのだ（**図5－2**）。

株式市場が上伸している一方で、商品全体（主に化石燃料商品が低迷したままのせいで）は、過去そうであったような成長の機会を生むことはないだろう。ただしレアメタルは別だ。そういうわけで、デジタル商品とデジタル資産が特に現在強力なリターンが見られることもあって、投資余資の行き先を埋めるか、成長指向の投資家向けにバランス・ポートフォリオを構成することになるだろう。あなたが投資家で成長を望むなら、ビットコインのような暗号通貨は変動が大きいが、3～5年の対象期間でみれば、投資は正しい方策となるだろう。

このように考えてみてはどうだろうか。1850年代と1860年代、成長する経済が投資した先は電力、鉄道そして電信線だった。1900年代初頭は、道路、

**図5–3 ● 産業別の米国株式市場、1900年と2017年**

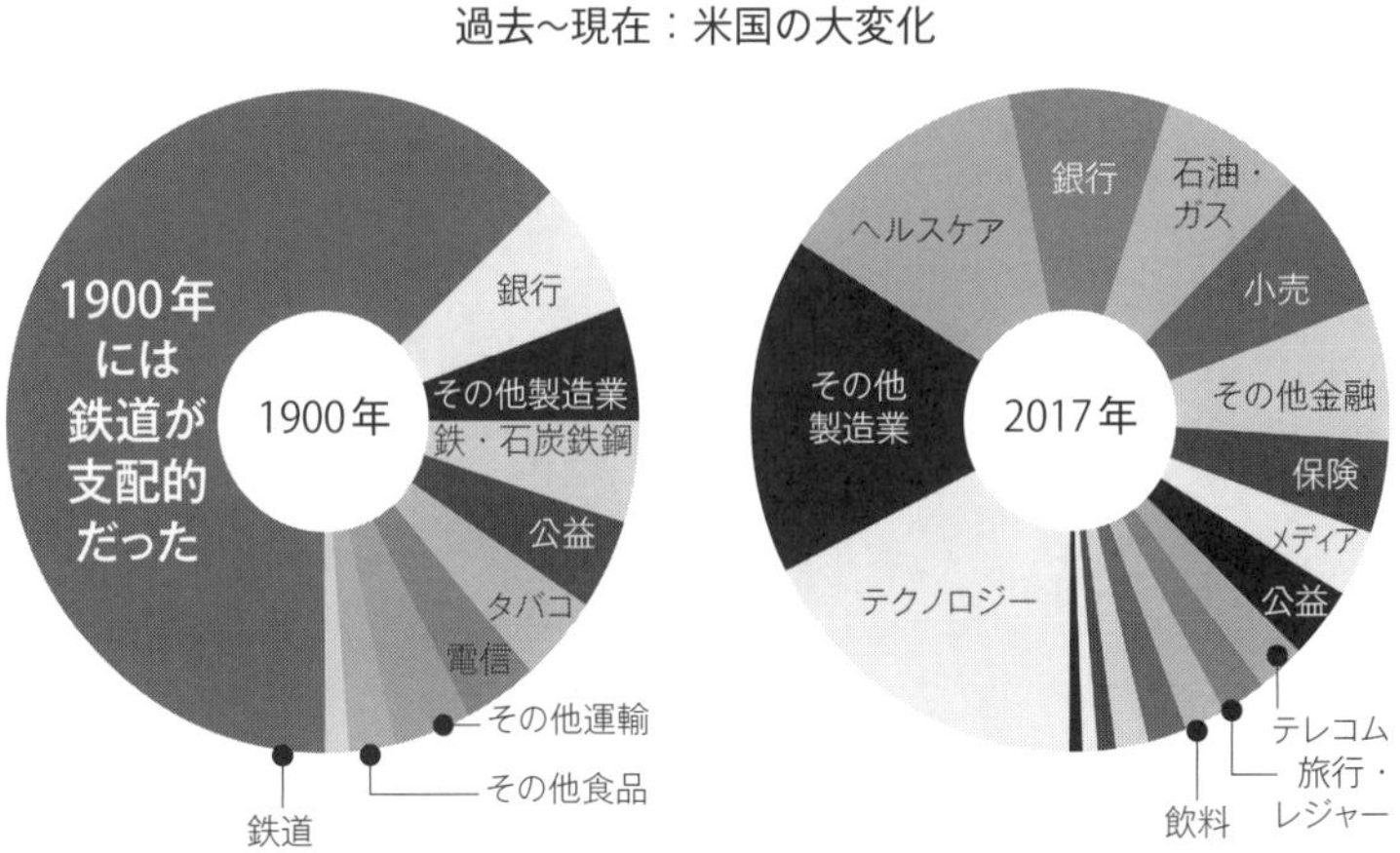


出典：クレディスイス

電気通信、工場の組み立てラインだった。1960年代には、エレクトロニクス、コンピューティング、ビジネスサービスだった。これらそれぞれが持つ力とは、次の50年間の産業とGNPの成長のための中核的インフラストラクチャーと能力要素、つまり競争力維持能力である。このインフラストラクチャーへの投資をうまく行わなかった国の経済は、わずか10~20年で競争に大きく後れをとってしまう。発展途上国は自らの競争力を向上させるのに必要なインフラストラクチャー投資を継続的に実施した（**図5－3**）。

ビットコインのような暗号通貨は、2030年に世界経済が生き残るために必要な、新しいスマートなインフラストラクチャーなのだろうか？　それともすべてはバブルか、出資金詐欺か、悪徳商法なのだろうか？

## 「ビットコインは詐欺だ」論

2017年9月12日、JPモルガン・チェースのCEOであるジェイミー・ダイモンは、ビットコインは詐欺であると決めつけた。そしてそれは初めてのことではなかった。XBT（訳注・ビットコインの通貨単位）の価格は一晩で急落し、JPモルガン・チェースのトレーダーはその直後からビットコインの買い注文を入れ始め、それは1700万ドルを超えたとされている。ダイモンは風説の流布の企みに巻き込まれたのだと言う向きもある。その後ダイモンは、ビットコインについてはもう話さないと述べた。しかしそうではなかった。2018年1月、彼は先の発言を後悔していると述べた。そうそう、彼の娘がビットコイン投資をやっていたのは明らかだ。

2018年2月8日発表のJPモルガンの社内レポートでは、この米国の主力銀行は、暗号通貨は「消滅する可能性は低い」と述べた。レポートでは暗号通貨一般について将来のポテンシャルとあわせて、S&P 500や株式市場一般と比べた場合の新資産クラスとしての暗号通貨の、過去2~3年の投資家向けリスク調整後リターンは信じられないほどのものだったことを分析している。

**「暗号通貨は消え去る可能性は低く、分権化の拡大、ピアツーピアネットワーク、そして無名性を望むプレーヤーの間で、やすやすと生き残るだろう。匿名性の面で現在危機に瀕しているとしてもだ。暗号通貨を支えているテクノロジーは、現行決済システムの速度が遅い領域ではすばらしいアプリケーションとなりうる。たとえばクロスボーダー取引、決済、他のブロックチェーンを使ったイノベーション向けのリワード・トークンまたはファンディングの仕組み、そしてIoTなどだ。それ以外にアングラ経済の一部もありうる」**

――「JPモルガン・パースペクティブ：暗号通貨を解読する：テクノロジー、アプリケーション、課題」、2018年2月8日

ダイモンのように、ビットコインはバブルであり、1720年の南海泡沫事件や1630年代の大チューリップ狂想曲のようなものだと過去7年間にわたって言い続けてきた向

きもある。これらのバブルは市場投機が非常に起こりやすい投資商品でよく引き起こされることがあり、狂想曲が市場に広く行きわたる過程で、仕掛けた者が大儲けすることが多い。南海泡沫事件でビットコインやICOと同様に、ネットワーク効果が使われた。英国政治家や貴族、そして王族までもがストックオプション形式の権利を与えられ、それで彼らが株への需要を押し上げる気になった（彼らは現金のやり取りなしで株を保有可能で、市場価格が彼らの指値を超えればその会社か一般向けに株を売却することができた）。最終的には、南海会社の主張の不正が発覚して、議会が法律を制定して近代的な証券取引所が導入され、こうした詐欺的行為から市場が守られるようになった。

現在、暗号通貨の時価総額全体は、3000億〜5000億ドルの間で変動している、別の言い方では1企業の価値でウェルズ・ファーゴのあたりだ。ビットコインだけでも、マクドナルド、CBS、スリーエム、ネットフリックス（注18）その他の現在の時価総額を上回っていて、ディズニーの時価総額に迫りつつある。しかしながら、投機的バブルのなかの純粋な資産クラスであるよりも、現在はICOがビットコインの価値を広い範囲の企業にひもづいたトークン上に展開している。それは取引所で証券が発行される様子と非常によく似ている。

規制当局にとっての問題は、ビットコイン、アルトコインそしてICOが、株式市場が自律的であるのとほとんど同様に、自律的に機能するようになったことだ。十分な数の投資家が参加し、そのエクスポージャーが限定または多様化されている限りは、ビットコインあるいはイーサの完全な崩壊が起こる可能性は、株式流通市場が完全に崩壊する可能性と同じようなものだ。

このことは、たまさか登場する悪者が自らのICOを発行しても、それがビットコインやイーサの価格に影響を与えないというものではない。ICOの「賞金」を持ち逃げする悪徳プレーヤーの話は数多く、証券取引委員会がそうした連中を追いかけているのも事実だ。数々のトークンベース企業ファンドがつぶれるのは、上場企業がつぶれるよりも確かに可能性が高い。そうした状況にもかかわらず、トークンによってスタートアップ企業が上場せずに、そしてエクイティを手放さずに資金を集められることが可能になるという事実は、多くの起業家たちにとってあまりに魅力的なアイディアなのだ。そのため、時間とともにより多くの資金がICO市場に流れ込んでくるであろうし、ICO市場全体では、世界の小規模の株式市場を時価総額で上回るようになるだろう。

**「ベンチャーキャピタリストたちは、長いことイノベーションとディスラプションに投資してきました。しかし業種として自らを革新することはほとんどありません。ブロックチェーンかビットコインの世界では、私たちは世界を分散化しようとしており、誰もが同等にアクセスできるレベル・プレイングフィールドをつくり出すという意味で、世界を民主化しようとしているのだと考えています。クラウドファンディングはアーリーステージのファイナンスにおける世界の民主化として最初の大きな飛躍でした。私はファンディングのトークナイゼーション、つまり私たちがやっていることが次の、そしてもっと大きな飛躍であると考えています」**

――ブロック・ピアース、ビットコイン・ファウンデーションおよびEOS

ICOを禁止する規制当局があるのは確かだし、暗号通貨までまとめて禁止するところもある。しかしこれを、デジタル資産と商品を再構築するという点で、グローバル化した経済における競争差別化と見る向きもある。

ここでのカギは、ICOと暗号通貨が、南海バブル自体の最中ではなく、南海バブルが弾けた「後」に起こったことに類似した、一種のシステム全体の変化を示していると見ることだ。これは新しい市場の形成なのであり、そこでは現在世界中で動いている株式市場が持つ法的および地理的なハードルがない。暗号通貨上でのICOは、リアルタイム世界での価値交換用にデザインされたIP最適化システムなのであり、そこでは、中央銀行と政府の法制ではなく、コンピューティングパワーとネットワーク効果に基づいて価値が分散化される。ICOとは、ほとんどのフィンテック企業やテクノロジー企業と同様に、フリクションに対する攻撃なのである。それは資金調達におけるフリクションだ。

規制当局が成功するには、合法的なICOを軽いプロセスで行って投資を呼び込む一方で、悪いプレーヤーを排除するだけの保護は行うことだと私個人は信じている。投資家が成功するには、長期的に暗号通貨に投資して、投資対象企業の業績に明確にリンクしていて、エクイティ抜きで単なる資金調達手段として意図されたものでないトークンを選ぶことだ。最良の市場と同様に、最良業績の企業は投資家にも起業家にも成功をもたらす。悪いプレーヤーがそれを止めることはできない。しかし彼らはICO市場に対する規制を余

## 図5-4 ● 過去12カ月のICOと暗号通貨に対する規制対応

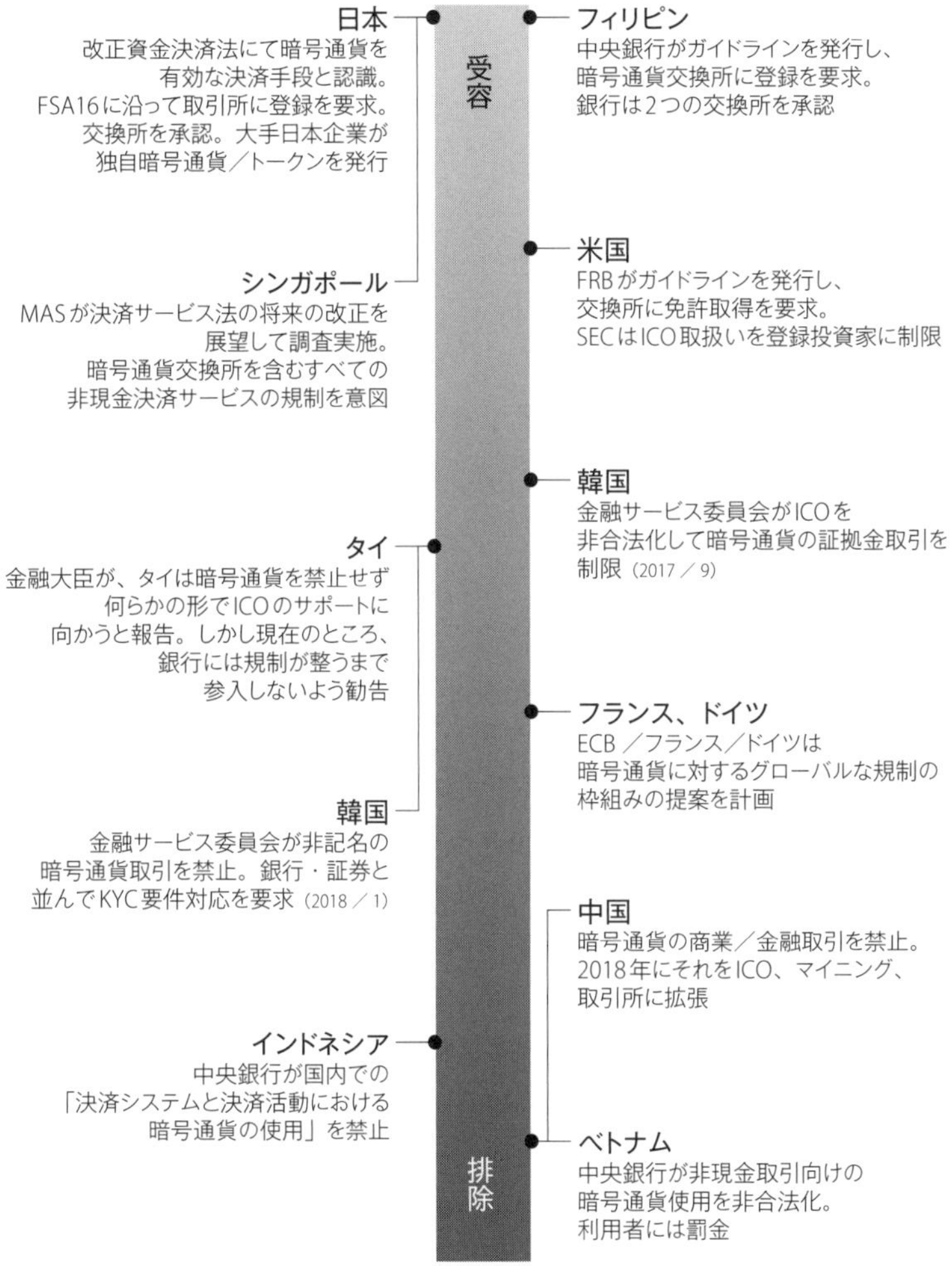
受容
排除
日本
改正資金決済法にて暗号通貨を
有効な決済手段と認識。
FSA16に沿って取引所に登録を要求。
交換所を承認。大手日本企業が
独自暗号通貨／トークンを発行
シンガポール
MASが決済サービス法の将来の改正を
展望して調査実施。
暗号通貨交換所を含むすべての
非現金決済サービスの規制を意図
タイ
金融大臣が、タイは暗号通貨を禁止せず
何らかの形でICOのサポートに
向かうと報告。しかし現在のところ、
銀行には規制が整うまで
参入しないよう勧告
韓国
金融サービス委員会が非記名の
暗号通貨取引を禁止。銀行・証券と
並んでKYC要件対応を要求（2018／1）
インドネシア
中央銀行が国内での
「決済システムと決済活動における
暗号通貨の使用」を禁止
フィリピン
中央銀行がガイドラインを発行し、
暗号通貨交換所に登録を要求。
銀行は2つの交換所を承認
米国
FRBがガイドラインを発行し、
交換所に免許取得を要求。
SECはICO取扱いを登録投資家に制限
韓国
金融サービス委員会がICOを
非合法化して暗号通貨の証拠金取引を
制限（2017／9）
フランス、ドイツ
ECB／フランス／ドイツは
暗号通貨に対するグローバルな規制の
枠組みの提案を計画
中国
暗号通貨の商業／金融取引を禁止。
2018年にそれをICO、マイニング、
取引所に拡張
ベトナム
中央銀行が非現金取引向けの
暗号通貨使用を非合法化。
利用者には罰金

出典：Nikkei.comほか

儀なくさせるだろうことはほぼ明らかだ。まさに南海泡沫事件が現代の株式市場を生み出したように（**図5－4**）。

今後起こるのは、ICOと暗号通貨が消滅するような全体的な崩壊ではなく、規制当局によるICO市場の正式化だ。ICO市場は新しい資産クラスとして、そして新しい価値交換システムと決済ネットワークとしての暗号通貨に支えられたものとなるだろう。したがってビットコインとイーサリアムについてはもう少し長く保有するのがよさそうだ。

## 分散台帳技術の構造的な意味

ビットコインにつながるブロックチェーンの歴史全体、ICO市場の拡大、銀行が自らのブロックチェーン施策導入に慌てふためいているといった話を耳にすると、ブロックチェーンの範囲は金融セクターだけに留まるものだと考えても無理はない。しかし現実には、ブロックチェーン施策はすでに数多くの産業で始まっており、政府からダイヤモンド採掘、エネルギーからスマート・インフラストラクチャーまで広がっている。

分散台帳技術（Distributed Ledger Technology：DLT）はいまや、世界中の銀行で実装されている。貿易金融やクロスボーダー取引がブロックチェーンの実証実験へと動きつつあるのが目に留まるようになっている。ブロックチェーンのタイプや分散台帳技術など、テクノロジーはさまざまだ。実際のところ、プライベートなブロックチェーンのなかには「分散」とは全く考えられないものもある。デビッド・バーチのフローチャート（**図5－5**）がそ

## 図5－5 ● コンセンサス・メカニズムによる分散台帳技術のさまざまな変化形

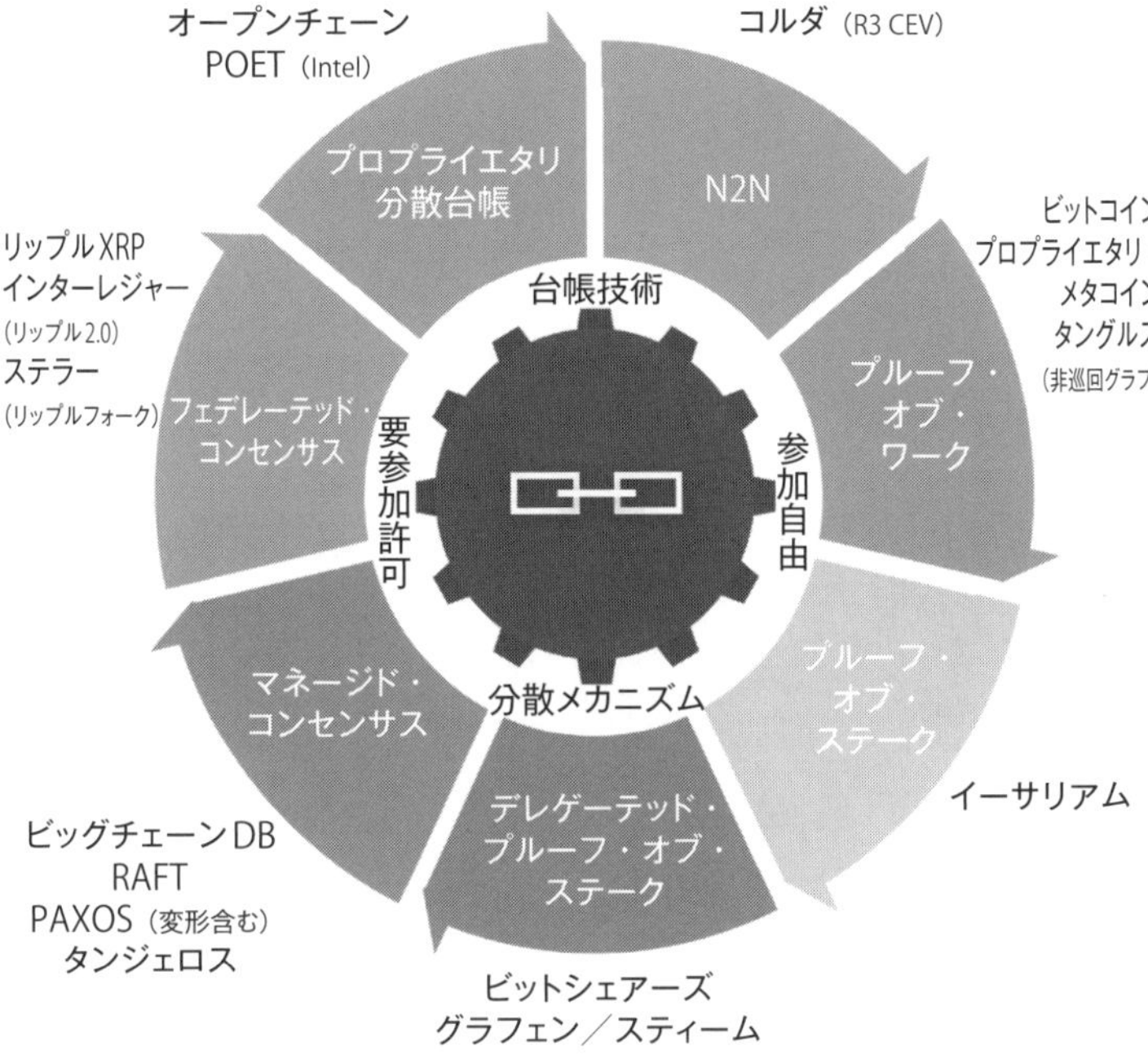


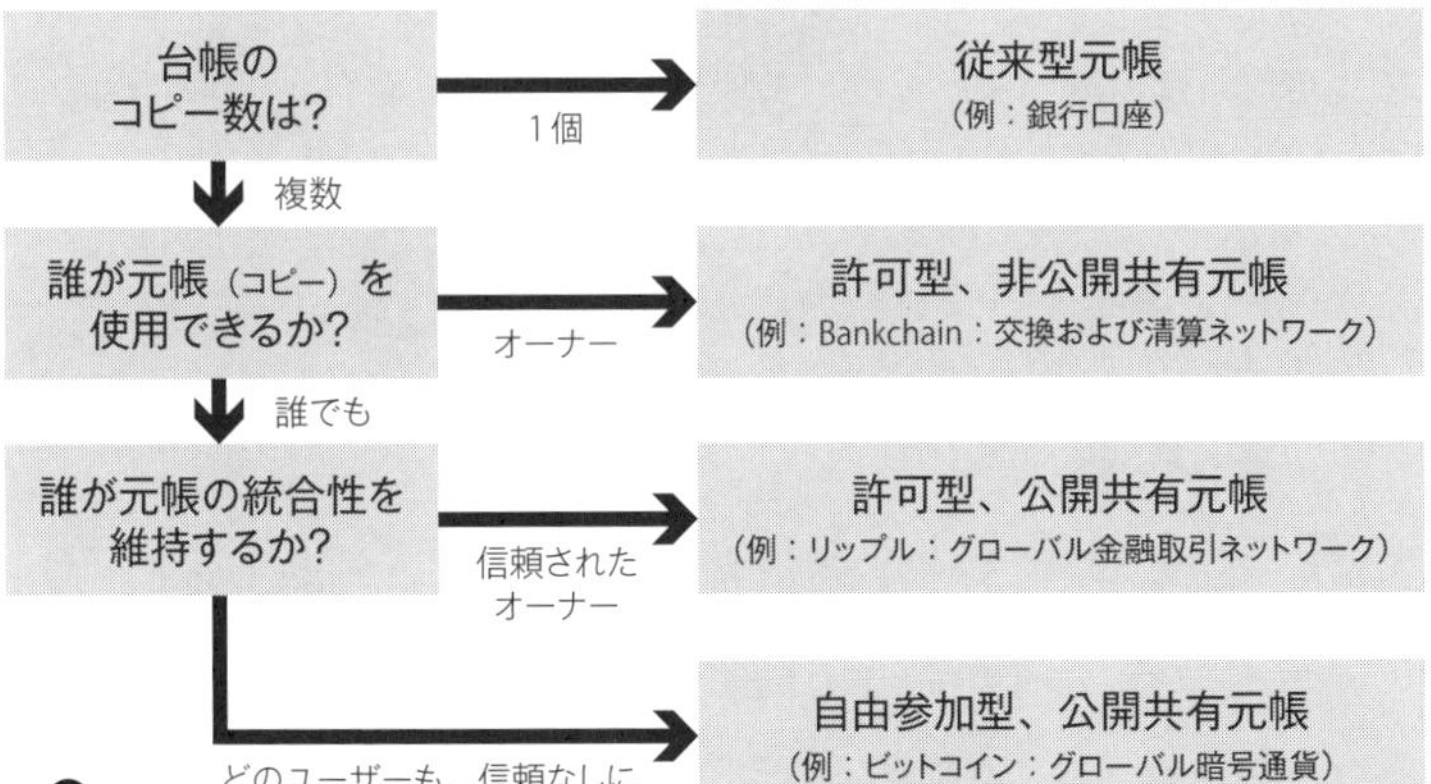


出典：KPMGリサーチ／デビッド・バーチ

れを示している。プライベートでの共有台帳は利用の観点で非常に制約を受けるかもしれないが、ビットコインのブロックチェーンのような古典的なモデルでもそれは同様で、台帳利用の制約があるからといって、全く分散になっていないとは言えない（**図5−6**）。

ブロックチェーンまたは分散台帳技術の利用方法は無限の広がりがあるようだ。そしてブロックチェーンはバンキング業界にも直接的なインパクトを及ぼしつつある。

2017年、リップルは、100行を超える銀行がリップルネットに参加し、グローバルでクロスボーダーな決済取引の近代化に取り組むと発表した。これはSWIFTを利用する銀行数が1万1000行であるのにははるかに及ばない数字だが、2〜3年前よりも100行多いわけで、その数は急速に増加している。2017年のIBMのレポート「ブロックチェーン・バンキングで他をリード：先駆者が指標となる」（注19）では、グローバルのトップ銀行200行の15％が、2017年に本格的な商用ブロックチェーン

**図5−6 ● 現行取引システムと比較したプライベート・ブロックチェーンの中核的利点**

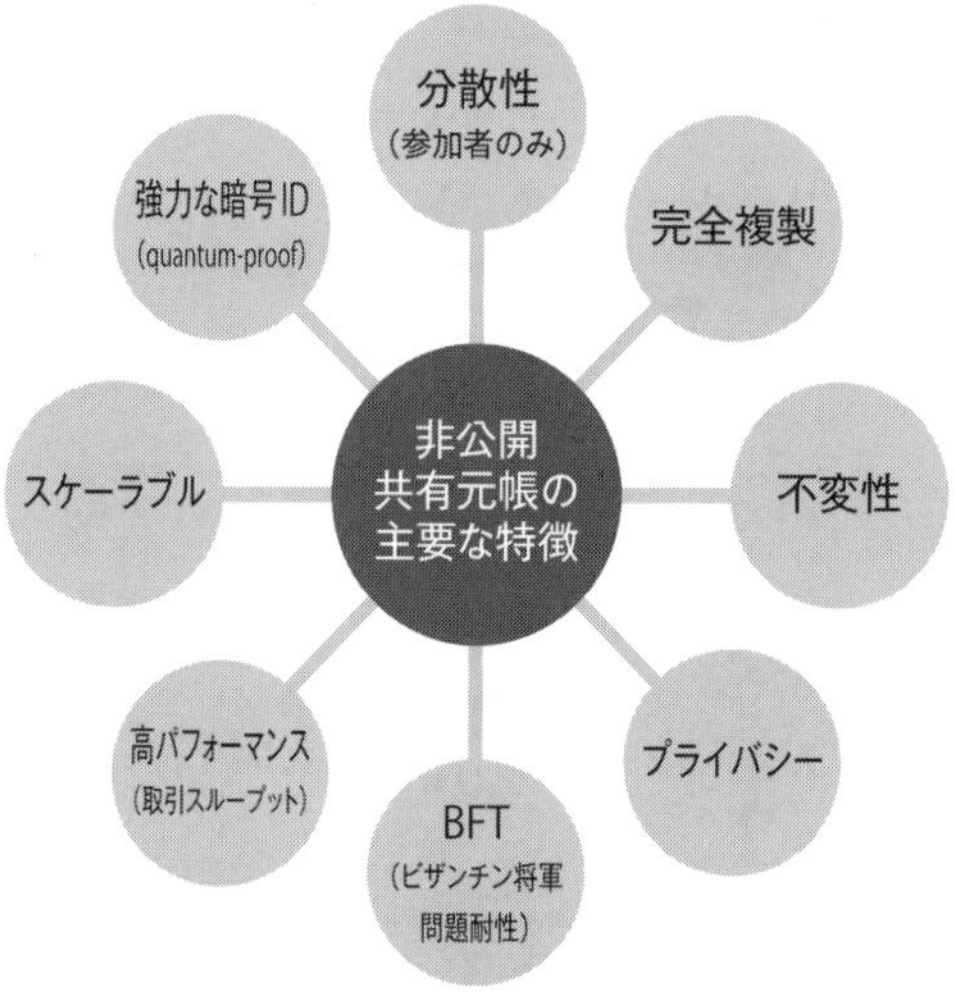


注：quantum-proof：「量子コンピューターでも破れない」の意。
出典：ギルバート＋トービン

のアプリケーションを市場展開し、65％で2020年にブロックチェーンプロジェクトが稼動すると予想されている。ＩＢＭの調査によれば、職員数10万人以上の大手金融機関は、その取組みの先頭に立ち続けている。

さて、ブロックチェーンや分散台帳技術への取組みに銀行を駆り立てているものは何だろうか？　しばしば見られるのは業務の最新化だ。バックオフィスの主要要素、たとえば取引処理のフレキシビリティとスピードや新しいネットワークとの相互運用といったものである。しかし多くの場合その理由は、新しいブロックチェーン技術が、既存の銀行データベースと決済ネットワークが持っていないセキュリティと監査可能性をもたらしてくれるからだ。

しかし、分散台帳技術に利点を見出しているのは、銀行だけではない。サン・エクスチェンジのような企業では、全業務をブロックチェーン上のスマート・アセット、スマート・コントラクト、そしてＩＣＯトークンで作り上げている。エバーレジャーでは、ダイヤモンドがザンビアの鉱山で採掘されてから、ニューヨーク5番街のティファニーで販売される婚約指輪になるまでをトラッキングしている。ハンソン・ロボティクスとシンギュラリティ・ＡＩでは、ブロックチェーン上で新しい機械認知の管理を指向している。将来は、赤ちゃんの誕生の瞬間から学生時代、最初の銀行口座作成、結婚そして死に至るまでのアイデンティティがトラッキングされ、すべてがブロックチェーン上に乗るのかもしれない。

2017年、ウラジミール・プーチンは、ロシア政府をブロックチェーン技術に基づいて再構築し、その手始めは交通サービスであると述べた。それはイーサリアムのヴィタリック・ブテリンが、サンクト・ペテルブルク経済投資フォーラムの非公開ミーティングでプーチンと会ってからわずか数カ月後のことだった。ドバイの支配者シェイク・ムハマドは、すべての政府取引がブロックチェーンのインフラストラクチャー上で行われる目標を2020年とした。2018年の世界経済フォーラムでは、世界中の政府が、旅行者とアイデンティティのグローバルな認識プログラムをブロックチェーン上に実装すると発表した。それはいつの日か、物理的なパスポートの終焉を告げるものとなりうるものだ。ブラジルとカナダでも、この施策と同調してブロックチェーン上で国の個人識別プログラムを実施すると語られている。

世界中がブロックチェーンのコンセプトに魅入られてしまったかのようだ。**図5-7**に示すのは、ブロックチェーン実装とスタートアップ企業が現在活動している非金融分野における一部の領域である。

ブロックチェーンが暗号通貨のことだと考えているなら、それは誤りだ。ブロックチェーンが金融関係のものだと考えているなら、それも誤りだ。分散配置と強力な監査性、あるいは自律的な管理が必要なデータベースが世界のどこかにあれば、今後20年間はブロックチェーンがそうしたデータセットの基盤となるのが見られる可能性が大きい。

ブロックチェーンはまだ誕生初期にあり、バンキングの世界においてもそうだ。現状から一歩引いてみれば、ブロックチェーンが第一原理思考の1つであり、金融サービス市場

## 図5-7 ● ブロックチェーンの適用領域

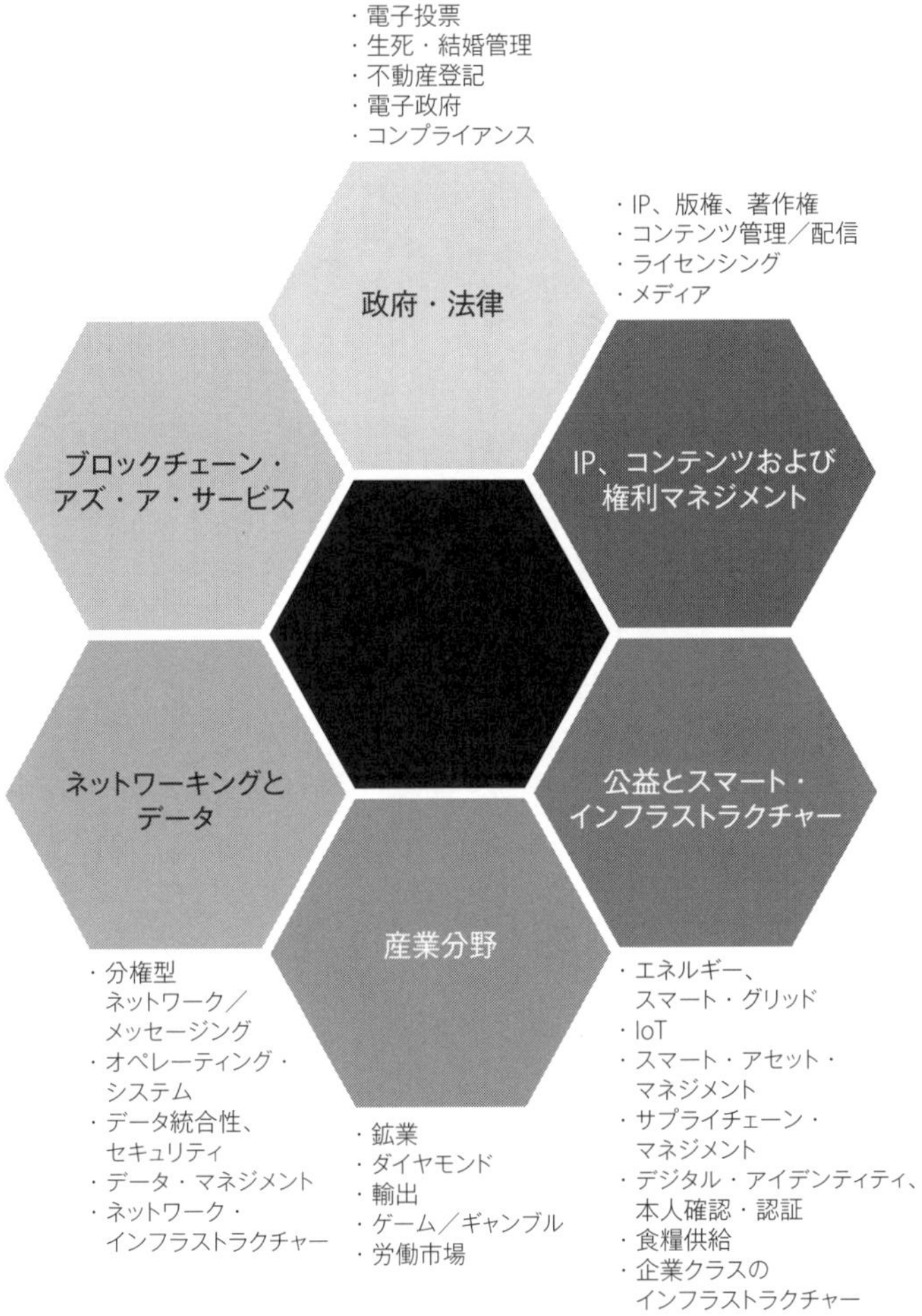
・電子投票
・生死・結婚管理
・不動産登記
・電子政府
・コンプライアンス
政府・法律
・IP、版権、著作権
・コンテンツ管理／配信
・ライセンシング
・メディア
ブロックチェーン・アズ・ア・サービス
IP、コンテンツおよび権利マネジメント
ネットワーキングとデータ
公益とスマート・インフラストラクチャー
産業分野
・分権型ネットワーク／メッセージング
・オペレーティング・システム
・データ統合性、セキュリティ
・データ・マネジメント
・ネットワーク・インフラストラクチャー
・鉱業
・ダイヤモンド
・輸出
・ゲーム／ギャンブル
・労働市場
・エネルギー、スマート・グリッド
・IoT
・スマート・アセット・マネジメント
・サプライチェーン・マネジメント
・デジタル・アイデンティティ、本人確認・認証
・食糧供給
・企業クラスのインフラストラクチャー

を駆動する基本的な取引サービスを再設計したものであることが見てとれる。ブロックチェーンは、新しい個人識別システム、テクノロジーサービス、金融商品そして決済ネットワークにわたって横串に幅広く相互運用できる可能性を提供する。ブロックチェーンは、バンキングシステムが何十年もかけて確立してきたレガシーな「配管や線路」が持つ現行システムの制約を打破する方策である。SWIFTとNACHA（訳注・National Automated Clearing House Association：全米自動決済協会）的なものが自らのブロックチェーンへの取組みについて語ってはいるが、現実には、現在金融サービスで最も急速に成長しているネットワークは既存のものに接続していないし、新しいシステムはモバイルとインターネット・プロトコル上に発展しているのだ。

## 銀行のコアシステムが賞味期限切れとなる理由

中国、インドそしてアフリカの最大級のスーパー・ウォレットは現在、実質的にクローズドループのシステムであり、そのなかに何兆もの預金を保持している。これらのモバイルウォレット価値貯蔵は、本質的には私たちが銀行口座と呼んでいたものだ。航空会社のマイレージ・プログラム、交通機関カード等々のような新しい価値貯蔵メカニズムがここ何年間か存在していたが、これらの新しいウォレット・エコシステムの圧倒的なスケールと、それが現金とカードの決済と互換性を有することによって、その性質は非常に銀行に似たものになっている。わずか10年前には、M－PESA、Paytm、アリペイ、ヴェンモ、そしてウィーチャットペイが動いていたまさにその場所にいたのは銀行所有のプレーヤーだけであり、唯一の目立った例外は、もちろんのことペイパルだった。
しかしながら、すでに指摘したように、Ｐａｙｔｍ、アリペイ、Ｍ－ＰＥＳＡそしてテンセントは、自社のモバイルウォレットを支えるバンキングのコアシステムを保有していない。少なくとも勘定取引についてはそうではない。これら企業は各国の法規制に沿って、保有するすべての現金預金を提携銀行が有する現実の銀行口座に預けなければならない。しかし彼らのクローズドループ・システム内については、コアシステムは存在しない。

ＩｏＴデバイス、ＩＣＯトークン、電子マネー免許、暗号通貨そしてスーパー・ウォレットが次第に普及するにつれて、大量の日常的なバンキング活動、特に預金、決済、投資関係のものは、コアシステム抜き、銀行抜きとなるだろう。こうした企業が認可を受けるか（免許制の）金融機関になるよう強制するように規制をかけることを求めればよいという議論も可能だが、だからと言ってそれが、これら企業にバンキングのコアシステムを装備するよう求めることにはならない。その理由は、これら企業のデジタル価値貯蔵はユニバーサル・バンキングモデルに属しているのではなく、銀行、カードネットワーク、投資会社を現在成立させている商品を複製しているわけでもないからだ。彼らはコアシステムを持つ銀行と同等の機能性を表に出しているが、必要とするのは強力な経験レイヤーであってコアシステムではない。

最終的には銀行は、機能性で競争して、より多くのテクノロジー経験を構築して機能性を備えざるを得なくなるために、ミドルウェア層を強化して次第にブロックチェーンのプラットフォームや、アント・フィナンシャルかテンセントのウィーチャットに似たものになっていくだろう。本質的には、コアシステムの皮を本当のコア部分まで剝いていくということだ（ダジャレで失礼）。そう、金利をオファーする能力は残り、価値貯蔵の能力も残り、そして信用アクセスも残るだろう。しかし、支店アナロジーの商品を支えるコアシステムはより使われなくなり、モバイル、音声、拡張現実（AR）メガネといったものを通じてバンキング経験を表出させるミドルウェアはより使われるようになる。

「銀行」がかつて支店にあった古い商品を全くデリバリーしなくなったら、何が残るだろうか？　バンキング機能は凝縮された中核だけで、プロセスは規制当局に現在も課されている自己資本比率を中心とするもので、アイデンティティはブローカーと政府のブロックチェーンにアウトソースされ、リスク業務は人工知能が実施しているとしたら？

コアバンキングシステムはその大部分が姿を消し、より向上した機能とユビキタスなバンキング経験に置き換わる。少なくともそれは、はるかに大きなテクノロジーと経験のデリバリー・レイヤーの一部分に留まるだろう。

私たちがここで議論しているのは10年の長きにわたる変化であることはわかっているが、この世界でアント・フィナンシャルのようなコアを持たないプレーヤーと肩を並べて競争するための組織構造、テクノロジー・アーキテクチャー、コンピテンシーについて、あらためて考えてみよう。現行のコアシステムは、これらの非銀行金融機関に対して競争優位を与えてくれるだろうか？

しかし、チャレンジャーバンクについてはどうだろう？　私たちが目にしているチャレンジャーバンクのほとんどは、超近代的でリアルタイムのコアとクールなフロントエンドを備えて差別化するという前提の下に現在も運営されている。だがスターリング（Sterling）やレボリュート（Revolut）のようなネオバンクは、こうしたモデルとは異なるマーケットプレイス・バンキングのようなものを作り始めている。私自身のチャレンジャーバンクであるムーブンは、コアシステムを持たない。大きなミドルウェア層があるだけだ。

すべては第一原理に帰着する。もし現在知っているあらゆるものに基づいて銀行のアーキテクチャーをゼロから組み立てるなら、１９６０年代に設計された従来からのコアシステムに基づいて、それがリアルタイムのオペレーション用に更新されたものを作るだろうか？　バンキング４・０がテクノロジー経由で経験を表出させるものであり、支店ベースのバンキング商品のデジタル版でないことを理解していれば、そんなことにはならない。ブロックチェーンは、21世紀のリアルタイムのバンキング経験を実現するために、求められるアーキテクチャーに必要な中核的構成部品となるだろう。

注１：Distributed Ledger Technology

注2：出典＝IDCデータ（毎分300台、年間17億台のスマートフォンが販売されている）

注3：イーサリアムはICO（イニシャル・コイン・オファリング）を行った最初の企業。

注4：出典＝Business Insider："What does a tech startup do after raising $232 million selling digital coins to investors? Set up a VC fund."

注5："$200 million in 60 minutes：Filecoin ICO Reockets to Record Amid Tech Issues" CoinDesk.com, https://www.coindesk.com/200-million-60-minutes-filecoin-ico-rockets-record-amid-tech-issues/

注6：出典＝CNBC、2017年8月、https://www.cnbc.com/2017/08/09/initial-coin-offerings-surpass-early-stage-venture-capital-funding.html

注7：https://www.sec.gov/oiea/investor-alerts-and-bulletins/ib_coinofferings 参照。

注8：https://www.cnbc.com/2017/07/21/ripples-xrp-digital-currency-rose-3977-percent-in-the-first-half-of-2017.html 参照。

注9：出典＝Business Insider 記事"Bitcoin could go to $1 million" Henry Blodget，2013年11月8日

注10：サトシ・ナカモトが実在の人物と想定している。サトシはNSAの創造物であると信じる向きもある。私が耳にしているのは、サトシは現実には4人の別の個人であり、最初のホワイトペーパーを共同で作成し、うち1人はすでにこの世にいないということだ。

注11：ノーベル賞受賞者のロバート・シラーとジョセフ・スティグリッツはいずれもビットコインの大暴落を予見していた。https://www.ccn.com/nobel-laureate-economist-predicts-bitcoin-crash-wont-go-to-zero-it-will-just-come-down/

注12：アマゾンと良書を販売する場所ならどこでも入手可能。

注13：Independent.co.uk 参照。"UK crops left to rot after drop in EU farm workers in Britain after Brexit referendum" 2018年2月5日

注14：ＵＳＤＡ報告書参照。“The Potential Impact of Changes in Immigration Policy on U.S. Agriculture and the Market for Hired Farm Labor”

注15：Quartz.com参照。“Just five tech companies account for a quarter of the US stock market's blockbuster year”２０１７年10月30日

注16：出典＝EDF/Fortune, “Renewable Energy Is Creating Jobs 12 Times Faster Than the Rest of the Economy”

注17：出典＝TFR commodities review 2016, www.tfreview.com

注18：出典＝以下の比較。http://www.corporateinformation.com/Top-100.aspw?topcase=b, https://coinmarketcap.com/

注19：以下を参照。https://www-01.ibm.com/common/ssi/cgi-bin/ssialias?htmlfid=GBP03467USEN

PART 3

# フィンテックで銀行が不要となる理由

WHY FINTECH COMPANIES ARE PROVING BANKS AREN'T NECESSARY

CHAPTER 6

# フィンテックとテックフィン：敵か味方か？

FINTECH AND TECHFIN: FRIEND OR FOE?

**「テクノロジーが発展し成熟するにつれて（中略）、これまでとは全く異なったバンキングや金融サービスが生み出されるようになる。今われわれが目にしているのは『コダック・モーメント』、すなわち銀行がどんどん顧客にとって過去のものになっていく可能性だ（間違いなくそうなるとは必ずしも言い切れないが）」**

——アントニー・ジェンキンス、バークレイズ元CEO、フィンテック・スタートアップ10xフューチャー・テクノロジーズ創業者

グーグルで「フィンテック」と入力すると、「フィンテックが銀行を殺す」、「フィンテックが銀行を破壊する（ディスラプト）」、「フィンテックは銀行に置き換わるか」といった語句が自動検索リストの上位に出てくる。これらの検索結果を見ていくと、文字どおりにフィンテックは銀行を殺すと主張する大手金融ニュースの記事やブログ、プレスリリースなどを次から次へと読むことになる。しかし同時に、現状は単なるから騒ぎであり、銀行はこの挑戦を受けて立つだけでなく、フィンテックの「ブーム」を乗り切るだろうとするおびただしい数の記事も目にするだろう。なかには、これはゼロサムゲームで、混乱が鎮まればフィンテックと銀行はある種の技術的調和の下でうまくやるようになるという説もある。真相はもうちょっと複雑だ。

フィンテック（あるいはテックフィン）は銀行を殺すか？　そうなる銀行も確かにあるだろうが、すべてではない。銀行（さらにいえば規制当局）は一部のフィンテックを殺すか？　もちろん。しかしここでも、成功したフィンテックは未来の金融サービスの一部として定着する

だろう。冒頭のアントニー・ジェンキンスの予測のとおり、フィンテックとテックフィンは、金融サービスそのものの意味を大きく変えていっているのである。

フィンテックに対する投資水準を見る限り、フィンテック『ブーム』はまだまだ終わってなどおらず、やっと始まったところか、あるいはまさに渦中といった状態だ。２０１７年における世界のフィンテック投資は、第４四半期の87億米ドル相当という強気の投資を受けて年間では３１０億ドルとなり、２０１６年と同様の高いレベルを維持した（注1）。この結果、フィンテック分野に対する過去３年間の世界の投資額は１２２０億ドルに達した（注2）。２０１７年のベンチャーキャピタルによる取引件数は４年連続で１０００件を上回った。これには、テクノロジー企業へのベンチャーキャピタル投資の増大というより大きなトレンドの影響もある。実際、２０１７年のベンチャーキャピタルの支出額は、ドットコム・ブーム以来最高を記録している。昨年は８０００を超えるテクノロジー企業とスタートアップに対して合計８４０億ドルの投資が行われ（注3）、そのうちフィンテックが３分の１を占めた。ドットコム・ブームのようなバブル状態とは異なり、すでに有名な高価値ブランドと化し、利益をもたらす固定客層をつかんでいるフィンテック系スタートアップは数多い。これらのスタートアップの多くは、競合する上場企業や公開企業と同等かそれ以上の規模になっているが、ウーバーのように当面は非公開のままでいることを選んでいる企業がほとんどだ。

要するに、フィンテックが銀行を終わらせると本当に信じるかどうかにはほとんど意味がないのだ。新興のテクノロジー・プレーヤーへの怒濤の投資によって、金融サービスにはすでに明らかな変化が生じているし、こうしたスタートアップ企業がもたらす変化のスピードは、銀行が対応できるレベルをはるかに超えている。これらの新規参入者が資金を調達すればするほど、将来的なディスラプトの可能性はさらに高まっていく（注4）。

議論をもっとシンプルにしてみよう。もしもアント・フィナンシャルやアリババ、ルファックス（陸金所）、シンプル、スクエア、トランスファーワイズ、ベターメント、ストライプ、ヴェンモ、ゼル、ソーファイ、クレジットカルマ、コインベースその他もろもろが存在しなかったとしたら、銀行は現在のようなペースでテクノロジー投資を行っていただろうか？　現状維持圧力によって緩慢な変化のままになっていたのではないだろうか？結局のところ、新たな経済パフォーマンスのベンチマーク、ソーシャルメディアとネットワーク効果の活用、さまざまなデジタルチャネルを通じた顧客獲得、行動モデルに基づくクロスセル・アップセル戦略などといったものにフィンテックのキープレーヤーたちが関係していることは厳然たる事実であり、彼らがゲームを変え、ゴールポストを動かしてきたのだ。

例を挙げてみよう。あなたがジャック・マーで金融サービス業を始めようとしているとしたら、最初にするのは銀行の支店を建て、ビジネス構築のためのエージェントやアドバイザーを任命することだろうか？　それとも、第一原理思考に基づいて、デジタル時代に合ったもっと積極的な成長の道筋を描こうとするだろうか？　ジャック・マー自身に答えてもらおう。

**「私は（ウォルマートのCEOと）賭けをしました。10年後には売上高ベースでウォルマートよりビッグになると。1万人の顧客を新規で得るために、ウォルマートは新しい倉庫やら何やらを作らなければいけませんが、私ならサーバー2台で済みますから」（図6－1）**

――ジャック・マー、アリババ創業者、2015年世界経済フォーラムでの発言

世界最大のフィンテック・スタートアップの創業者であるジャック・マーは、物理的なインフラを構築してもデジタル時代におけるブランド育成には何のメリットももたらさないと以前から明言している。急成長したいのであれば、デジタル対応が必須なのだ。

図6－1 ● ジャック・マー

## 「私ならサーバー2台で済みますから」

金融サービスの将来が、**ユビキタスなテクノロジーに組み込まれた金融サービス経験**にあることは明らかだ。急速な規模の拡大を可能にするテクノロジー。金融包摂、詐欺、なりすまし行為、フリクション（ユーザーが目的を達成することを阻害するサービス上の引っかかり）等といった大きな問題を解消するテクノロジー。フィンテック企業は常に、日々の金融サービスへのアクセスの大部分を占める技術プラットフォームをベースにした経験を提供することで、市場に参入してきた。中国ではアリペイとウィーチャットが最初に市場に参入し、市場を支配した。米国ではゼルが登場する何年も前から、ペイパルやヴェンモ、スクエアといったサービスが存在している。デジタル・オンボーディング（新規顧客を対象とする登録手続き支援やサービス利用法説明）を最初に導入したいくつかの銀行は、ネオバンクかチャレンジャーバンクだった。これらのプレーヤーの存在感が増していった結果、既存の銀行は、顧客がすでにできると知っている経験を模倣せざるを得なくなった（注5）。

世界中のあらゆるフィンテックは同じ基本ミッションを掲げている。世界の銀行やエージェント、ブローカー、保険業者を葬るのではなく、**現在の金融サービスにまつわるフリクションを葬り去るのだ。**ミッションの核となるこの行為を、フィンテック企業は積極的に実行している。一方、銀行の場合は、改革プロジェクトに着手すらしないうちから、レガシーシステムの制約、コンプライアンスを理由とする無関心や抵抗、幹部クラスからの支持の欠如、既存「チャネル」とのカニバリゼーションの恐怖などと戦わなくてはならないことが多い。これが何を意味するか？　フィンテックは、フリクションを除去するために、常に既存企業より効率的に投資資本を使えるということだ。

そんなわけで、今日世界で急成長している金融サービス組織が銀行ではなく、フィンテックやテクノロジー系もしくはチャレンジャーバンクのスタートアップなのは当然といえる。これは、われわれの未来に銀行は不要ということを意味しているのだろうか？　わざわざビル・ゲイツにお伺いを立てなくてもわかることだが、かつては銀行でしかできなかったことをするために、世界の至るところで日々フィンテックが使われている。実際、アーンスト・アンド・ヤングが昨年20カ国の市場を対象に行った調査によると、フィンテックの消費者普及率は平均33％で、中国ではインターネットが使える層のうち69％もの人がフィンテックを利用していた。

すべての銀行が消滅するとはいわない。しかし、いまや銀行は、自身が作ったものではない標準に縛られている。2025年に日常的に享受されているであろうバンキング経験は、改革後の既存銀行ではなく、テクノロジー系スタートアップの影響を強く受けたものである可能性が高い。未来の風景を形づくるのはフィンテックとテックフィンだ。規制当局でも、銀行でもない。

香港金融管理局（HKMA）総裁のノーマン・チャンは、香港が規制面において世界を相手に競争していくための7つのイニシアティブを発表するにあたって、まさにこの問題に言及した。香港銀行協会の年次総会におけるスピーチで同総裁は、既存銀行の革新スピードが不十分であることを踏まえ、国際金融センターとしてのリーダーシップを維持するため、HKMAはフィンテックに活路を求めていくと述べた。よく考えてみてほしい。香港は、主要金融センターとしての未来を確固たるものとするために、既存の機関に頼るのではなく、フィンテックによるイノベーションを奨励することにした。既存プレーヤーのイノベーションの欠如は、いまや市場の脅威になっているのだ。

**「国外ではデジタルオンリーの銀行の普及が進んでいます。たとえば英国の規制当局は、金融セクターにおける競争を活性化する方策として、チャレンジャーバンクの発展を後押ししています。一方、香港の既存銀行は個々の支店の利益率が高いため、他国の銀行に比べて実店舗の閉鎖速度がかなり遅く、顧客のデジタルサービス利用率も相対的に低いのです……**（後略）」

――ノーマン・T・L・チャン、HKMA総裁、2018年1月25日

過去250年間に世界で起きたイノベーションのうち、特に破壊的なものである蒸気機関や電話、コンピューター等は、第一原理に基づくデザイン思考が、最速のイノベーション、最大の飛躍、最も破壊的な市場変化をもたらすことを明確に示している。既存のプレーヤーが長い時間をかけて徐々に自己改革を行った場合、こうした変化が起こることはきわめてまれである。それがアントニー・ジェンキンスが「銀行にとっての『コダック・モ

ーメント』」と呼ぶ理由だ。デジタルカメラを支える技術を発明したコダックが、デジタル時代に適応できずに破滅したという事実は、銀行につながるアナロジーである。

だからといって、銀行が泣いて引き下がる必要はない。第一に、マネーにかかわる行動というのはかなり固定化しているため、金融サービスにおける顧客の行動の変化も、たとえば音楽購入やビデオのデジタル化などに比べれば緩やかに進むとされている。とはいえ、前述のアーンスト・アンド・ヤングの調査結果が示すとおり、金融行動の固定化の度合いは変化を回避できるほどには強くない。多くの場合、金融サービスにおける大規模なディスラプションはネットワーク効果の結果だ（注6）。おカネは動く必要があり、私たちは店に代金を払ったり、請求書の支払いをしたり、友人に送金したり、家賃を払ったりしている。もしも共通して使用する特定のネットワークがあれば、人々の行動は変化し、それにしたがっておカネの動きも変化するだろう。金融機関との日々のやり取りの80％は何らかの支払いが占めているので、決済方法が変われば、クレジットへのアクセス、貯金、商店のクレジット加盟など、その変化に付随するさまざまな面でリスクが生じることになる。

レガシーな決済行動（たとえばクレジットカードや小切手）の度合いが低い中国ではネットワーク効果に対する抵抗が少ないため、より迅速な変化が可能なはずだ。もしもあなたが、イギリス人とアメリカ人は30年後も決済手段として小切手を使うだろうと主張するバンカーの一人だとすれば、あなたの国の経済は、日々の資金移動の面でも、そしておそらく一流の金融センターとしても、中国・インド・ケニア・欧州の大部分に対して自ら進んで後れを取りますと主張していることになる。「そんなことは規制当局が許さない」というバンカーの主張に私が決して同意できないのはそのためだ。そんな主張はバカげている。上海、香港、シンガポール、ロンドンの規制当局を見てみるがいい（これはほんの数例だ）。これらの当局は、規制のサンドボックスを実行し、オープンバンキングへの移行を進め、ICOのルールを策定し、フィンテックと連携している。なぜなら、彼らは金融サービスの未来が今まさに形作られていることに気づいているからだ。世界の主要金融センターとしての地位を維持したい国や都市にとって、フィンテックの進展を阻むことはイノベーションの大幅な鈍化につながる。金融サービスを変容させている急速な環境変化のなか、規制当局がレガシーな行動を守り続けると、いったいなぜ言えるだろう？　もしそんなことをすれば、自国の市場を危険にさらすことになる。

こうした新たなプレーヤーがどんな分野に影響を与えているのか、具体的に見てみよう。

## 新しいプレーヤーが支配する領域

**「スタートアップ企業にはアドバンテージがあり、既存の金融サービス企業のデジタル開発を制限しているレガシー・テクノロジー・システムや厳しい規制とは無縁である。この結果スタートアップ企業は、モバイルにフォーカスしたサービスや商品をより効率的に生み出すことが可能であり、このことが既存の金融企業を脅かしている」**

——「銀行を追い詰めるフィンテック・スタートアップ」、『フィナンシャル・タイムズ』、

## 2016年9月12日

フィンテック企業とテックフィン企業が金融サービスの根本的な仕組みを書き換え始めていることを示す兆候は、すでにはっきりと現れている。それは技術の設計や展開だけでなく、営業経費、顧客獲得費用、規模拡大能力などの面にも及んでいる。しかし、ドットコム時代の企業の爆発的増加と同様に、収益を実現するプレーヤーや急速に規模を拡大するプレーヤーもいれば、スタートでつまずいてしまうプレーヤーもいる。

十分な数の新規プレーヤーが規模拡大に成功すれば、ある種の指標やKPI（主要業績評価指標）、経済性などに関する市場の期待が必然的に変化するとの見方もできる。このような環境下で、既存プレーヤーは片手を後ろ手に縛られた状態で戦う羽目になるかもしれない。レガシーな組織や技術的・法的構造は、もはや経済的に成り立たないのだ。

ジャック・マーが前述の発言で示唆していることだが、日常的なリテールバンキング業務のコア要素、顧客オンボーディングや販売業務について考えてみよう。フィンテックのネオバンクが支店を持たないことは言うまでもないが（注7）、チャレンジャーバンクが支店ベースの販売戦略を仕掛けないのはなぜだろうか？

・デジタル顧客獲得戦略の成功例と比べると、支店は費用の面でもスピードの面でも大きく劣り、時間と資金の許容範囲内でビジネスの要求を満たすことができない。多くのチャレンジャーバンクは、12～18カ月の間に成果を示して追加資金を獲得しなければ、成長し続けることができない。

・フィンテックが盛んな都市で影響力の大きい立地に出店するコストは、フィンテックの基本アプリや基本技術の総開発コストを上回る可能性がある一方、支店への顧客来店動向は明らかに減少傾向にある。

・すべてのフィンテックはリアルタイムの顧客対応を競い合っている。『手書き』の署名や対面でのやり取りが必要な状況は有害で、収益や成長を鈍らせるものであり、排除しなければならない。

・フィンテックが支店ネットワークを作ろうとしても、投資家は金を出さない。投資家もまた急速な成長がすべてだからだ。

・支店経由の顧客獲得コストは、デジタル経由の5～10倍に当たる。

ジャック・マーの発言を思い出そう。「サーバー2台で済む」のだ。

私たちは、チャレンジャーバンクのイノベーションがもたらす、これまでとは大きく異なる顧客経験によって、新たなスタンダードが作られるのを目撃している。米国のネオバンクでも、EU地域のN26でも、英国のチャレンジャーバンクでも、いまやデジタル・オンボーディングが重要な差別化要因になっている。英国では、口座開設にかかる時間が長いと口座乗り換えの大きな障壁になるというデータもある（注8）。そう聞けば、新規顧客獲得のコストを下げることは言うに及ばず、オンボーディングの改善が喫緊の課題だと思うのではないだろうか。どうやら既存プレーヤーはそうは思わないようだ。

英国のチャレンジャーバンクはいずれも、顧客がアプリをダウンロードするかウェブサイトを訪れてから数分以内に口座を開設できるようになっている。スターリングとモンゾの口座開設申請はワンステップかつすべてデジタルで完結するし、その他のチャレンジャーバンクも本人確認はツーステップで完了する。英国の大手銀行では、口座開設プロセスの完全デジタル化を進めているのはRBSだけだ（注9）。よく考えてほしい。英国ではすべてのチャレンジャーバンクでデジタル口座開設が可能だが、同じ主張ができる既存銀行は1行だけなのである。米国の銀行とクレジットユニオンのうち、スマートフォン経由の口座開設が可能なのはわずか18％で（注10）、そのうち口座開設プロセスを最初から最後までモバイルで行えるのは24％にすぎない。計算中の方のために書いておくと、2017年時点で口座開設をモバイルのみで完了できるのは、米国の銀行およびクレジットユニオンのうち5％に満たなかったということだ。5％未満とは！　ムーブン、シンプル、バンクモバイル、ゴーバンクにはもう何年も前からその機能があるのだが（**図6－2**）。

2017年、アーンスト・アンド・ヤングはデジタルを活用している2万2000人以上の顧客を対象とする調査を実施した。これによると、回答者の43・4％が、使い勝手やアクセスの良さを理由にフィンテックの利用を選択していた。フィンテックの成長の最大の原動力が、口座開設時の経験と使いやすさにあることは明らかだ。このデータに疑う余地がないとすれば、既存銀行が口座開設時のフリクションを解消する努力をしていないことは、フィンテック対銀行という議論全体をうまく代弁していると言えよう。

現在も今後もフィンテックと競い合いたいのであれば、絶対にしなければならないことがある。手書きの署名が必要な申し込み用紙を一掃することだ。以上。

チャレンジャーバンクやネオバンクは、ほかにもいくつかの重要な指標において既存銀行を上回っている。KPMGによれば（注11）、英国市場における銀行の自己資本利益率（ROE）は、大型チャレンジャーバンクで平均9・5％、中小チャレンジャーバンクで17％なのに対し、大銀行では4・6％だという。チャレンジャーバンクのほうが数値が高い主な理由は、レガシーITへの対応コストが低いことに加え、商品ポートフォリオが簡素化されているため、既存銀行では80％に達する経費率（CTI）が、チャレンジャーバンクの場合は50％以下に抑えられているからだ。

こうした点がロンドンのような市場に

図6–2 ● 米国のデジタル・オンボーディング機能に関する調査データ

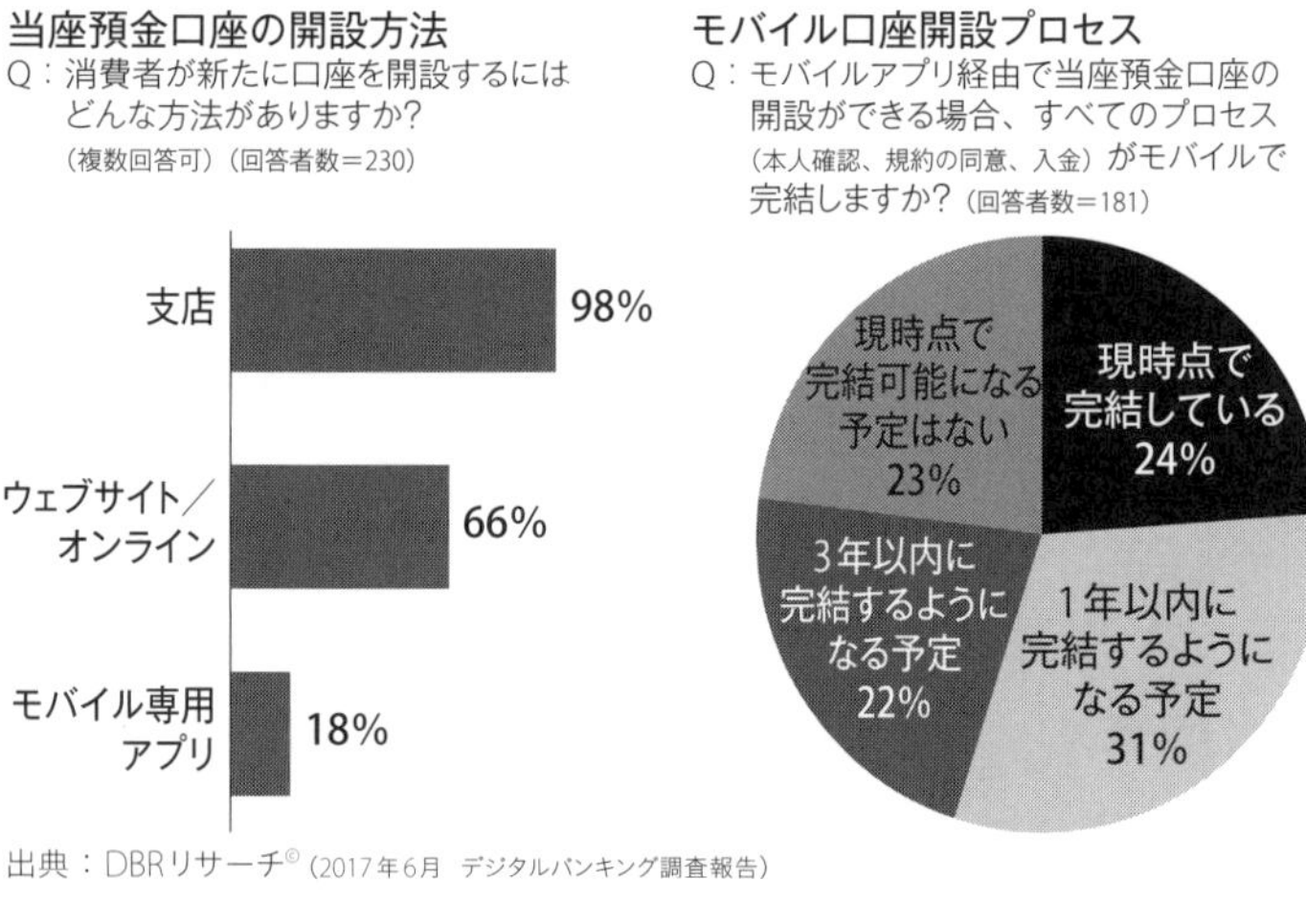


出典：DBRリサーチ©（2017年6月　デジタルバンキング調査報告）

参入するネオバンクやチャレンジャーバンク全般にあてはまると仮定するなら、中期的影響として、リテールバンキングの経済性に対する市場の見方は根底から変化する。ある時点から（おそらく今後5年以内に）、証券アナリストたちはリテール銀行の支店網に注目するようになり、最も業績がいい支店以外はすべて、顧客獲得の面でもサービスの面でも、銀行運営における非効率なメカニズムと見なすようになる。勝ち組のチャレンジャーバンクと比較すると、こうした支店網は単に時代遅れで高コストなレガシーインフラと映るだろう（**図6-3**）。

その影響が株価に出始める頃、そして、いかに早くレガシーな支店網を処分しコスト削減を実現したか、顧客獲得のスピードを上げたか、顧客獲得のプロセスは100％デジタル化されていたかといっ

**図6-3 ● 国別のチャレンジャーバンク数**

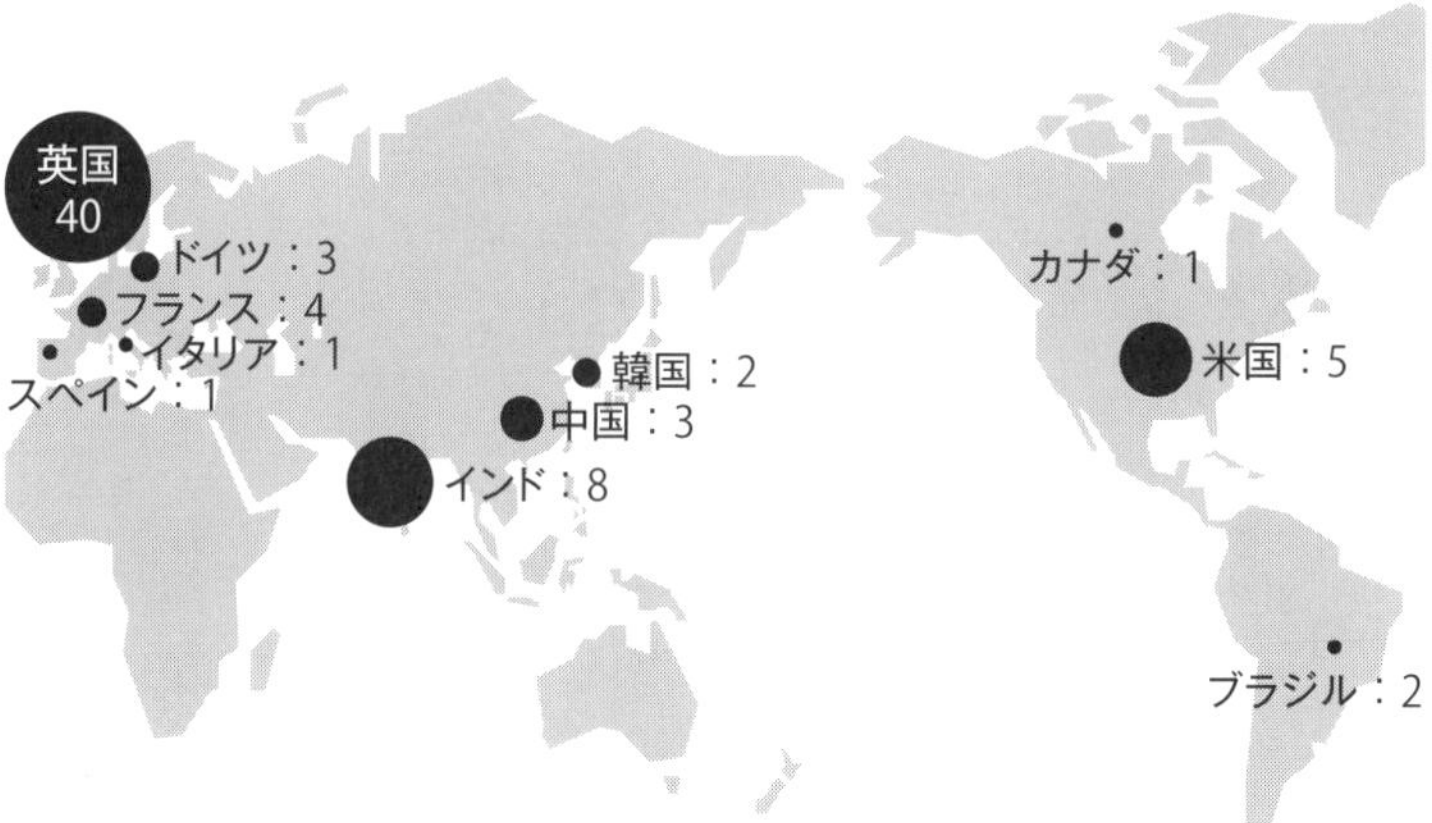


出典：バーンマーク、2016年12月

た内容が投資家向け収支報告で必ず触れられるようになる頃には、端的に言えば、リテール銀行には「もっとチャレンジャーバンクのようになれ」というプレッシャーがかかるようになる。少なくとも、融資取組みの面ではそうだ。さらに、資産管理、保険、決済業務など、あらゆる面で同じことが起きる。

ＰｗＣの昨年の調査は、95％の銀行が、独立系フィンテック企業に業務の一部を奪われる危険性があることを示している。この脅威はすでに理論の領域には留まっていないのだ。既存銀行側が最初に持ち出す自己弁護はわかっている。**市場シェア**だ。フィンテックが本格的に既存銀行のシェアを奪わない限りは、市場シェアは論点として成立するという主張である。本当にそうだろうか？　フィンテック企業は市場シェアを一気に支配することをめざしているのだろうか？　アマゾンは１９９５年にインターネットサービスを開始した時点で小売販売を支配していただろうか？　10年後の２００５年には？　２００１年にｉＰｏｄが登場したとき、アップルは音楽販売市場を支配していただろうか？　登場からわずか2～3年という短期間ではまだ業界を席巻していないからといって、彼らの初期の取組みが失敗だったと言えるだろうか？　銀行の主張をデータが裏付けていないのは明白だ。

米国の規制当局はフィンテックに銀行免許を与えることに消極的な姿勢を示しているが(注12)、米国市場ではほぼ非対面形式の販売をベースとする信用市場がすでに確立されている。ダイレクトメールやアウトバウンド・コールセンターによるセールス、ブローカー融資などは、20年ほど前からすでに一般的だった。つまり、ローン専業のフィンテックであれば、連邦預金保険公社（FDIC）の認可を受けた当座預金口座運営機関に課せられる規制のハードルがないため、この分野ではマーケットシェアの変化がより顕著になっている。

ソーファイ、コモンボンド、プロスパー、レンディングクラブといった融資関連ベンチャーがより複雑な販売提携を通じてリーチを広げるにつれて、こうしたシェアの変化は既存銀行にとってさらに深刻な問題になるだろう。トランスユニオンが発表した、ここ数年の米国における無担保個人融資ポートフォリオの変化のデータを見てみよう。２０１２〜２０１５年という短期間に、フィンテック企業のマーケットシェアはわずか３％から30％以上へと拡大した（**図６－４**）。

**図６−４ 米国ローン業界におけるフィンテックの影響**

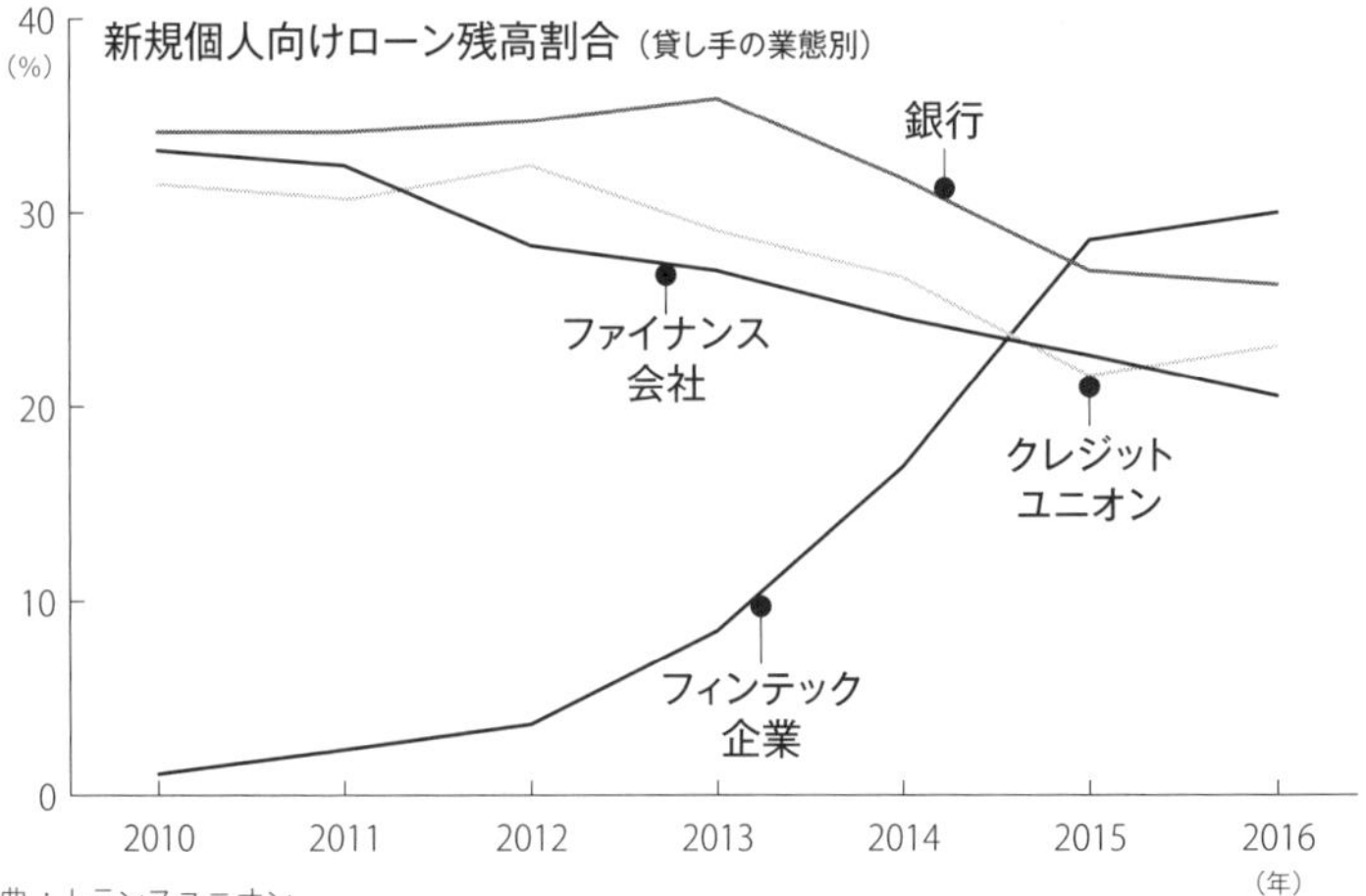


出典：トランスユニオン

この現象が単なる偶然だとか、既存銀行にとっては何の問題もないなどと主張できる人がいるとは思えない。しかし、これが構造的変化の象徴だという証拠がもっと必要だというなら、レンディングクラブのようなフィンテックの融資ベンチャーと、従来型の貸付会社の営業経費構造を並べて比較してみればいい（**図6－5**）。

このデータは、レンディングクラブが競合する従来型銀行に対してコスト面で400ベーシスポイント（＝4％）優位に立っていることを示している。融資取組コストは80％、徴収・詐欺対策コストも80％近く従来型銀行の平均より低い。レンディングクラブが既存銀行の平均を上回っているのはマーケティングコストだけだ。コアプラットフォームがITベースなのだから、レンディングクラブのI

**図6－5 ● セントルイス連邦準備銀行およびファウンデーション・キャピタルのデータに基づくレンディングクラブの営業経費**

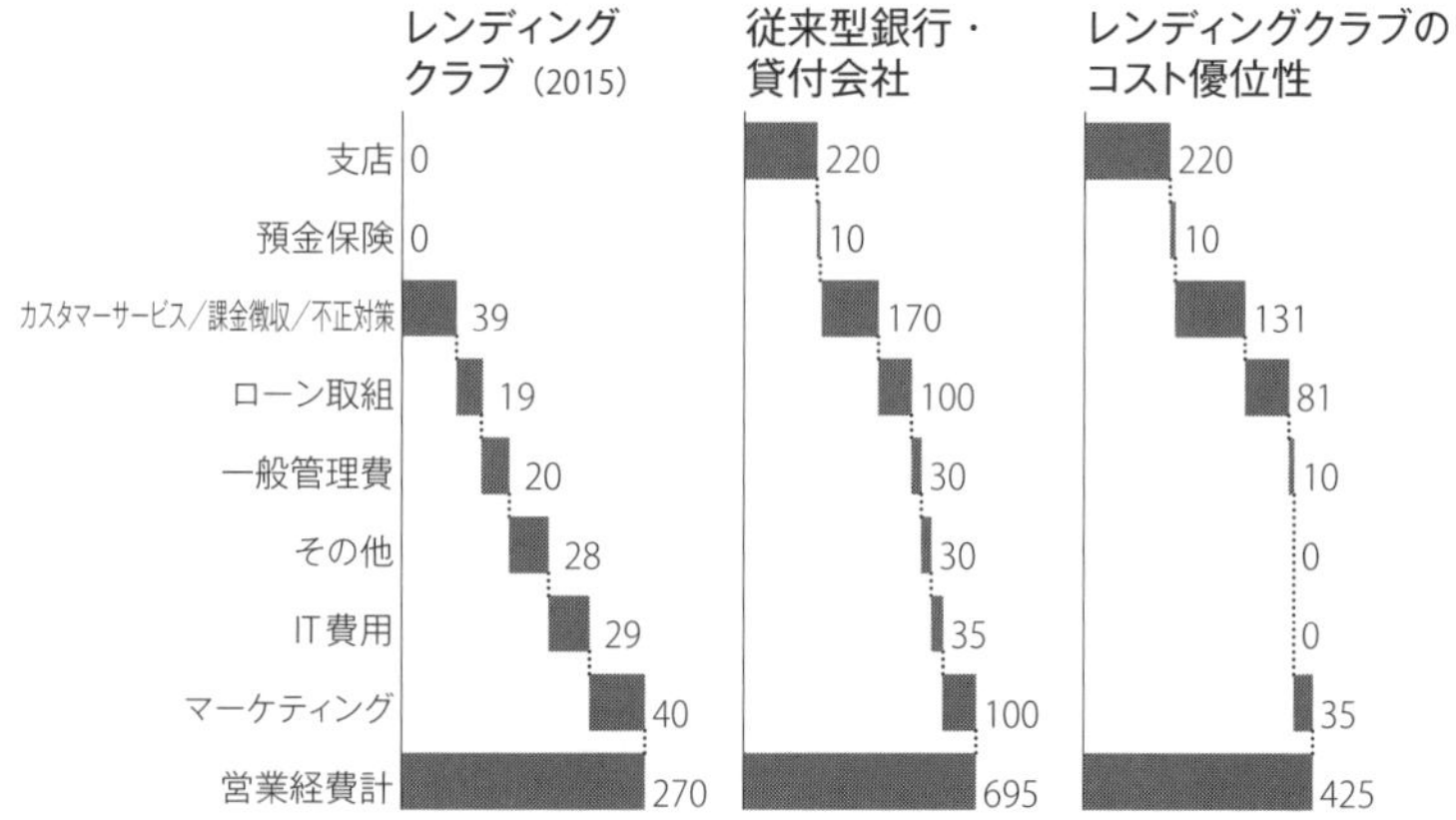


出典：Let's Talk Payments

Tコストは従来型銀行より多いのでは、と思うかもしれないが、実際は既存銀行より20％低い。この差は小さいとは言えず、銀行がフィンテックとの連携傾向が強まる理由のひとつになっている。レガシー・アーキテクチャーを維持することは、新しいテクノロジースタックを活用するよりはるかに高くつくのだ。

こうした変化は融資分野やチャレンジャーバンクだけのものではない。たとえば、アーンスト・アンド・ヤングが最近発表したレポートによると、送金サービスや決済サービスでフィンテック企業が利用された割合は、2015年には18％だったが、2017年には50％まで増加し、65％の消費者が将来的にこうしたサービスを使う予定だという（注13）。マッキンゼーは2017年、英国ベースのある国際送金サービス企業が、英国の平均的な銀行のわずか10分の1のコストで国際P2Pトランザクションを提供していると伝えた（注14）。PwCとアクセンチュアの調査結果は、2020年までに既存のバンキングおよび決済ビジネスの28～30％がフィンテックによるディスラプションの危機に瀕することを示している。今から2年後だ、皆さん。

アクセンチュアは、フィンテックが業界に与える影響についてさらに踏み込んだ調査（注15）を行っている。それによると、フィンテック企業に対する投資とその牽引力を原因とするマクロ的変化を踏まえると、既存銀行が行き着く先は次の2つのいずれかしかないという。

第1のシナリオ：**デジタルによるディスラプション**――デジタル時代の銀行は、より効率的なフィンテック企業に利益を奪われ、顧客経験の改善に取り組むのではなく、商品ベースの販売アプローチを継続する。

第2のシナリオ：**デジタルによる再創造**――銀行は次第にイノベーションをビジネスモデルのレベルまで統合していく。顧客の資産を独占することよりも、金融サービス経験の組み込みによって顧客の生活を改善することを重視するようになる。

## リーンでアジャイル、革新的なフィンテック

スタートアップ企業は最先端のテクノロジーに依存しているため、レガシー・アーキテクチャーを気にする必要がなく、従来型の銀行に適用される規制の制限を部分的にしか受けない。高度な専門性を有する少数のスタッフがいればよく、物理的なインフラをほとんど必要としない。そのダイナミズムに惹かれてデジタルな才能にあふれた人材が集まってくる。フィンテック企業は、アジャイルなプロセスと強力な顧客志向で顧客の期待に応えつつ、イノベーションのスピードを上げることによって、既存のバンキング商品の販売をディスラプトする。フィンテックは、ユニークかつ感覚的

に使える機能を常時更新していくことで、モバイルユーザーやオンラインユーザーの経験に『ニュー・ノーマル』を確立する。アグリゲーション・サービスを提供することによって銀行と顧客の関係を絶ち、極端なケースでは、銀行をインフラとコモディティ商品を提供するだけの存在へと追いやる。旧来の商品を新しい装いで提供するだけでなく、クロスボーダーP2Pペイメント、マイクロレンディング、ロボ投資プラットフォームといった全く新しいサービスもつくり出す。これらの新サービスはほぼすべてのプロセスがアルゴリズムに基づいて実行され、人間はほとんど介入する必要がない。この結果、これまでに確立されてきた商品やサービスのなかには廃れるものも出てきて、銀行の利益プールは縮小していく。

『フィンテック――課題と機会』マッキンゼー・レポート（2016年5月）

## 提携か、買収か、模倣か？

「ほとんどのバンカーのDNAにはイノベーションが組み込まれていない。彼らはキャリアを通じてリスクを特定し回避するよう教え込まれるが、イノベーションで大事なのは、小さなリスクを取り、金をかけすぎずに早目に失敗し、間違いから学ぶことによって素早く正解にたどり着くことなのだ」
――JPニコルズ、FinTech Forge

２０１２年以降、米国の資産トップ10の銀行は、フィンテック・スタートアップだけで56社、計72回、総額36億ドルの投資を行っている。これら10行はいずれもブロックチェーンとＡＩに投資している。

フィンテックの提供するサービスの市場価格は既存銀行に比べて常に25〜70％安価で、大幅に低いコストで運営されているというリサーチ結果もある（注16）。経験の面でもテクノロジーの面でも未来のバンキングの土台となりうるような大きなイノベーションを市場に最初に持ち込むのも、そうしたイノベーションにより迅速に対応するのもフィンテックだ。既存銀行が採れる選択肢は、統計データによれば２つある。内製にこだわってテクノロジー・プレーヤーより長い時間と大金をかけて対応するか、あるいはフィンテックと手を組んでより早く安価に同じことを実現するかだ。にもかかわらず、既存銀行の大部分はいまだにフィンテックと提携していない。一方で、マッキンゼーによれば、このような業界全体に及ぶ変化に対応する必要を感じていない既存銀行はわずか８％に留まっている。つまり、すでに多くの銀行は対応しなければいけないとわかっているのだ。残る問題は、どうやって対応するかである。

こうした状況下でカギとなるのが第一原理思考である。

改めてスペースＸの例に立ち戻るとわかりやすいかもしれない。同社はロケットと宇宙船をより安価に打ち上げるという課題に取り組んだ。最近同社が打ち上げたファルコンヘビー（FH）が、64トンの積載物を低周回軌道に到達させるためのコストをわずか9000万ドルにまで減らしたことを思い出してほしい。これはスペースシャトル時代の9割減にあたり、再利用性を考慮すればコストはさらに下がる。政府の取り組みでこれに最も近いのは、NASAが業者と共同で開発している待望久しいSLS（スペース・ローンチ・システム）だ。しかしSLSは、地球低軌道へのペイロード（打ち上げ可能積載量）がわずか70トン（FHより10%多いだけ）なのに、1回の打ち上げごとに推定10億ドルかかる。SLSの予想コストは、積載量が10%しか増えないにもかかわらず、FHの打ち上げコストの10倍以上なのである。別の言い方をすれば、SLSで70トンを低周回軌道に打ち上げる1回分のコストで、スペースXは700トン以上を打ち上げることができる。これは既存銀行によるデジタル化の取組みとフィンテックの取組みとの間に見られるような対比関係のひとつの例といえよう。内製してももちろん構わないが、経済的には全くのナンセンスだ。10分の1の値段、3分の1の時間で同じ結果が得られるなら、フィンテックがすでに作ったものを自らコピーしようとして時間を無駄にする必要がどこにあるだろう？

技術的ケイパビリティのこととなれば、フィンテックは既存銀行のために**時空を捻じ曲げてくれる。**

公平を期すなら、フィンテックも既存銀行を必要としている。銀行との提携がもたらす規模と収益が必要なのだ。フィンテックの成長は、自社技術がこうした提携を通じて使われるかどうかに左右される。理想的な結婚のようだが、そのためには両者の主な強みと弱みを理解している必要がある（**表6-1**）。

つまるところ、フィンテック主導のイノベーションの急拡大によって金融サービスが直面することになった構造的変化に銀行が対応するためには、4つの選択肢がある。

①何もしない（徐々に衰退し取り残され、結局は非常に高くつく）
②フィンテックと提携する（最安かつ最速）
③フィンテックを買収する（迅速かもしれないが、高くつき企業文化の面でも困難を伴う）
④フィンテックのイノベーションをコピーまたは模倣する（時間がかかり、非常に高くつく）

フィンテックと提携する代わりにフィンテックをコピーするメリットは何だろうか？　行内で予算を管理できる、カル

**表6-1 ● 銀行とフィンテックの提携がもたらすメリット**

| 銀行の強み | フィンテックの強み | フィンテックの差別化要因 |
|---|---|---|
| 幅広い既存顧客ベース | 新しい発想・思考 | 特定の消費者グループに合わせた体験の提供 |
| 豊富な商品群 | 迅速な導入 | サービス・アプローチにおける柔軟性 |
| 低い資本コスト | 最先端の分析力とデータ管理 | 経済性を変える新たなビジネスモデル |
| 規制に守られている（預金保険制度など） | オンラインでの顧客獲得 | これまで十分なサービスを受けていなかった層の受け入れとサービス提供 |
| 収益源（フィンテック用の） | オンライン／モバイルのユーザー体験（UX）に最適化された設計 | 既存商品から差別化されたテクノロジー体験へのシフト |

チャーの衝突を回避できる、知的財産を所有できるという点以外には、これと明示するのは難しい。この程度のメリットでは、より機敏なテクノロジー・パートナーと提携していれば避けられたはずのコストや遅延を正当化できないだろう。

既存銀行はほぼすべての場合において、フィンテックがすでに実現したことを繰り返すことしかできない。ウェルズ・ファーゴのグリーンハウス、ＪＰモルガン・チェースのフィン（Finn）、エミレーツＮＢＤのリヴ（Liv）を見てみればいい。ムーブンやモンゾ、ディジット、エイコーンズのクローン以外の何物でもない。模倣とは究極のお追従だが、バンキングに関して言えば、技術開発は最も金のかかるお追従でもあるのだ。

## ハッカソン、アクセラレーター、インキュベーター——Shall We ダンス？

大手銀行がスタートアップ企業を惹き付けようと、自らインキュベータやアクセラレーター・プログラムを立ち上げて、メンターになったり、法務・マーケティング・テクノロジーなどの支援を行ったりするのはよくあることだ。こうしたプログラムを通じて、参加者であるスタートアップ企業に直接株式投資が行われる場合もある。たとえばウェルズ・ファーゴは、２０１４年に立ち上げたアクセラレーター・プログラムを通じて、各参加スタートアップ企業に5万～50万ドルの投資を行っている。ウェルズ・ファーゴはこのプログラムを、スタートアップ企業が提供するプロダクトを買うかどうか検討するための拡大版オーディションとして活用している。バークレイズは最近、ニューヨーク、ロンドン、テルアビブ、ケープタウンにアクセラレーター・プログラムを広げ、最高12万ドルの投資を行っている。

ＪＰモルガン・チェースは金融サービス・イノベーション・センター（注17）と提携してフィナンシャル・ソリューション・ラボを立ち上げ、５年間で３０００万ドルの投資を行う計画だ。同ラボの諮問委員会には、ビル・アンド・メリンダ・ゲイツ財団のコスタ・ペリック、オミディアール・ネットワークのアルジュナ・コスタ、シンプルのスーザン・エールリッヒ、コア・イノベーション・キャピタルのアルジャン・シュッテなどが名を連ねている。

こうしたプログラム運営のマイナス面は、非常に多額のコストがかかるという点だ。銀行はプログラムに大金をつぎ込む前に、別種のコラボレーションを通じて対スタートアップの経験値を高めておく必要がある。さらに投資額のもとを確実に取れるよう、アクセラレーター・プログラムの開始にあたってきわめて具体的な目標を設定すべきだ。バークレイズはすでに行内のラボで43種類のブロックチェーン・アプリケーションの開発に投資しているので、その成果をアクセラレーター・プログラムで戦略的に補完しようとするのは理にかなっている。

一部のパートナーシップは、戦略的なメリットを測定できるところまで成熟している。グローバルな法律事務所メイヤー・ブラウン（注18）の最近の調査によると、既存銀行がフィンテック企業との提携の成果があったと考えているのは、主に以下の３つの分野である。

・コスト削減：回答企業の87％は、フィンテック企業との提携によってある程度のコスト削減が可能になったとしている。節約をもたらした理由としては、既存銀行が新たな経験の開発に対する投資を手控えたことや、フィンテックによるレガシー・プロセスの効率化、フィンテックのアジャイルな経営体制、最新テクノロジーの活用などが考えられる。
・ブランド刷新：回答企業の83％が、フィンテック企業とのコラボレーションが既存銀行のブランドを刷新する機会になったと述べている。市場対応のスピード、開発の低コスト化によって、既存銀行は、特定の市場により良いサービスを提供する存在、あるいはシンプルに最先端の存在へと、自らのポジショニングを変えられるようになった。
・収益増：回答企業の54％が、提携によって収益が増加したとしている。

だが結局のところ、スタートアップ企業との提携に適した組織構造になっていなければ、アクセラレーターやハッカソンを行っても、投じた金額に見合うビッグバンがもたらされることはない。銀行内に「ハッカソンを開催して一番いいアイディアを頂戴して、自力で導入しよう」などと言う人がいる場合は、すぐに止めるべきだ。一度はうまくいったとしても、すぐにフィンテック系プロフェッショナルのグローバルな非公式ネットワーク内で、イノベーションの傍観者、冷やかし客、非チームプレーヤーという烙印を押されることになるだろう。こうしたプログラムを成功させる唯一の方法は、フィンテック企業との長期的なパートナーシップに真剣に取り組むことなのだ。

銀行にとっての課題は、インキュベーターやアクセラレーターのプログラムを有していてさえ、フィンテック企業へのアクセスという点では独立系のアクセラレーターに遠く及ばないことだ。Yコンビネーターのような独立系アクセラレーターの成功には、2005年以降500以上のスタートアップ企業に資金を提供してきた実績も寄与している。これに対して、大手銀行のイノベーション・ラボは、同じ期間で一握りのスタートアップ企業にしか支援を提供できていない。アクセラレーターのなかには、応募者の1~2%しか受け入れないところもある。そんな状態では、フィンテックとの提携によって多様かつ広範なイノベーションの恩恵を受けることはまず不可能だ。

最近目にするようになったもうひとつの大きな問題は、アクセラレーターやイノベーション・プログラムのリーダーが、同様のイニシアティブの立ち上げをめざす競合相手のターゲットになるケースが増えていることだ。こうしたプログラムでは、リーダーがチームを離れると、その下で働いていた幹部チームも解散するか、リーダーと一緒にいなくなってしまうことが多い。銀行内のイノベーション・プログラムは、カギとなる個人に依存している場合が多いように見受けられる。その人物がいなくなると、チームの発展は大きく足止めされる。イノベーションは組織全体の活動であるべきだ。フィンテック企業ではそれが可能だが、既存銀行では不可能に近い。

## フィンテック企業とのパートナーシップの障害

**「私たちはシステムを再構築する機会を得ました。金融トランザクションはただの数字、単なる情報です。オンライン決済ができるようにするために、10万人のスタッフ、マンハッタンの一等地、1970年代から使われているメインフレーム・コンピュータが詰まった巨大なデータセンターが必要なはずはありません」**

——マーク・アンドリーセン、アンドリーセン・ホロウィッツ創業者、2014年10月

これまでに挙げたデータを見れば、フィンテック企業と既存銀行が協力したほうがいい理由はごまんとあるが、実際にはそうした提携はまだ始まったばかりだ。ありがたいことに、この状況は変わりつつある。スタティスタの調査によれば、2012年には50％以上の銀行がフィンテックは銀行とはほとんど関係がないと思っていたが、2017年になる頃にはこの割合に変化が見られ、93％の銀行がフィンテック企業と提携するつもりになっていた。では、提携を成功に導くカギとなるもの、あるいは提携の障壁になる

**図6-6 ● フィンテック企業——銀行間提携の成功を阻む主な障壁**

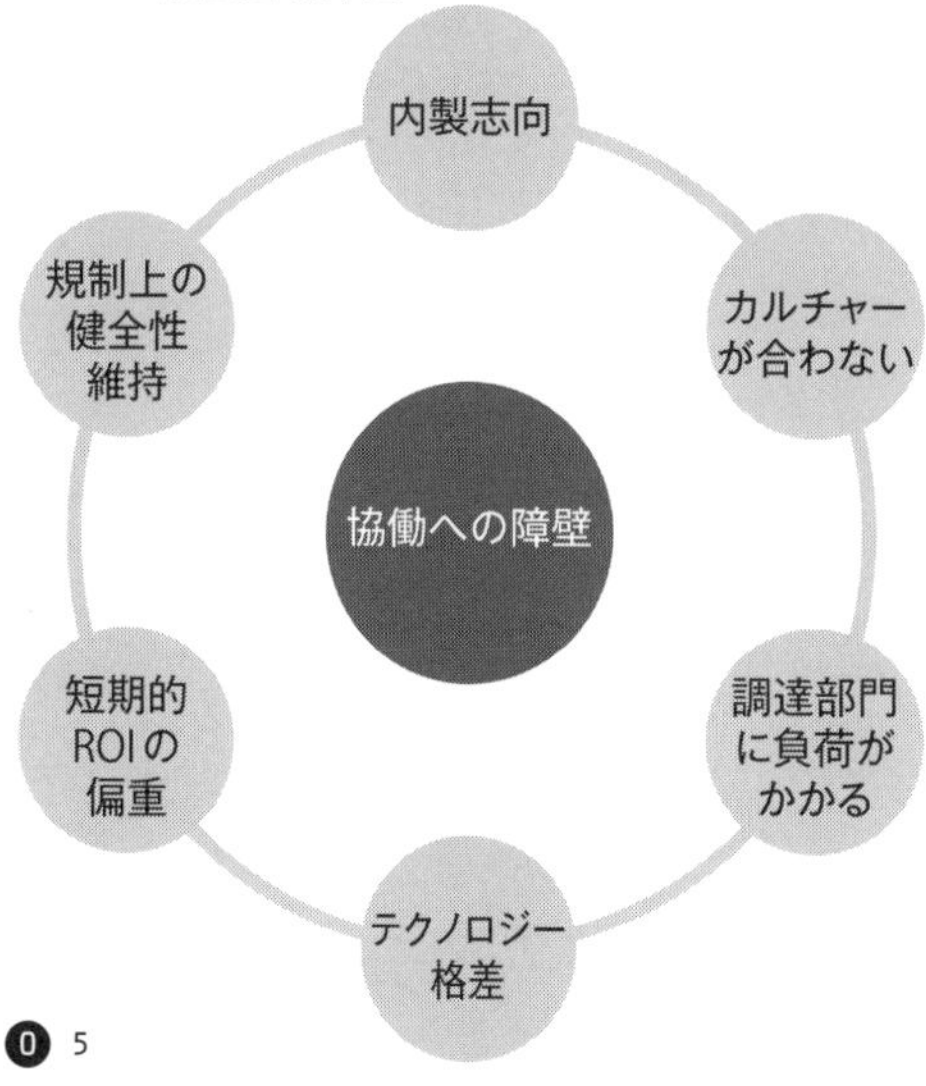

ものとは何だろうか？（**図6－6**）

### ・内製志向

この点についてはもう十分に論じてきたと思う。改めて言うまでもなく、今後ますます弁解の余地はなくなっていくだろう。ムーブンでの個人的な経験から言えることだが、たくさんの銀行が文字どおり何年にもわたって私たちのテクノロジーに関する知識を借用しようとしてきた。これらの既存銀行はわれわれの技術について学べるだけ学ぼうとして多大な時間を使ったが、われわれと提携していれば、ずっと早く安価に同じ技術を導入できていたはずだ。

テクノロジーを内製する代わりに、そのテクノロジーの使用許可を得るようにすれば、中期的には内部資源を過剰につぎ込んでしまうような事態を避けられるようになる。

### ・カルチャーが合わない

カルチャーの違いは、今後2～3年は引き続き対立の要因になるだろう。スタートアップ企業は動きが早く、ビジネスを脅かされるようなイベントが発生しない限りは規制にあまり頓着せず、たいていの最高リスク管理責任者なら怖気づいてしまうようなリスクも許容するカルチャーがある。フィンテック企業との提携に取り組む際は、銀行のコンプライアンス部門、法務部門、リスク管理部門がフィンテック企業の強みや熱意、意欲を殺ぐことがないよう注意しなければならない。リスクを敵視する性質は銀行の中核をなすものだが、今後はますますアジリティが組織のデジタル対応力を左右するようになる。銀行には一緒に働くフィンテック企業のカルチャーから学ぼうとする姿勢が必要だし、ソリューションのアーキテクチャーやデリバリーに関してフィンテック企業に大きな裁量を与えるよう、主な行内ステークホルダーの支持を取り付けなければならない。多くの銀行には、変化を強要する新しいイニシアティブを脅威と捉えるカルチャーがある。銀行は新イニシアティブに対し、ウイルスと戦う免疫システムのように反応してしまうのだ。

### ・調達部門に負荷がかかる

フィンテック企業との初会合では、調達チームと法務チームが契約を進めることになるかもしれない。こうしたケースでは、銀行の調達部門は、承認に長い時間がかかるのを避けるため、新しい内容の契約ではなく、行内で過去に書かれた契約を好む傾向がある。この場合の欠点は、技術パートナー（オラクル、IBM、テメノスのような）向けのサービス内容合意書を含むIT契約は、銀行が（たとえば音声AI技術の導入のために）提携しようとする小規模スタートアップ企業にとっては、往々にして過剰であることだ。インターネット・セキュリティ・コンプライアンスおよび監査要件、プロジェクトが失敗した場合の共同所有知的財産のクローバック（回収）条項（あるいは提携解消に備えた80ページに及ぶ法律用語の羅列）等はすべて、ベンチャーキャピタルがバックアップする小規模なフィンテック企業（売り物のテクノロジーがようやくベータ試験段階を終えたところで、社内法務部門もない）にとっては大問題になってしまう。

30〜40人体制で回っているフィンテック企業は、既存銀行の内部ステークホルダーの尻拭いをするために大量の法的書類に何カ月も費やすべきではない。フィンテック企業のリソースのバカげた無駄遣いだ。契約を簡素化してチェックポイントを増やすことが非常に重要だ。

ほかにも注意したいのは、フィンテック企業がテクノロジースタックを持ち込んでくる場合、クラウドが使われていることが多い点である。つまり、サイバーセキュリティ、アップタイムパフォーマンス(稼働率)、データストレージとデータレジデンシー(データの保存場所)などは、クラウドパートナーの領域になるということだ。フィンテック企業との契約では、銀行に代わってクラウド事業者(たとえばアマゾン・ウェブ・サービス)との仲介役を務めることを義務付ける条項を忘れてはならない。

## ・テクノロジー格差

テクノロジー面でギャップがあるのは当然だ。それが銀行がフィンテック企業と提携しようとするそもそもの理由なのだから。こうしたギャップをどうやって埋めるかについて、明確な予測を必ず立てること。フィンテック企業はAPI対応のソリューションを持っているか? 彼らのAPIに合わせて構築すべきか、銀行の既存のITスタックと統合するためにフィンテック企業のAPIを改変したり拡張したりする必要があるのか? 銀行内のチームがフィンテック企業側のデータプロビジョニング要件やフォーマット要件を満たせるよう、事前準備が必要か? かつて某欧州系大手銀行は、行内のチームが「ムーブンのテクノロジースタックはわれわれのものとは違いすぎる」と言ったという理由で、ムーブンに対する戦略的投資から手を引いた。手を引かずにいれば観察して学ぶ機会になったはずなのだが。

よくあることだが、使用するテクノロジーの中核コンポーネントについてより新しい知識を持っているのは、銀行ではなくフィンテック企業のほうだ。銀行のＩＴ部門は、技術面でＩＴプロバイダに後れを取ることに慣れていない。通常それは、技術を学ぶというより、ライセンスを受けるプロセスの仕事が多いからだ。提携が実現すれば、銀行の内部チームはフィンテック企業から学べる可能性があるし、その学習曲線はかなり急かもしれない。銀行が、すでに存在するテクノロジースタックにこだわりすぎないＣＴＯ（訳注・チーフ・テクノロジー・オフィサー）または行内プロジェクトマネージャーを見つけるのは容易ではない。特にクラウドやブロックチェーン、ＡＩのように、明らかに銀行が躍起になっている分野に関してはそうだ。どちらのチームも成果をめざして全力を注ぐ必要がある。

## ・短期的ＲＯＩの偏重

カルチャー面でフィンテック企業と銀行が衝突する原因のひとつとして、フィンテック企業の成長を支えるベンチャーキャピタル投資では、スタートアップが商品を開発して市場でテストするまでにある程度の時間が与えられている場合が多いことが挙げられる。アント・フィナンシャルのような成熟したフィンテック企業においてすら収益性はさほど考慮されず、圧倒的に成長が重視される。しかし、銀行のテクノロジー・プロジェクトでは、投資資本利益率（ＲＯＩ）に対する視野はかなり短期的になりがちで、わずか18〜24カ月で投資額の回収を求められることさえある。これが衝突のもとになる。

フィンテック企業が今まさに備えつつあるケイパビリティの多くは、中期的に見て確実に収益に結びつくようなものではないが、テクノロジー層における金融サービス経験の差別化を実現するためには欠かせない。行内のビジネスケースのために短期的ROIにフォーカスすれば、提携に向けた取組みは始まる前に脱線してしまう可能性がきわめて高い。銀行は新しいテクノロジーに対する大規模投資の回収を諦めよ、と言っているのではない。典型的なITプロジェクトほどは厳しくない異なった指標に基づいてROIを判断すべきということだ。こうした指標としては、フィンテック企業との提携で得たブランド資産価値、新興プラットフォームに対する新たなスキルの獲得、型にとらわれない思考力、フィージビリティ確立に向けて新技術を試す能力などが考えられる。

### ・規制上の健全性維持

あるフィンテック企業がクラウドベースのAIサービスを持ってあなたのところにやって来たとしよう。そのAIサービスを使えば、音声やモバイルを通じてコンテキスト対応型リコメンデーションやクロスセル・オファーができ、リアルタイムでオンボーディングを実施することが可能になる。さて、あなたはどうするか？　技術的にはこのサービスはイノベーションのチェックリストをすべてクリアしている。しかし、あなたがどの国にいるか、そしてどの中央金融当局から銀行免許を受けているかによって、このフィンテック企業は現行のさまざまな規制に抵触する可能性がある。クラウド展開が禁じられていたり、データ保管場所が問題になったり、クレジットカードの勧誘に顧客が応じるためにいまだに手書きの署名が必要だったりするかもしれない。提携関係を結ぶ際はこの点も考慮する必要がある。

しかし、規制遵守の問題は、もはや銀行にとって一時停止信号とはならないかもしれない。フィンテック企業は中央銀行や規制当局に巧みに対応し、現行の規制を回避した新技術アプローチのプロトタイプを作るようになってきた。規制当局がこうした新技術を試すためのサンドボックスをお膳立てしたり、既存の規制に対する免責を認めたりするケースすらある。

フィンテック企業との提携関係を葬り去ったり、これ以上進めないと判断したりする前に、新技術のプロトタイプを実際に試して顧客の反応を見させてもらえないかどうか、必ず規制当局に確認してみることだ。顧客へのリスクを評価するため、当初は1万人限定で新技術をリリースさせてもらえないかと聞いてみるのもいいかもしれない。

このとき、既存銀行には従来とは異なるコンプライアンスのアプローチが求められる。かつてのコンプライアンス・チームは、こういったプロジェクトの実施によって銀行が法規を犯すことを防ぐ門番の役割を担っていた。しかし、フィンテック企業はそういうふうには動かない。フィンテックは、規制当局の正面玄関をノックし、他国の市場では彼らの技術を使うことが許可された結果、顧客満足度が向上して不正事件が減っていると説明し、その国の市場で当該技術を試す許可を出すことを正当化する。既存銀行は、こうしたアプローチを含むカルチャーの変化に対応せざるを得なくなってきている。「規制当局がそんなことを許さない」はもはや解ではない。「とりあえず当局に話してみよう」も同様だ。

## 勝てないなら仲間になれ

銀行とフィンテック企業のコラボレーションをめぐる状況が変わってきているのは明らかだ。数年前までは、フィンテック企業も銀行も状況を競争的に受け止めており、「誰が勝利を収めるか」が取りざたされていた。それが今では、コラボレーションの取組みがどんどん発表されている。特にブロックチェーンなどのテクノロジーに関しては、提携は例外的どころか当たり前になっている。

賢明な既存銀行は、「自分で作ったものでなくては」という価値観が、フィンテックによるイノベーションがもたらした多様で変化の激しいエコシステムには通用しないことを理解している。そうした銀行は、最も革新的なフィンテックとの提携を探し求めている。Money 20/20、Finovate、FinTech Stage、Next Moneyといったイベントは、急速にフィンテック企業と既存銀行とのお見合いプラットフォームになりつつある。しかし、どうやらお付き合いできそうだとなったときにこそ、現実の作業が始まるのだ（**図6-7**）。

銀行には、コラボレーションの取組みを発展させるために多大な労力を費やすことが求められる。手始めは銀行のカルチャーを変えることだが、予算化プロセスや資金配分までもが根本的に変わることになる。2016年に銀行はフィンテック企業との契約や提携関係に50億ドルを投資したが、一方で自社製システムや内部のイノベーションプロジェクトには500億ドルを投じていた（注19）。デジタルファーストな組織になりたいなら、この比率は絶対に変えなければならない。

最後に、大事なのは戦略である。年間純利益10億ドル超の銀行にとって、デジタルファーストのオンボーディング・プロセスを優先して支店業務の削減を開始するのに最適なタイミングはいつか？　それによって組織にはどのような影響が出るか？　フィンテック企業との提携がもたらす将来性は、ディストリビューションやフルフィルメントの観点からすれば、現行の業務分野に真っ向から反する可能性が高い。かといって、あなたがやらなかったとしても、他の銀行や多数のフィンテック企業がすでに市場でその技術を活用している。やっても地獄、やらなくても地獄なのだ。

**図6−7 ● 地域別に見たフィンテックに対する協力的投資と競争的投資の割合**

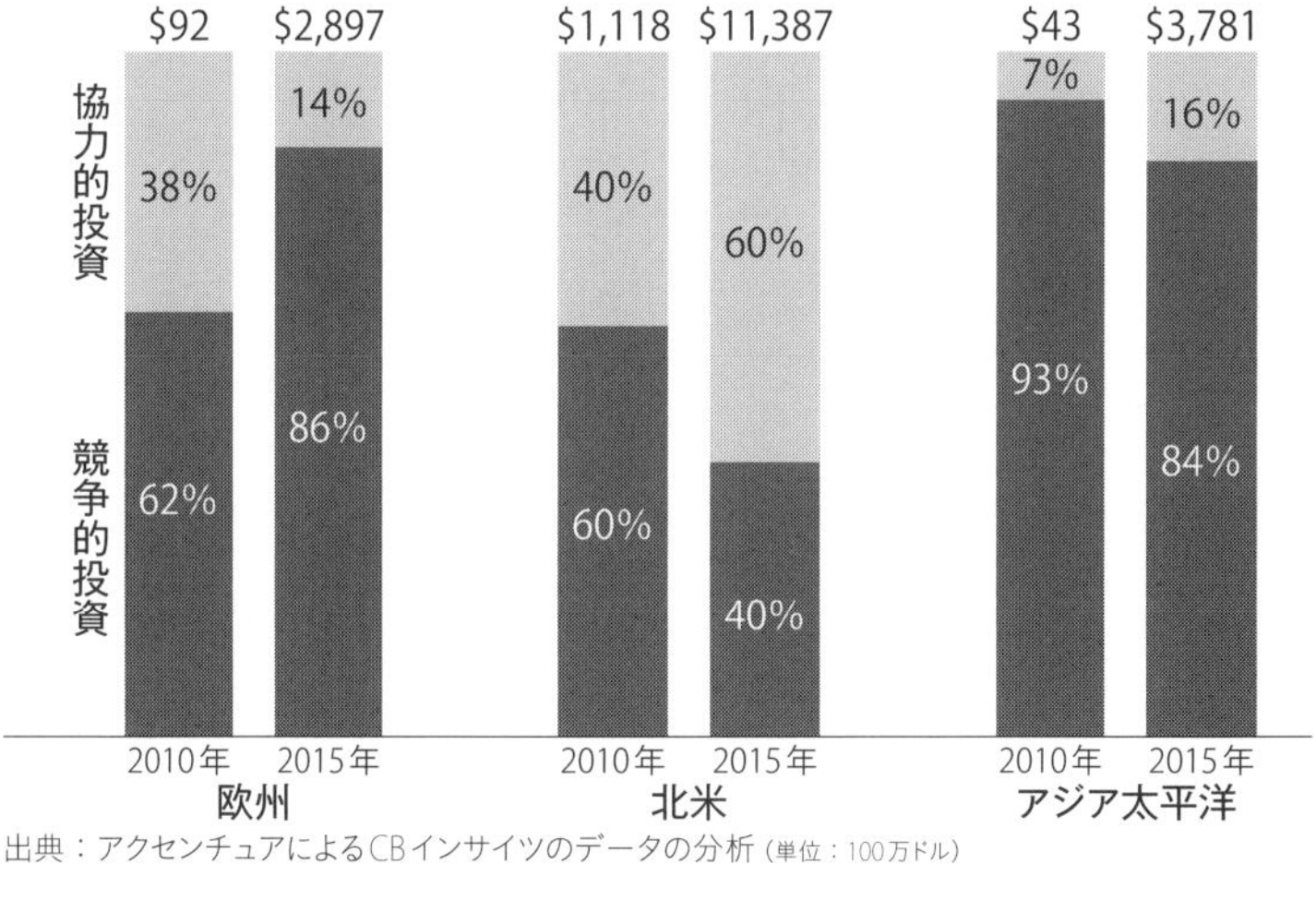


出典：アクセンチュアによるCBインサイツのデータの分析（単位：100万ドル）

現実には、どのような戦略を採るにせよ、金融サービスの進化にかかわるデジタル曲線の先端を走り続けるためには、アジャイルかつクリエイティブな思考が不可欠なことは明白だ。そうであるならば、市場ディスラプトの最前線と戦おうとするのではなく、協力することが最良の策となる。内部で土台からやり直せば提携するより多くの金と時間がかかることがわかっているなら、新鮮な視点で新たなテクノロジーを試すのが一番確実な方法だ。

そう、今こそ2つの世界が協力し提携するときだ。その恩恵はリスクよりも間違いなく大きい。

●特別寄稿⑤
# なぜ銀行はフィンテックを重視すべきか

――スピロス・マルガリス

フィンテック業界が金融セクターにどのような影響を及ぼすかを考えた場合、現状はまだ初期段階にすぎない。もはやそんな段階ではないと煽り立てる声は無視してよい。フィンテック・スタートアップ企業とテクノロジー系最大手企業（テックジャイアント）は、今から10年後に振り返ってみたとき、かつて想像もできなかったような形にバンキング業界を変えているだろう。フィンテックの津波が金融業界の岸に迫ってきている以上、銀行はこれから訪れる巨大かつディスラプティブな変化に懸命に備えなければならない。

茹でガエルの例え話は誰でも耳にしたことがあるだろう。簡単にいうと、煮立った湯に入れられたカエルはすぐにそこから飛び出すが、最初に心地いい水温の鍋に入れられたカエルは、徐々に水温を上げて沸騰させていっても、手遅れになるまで死の危険に気づかない、というものだ。科学的な裏づけはないものの、この『カエル実験』は、テクノロジー主導のバンキング経験が生み出す新たな環境に適合しようとしない組織が直面するリスクの優れたメタファーになっている。

未来のシナリオを描く能力は、特に既存銀行においてコアなスキルである。銀行は次のように自問してみるべきだ。経験レイヤーや金融サービスの基本要素に見られるフィンテック主導の変化は、このメタファーで言うところの熱湯だろうか？　それとも既存銀行は十分賢明で、危険（このケースでは、フィンテック・スタートアップが生み出した日常的バンキングの新標準への対応を意味する）を認識してきちんと対応できるだろうか？

フィンテック・スタートアップ企業やテクノロジー系のトップ企業が提供しているもの、すなわち最先端テクノロジーの実装、革新的ソリューション、すばらしいユーザー経験などの活用に取り組み始めた銀行もあるにはあるが、この危険を真剣に受け止めている銀行の割合が十分とは言えないことは、さまざまな証拠が示している。業界全体として、フィンテックを競争上の脅威と見なすのが典型的な姿勢になっている。これは残念なことだ。なぜなら私は、既存銀行のレガシーなシステムの限界、そしてより大事なこととして、レガシーな考え方の解消に向けて、フィンテック業界が大きな力になるはずと信じているからだ。

フィンテックの波がもたらすポジティブな効果のひとつは、可能な限り最先端の技術を活用したいと考える銀行組織内部の人にとって、上層部の関心を引くことが以前よりずっと簡単になったことだ。フィンテック分野からのイノベーションの流入によって、ゆっくりと、しかし確実に、銀行の経営陣は競争力維持に切迫した危機感を抱くようになっている。最近ではこうした例は枚挙に暇がない。ウェルズ・ファーゴのグリーンハウス、ＪＰ

モルガン・チェースのフィン、エミレーツNBDのLiv.といったアプリはムーブンやモンゾの登場を受けて出てきたものだし、HSBCのP2Pアプリのペイミー（PayMe）や香港のイージーペイ（EasyPay）は、彼の地を支配するウィーチャットやアリペイに対応するために登場した。シュワブやフィデリティ、バンガードも、ベターメントやウェルスフロント、パーソナルキャピタルに対抗するために独自のロボアドバイザーに取り組んでいる。しかしほとんどの場合、トップクラスのフィンテック企業が生み出すイノベーションと比較すると、既存金融機関は3〜4年は遅れている。ようやく導入にこぎつけても、フィンテック企業は、斬新なデザインや機能、思考法などの面でさらに先を行っている。湯はまだ沸騰中なのだ。

だとすれば、将来的に銀行とフィンテック企業の提携は今よりずっと一般的になっていいはずだと考えるのは当然だろう。既存銀行のなかにはフィンテック企業との提携でどんなチャンスが得られるか実験しているところもあるが、統計的に見れば、こうした行動を取っているのは世界でもほんの一握りの銀行だけだ。ここでの問題は、双方が異なる強みや長所を持ち寄ることを前提に、互いをパートナーとする協力方法を見つけられるかどうかということなのだろうか？

フィンテック企業は一般的に、低コストで迅速にイノベーションを実現し、顧客中心主義を非常に重視するが、この点ではおそらく今日のどの銀行も追いつけない。これに対して、提携が成立した場合に銀行が提供できる長所、すなわち（フィンテック企業の）収益、顧客（規模）やブランドなどには非常に大きな魅力がある。そんなわけで私は、業界の変化を加速させるフィンテック企業／銀行間コラボレーションの波が来ると信じているのだ。このチャンスに抗い続けるような銀行は、業界の変化から取り残されることになる。

銀行業界が新たな世界に適合することを余儀なくされている主な原因のひとつは明白で、顧客が銀行のサービスや商品を、フィンテック・スタートアップ企業やテックジャイアント企業が提供するものと比較するようになったからだ。始まりはシンプルなことだった。支店に行く代わりに銀行アプリ経由で口座開設できないのはなぜ？　どうしてオンラインバンキングのデザインが10年前から変わってないの？　この状況はまさに、顧客を喜ばせることにフォーカスしたアップルが、あらゆる競合企業のデザイン、ユーザー経験、イノベーションの基準を定めてしまった例を思わせる。フィンテック・スタートアップ企業は同じやり方で、顧客が銀行に求めるものの再定義に成功した。フィンテック企業がユーザーインターフェース用に設定したハードルの高さは、既存銀行の基準よりもずっと高いのだ。

解決策は火を見るより明らかだ。賢明な銀行は、フィンテック・スタートアップ企業に仮想的なイノベーション・ハブとしての役割を求めるようになるだろう。そのうちのいくつかと提携したり買収したりすれば仮想ハブの成果を利用できる。銀行がアクセラレーター、インキュベーション、イノベーション、ハッカソンといった施策を実行しても、革新性の向上という期待された効果は得られない。理由はたいていの場合、革新的なアイディアをフィンテック企業と同じスピードで採用することを銀行のカルチャーが許容しないためだ。しかし、こうした施策を、フィンテック企業のオファーに対する洞察力や、提携あるいは買収すべきフィンテック企業を見極める力を養う場とすることは可能である。

既存銀行は、運営の複雑さ、コンプライアンスによる制約、レガシーなシステムや考え方、そして単純にその巨大さのために、適応に時間がかかるようにできている。銀行の動きが鈍いもうひとつの原因は、たとえば最新のバンキング経験と銀行が現状使っているテクノロジーとの差のような違いを、裕福で高齢な顧客は気にしないという思い込みかもしれない。このような思い込みは間違いであると同時に危険だ。高齢者は明らかに、iPadやスマートフォンといった最新技術を日常生活で利用している。年齢に関係なく、最先端のバンキングテクノロジー、金融サービスにおけるフリクションの軽減、そしてクラス最高のユーザー経験を求める声がクリアすべきハードルとなる。そのハードルの高さは、フィンテックプレーヤーの成功によって決まる。

あなたが毎年数億ドル以上の純利益を上げる立場にあるとしたら、銀行の気持ちも理解できるだろう。つまり、フィンテックを積極的に経営に取り入れることによって自前のビジネスモデルが食われてしまうことをためらったり、スタートアップ企業にやらせて様子を見て、うまくいった場合はいわゆる「ファーストフォロワー」になろうと考えたりするということだ。統計的に見れば、このタイムラグのせいでマーケットシェアは徐々に（時には劇的に）変わってしまう（注20）。したがって銀行にとっては、プロセスと自身の運命に対するコントロールを保ったまま自前のビジネスをカニバライズさせることが正しい判断となるかもしれない。スタートアップ企業とは対照的に、銀行には新たなビジネスユニットに供給できるブランドと顧客、資金があり、その分成功する可能性も高くなる。
しかし同時に銀行は、構造的に抱えている欠点、すなわち実行速度が遅く特定分野への集中ができないといった問題に取組み、対処していかなければならない。結局のところ、早く安くイノベーションを実現したければ、技術提携によるレバレッジ効果を高めるため、内部カルチャーの変革をめざす必要があるということだ。

銀行がこのシナリオで茹でガエルになってしまうかどうかは、かなりの部分リーダーシップの力にかかっている。多くの既存銀行において、カエルのメタファーは最悪の形で現実のものとなる。自分の古いビジネスモデルにこの状況を乗り切るだけの勢いがあると勘違いし、新興プレーヤーによる業界再構築が進んでいることに気づかないからだ。もっと賢明な競合銀行は、沸騰中の湯を金融業界が過去700年間に経験したなかでも最大級のチャンスと捉え、業界をかき回すフィンテック企業やテクノロジー・イノベーターと積極的に手を組むために、湯から飛び出していくだろう。カエルと沸騰中の湯、そのどちらになりたい？　湯になりたまえ、友よ。

## ●特別寄稿⑥
# スピードの優位性

――マイケル・ジョーダン（Blink）

速いスタートアップvs遅い会社？『会社』という言葉自体、いまやフィンテック・スタートアップにとってまねしたくない企業形態の形容詞として使われることが多い。スタートアップのCEOはよく言う、「うちは大会社化したくない」と。

では、私たちは会社という言葉をどう理解しているのだろうか？　会社という言葉を聞くと多くの人は、動きが遅い、官僚的、時代遅れになる可能性大といった含みを感じる。こうした表現は記事などで目にするダイナミックなフィンテック企業とは結びつかない。しかし、これには2つの見方があり、それについて考えることで目に見えるほどの成長格差を引き起こしているものの手がかりが得られるかもしれない。それはどちらも、同じひとつの言葉、「レガシー」から生じている。

レガシー。過去から現在への贈り物、あるいは過去から現在へ価値あるものを受け渡すこと。価値は創造されるもの、礎となるものであるという考え方。

レガシー。新鮮味も競争力もない、時代遅れなシステムやプロセスを指す場合に使われる用語。

大会社について検討する際は、必ずこの両方の定義に留意しながら評価しなければならない。大会社がその成り立ちから示しているのは、何十年も持ちこたえ、何世代にもわたる顧客に奉仕し、株主に利益を還元し、将来に向けて投資することを可能にするような、大規模かつ高収益なビジネスを生む力があったということだ。つまり価値のレガシーだ。と同時に、典型的な組織としてよくあるのは、昔のテクノロジー、カルチャー、組織構造のもとに作られている組織だ。プロダクトやテクノロジー、組織システムに反復アプローチが使われているため、全面的な転換が非常に難しい。

フィンテック企業の成長について見てみると、事業開発が第一原理ベースで行われていることが多い。これはすべてのビジネス機能と、ビジネスに固有のすべての組織的プロセスについて言えることだ。このやり方だと、今というタイミング、目前の課題に合わせて組織を作り、最新のソリューションを導き出すことができる。商品の設計であろうとサービスの設計であろうと、ビジネスのあらゆる要素において、既存事業や顧客管理に一切頓着する必要がない。既存の収入源の維持、既存顧客の管理や移行といった制約もない。概念的に白紙の状態。しかし、スタートアップとは常にそういうものではなかっただろうか？

そのとおり、そういうものだった。しかし以前とは1つ違いがある。私たちは今、テクノロジーが2大参入障壁を根本から劇的に変えてしまった時代、別の言い方をすれば「既存銀行という城がテクノロジーという堀に囲まれてしまった」時代に生きている。参入障壁とは、商品を生み出す力と、それを流通させる力だ。

テクノロジー主導、かつテクノロジーが可能にするイノベーションが持つケイパビリティに、組織が第一原理デザインプロセスで動くことと、配慮すべきレガシーな顧客（時には従業員も）がいないことが加わることで、巨大な優位性が生じる。それはスピードだ。商品は、構想、プロトタイプ作成、試験、修正、改良、発売に至るまで、大会社より速いタイムスケールで実行される可能性がある。これはすべてテクノロジーに起因するものだろうか？　部分的にはそうだ。しかし、急成長するフィンテック企業と既存企業の間には、もっと大きな影響を及ぼす可能性を秘めた違いがほかにあるように思われる。それはカルチャーである。

ゼロから組織を作るときには、現代のテクノロジーデザインのケイパビリティを反映した速さ・形式・手法で動くようにデザインされたカルチャーを発展させることが可能だ。何カ月も前からスケジュール管理をしなければならず、あらゆる意思決定において複雑な運営委員会やタテヨコの調整が必須となるような環境では、スラックやトレロのようなアジャイルなコラボレーションツールを活用しようとするには無理がある。イノベーション・ケイパビリティを変えたいと望む多数の大会社が苦戦しているのはこのためだ。カルチャーというレガシーは非常に影響力の大きいものなのだ。

さて、第一原理ベースで動くテクノロジー主導のスタートアップが急成長するために必要な材料はわかった。適切なリーダーシップとカルチャー、そして貫徹の意志があれば、大規模事業の運営にかかわる既存の行動規範のような制約に左右されずに素早く商品を開発することが可能になる。この10年間で特に変わったのは、こうした商品を市場に出す際にテクノロジーを活用できるようになったことだ。フィンテックのアプリは、無数の消費者の1人ひとりが持つポケットサイズのデバイスにわずか数秒でダウンロードできる。従業員がわずか13人だったインスタグラムのような会社が3000万もの人々に商品を提供することなど、20年前には考えられなかっただろう。モバイルダウンロードという流通形態は、全く同じプラットフォームが持つソーシャルメディアのシェアリング能力と共生関係にある。市場は少なくとも平等、あるいは初期段階においてはスタートアップ企業に有利な状態とすら言えるかもしれない。

ここで注意点を。第一に、私たちが持っているイメージは歪められたものだ。ユニコーン企業（企業価値が10億ドル以上の未上場スタートアップ企業）には発言の機会が過度に与えられている。ガレージ会社からグローバルなメガブランドへというストーリーは非常に魅力的なので、そうなるのは当然だ。逆に、資金調達ラウンドに到達できなかったスタートアップ企業の話もあるのだが、こちらは魅力がない。

第二に、矢継ぎ早に現れるさまざまな決済・金融サービス会社を受け入れ、支援し、管理するための規制の整備には困難が伴う。相応の規模に達したスタートアップ企業は、既存企業として強みを発揮するフェーズに入っていくことになる。つまり、急成長するそこそこの規模のスタートアップ企業から、時の試練に耐えて生き延びる企業への移行には注意を要する。大部分の巨大金融サービス企業は、経済不況の嵐を乗り越え、世代を超えた真のレガシーを作ることができた存在なのだ。

そう考えると、挑戦的な新規参入者もレガシーな既存企業も受け入れている結論めいたものが導かれる。パートナーシップだ。スピード、初期段階の成長、イノベーションの点では、フィンテック企業が生来持っているケイパビリティを活用できるようにする。しかしその先は、そうしたケイパビリティを既存企業の経営モデルに統合していくのである。

注1：出典＝KPMG『フィンテックの鼓動（Pulse of FinTech）』2018年
注2：出典＝『マーケット・インサイダー』誌、『ビジネス・インサイダー』誌
注3：出典＝ブルームバーグ／マーキュリー・ニュース――『ベンチャー・キャピタルの投資額が840億ドル超え、ドットコム・ブーム以来最高』2018年1月11日
注4：フィンテック創業者の1人として、将来の金融サービスにフィンテックがどのようにフィットするかという自分の見解に先入観があるかもしれないことは認識している。
注5：ゼルやHSBC、ペイミー等に向けて言っている。
注6：メトカーフの法則、ギルダーの法則を思い出そう。テクノロジーの採用と普及が、消費者による新技術、ソーシャルメディア、メッセージング・プラットフォームの採用という止まらない波になったことも。

注7：悪いが英国のメトロ銀行は数に入っていない。
注8：出典＝ブリティッシュ・バンカーズ・アソシエーションの調査、2016年
注9：出典＝マイテック・スコアカード『英国の銀行口座：顧客オンボーディングにおける真のデジタル・ケイパビリティに関する調査』2017年12月
注10：出典＝デジタル・バンキング・レポート、2017年7月10日
注11：出典＝KPMGレポート『新たな風景――チャレンジャーバンキングの年間成績』
注12：この原稿を書いている時点で、通貨監督庁（OCC）によるフィンテック設立許可書の発行は、トランプ政権とさまざまな州のバンキング委員会からの異議申し立てにより滞っている。
注13：出典＝アーンスト・アンド・ヤングのフィンテック導入インデックス2017
注14：出典＝マッキンゼー『フィンテック：課題と機会』2016年
注15：アクセンチュアのレポート『フィンテックとバンキングの未来：デジタルにディスラプトされるか、再創造されるか？』参照。
注16：出典＝マッキンゼー、アーンスト・アンド・ヤング、フィナンシャル・ブランド、セレント、フォレスター・リサーチ
注17：全面開示――私は金融サービス・イノベーション・センター（CFSI）の取締役を務めている。
注18：出典＝メイヤー・ブラウン『フィンテック調査のABC』2016年11月、英国の金融機関70社を対象とする調査
注19：『バンキングにおけるIT支出、グローバルな視点から』セレント、2015年2月、『デジタル・ディスラプション：フィンテックはいかにしてバンキングを転換点に追い込んでいるか』シティ、2016年3月
注20：たとえば中国におけるモバイルペイメントやマイクロローンなど。

CHAPTER 7

# バンキングにおける AIの役割

THE ROLE OF AI IN BANKING

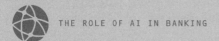

**「ロボットは人間に危害を加えてはならない。また、人間に危害が及ぶのを何もせず看過してはならない」**

――アイザック・アシモフ、『ロボット工学ハンドブック第56版、西暦2058年』、1942年

1942年、SF作家アイザック・アシモフは、ロボット工学の三原則を世界に向けて発表した(注1)。まるで予知者のような驚くべき先見の明があったアシモフによって、世界は知覚や認識に関するテクノロジーが人類に突きつけるかもしれない課題について考え始めた。ロボット工学における第一の原則は次のように変わるかもしれない――「自分によって居場所を奪われた人間よりも高い価値を生み出せ」。AIがもたらす最大の脅威は、ロボット軍団による地球乗っ取りと人類の奴隷化よりも、テクノロジーによる失業である可能性が高い。悪意も善意も持たないであろうAIだが、雇用や平等にかかわる構造的な大ダメージをもたらす可能性はある。

現在人工知能に大金をかけている組織を調べてみると(注2)、そのリストには必ず大手テクノロジー企業が含まれるが、マイクロソフトやグーグル、アップル、アリババ、バイドゥに多少なりとも近いといえる規模でAI投資を行っている銀行はほとんどない。ボーイングやテスラといった製造業界のプレーヤーは必要に迫られて多額の投資を行っているし、金融サービスや医療業界からも同様の規模の投資があるだろうと予測するのは全く理にかなったものだ。しかし、金融サービスにおけるAIはといえば、その進展の大部分は

アント・フィナンシャルのようなプレーヤーか、この新興テクノロジーに特化できたさらに小規模なフィンテック企業からもたらされているのが現状だ。アント・フィナンシャルは今後3年間に150億ドル以上をAIと量子コンピューティングに投じる予定と報じられている（注3）。現在の評価額で換算すると、これは同社の時価総額の約10％に相当する。

正しい方向で対策を講じている銀行もわずかながら存在する。JPモルガン・チェースは2016年、予算の16％に当たる96億ドルをテクノロジーに割り振った。2012年の12億ドルと比べるとかなりの増加だが、そのうちどれだけが具体的にAIの研究開発に使われたかは公表されていない。ゴールドマンサックスのストラッツ（数量的戦略・テクノロジー担当部門）にはいまや同社社員の約3割が所属しており、最近は機械学習や人工知能（AI）、プログラム管理やデジタルプロダクトデザインなどで積極的にAIスペシャリストの採用を進めている。バンク・オブ・アメリカ、BBVA、ドイツ銀行、HSBCもAIへの戦略的投資について語っており、トロント・ドミニオン（TD）銀行は、AIスタートアップ企業のレイヤー6（Layer 6）を2018年1月に買収した。それを推進したのはTDのチーフ・デジタル＆ペイメント・オフィサーのリズワン・カルファンである。

**「現在のバンキングには個々の顧客のニーズや好みを予測する機能はないが、いずれは必須になる。AI分野の優秀な人材や専門知識は限られているので、研究の面でも実用面でも最上と評価されているレイヤー6のような組織と提携できることは、秘伝のタレを得**

たようなものだ」

――リズワン・カルファン、TD銀行グループ

リズワンは現在業界全体が抱えている根本的な問題を私たちに突きつけている。AIは全く新しいスキルセットであり、この分野に関する実質的な専門知識を持たない銀行は、率直に言って、テクノロジー系大企業と肩を並べられるような世界レベルのケイパビリティを持つには程遠い。銀行にとってAIはコアなケイパビリティではないこと、銀行が予算面でも人材面でも非常に不利な状態からスタートしていることを考えれば、戦略的提携や買収が不可欠であることは疑う余地がない。

テクノロジー系大企業の強みは、AIに集中して取り組めるだけの資金的・技術的裏づけを備えていることだ。フィンテック企業はもともとテクノロジーを土台に築かれているため、AI研究開発に適応しやすい人材を備えている上に、足止めの原因になりかねない手続きや方針、レガシーがない。これらすべてを考え合わせると、銀行は今後ますますAI分野で後れを取る可能性が高い。その結果、AIが金融サービスの運営面に影響を与え始める頃には、既存銀行がその結果をコントロールできる可能性は小さくなっているだろう。それはたとえば、規制面の変化や顧客の行動がAIに与える影響よりも大幅に小さいだろう。

銀行や金融サービスにおけるAIを論じる場合は、何について話しているのかを明確に

しておくことが重要だ。AIはまだずっと先の話だし、いざAIが使われるようになってもバンキングに重点が置かれることはないという誤った認識を持つバンカーは多い。マシンの認知理解力の飛躍的進歩につながるAIのアルゴリズムは、近年の膨大なデータ処理能力と演算能力によってようやく可能になったものだ。

今日『AI』を一般化して語ろうとすることは、東京とアジアを同義語扱いしながら東京について話すようなものだ。そうすると、さまざまなタイプのAIについて、またAIがバンキングのどこにどのように影響を与えるかについての誤解を広めることになる。たとえば、銀行の余剰人員を削減するために、汎用人工知能を備えた二足歩行のアンドロイドは必要ない。しかし、今日の初期開発段階にあるAIでも、金融サービスにおける今後10年間の人員配置方法を実質的に変えてしまうのに十分な土台はある。

UBS証券は2000年代、自社のトレーディング用フロアをコネティカット州スタンフォードにある本社に移転した。5000人以上のトレーダーを収容する同フロアは、総床面積70万平方フィートのビルのなかで最も良い場所にあった。UBSのトレーディング部門が自動化されたために、現在そのフロアは空っぽで打ち捨てられている。ゴールドマンは、こうした変化の度合いを数値化した結果、現時点で1人のコンピュータエンジニアが4、5人のトレーダーの代わりになると結論付けた。社内の自動化スピードを上げつつあるゴールドマンでは、現在、社員の3人に1人がコンピュータエンジニアである。

ゴールドマンとUBSは、かつての人間のトレーダーの行動を模した複雑なアルゴリズムを使用し、人間に相当する意思決定能力を有するシンプルな機械知能を特定のタスクで活用している。良い例のひとつが、UBSとデロイトが2016年に立ち上げた、顧客の取引後の資産配分リクエストに対応するシンプルな自動化プログラムのプロジェクトである。このシステムは、顧客から送られてきたメールを読んで、さまざまなファンドにどう配分したいのかという詳細なリクエストを自動的に確認し、必要な送金を処理・実行する。自動化システムが実行までに要する時間は数秒で、以前の人間の投資担当者なら1時間かかったかもしれないことを考えると、かなりの短縮になっている。人間トレーダーが行っていた行動を再現するアルゴリズムをプログラムしただけのものだ。

こうしたケイパビリティの変化は、一連のルールをプログラミングする際に、いまやもうIF－THEN－THATのような構文をコンピューターコードにすることはないという原則が基本になっている。私たちが作るアルゴリズムとデータベース、そして学習エンジンは、行動を観察し、それに応じた振舞いを学ぶようにできている。あとはデータを流し込むだけだ。データはたっぷりある。フェイスブックに聞くだけでいい。

AIは基本的に、3つの明確に区別される段階を経て進化する（注4）。

### ・アルゴリズムと機械知能

特定のタスクについて、人間の思考・意思決定・実行における一部の要素を置き換える初歩的な機械知能（マシンインテリジェンス）またはアルゴリズムベースの認知。ニューラルネットワークやアルゴリズムが、ごく限られた機能について人間と同等の決定を下すことができ、ベンチマークベースでは人間よりもうまく仕事をこなす。機械学習や認知能力を有していてもよく、その場合は新たなタスクを学んだり、初期プログラムに含まれない新たな情報を処理したりできる。実際多くの機械知能にはすでにこういった機能が備わっている。

例：グーグルの自動運転車、高頻度取引（HFT）アルゴリズム、顔認識ソフトウェア、画像認識を使った保険査定アプリ、信用リスク評価アルゴリズム（たとえばアント・フィナンシャルの芝麻信用）

**・汎用人工知能**

チューリング・テストをクリアして人間のような反応をするだけでなく、人間の意思決定の模倣もできる、人間に相当する機械知能および学習システム。感情、声のトーン、表情、ちょっとしたニュアンスといった、現状では知的生命体にしか理解できない（あなたの飼い犬はあなたが怒っているのか悲しんでいるのか見分けられるだろうか？）ような非論理的・非情報的な合図もおそらく処理できる。原則として、この種のAIは人間に可能な知的タスクなら何でもうまく実行できる。

例：ソフィア（ハンソンロボティクス製のヒト型ロボット）、Singularity.io（注5）

**・ハイパーインテリジェンス**（強いＡＩ）

個体ベースまたは集合体ベースで人間の知能を超えた機械知能もしくは強い機械知能の集合体（あなたならＡＩの集団を何と呼ぶ?）。人間の理解を超えた概念の理解や処理が可能なレベル。

こうしたＡＩが到来するまで10年や15年、30年も待つ必要はない。なお、チューリング・テストは、機械知能が銀行の日常業務をどこまでディスラプトできるかを評価する手法としてはほぼ無意味だ。

人工知能が与える影響は広範囲に及ぶだろう。ＩＢＭのデベロッパーワークス（developerWorks）は、人工知能分野におけるこれまでの進歩と、業界内で人工知能がどのように分類されているかについての優れた入門書を発行した（注6）。コグニティブ・コンピューティング、機械知

図7−1 ● さまざまなＡＩ分野の金融サービスへの活用

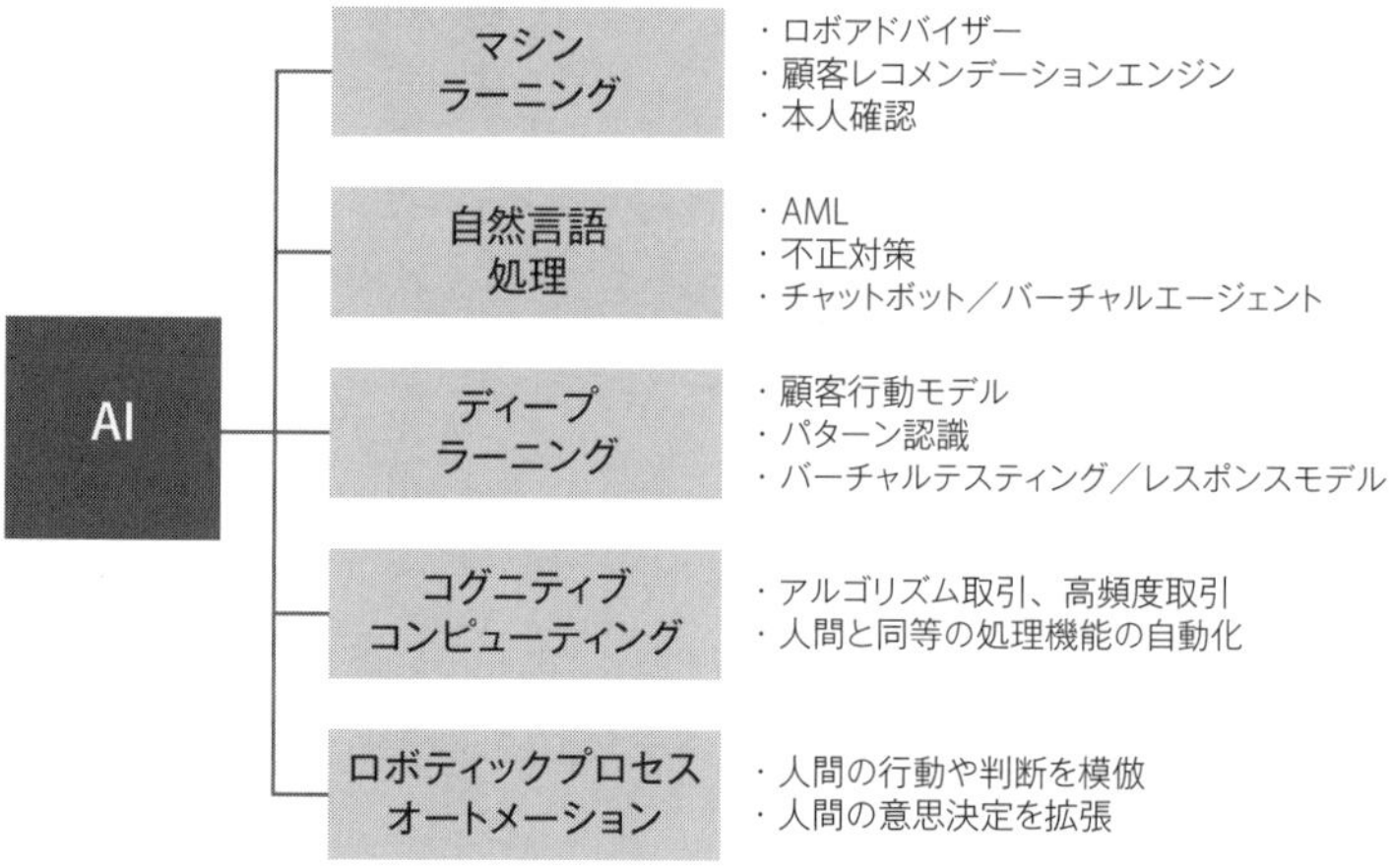

能、人工知能といった用語はそれぞれ意味が異なるが、今私たちが目にしているＡＩの進化の広範な展開に関係していることは確かだ（**図7－1**）。

この図を単純化すると、基本的にはＡＩが金融サービスに影響を与える分野は大きく2つある。顧客と金融機関の間のインタラクションや対話に関するＡＩレイヤーと、プロセスの観点から見ると社内に属する部分だ（現状で人間がチェックを行っているすべての部分、コンプライアンスに反するトランザクションやアクティビティ、リスクや信用の評価規則、受けた指示をアプリに適用する部分、売り注文や買い注文、法的関係や契約関係を考慮する必要がある部分など）。人間が銀行内部で習得でき、空気を読む力があまり要求されないプロセスなら何でも、アルゴリズムはすぐに習得して人間に置き換わることができる。


ＡＩはマーケティングにも多大な影響を及ぼす。顧客サービスに対する期待を劇的に変化させ、行動ベースで顧客とつながる能力では人間を上回り、広範なプロセス主導職で人間に置き換わり、今日のわれわれが持つリスクというものに対する見方を変え、リスクを操作可能にする。実際、最後の項目だけについても、今後10年間で金融サービスにおけるリスク管理がＡＩの独占分野になることは十分ありえる。しかし、こうした動きが起こるのは、銀行内のＡＩ部門からではなく、ＩＴ部門からですらない。これは現代の金融サービス運営の原動力と見なされているものの根幹を脅かす全身性の発作なのだ。

煽っているように聞こえるかもしれないが、最悪の場合、銀行は今から3～5年後にはＡＩの影響による解雇に踏み切らなければならなくなる。最もよくて7～10年後だ。２０

17年1月のマッキンゼーの調査では、60%の職種ではタスクの30%をコンピューター化することが可能という結果が出ている。昨年にはイングランド銀行の主席エコノミストが、米国で8000万、英国では1500万の職がロボットに奪われるだろうと述べている（注7）。

もちろん、すべての職が平等に作られているわけではない。頻繁に引用されているオックスフォード大学の学者たちによる2013年の論文「雇用の未来（注8）」は、702の一般的な職種を分析した結果、一部の金融関係の仕事（銀行の窓口係、融資担当者、税申告代行業者、保険金請求の査定担当者など）は、エコノミスト、金融アナリスト、金融モデラー、統計学者などに比べて危機的状況にあるとの結論に至っている。

## ディープラーニング：コンピューターによる人間の脳の模倣

人工知能の革命の本命は、プログラムされたコンピューターではなく、学習するコンピューターである。では、コンピューターはどうやって学ぶのだろうか？

それは、入力された内容（データ）を処理することと、脳のニューロンをまねることに尽きる。『エコノミスト』誌の2017年5月6日号では、データは新生のデジタル経済における新たな石油だとされている。もしもデータが原油に相当するなら、データベース、ブロックチェーン、データウェアハウスは掘削装置で、ディープラーニング（深層学習）は石油を他の有用な製品に変える精製機だ。ディープラーニングは新興のＡＩブームの核心である。

ディープラーニングのニューラルネットワークは、人間の脳内で起きているのと同じ基本的な学習原理で動作するように設計されている。人間の脳はニューロンと呼ばれる特別な細胞で構成される。ニューロンはいくつかの部分から成り、そのひとつが樹状突起として知られる脳内神経線維である。この線維は人間が学習するにつれて成長する。樹状突起はシナプスと呼ばれる接点で脳内細胞を互いにつなぎ合わせる。樹状突起が大きく成長すればするほど、それによってつながる脳内細胞が増えて、より多くの情報を脳に保存できるようになる。時間をかけて得た知識を強化したり、すでに学んだスキルを繰り返し実行したりすると、樹

**図7-2 ● ディープラーニングのニューラルネットワークはパーセプトロンと呼ばれる人工ニューロンを使う**

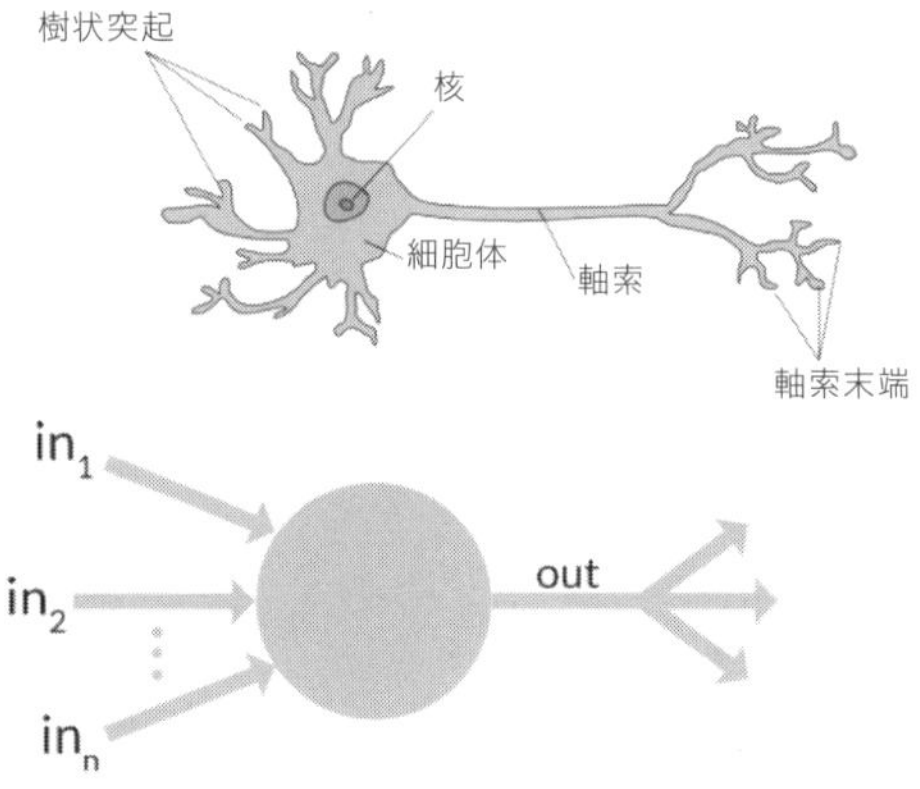


画像出典：クリストファー・バーガー

状突起はさらに強くなり、脂肪質の組織層を形成して主要なニューロンや記憶のつながりを倍増させる。

ディープラーニングネットワークでは、「パーセプトロン」と呼ばれる人工ニューロンがつくり出された。この人工ニューロンはコーネル航空研究所のフランク・ローゼンブラットが開発したもので、はるか昔、1957年に考案された。画像認識用に設計された最初のパーセプトロンは有線の論理回路で、今日のようなソフトウェアベースのコードではなかった（**図7－2**）。

コンピューター用語で言うと、パーセプトロンは学習する二項分類器として、アルゴリズムに適用された入力内容を処理する。たとえば猫と犬の識別方法を習得するためのアルゴリズムを使う場合、そのアルゴリズムはベクトル（入力内容）をバイアスに当てはめて線形決定境界を作る。簡単に言えば、アルゴリズムは入力内容をフィルターにかけて0か1を出力するが、学習するにつれて徐々にバイアスを順応させ（線形境界を動かし）、より正確な結果を導き出せるようになる。猫と犬の画像の違いを正しく判断する能力は、時間が経

**図7－3 ● パーセプトロンはベクトルが追加されるたびに線形境界を更新する**

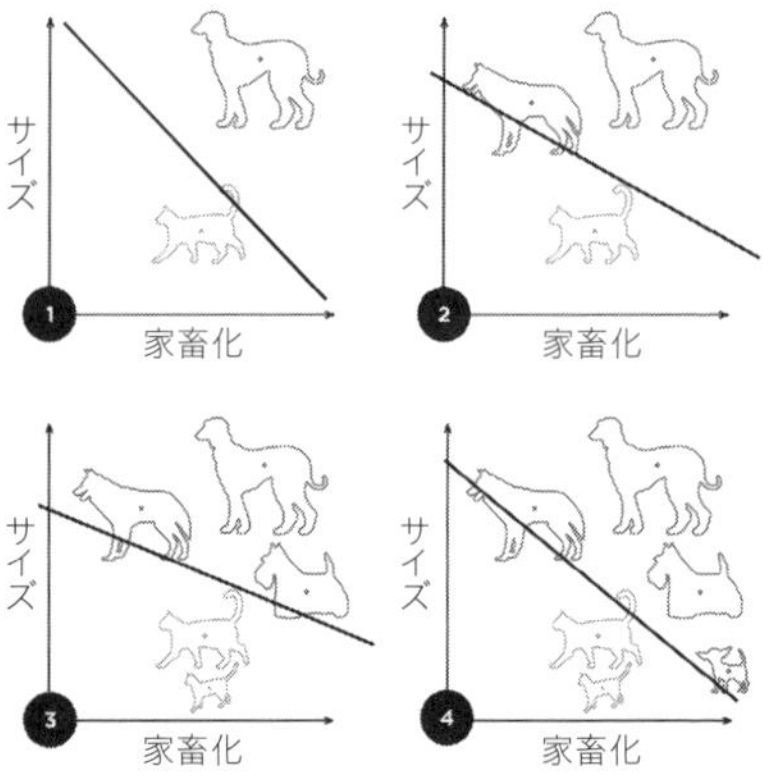


画像出典：ウィキペディア

つにつれて改善され、より正確になっていく。

歴史的に見て、人間とテクノロジーはどこで区別されるかという話題では必ず、人間はパターン認識ができる、創造的思考ができる、抽象的概念を理解できるといった点が挙げられてきた。しかし、機械に学習することを教えた結果、以前のように人間のパターン認識能力や論理的思考力のほうが明らかに勝っているとは明言できなくなった（**図7－3**）。

ディープラーニングには、単純パーセプトロンと多層パーセプトロン、バックプロパゲーション（誤差逆伝播法）ネットワーク、代替階段関数、線形ベクトルなどさまざまなテクニックが使われている。しかし、ＡＩ専門家でなくても、ＡＩがすでに社会に幅広い範囲で影響を与え始めていることは理解できるだろう。

## 人間はすでに機械に取って代わられつつある

現在、ＥＵ、英国、米国、アラブ首長国連邦、シンガポール、香港、オーストラリア、その他多くの国で、生体認証機能付きのパスポートで入国する人には、自動化ゲートまたはそれに類するものを通る選択肢が与えられる。言わずもがなだろうがその理由は単純で、どんな入国管理官よりもコンピューターのほうがずっと顔認識や本人確認が得意だからだ。

ある調査によれば、人間が対面する典型的なやり取りと顔認識ソフトウェアのどちらが顧客をより正確に特定できるか比較したところ、顔認識ソフトウェアのほうが15～20倍も正確だったという（注9）。ついでながら、この調査結果からわかる事実は、対面方式での銀行口座開設はもはや安全ではないということだ。ソフトウェアとの比較対照で統計的に見れば、対面式口座開設は、今の時代に銀行が取りうる最も危険な行動と言えるかもしれない。

中国は国家身元確認データベースを開発しており、14億人の中国国民の誰であっても、ソフトウェアを通じて2~3秒で特定することができる(注10)。自由主義圏ではこうした政策に伴う人権問題に多くの人が抗議の叫びを上げるだろうが、何十年にもわたって映画のなかのフィクションだったこの種の技術を私たちは現実に目の当たりにしている。現代の警察機関の多くがすでに同様のケイパビリティを持っているが、この技術が成熟しつつある理由は非常にシンプルだ。政府は、人間の目よりもうまく機能するこの技術を信頼しているのだ。

劣後した技術を使ったために国境が侵されてもいいと考える人はどれくらいいるだろう? 私たちは皆、犯罪者やアイデンティティ泥棒を捕らえる可能性を最大化したいのではなかろうか。このシナリオでは、アルゴリズムや生体認証、身元確認データベースが人間の職員より常に好成績を収めることは容易に証明可能だ。

空港での運用は単純明快だ。ジェットブルーやフィンエアーといった航空会社は、出発ゲートでの搭乗券確認を省略するため顔認証システムを試験的に導入している。遠くない将来、空港に行き、飛行機に乗り、目的地で税関を通ることが、すべて顔パスで可能になるかもしれない。アルゴリズムで動く生体認証技術のおかげで、旅行の黄金時代が復活するかもしれない。

こうなってくると、銀行口座を開設するためには本人が支店を訪問する必要がある、という銀行や規制当局の主張をどう受け止めればいいだろうか？　本人認証分野における大局的なトレンドから見て、口座開設手続きを円滑に行うために生身の銀行員が必須という考え方は時代に合っていない。

本人認証だけを見ても、近い将来、人間のフロント業務における競争力はコスト面でもパフォーマンス面でも失われる。自行のビジネスが支店での顧客獲得を基盤に成り立っているなら、一般的にはＡＩの性能が現行の顧客獲得アプローチに対する大きな脅威であることがわかるだろう。

人工ニューラルネットワークがすでに人間を凌駕している分野には次のようなものがある。

- 画像認識、パターン認識
- ボードゲーム、ビデオゲーム
- 音声合成、音声認識
- アートやスタイルの模倣
- 予測
- ウェブサイトのデザイン、変更

機械知能のアルゴリズムによる高頻度取引（ＨＦＴ）は、２００９年〜２０１６年の米国の全株式出来高の49～73％を占め、ＥＵでも２０１６年に38％を占めた。２０１０年5月6日、ダウ平均は取引時間中としては過去最大の下げを記録したが、わずか数分後にその下落分を取り戻した。米国証券取引委員会（ＳＥＣ）と商品先物取引委員会（ＣＦＴＣ）は、5カ月に及んだ調査の末に共同で報告書を発表し、『フラッシュクラッシュ』と呼ばれるこの乱高下にＨＦＴが深刻な影響を与えていたと結論付けた。なお、大規模な先物取引市場を運営するシカゴ・マーカンタイル取引所（ＣＭＥ）グループは、独自調査の結果、アルゴリズム取引が市場を安定させ、クラッシュの影響を抑えた可能性が高いとしている。

過去１００年間でトレーディングを芸術の域にまで高めた金融業界において、ＨＦＴアルゴリズムは、ゴールドマンサックスやＵＢＳ、クレディスイスのトレーディングルーム離れを象徴するものだ。ＨＦＴアルゴリズム自体が、典型的な人間の行動からはかけ離れている。ＨＦＴの取引パターンを分析してみると、人間とは全く異なる行動や意思決定をしていることがわかる。何がこの変化をもたらしたのだろうか？

それはおそらく、ＨＦＴの意思決定には、生身のトレーダーが持つような先入観（たとえば、個々のトレーダーあるいはアセットマネジャーが好む株や業界であるという理由から、あるアセットクラスのポジションを推奨期間より長く保持してしまう等）も、倫理基準も介在しないからだ。ウォールストリートは倫理の砦というわけではないという声もあるだろうが、なにしろＨＦＴは、意思決定において倫理的視点を一切持たないのである（持つようにプログラムされていない限り）。こうしたディープラーニングアルゴリズムは、人間と同じ仕事をする場合でも、人間とは異なる線形境界を描いてきたのだ。

大手トレーディング企業によって開発され、確かにそれらの企業の役に立ってきたHFTだが、投資ポートフォリオや資産管理にはどのような影響を与えたのだろうか？

## ロボアドバイザー、ロボエブリシング

これまで見てきたバンク4・0の世界における他のトレンドと同様に、ロボアドバイザー分野に最初に進出したのはフィンテック・スタートアップ企業だった。2010年にベターメント（というロボアドバイザー）を発表したジョン・スタインCEOは、「7年前に着手した研究がもたらした最も満足できる成果のひとつが、現在の業界全体の変化につながった」と述べている。その変化とは、次のような暗黙の了解だ。すなわち、人間のアドバイスの付加価値は限界的であり、中期的なポートフォリオのパフォーマンスになると、期待されるリターンに合ったリバランスや最適化機会の提供はロボアドバイザーでも可能であり、人間は効率性の面で太刀打ちできない。

私はジョンに何度も会ったことがあり、自分のラジオ番組でインタビューもしたが、彼が不言実行型だという点を好ましく思っている。ジョンは何カ月もメディアから遠ざかっていたが、ベターメントという成果それ自体に雄弁に語らせた。私はまた、初のロボアドバイザー会社であるベターメントの起業にまつわるストーリーの大ファンでもある。ジョンの粘り強さがわかるからだ。

ジョン・スタインとルームメイトのジョーン・オーウェン（グーグルのソフトウェアエンジニ

ア）は、2007年にベターメントのプラットフォーム開発に着手した。スタインは初期のプロトタイプを作るため、独学でプログラミングを学んだ。しかし、規制が厳しく免許やコンプライアンス関連の資格が求められる業界で起業するには、技術力以上のものが必要だった。ベターメントを始める前、スタインはイーライ・ブロバーマンと一緒に、毎週のようにポーカーの試合に参加していた（2003〜2004年頃）。ポーカーの戦績は（スタインによれば）イーライのほうが良かったが、二人の関係が良好だったため、スタインはベターメント起業当初に、証券法弁護士であるブロバーマンに助けを求めた。スタインがまだコロンビア大学のビジネススクールで学んでいた2007年、二人はニューヨークのアッパーウエストサイドにあるドミニカ料理のレストランで一緒にランチを食べながら、ベターメントの行く手を阻むいやらしい規制問題を何とかするための大まかな計画について話し合った。

2008年、ジョンの恋人（現在は妻でグラフィックデザイナー）を含む少人数のチームは、資金集めとプラットフォーム公開に向けて励んでいた。2009年に免許を取得し会社を設立すると、2010年にテッククランチのイベントを通じてベターメントを発表したが、大物投資家クリス・サッカ（人気テレビ番組『シャークタンク』で有名）から非常に痛烈な批判を浴びせられる。いわく、「ちょっとシンプルすぎないか？　みんなからあまり信用してもらえないよ。少し戸惑うくらいのほうが信憑性があるんだ。これじゃオモチャみたいな感じがするよ」。

いまやそのオモチャは100億ドルを超える運用資産（AuM：Assets under Management）を

管理しており、ベターメントの年間成長率は約106％と推定されている。ただし、規模が大きくなるにつれて減速してはいるようだ（わずか3年前にはおよそ300％だった）。スタインによれば目標は運用資産1兆ドルで、その野望の実現に向けてさらなる成長をめざすことになる。しかし、このゴールに到達するには、投資行動の大きな変化が必要になるだろう。

私たちは今、個人投資における転換点を迎えている。これまでは、個人が投資で成功するには「**アドバイス**」と「**金融リテラシー**」の両方が必要だと考えられてきたが、ここに問題が生じている。というのも、ミレニアル世代の金融リテラシーは彼ら以前の世代よりかなり低いことがデータからわかっているからだ（注11）。2015年にバンク・オブ・アメリカUSトラストが実施した調査によると、18歳から34歳までの億万長者のうち、金融アドバイザーを利用していた人はわずか47％だった（注12）。億万長者でないミレニアル世代では、この割合はもっと低くなる。

この先ミレニアル世代が投資に必要なリテラシーを身につけ、生身のアドバイザーを求めるようになると考えるのにはかなり無理がある。投資スキルと投資行動の間にあるギャップは、スタッシュ、ディジット、エイコーンズといった自動投資ツールの登場、そしてロボアドバイザーツールの進歩によって埋まっていくと見るほうが自然だろう。

私は本章のためのリサーチを行うなかで、人間のアドバイザーとロボファンドそれぞれのポートフォリオ運用益の比較を試みた。かつて私がプライベートバンカーや資産アドバイザーと一緒に検討していた頃は、モデレート（並）リスクのポートフォリオの場合、投資ホライズン（投資期間）を長期とすると、年10～12％のリターンは確実に見込めると見ていた。たいていは株式と利付債券という組合せだ。

現在ロボアドバイザーは、まさにその範囲の期待利益を上げている。『バロンズ』が2016年に1年間にわたってロボアドバイザーに関して行った調査によれば、好成績のロボアドバイザーの年間利益は11～12％だった（注13）。この値はS&P 500指数の1973年から2016年にかけての年換算利回り（11・69％）とも合致している（注14）。BIインテリジェンスの予測では、ロボアドバイザーは2020年までに管理資産で約1兆ドル、2022年までに約4・6兆ドルを運用するようになるという（注15）。この流れでいくと、2030年までにはロボアドバイザーがマスマーケット向け投資業界を支配することが予想される。

次に、ポートフォリオのパフォーマンスで見ると、ロボアドバイザーと人間ベースの資産管理会社との差は無視できるレベルだ。もっと高リスクなポートフォリオを組むつもりがあるか、あるいはより多額の資金を多様なプールや金融商品に投資するのであれば、人間チームのほうが好成績を収めるかもしれない。しかし、このような結果を出せる会社やアドバイザーが一般的に設定している最低投資額は、99％の人にとって手の届かない金額だ。そんなわけで、ロボアドバイスが『プレミア』バンキングの登場以降最も優れた富裕層向け資産管理ツールのひとつと見られるようになると考えるのは、全くもって妥当だろう。利用しやすく、自動で働き、フリクションがないポートフォリオ管理ツールだ（**図7－4**）。

このトレンドの盛り上がりを受けて、中国のＩＣＢＣ（中国工商銀行）は、ＡＩとロボアドバイスに多額の投資を行った。ＩＣＢＣのロボアドバイザーツールでは、使い始める前に従来のようなリスク・プロファイルのアンケートに回答する必要がない。このツールはあなたの投資スタイルを徐々に学んでいき、あなたのレベルやリスク許容度、期待するリターンに最適な投資をするにはどうすべきかを教えてくれる。

ＩＣＢＣの「ＡＩ投」は、資産管理にかかわるケイパビリティが発達するなかで、間違いなく基本的なケイパビリティになるであろうものを象徴している。こうしたケイパビリティは、基本的な投資や資産管理に付随する『リスク』に関する法律やコンプライアンスの要件を根本から変えてしまうだろう。過去3年間、私は香港にある取引銀行のＨＳＢＣで年に一度『リスク』の見直しをしたが、彼らは必ず電話を使って会話を録音し、私がリスク条件を承諾したという音声記録が残るようにした。この見直し（通常だと

図7-4 ● AI投やロボ投資を含むICBCの商品ライン

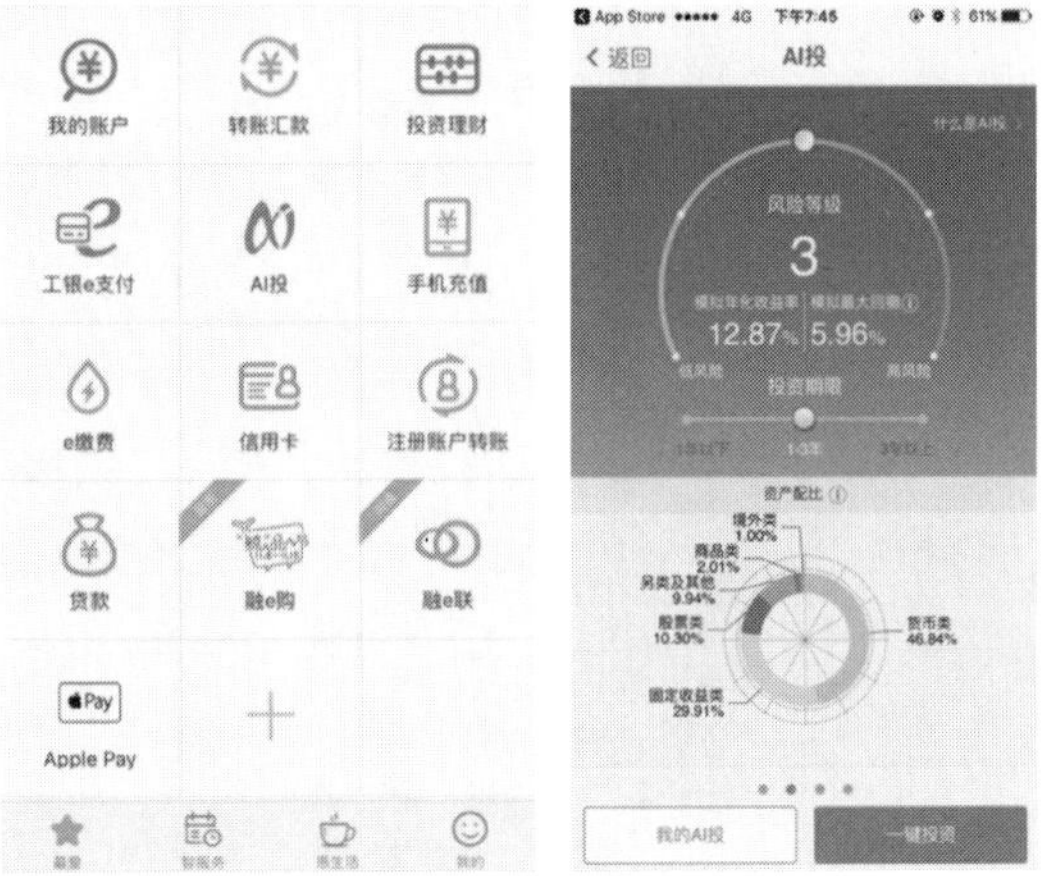

およそ1時間かかる）をするときはいつも、少なくとも75％の時間がコンプライアンス関連に費やされる。すべて規制や法律を守るためだ。

希望する投資ホライズンに合ったリスク許容度の管理やポートフォリオの最適化をＡＩが行うようになれば、金融サービス機構（ＦＳＡ）や証券取引委員会（ＳＥＣ）などが定める、紙への署名やリスク許容度アンケートに対する正式な回答を合法的に録音する電話システムを伴う規制関連の手続きは、急速に廃れるだろう。人間のアドバイザーはいかにも鈍くて無骨でフリクションだらけに見えるだろう。ロボアドバイスは急速に体験や資産管理パフォーマンスのベンチマークとなり、規制当局も適応せざるを得なくなる。

まだロボアドバイス全般に対する疑いを拭えない人は、単純な人間対マシンの構造にあてはめてしまわずに、一歩引いてテクノロジーの観点からＡＩベースのアドバイスがどんなところにフィットするのか考えてみるといいだろう。

## 銀行よりスマートな銀行口座

アップルのシリやグーグル・ホーム、アマゾンのアレクサといったテクノロジーが今後5年間で成熟し、靴下（注16）だけでなくピザの注文も、ウーバーや飛行機、レストランや診察の予約もできるようになったと想像してみよう。商業取引がテクノロジーにシームレスに統合されたなら、次に取り組むべき領域は当然、日々のおカネのやり取りと金融アドバイスの分野だ。

これがSFのように聞こえるとしたら、大ショックに直面することになるだろう。ドットコム・ブーム（またはバブル）の頃、テクノロジー系でないメディアは、eコマースが小売業に与える影響について極端に懐疑的だった。今ではオンラインショッピングが品揃えで優位に立ち、多くの小売カテゴリーで売上の50％以上がウェブまたはモバイルの影響を受けているか、モバイル／ウェブ経由になっている（注17）。２０１７年のクリスマスには、総売上のほぼ40％がオンライン経由になるという予測が出され（注18）、なかでもアマゾンが最大の割合を占めていた。こうした消費者行動の変化は小売業者に大きな打撃を与え、２０１７年は米国だけでも７０００店もの店が閉店した（２０１６年から３００％の増加）。英国では２０１７年に５０００店以上が閉店すると予想されたが、実はこれでもそれ以前の年に比べれば減少している。

中国などの市場ではいまや、モバイルコマースが幅広いセグメントにおける日常的なリテール行動の大半を占めており、中国では現在eコマースの75％がモバイルで行われている（注19）。中流層の増加と並行して、こうしたモバイル利用への偏りのせいで、小売店舗は中国の経済成長から期待されるほどには増加していない。大きな成長が実店舗ではなくオンラインポータルに集中しているのは明らかで、実店舗の衰退は一目瞭然だ（注20）。

近い将来には、自宅やスマートフォンのスマートアシスタントに話しかけて日常の買い物を済ませることがますます増えるだろう。音声アシスタントによる買い物を活用しているミレニアル世代はすでに40％で、２０２０年には50％を超えると予想されている（注21）。

　では、銀行はなぜこうしたモバイルや音声による商業活動のトレンドに注目しなければならないのか？　東京やニューヨーク、ロンドンといった先進国の都心に住んでいれば、テイクアウト・ディナーの配達を頼むときにアプリを使うことも多いだろう。口座残高の確認を求められたら、同じやり方をする可能性が高いのではないだろうか。現在、先進経済圏に住む人の50％以上が、銀行が提供するチャネルのなかからモバイルを選んで口座残高の確認をしている。20年前にはATMかテレフォンバンキングが大半を占めていた。10年後には音声ベースかエージェントベースのコマースエンジンが支配的になっているだろう（**図7－5**）（注22）。

　消費者「アレクサ、私の口座残高はど

**図7－5 ● スマートスピーカーの日常的な使われ方**

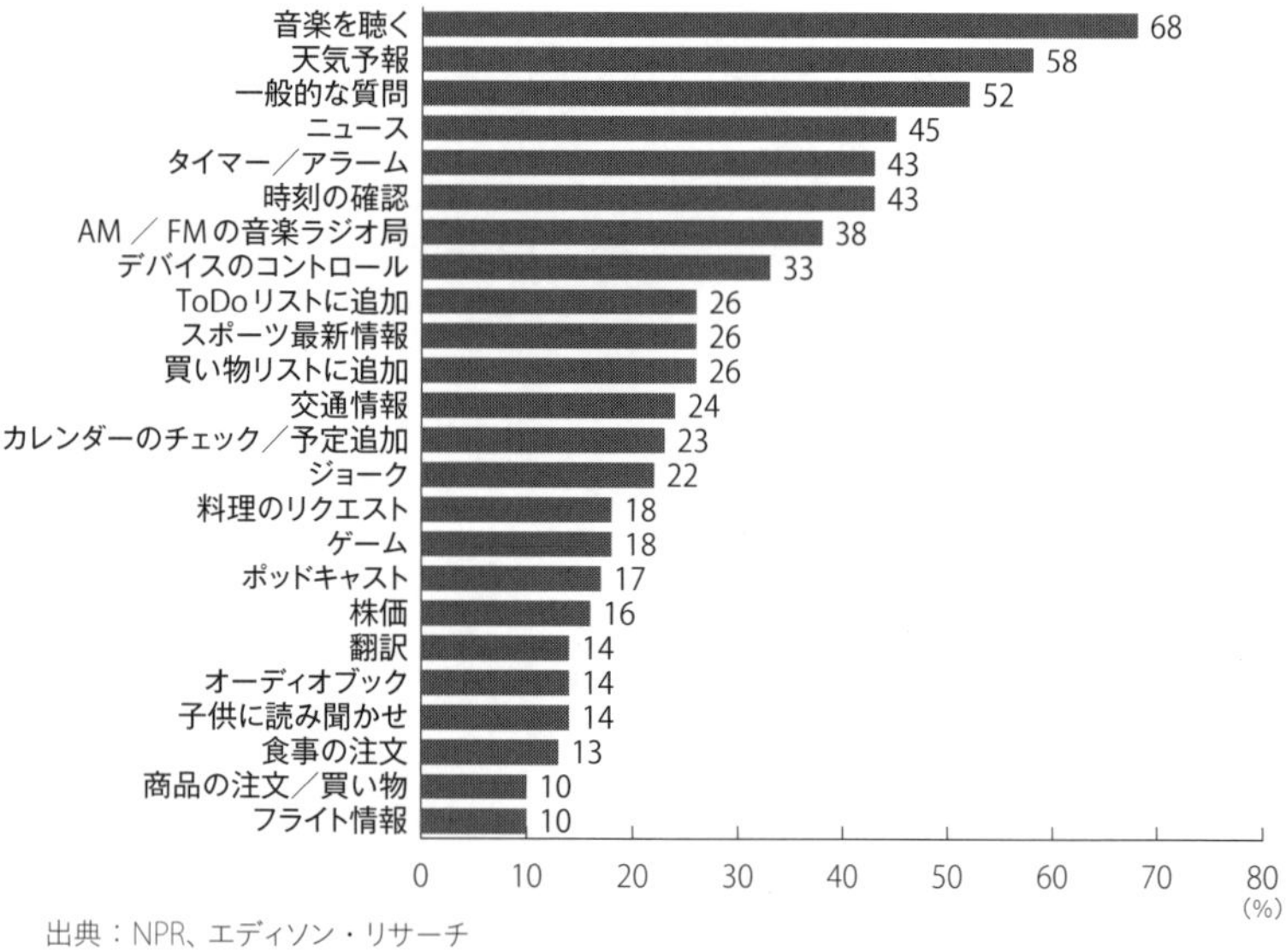


出典：NPR、エディソン・リサーチ

うなってる？」
消費者「シリ、給料はもう口座に振り込まれた？」
消費者「OKグーグル、2時間後に出たらオフィスに着くまでどのくらいかかる？」

こうした動きに対して、銀行の装備にまたチャネルが1つ加わるだけと片付けてしまうのは間違いだ。なぜならこの動きは、銀行口座に限らず、人間とテクノロジーとの日常的関係性の定義を現実に変え始めているからだ。音声技術は、自分や自分のおカネに関する毎日のアドバイスの基盤になる可能性を秘めており、テクノロジーが実現するさまざまな基本的機能にアクセスする手段になっていくだろう。コムスコアは2020年までに検索の50%が音声検索になるとしているが、明らかにコマースも同じ道をたどっている。検索の先にある会話型コマースは、ただ質問を投げるだけのものではない。そこには対話が生じるのだ。

グーグルやシリ、アレクサを使って銀行に質問する機会はこれからますます増えていくだろう。外食する余裕はあるかな？　今のペースで貯金すると、家の頭金を払ったり、欲しい車に買い替えたりできるのはいつ頃になりそう？（まだプラスチックのカードを使っていればだが）クレジットカードの借金を全額返済するには何をしたらいい？　求めよ、さらば答えられん。音声は自然言語と検索とAIを組合せて、支店やウェブチャネルよりはるかに早くこうした質問に対する回答を与えてくれる。その主な理由は、これまでの章で触れたように、音声はこうした問題を解決する存在としての銀行の有用性を際立たせる一方、チャネルを通じて何かの商品をダウンロードさせようとしたりはしないからだ。

アレクサのようなスマートアシスタントの性能の進化は、率直に言って驚異的だ。

今のペースで伸び続けた場合、アレクサのスキル数は２０１８年９月までに約３００万、同年末前には１０００万に達する。このような成長がいつまでも続かないことは明らかだとしても、ケイパビリティの面でこのテクノロジーが持つ膨大なポテンシャルを示しているとは言えるだろう。この成長ぶりは、アプリストアにおける過去10年のアプリ数の伸びに酷似している（最近はアプリストアの伸びを上回っているが）。

ケイパビリティはスキルのはるか先まで進み、人間に話しかけられた内容を理

**図7−6 ● アマゾン・アレクサのスキル数の伸び**

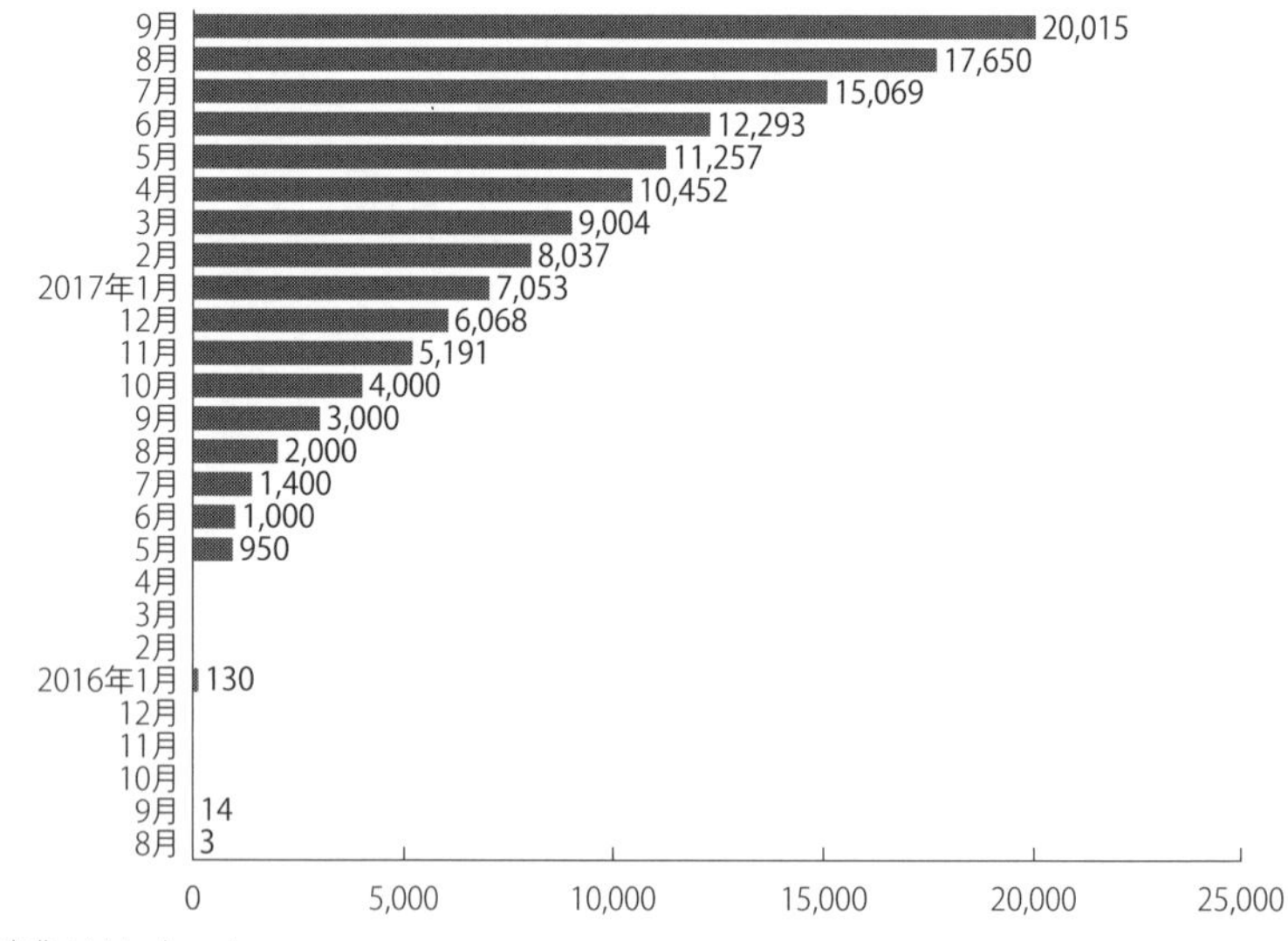


出典：Voicebot.ai

解したり、人間と変わらない会話をしたりできるようになる（**図7-6、図7-7**）。

こうしたことはすべて、疑う余地のないひとつのトレンドを生み出す。スマートアシスタントによる対話型コマースのケイパビリティの進歩はすさまじく、私たちのコンピューティングテクノロジーの活用方法に与える影響の大きさという意味では、2000年当時にインターネットが持っていたポテンシャルを上回っている。フリクションがなく対話型というこのテクノロジーの性質は、各種サービスプロバイダに対し、音声ベースのテクノロジー経由でサービスを提供しなければならない世界への適応を強いることになる（**図7-8**）。

音声にはシームレス性があるために、私たちはフリクションがなく思わず引き

**図7-7 ● グーグルの音声認識と人間の正確性比較**

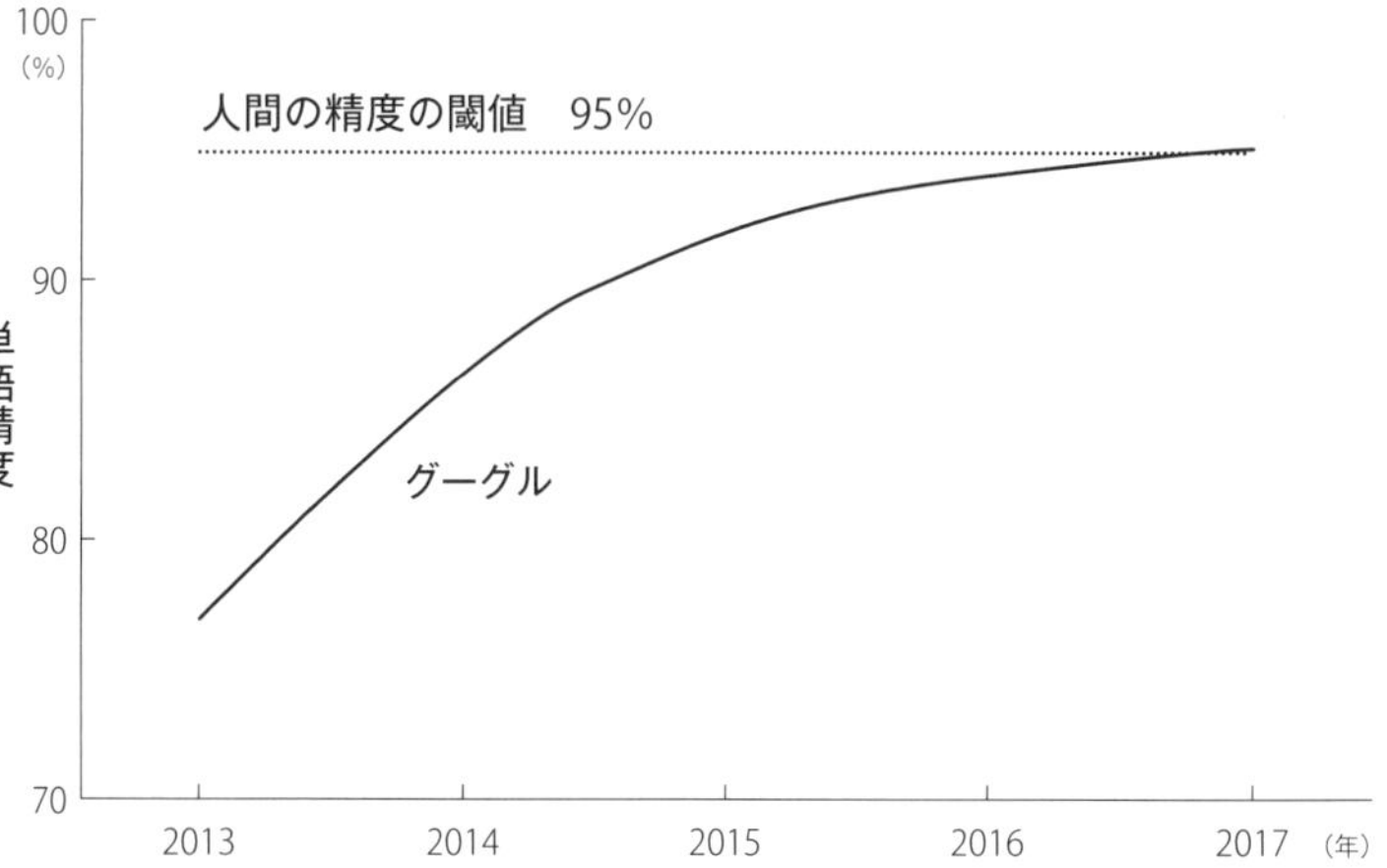


出典：グーグル

込まれるような体験をつくり出さざるをえない。そこでは、アドバイスと利用機能が融合する。「オープンバンキング」への動きによって、グーグル、アップル、アマゾンは、データを音声アシスタントに取り込むという驚異的な力を手にすることになる。今後10年以内に、オープンバンキングは当初から組み込みのサービスとなり、別途銀行アプリを入れる必要さえなくなるだろう。

アレクサ：「今すぐ新車を買う余裕はありませんが、今日ウーバーのドライバーに登録すれば、今後2年間のリース費用の半額をカバーできます。1週間に最低4時間ドライバーとして働くという条件に合意するだけです。興味はありますか？」

シリ：「今日はクレジットカードの支

**図7-8 ● 今後5～10年間にパーソナルAIの影響を受けるさまざまな分野**

**個人生活**
- 自宅
- 人付き合いとその統合
- エージェント（娯楽）
- 教育
- 健康／医療
- フィットネス
- 音楽
- エンターテイメント
- ニュース
- ソーシャルメディア
- デート

**職業**
- エージェント（パーソナルアシスタント）
- エージェント（仕事）
- ニュース
- 調査
- ソーシャルメディア

**ショッピング／コマース**
- エージェント（コマース）
- レコメンデーション

**サービス**
- 旅行

**IoT／テクノロジー**
- ロボットインターフェース
- IoT管理
- スマートホームマネジメント

払いが多すぎます。月々230ドルを節約できるローンのオプションがあって、あなたのアップルペイのウォレットに自動でリンクできます。ご覧になりたいですか?」

音声に導かれた顧客は、日常的な資金管理のソリューションを自分で探すよりも、AIアシスタントが勧めてくれるソリューションを信頼するようになっていく。それは、私たちが現在ウィキペディアやグーグルの検索結果を信頼しているようなものだろう。音声経由でも「売り込み」はあるものの、コンテキストや行動を踏まえている音声インターフェースは、今の銀行との関係にはそぐわないか、あるいは銀行が提供するプロダクトでは対応できないような、新たな資金管理の方向性を見せてくれるかもしれない。たとえばコンテキストだけをとっても、音声ベースの信用限度引き上げ機能を提供していない銀行が新しいクレジットカードをオファーしたとしても、同じことを音声で行える銀行に負けることになるだろう。

シリ:「手続きが完了しました。限度額を730ドル引き上げて、この四半期の息子さんの授業料を全額払えるようにしました。毎月あなたの口座から引き落とされますが、私に残金の全額一括払いを指示していただくこともできます。追加の返済ができるだけの資金の余裕があるときにお知らせすることもできますが、そうされたいですか?」

率直に言って、音声やモバイルでアクセスできるデジタル銀行口座を検討して、顧客に日々のアクセスとアドバイスを提供するメインのチャネルにしようとしない銀行は、インターネットやモバイルアプリが初めて登場したときと同じように不意打ちを食らうことになるだろう。ただし今回のほうがリスクははるかに大きい。商品から経験へのシフトの結果、既存チャネルのミドルウェアや銀行のコアなシステムアーキテクチャーに音声機能を組み込んだだけの改良ではすぐに通用しなくなるからだ。

## 音声と対話型AIに必要なものは？　とりあえずデータだ

銀行にとってもっと大きな問題は、アリババ／タオバオ、テンセント、アップル、アマゾン、バイドゥ、グーグル、その他決済ゲートウェイを組み込んでいるプラットフォームのほうが、銀行よりも顧客についてよく知っている場合が少なくないことだ。北京のカーディーラーが上海に出張して銀行のデビットカードを使えば、銀行はそのディーラーが乗った航空会社、ひいきにしているホテルやレストランがわかる。一方、アリペイやテンセントのウィーチャットのようなモバイルスーパーウォレットを使われたら、銀行はその出張について何も知ることはなく、データ貧者になってしまう。

**「顧客との『接点（インターフェース）』が他のところにあったら、銀行はトランザクションを全く見ることができない」と語るのは、アーンスト・アンド・ヤングのアジア太平洋フィンテック部長であるジェームズ・ロイド。「好ましい状況ではない」**

――「キャッシュレス社会がやって来た――中国だけに」『ウォールストリートジャーナル』２０１８年1月

顧客インターフェースとして音声を使えば、資金関連の行動データ、店舗データ、位置データがどんどん蓄積されていく。こうしたデータは銀行のエコシステム外の、音声または集約型テクノロジープラットフォーム（モバイル、ARメガネなど）のなかにある。銀行が顧客のニーズに応えるためにはリアルタイムの行動を捕捉したデータが必要だが、アレクサやグーグル、シリは、融資枠を求めるAPIリクエストに至った経緯についてはシェアせず、リクエストの事実だけをシェアするかもしれない。

現在、音声技術スタックで特に重要な要素は3つある。核となるOSとサービス層は、自然言語の処理、検索、天気予報、時刻、基本的な問い合わせなどへの対応、インストール済みスキルの起動などを行う。アレクサのプラットフォーム上にはスキルやアプリが待機する。最後に、スマートセンサーやホームオートメーションなど、プラットフォームの拡張機能にアクセスするためのAPIがある。

何よりも第一に、銀行はクラウドを使いこなせるようになる必要がある。プライベートクラウドをアレクサやシリのような音声サービスに接続することもできるが、それがアマゾン自体のアーキテクチャー上にあれば、アレクサやシリはさらに高速に動く。そもそもそのように作られているからだ。現実的にも、アマゾンのクラウドはほぼ例外なく銀行が内製したオンプレミスのアーキテクチャーより高速かつセキュアだろう（注23）。

第二に必要なのが、音声レイヤー全体からクエリー（照会）を受け付け可能なデータプールだ。このデータプールを作るには、かつて360度の顧客ビューと呼ばれていた、部門間をまたいだデータ統合が求められる。しかしここで特に重要なのは、音声イベントのきっかけとなる自然言語クエリーや顧客行動の予測だ。

第三に、銀行は、データとテクノロジーに関する幅広いパートナーシップが必要となるだろう。そのことが、自行の金融サービスのケイパビリティを、現実世界のリアルタイムのシナリオによりうまく統合することにつながり、シナリオ中で容易に価値を付加できるようになる。

最後に、銀行には音声ベースおよび行動ベースのデザインチームが必要だ。音声サービスのような機能が日常的にどのように使われているか、テクノロジーが人々の生活のどういった部分にフィットするかを熟知するチームである。これは銀行にとっては全く新しいスキルセットになる。自社が提供する投資商品のひとつを顧客を装って調査したり、人口統計やサイコグラフィックに基づいてクレジットカードをオファーするのとはわけが違う。デザインの中核能力となるのは、行動ゲーミフィケーション（訳注・ゲーム的な思考や要素をゲーム以外の領域で活用すること）や経済学、心理学である。音声の世界では、あなたは経験型ソリューションのプロバイダーだ。銀行の既存商品を新しいチャネルで売り込もうとしてはいけない。そうすると失敗してしまう！

音声を銀行のビジネスツールとして機能させるための唯一の方法は、銀行の声を顧客に届かせる拡張装置としてアレクサを受け入れることだ。ただし、対話的な方法でなければ意味がない。必要とされてもいない商品を売り込んだりしたら、銀行は音声チャネルを失うことになる。なぜなら、私だったらそんなサービスは、ティンダー（出会い系アプリ）で知り合ったタチの悪い相手より早くブロックするからだ。音声経由だろうとモバイル経由だろうと拡張現実のヘッドアップディスプレイ（スマートグラス、2022〜2025年頃）経由だろうと、カギとなるのは顧客のニーズを予測し、フリクションを感じさせずに対応するスキルである。

## 自動化の攻撃を最初に受ける分野

**「ドイツ銀行にはロボットのように働く人たちがいます。将来的には人間のように振る舞うロボットがいるようになるでしょう。われわれ銀行がこうした変化に加わるかどうかにかかわらず、変化は起こっています……（中略）銀行業界にとっては悲しい現実だが、今ほど多くの人材は必要なくなるでしょう」**

――ジョン・クライアン、ドイツ銀行CEO、2017年9月

消費者トレンドが音声ベースのスマートアシスタントのようなテクノロジーの普及を後押ししているのは確かだが、総合的な見地からすると、金融機関にAIを導入させようとする市場圧力にはさまざまなものがある（**表7－1**）。

表7-1 ● バンキングにおけるAIのコンピテンシーと導入ドライバー

| 分野 | AIコンピテンシー／分類 | 導入ドライバー |
|---|---|---|
| 規制遵守 | 機械学習／ディープラーニング | 規制、コスト |
| 技術改良 | 多様な分野 | サプライサイドからの圧力／節約 |
| インフラ発展 | 認知、機械学習 | 競争力（フィンテック）、経済性 |
| マーケティング／センチメント／ブランド | 自然言語処理、機械学習 | 競争力、応答性 |
| オンボーディング／顧客獲得 | 自然言語処理、機械学習 | 経済性 |
| 取引シグナル | 機械学習 | 経済性 |
| AML ／ KYC ／不正行為対策 | 機械学習 | 規制、経済性 |
| クレジットスコア／リスク評価 | 機械学習／ディープラーニング | 経済性、行動 |
| 値付け／引受業務 | 機械学習 | 経済性、収益性 |
| ポートフォリオ管理 | 機械学習 | パフォーマンス、生産性、一貫性 |
| バックオフィス最適化 | 認知、ディープラーニング | 経済性、需要側 |
| 調達 | 機械学習、認知 | 生産性、経済性 |
| アルゴリズム取引 | 機械学習 | 競争力 |
| データ分析／パーソナライゼーション | データモデリング、ディープラーニング | 競争力、サプライサイド |

供給面、需要面、競争力、法律、経済性のどれに関するものであれ、今後10年は、収益性や業務のベストプラクティス化のためにAI投資を行うようプレッシャーがかかり続けるだろう。AI導入を促す主なメリットは、大まかに言えば以下の4点だ。

①新たなビジネスチャンスの特定
②反復的なタスクの自動化
③従業員の生産性改善
④同業者に対する競争力の維持

影響が及ぶ範囲は広大だが、当初はIT、財務／会計、顧客体験／エンゲージメント、フルフィルメント部門が中心になるだろう（**図7-9**）。

過去20年にわたって規制当局や消費者対応テクノロジーの圧力が金融サービスにのしかかるなかで、テクノロジーを中

**図7-9 ● AIが2020年までに競争力の面で影響を与える金融サービス**

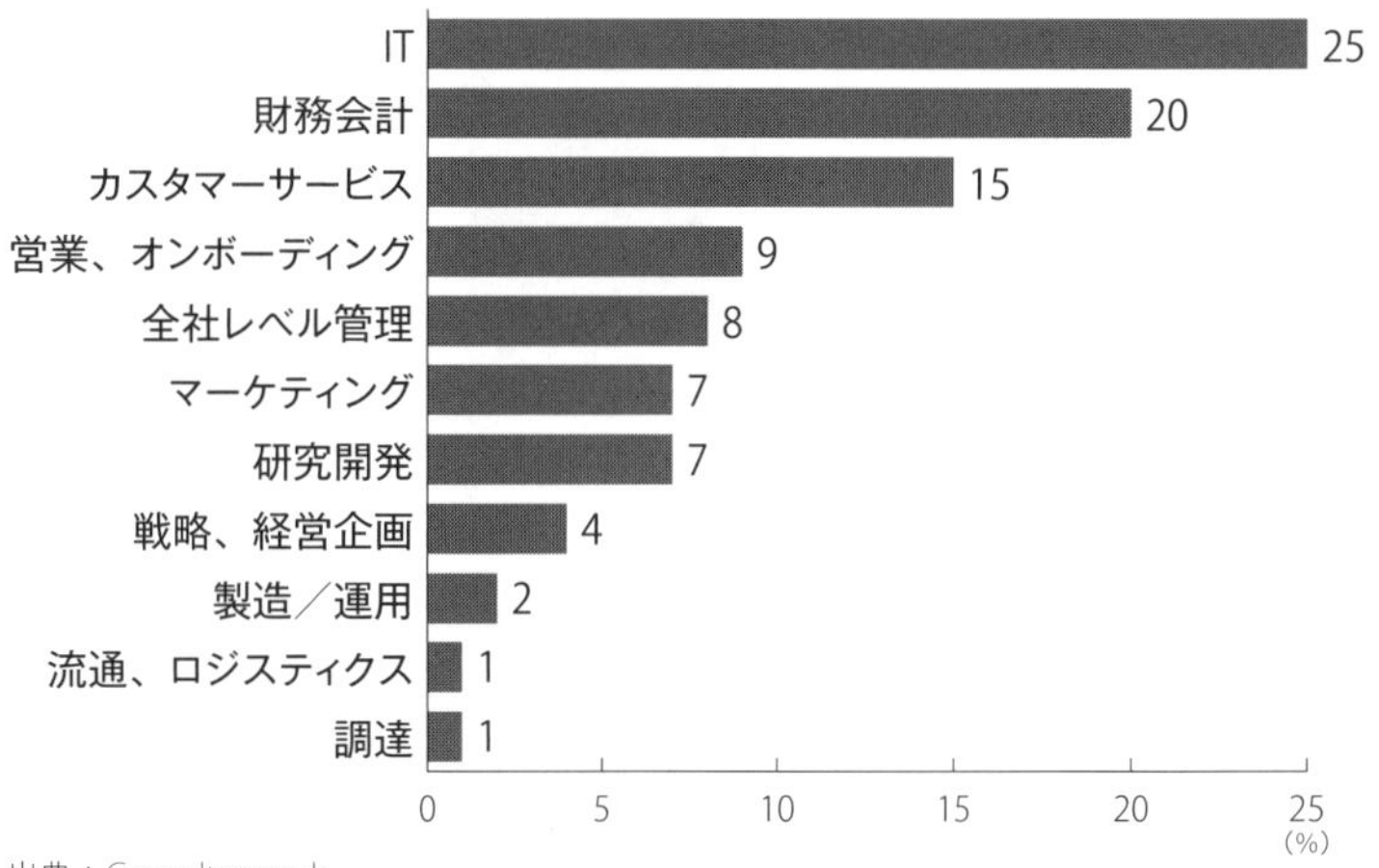


出典：Consultancy.uk

核能力とすることを明確な目的にしようという動きが見られる。人工知能は、収益性を高めるためにテクノロジーに頼ろうとするトレンドを加速させている。それは資産管理、限界利子率等々の企業が有する手段にわたるものだ。次章で述べるが、ほぼ政府に近いか規制上の保護に基づいて経営上の優位性を保っていた銀行は、私たちが普遍的なバンキングモデルから離れていくにつれて、バンキングサービスのデリバリーをテクノロジーが支配する戦場にもろに曝されることになる。

これらのテクノロジーが実用化されてくるにつれ、固定費を下げ、迅速にサービスを提供することが急務になる。既存銀行は基本的に、アント・フィナンシャルのような企業やネオチャレンジャーバンクとますます激しく競争せざるを得なくなるだろう。これら企業は顧客獲得やサービス提供をすでに自動化しているため、既存銀行と経済性が全く異なるからだ。２０２５年までには、支店ネットワークを持ち続けている銀行は（あるいは現場の代理店をキープしている保険会社や資産管理会社は）、経済性の低い不動産の保有をどう説明するのかを株式市場から常に問われるようになるだろう。他のデジタルな競争相手のほうが迅速に規模を拡大し、高いクロスセル率やアップセル率を誇り、固定費が少ないため利益率も高いからだ。銀行や金融機関のコア業務に対する概念をＡＩが大きく変えていくなかで、銀行が既存のディストリビューションシステムを守ることはさらに困難になるだろう。

ＡＩの影響が短期的により強く表れるのが顧客獲得やカスタマーリレーションシップ分野であってバックオフィス向けソリューションではない理由は、音声のようなチャネルの仕組みだからというだけではない。つまるところ、オンボーディングやリレーションシップ分野では、テクノロジーが単なる正規職員の置き換えを超える多大なメリットをもたらすからだ。

たとえば、オンボーディングのプロセスを自動化すれば、正規職員が不要になって導入1年目でもとが取れる。すなわち、2年目にはもう投資による経済的メリットを享受できる。その上、ロボ処理によるオンボーディングなら週末も祝日もなく24時間365日（注24）の顧客対応が可能だから、口座開設に要する時間は人手を介する手続きのおおむね3分の1以下で、大量処理に耐え拡張性もあり、はっきり言ってミスも少ないだろう。正規職員の直接的なメリットはたしかにあるが、顧客向けサービスが改善されリスクが減ることのほうが、より反論し難いメリットと言えよう。

残る議論はただひとつ。**顧客が人間と話したがる場合はどうするか？　ということだ。**

## バンキングにおける人間の役割の再定義

IVR（訳注・Interactive Voice Response：双方向音声応答）システムが導入されてから数十年、「私は人間と話したいんだ！」という声を聞いたことがあるだろう。コールセンターの運営をインドなどのオフショアセンターに外部委託すると、お客様相談窓口の担当者の発音が変だとか、地元特有の知識を持っていないといった批判の事例を耳にすることになる。このように、長年にわたって、電話の向こうにいるのがその土地に住む生身の人間であることは、競争における差別化要因になると考えられてきた。この原則はサービスとアドバイスの両面にかかわっている。電話する側は、話し方がぎこちないＩＶＲに回りくどい案内をされるより人間相手のほうがいい対応をしてくれるはず、地元特有の知識を持っている人間のほうがよいアドバイスをしてくれるはずと期待するからだ。

実際には、ざっくり言ってしまえば、金融アドバイスや保険セールス、そして金融サービスの最前線で顧客サービスの土台となってきたのは、情報の非対称性だ。契約理論や経済学における情報の非対称性の研究は、一方が他方よりも大量もしくは優良な情報を持っている状況下での取引における意思決定に関するものだ。これまでは、不動産を買うためにローンを組みたい場合やマーケットに投資したい場合、あるいはどのクレジットカードに申し込むのが最適か知りたい場合に、こうした商品やサービスについて顧客が知りうる以上のことを知る人間の担当者が銀行にいた。にもかかわらず、純粋に情報的な観点から見れば、情報の非対称性を良いことに、紹介される商品はその銀行のものに著しく偏っていた。

この30～40年間は、銀行の支店で得られるアドバイスは、どうすれば家を買えるか、どのように投資すべきかに対するアドバイスではないというのが実情だった。その銀行が住宅購入者向けにどんな商品を用意しているか、その銀行が提供するどの投資商品や投資クラスに資金投下するのがいいかという説明だったのである。特定の銀行の商品にしばられない真のアドバイスを得たければブローカーのところに行く必要があったが、ブローカーも紹介手数料をもらっているため、やはり公平なアドバイスは期待できない。マネー専門のコーチやその種のサービスを利用すれば資金管理に関する偏りのないアドバイスが得られるが、それには直接的な費用がかかる。しかし今、金融サービスに関するアドバイスを生業とする人々は、さらに大きな問題に直面している。30〜40年にわたって彼らの存在理由であった情報の非対称性が、AIの出現によって消滅しようとしているのだ。

すでに論じたように、自動運転車が公道を走行する機会が増えている。人間は今のところ、走行状況や障害物、路面標識などを分析し意思決定する能力のおかげで自動運転車と張り合っていられるが、こうした優位性は急速に失われている。

**より多くのデータと、処理や認知の高速化によって、最終消費者が受け取るアドバイスはより優れたものになる。**

センサーと自動車の「頭脳」(データ処理)が改良され、こと運転に関しては、自動運転車が常時人間を上回るパフォーマンスを見せるようになるまでそう長くはかからないだろう。現時点で予想されるのは、自動車死亡事故の減少、自動運転車に対する自動車保険料の割引などだが、もしかすると人間が運転していない車両に有利となるように道路の使用法が変更されることすらあるかもしれない。単純に考えて、自動運転車が人間より多くの情報を処理し、より速く意思決定できるようになるのに、そこまで時間がかかるはずがない。これは典型的な情報の非対称性だ。

金融サービスに話を戻しても、同じことがあてはまる。アルゴリズムやスマートアシスタントのようなAI顧客インターフェースには膨大な量のデータが集まるので、1人のアナリストやカスタマーサービス担当者が吸収できたらどんなにいいかと望むよりもはるかに多くのデータをじきに保持するようになる。機械学習のテクニック、そしてエラー修正機能の強化により、アルゴリズムやＡＩは、データを活用して顧客の生活に即したリアルタイムのアドバイスを提供する能力を急速に高めていく。ポートフォリオ管理や投資に関するアドバイスでも、日々のマネー・コーチングでも、クレジットカード選びの支援でも、アルゴリズムが持つ情報は人間のエージェントに対して非対称的である。特定サービスの生身のプロに比べて、アルゴリズムが持つデータはより良質かつ完全で、リアルタイムで利用可能だ。現状から判断すると、金融サービスのフロントエンドで「アドバイス」を担当している人たちは、長期的には自動運転車がトラック運転手に与えるのと同じ脅威に直面するだろう。言うまでもないが、ＡＩが提供するアドバイスには顧客ごとのばらつきがなく、金融アドバイザーとは違って個人的な知識（および先入観）にも依存しない。

新興のテクノロジーに基づいてこうしたシステムやマシンベースのインタラクションをデザインし、顧客の行動を理解し、新たな体験を生み出すことは、未来の金融機関にとって最重要の創造的スキルになる。こうした分野では、少なくともあと20年は人間が差別化要因になれるだろう。現時点では、そして短期的には、ＡＩは人間が行ってきたケイパビリティ（車を運転する、リスクを評価する、本人確認書類を人間と突き合わせる、メールを読む、取引を実行する等）の集合体だ。行動を観察し、問題を見極めてシステムや商品を再設計し、設計や処理におけるエラーを解消するといった機能からの飛躍がマシンに起こるまで、あと2〜3年はかかるだろう。ＡＩがデザイン要素にも影響を及ぼすことは確実だが、顧客と銀行との全体的なインターフェースには人間のクリエイティビティの占める部分が大きい。この部分は銀行が商品から経験へと移行する過程で大々的に変わることになるだろう。人材採用時の焦点は、バックオフィス関連のプロセスから、フロントオフィス向けのデザインへと移る。

もしかするとあなたは、自分は銀行内でリーダーの立場にあるからこういう話は関係ないと思っているかもしれないが、あなたが仕事でどのくらいAIを使いこなせるかが課題であるという点は同じだ。

## アルゴリズムの社員をどう率いるか

産業革命以降、教育システムやマネジメント構造は、製造プロセスと生産ラインを基礎として設計されてきた。指揮と統制、トップダウン、階層的組織図などは、大規模組織における伝統的なマネジメントアプローチを表すのによく使われる用語だ。人々は過去30〜40年間にわたってこうした環境下における効率向上に注力し、その結果プロセス最適化や各種指標が重視されてきた。主要業績評価指標（KPI）、原価計算方式、プロセスリエンジニアリング等は組織運営の中心部分を可能な限り効率化しようとするものであり、こうした構造のトップに時間をかけて上り詰めるのは、プロセスを強化しわずかな効率改善をどうにか達成することに長けた管理職だった。しかし、AIがプロセスを統制するようになれば、従来のマネジメント構造はそのほとんどが不要になる。効率を向上させたければアルゴリズムを微調整するかデータ入力を管理すればよく、360度のパフォーマンスレビューをする必要はない。

『ハーバード・ビジネス・レビュー（HBR）』が最近行った、この問題に関する信頼性の高い研究（注25）によると、この50年の間に、好奇心、外向性、情緒安定性といった性格的な特徴がますます決定的な意味を持つようになっており、その重要性は知性やIQの2倍だという。銀行や金融機関がテクノロジーの変化にうまく対処できるかどうかはもはや疑わしくなっている。

**「バンキングとテクノロジーの間に交差点のようなものがあるという考えは誤りです。徐々に浸透するプロセスを経て、そのふたつはひとつの同じものになります……（中略）私たちは、テクノロジーの進展が速すぎて、人間の力ではテクノロジーを使って何をすべきかを考えつけないところまで来ているのです」**

――キャシー・ベサント、バンク・オブ・アメリカ最高執行・技術責任者

AI時代に生き残るために必要なマネジメントスキルとは何か？　HBRはアジャイルなリーダーシップにおける4つの主要スキルをまとめているが、それらはかつてのバンキングの雇用条件とは大きく異なっている。

**・謙虚さ**

前進するために何が必要かわからない場合に、積極的に学び、知ろうとする姿勢。組織

外にも情報を求め、他者を信じて仕事をさせ、データサイエンティストや機械学習の専門家が自分には太刀打ちできない重大な貢献をする可能性があるのを理解していること。謙虚さはゴードン・ゲッコー（訳注・映画『ウォール街』に登場する尊大な投資家）時代のマネジャーにも、大銀行のリーダーにも見られない性質だ。しかし謙虚さがなければ、支店ベースのエンゲージメント、プラスチック製のカード、紙の小切手、保険エージェントといった時代遅れの戦略に、それらが銀行の未来にとって無意味になった後もずっと力を注ぐようなことになる。

**・適応力**

サイアム商業銀行は先日、デジタルを中心とする変革プランに適応できないスタッフやマネジャー向けの退職プランを発表した（注26）。AI組織では、素早く変化する能力と、主要なステークホルダーが持つ考え方や地位やエゴを弱める力がカギとなるだろう。マネジャーは「正しく」あろうとすることよりも学ぶことに集中しなければならない。取締役会に技術アドバイザーがいるだろうか？　競合相手のイニシアティブや、主要なテクノロジーの業界内での普及状況を把握できているだろうか？

**・先見力**（ビジョン）

先見力はAIが動力源となる銀行で特に前面に出るスキルだ。なぜなら、銀行業界は他の多くの業界に比べてレガシーと戦う機会が多いからだ。DBSのピユシュ、ビルバオ・

ビスカヤ・アルヘンタリア銀行（BBVA）のトレスとゴンザレス、アトム銀行のトンプソン、サイアム商業銀行のヴィシットとアーシド、オーストラリア・コモンウェルス銀行（CBA）の変革を指揮したハルテなどの強力なビジョナリーたちは、強烈な個性と優れた先見の明をもって組織を引っ張り、持続的なイノベーションプロセスを成し遂げた。彼らは他とは異なる言語で話し、ノーという返事を受け入れず、そして絶えず学んでいる。さらに優れたビジョナリーを挙げるなら、マスク、ベゾス、ジャック・マーたちだ。彼らのビジョンは短期的なものではない。50年かそれ以上のタイムフレームで思考し、長期的な変化のプラットフォームとして自社組織を利用しようとしている。リテールバンキング経験30年が売りものの銀行CEOの居場所は、この世界にはない。

**・エンゲージメント**（信頼に基づいて貢献し合う関係）

変化が常態化し、いつ何どきAIに仕事を奪われるかわからない時代に、チームの取組み意識を保つのは簡単なことではない。雑音も多いので、そうしたノイズをフィルターにかけ、成果を生み出すものにリソースを集中するための重要シグナルを聞き取れるかどうかが決定的な意味を持つ。AI時代のリーダーは、常時デジタルを活用してチームのかかわりを強める。

こうしたことは、近いうちに銀行におけるリーダーシップが劇的に変わることを意味しているのだろうか？　そうだとも、そうでないともいえる。先にバンク・オブ・アメリカのキャシー・ベサントの発言を引用したが、彼女が強調しているのは、バンキングとテクノロジーはいまや同義語であるということだ。リーダーが深いテクノロジー経験を有するテクノロジストではない銀行では、AIやテクノロジー全般がもたらす影響に抵抗する力が働き、必要不可欠となる次世代ケイパビリティの構築に悪影響が出るだろう。

バンク4・0の世界では、スマートな対人スキルはスマートなマシンのせいで影が薄くなる一方で、先に掲げたようなソフトスキルがますます重要になっていく。強いリーダーとは、ビジョンを持ち、急速な変化に適応し続けることができ、変化を恐れず、自分の知識や過去の実績にこだわらず、他者にビジョンの受け入れを促すことができるリーダーだ。しかし何よりも、今日の銀行のリーダーに必要なのは、何もかもを内製しようとする銀行は業界のリーダーではいられなくなるという認識だ。テクノロジーによって勝者と敗者が絶えず分かれる世界では、自ら迅速にテクノロジーに対応することができない銀行は、新たに登場するプラットフォームの最先端プレーヤーと絶えず連携していく必要があるのだ。

---

注1：https://en.wikipedia.org/wiki/Three_Laws_of_Robotics 参照。
注2：『AIに多額の投資を行っている10企業』——USニュース、2018年3月19日、https://money.usnews.com/investing/slideshows/artificial-intelligence-stocks-10-companies-betting-on-ai
注3：出典＝SCMP

注4：ＡＩが社会と雇用に与える影響についてのより深い論考については、拙書『拡張の世紀（Augmented：Life in the Smart Lane）』をお読みいただきたい。

注5：これらはいずれも現時点では汎用人工知能（ＡＧＩ）とはいえないが、その種のＡＩの基礎となる要素であるという点に注意。

注6：https://www.ibm.com/developerworks/library/cc-beginner-guide-machine-learning-ai-cognitive/index.html 参照。

注7：http://www.bankofengland.co.uk/publications/Pages/speeches/2015/864.aspx

注8：出典＝http://www.oxfordmartin.ox.ac.uk/downloads/academic/The_Future_of_Employment.pdf

注9：調査によると、オーストラリア税関国境警備局員は、対面式認証で偽造ＩＤを７回に１回見落とした。http://theconversation.com/passport-staff-miss-one-in-seven-fake-id-checks-30606

注10：出典＝チャイナ・デイリー紙（ワシントン・ポスト紙２０１８年１月７日号『中国の監視の目』も参照）

注11：出典＝ＰｗＣレポート『ミレニアルズと金融リテラシー――パーソナル・ファイナンスの闘い』

注12：出典＝インベストメントニュース――『金融アドバイスを断る富裕ミレニアルズ』２０１５年５月

注13：シュワブのインテリジェント・ポートフォリオが僅差でトップの成績を収めている。インテリジェント・ポートフォリオは11・94％でベターメント（11・68％）、Ｅ*トレード（11・60％）、シグフィグ（11・41％）、バンガードＰＡＳ（10・92％）を上回った。

注14：出典＝Ｓ＆Ｐ ５００。しかし、インフレ調整後のリターンは年ベースで７％程度である点に注意。

注15：出典＝ビジネス・インサイダー・インテリジェンス『ロボアドバイジングの進化レポート』２０１７年

注16：参考に俳優アレック・ボールドウィンがアレクサで靴下を注文している広告をチェックしてみてほしい。

注17：https://www.bigcommerce.com/blog/ecommerce-trends/ 参照。
注18：出典＝ネットエリクサー（NetElixir）
注19：出典＝ｅマーケター（eMarketer）――https://www.emarketer.com/Article/New-eMarketer-Forecast-Sees-Mobile-Driving-retail-Ecommerce-China/1016105
注20：『加速する中国経済のディスラプション』フォーチュン、２０１７年6月26日（Paul Liu, Xuemei Bennink Bai, Jason Jia, Eva Wang）参照。
注21：出典＝https://www.forbes.com/sites/tompopomaronis/2017/12/15/e-commerce-in-2018-heres-what-the-experts-are-predicting/
注22：エージェントベースとは、買い物をボイスアシスタントやパーソナルＡＩに代行させることを指す。
注23：『従来のＩＴシステムよりセキュアなクラウド――そしてその理由』テックターゲット、２０１４年1月
注24：あるいは、あなたがこういうことにこだわる人なら、24時間×３６５日。
注25：『ＡＩによる意思決定の増加で変わるリーダーシップの性質』参照、ハーバード・ビジネス・レビュー、２０１８年1月
注26：出典＝バンコク・ポスト紙――『ＳＣＢが非アダプタに退職プランを提案』https://www.bangkokpost.com/business/news/1405254/scb

CHAPTER 8

# 普遍的な顧客経験

THE UNIVERSAL EXPERIENCE

**「ユニバーサルバンキングについての私たちの理解は誤っていた。1つの銀行内に多数の機能を融合させることのコスト効率性はほとんどない」**
——ジョン・リード、シティバンク前会長・CEO

個人の金融生活は、かなりの程度予測可能なパターンをたどると考えられている。少なくとも先進世界ではそうだ。学校に入るとまず始めるのは、基本的な学生預金口座だ。学校の実地見学や遠足で銀行を訪れることもあるかもしれない。そして高校を卒業してパートタイムの仕事に就く。大学やカレッジに進学するなら、学生ローンを借りるかもしれない（教育を資本主義の演習にしてしまうような原始的な国にいればだが）。大学に行かない場合は、初めてのフルタイムの仕事に就く可能性が高い（複数のパートタイム仕事かもしれない）。初めてクルマを手に入れるのに自動車ローンを借りる。そして結婚して最初の家の入手を考え、その何年か後にはクレジットカード、生命保険、所得保障、投資資産としての2件目の住宅ローンを借りて……そしてリタイアを考え始める。

これが、ユニバーサルバンカーにとって完璧な顧客プロファイルだ。育った地元にある銀行と若いうちに付き合い始めれば、必要となるどんなバンキング商品でも提供してもらえる。継続的にクロスセル、アップセルを受けるのは、自分が最初に銀行口座を作った銀行を「信頼して」いるからであり、必要となるどんなバンキング商品でも、ワンストップ・ショップとしてその銀行を使う。銀行は最初に口座を作ったときからそこにあり、自分の子供に銀行が必要になったときにもその銀行の支店に足を運んで、家族の銀行として継続して利用できることが望ましい。

ただし、現在はもうそんなふうにはいかない。米国、英国、オーストラリアの平均的な消費者は、4〜7社の異なる金融機関と取引している（注1）。平均的な事業者は少なくとも2行と取引しており、時には5〜6行の異なる金融機関と取引している場合もある。投資家の半数以上は複数の証券会社と付き合い、複数の投資口座を保有している。現実には、私たちは昔から、1つの銀行だけにロイヤルティを持ち続けるような理想主義的な行動はしていない。それは自分のおカネと50年間結婚し続けるようなものだ。私たちはいつの時代も、オープンバンキングの取引を行っているのだ。

## 「ミレニアル後」の世代の消費者の期待

Y世代（ミレニアル世代）は最初のデジタル・ネイティブ世代であり、テクノロジーの世界に生を受けた。彼らが育った世界では、エイブラハム・リンカーンが生まれた町はどこか、ピラミッドを建設したのは誰か（エイリアン?）、あるいは次の日食はいつ起こりそうかといったことを知る必要があれば、ブリタニカ百科事典を取り出すのではなく、「グーグル先生」に尋ねればよい。それだけではない。彼らが働き始めて消費者になったときには、彼らの親たちが想像もできなかったような即時満足とeコマースの世界が開かれていた。インターネットでピザを注文し、映画チケット、航空便チケット、ホテルを予約するに留まらず、さまざまなレストラン、サービス提供者等について、自分と同様の人たちがどう思っているかを知ることもできた。彼らが最新の発見を友人とシェアすると、このトレンドがネットワーク効果とソーシャルメディアによって増幅され、最新で最もクールなサービスの流行速度がどんどん速くなった。

百科事典に手を伸ばすこと、有線電話でドミノにピザを注文することや、航空便予約のために旅行代理店に行くことはミレニアル世代の直感と相容れないが、この消費者群にとっては「銀行に行く」ことも同様に、次第に直感に反するものになってきている。調査によれば、ミレニアル世代は日常的にほとんど近視眼的にデジタルに集中している。彼らはテレホンバンキングを使って残高をチェックすることなど決して考えない。小切手を相手にしないから、郵便ポストにそれを送りつけるような人がいるのを不思議に思う。彼らが住む世界でのバンキングは、フリクションがなくリアルタイムで機能することが当たり前なのだ。

ミレニアル世代を支店に引っ張り込んで新しいクレジットカード枠を強引に作らせたとしても、その後彼らから二度と音沙汰がなくなる可能性は統計的に高まっている。彼らはすでにインターネットで見つけた別の方法を選んでいるのだ。彼らが金融危機後のミレニアル世代なら、どんな不要な借入れでも病的なほどに嫌がるだろう。これについては後段で詳述する。

そうは言っても、対象とする市場によっては、ミレニアル世代がデジタルの強力な利用者であることが、ブランドとしての銀行とのエンゲージメントの全体的な向上につながる。

そのなかには、たまに支店を訪れることも含まれる。ジム・マローズの「デジタル・バンキング・レポート」の調査（注2）が示すのは、米国のミレニアル世代は平均して8・5回／月、モバイル経由で銀行にアクセスしていることだ。比較対象である非ミレニアル世代は、3・1回／月にすぎない。また彼らが銀行と電子メールでつながる頻度は、非ミレニアル世代の4倍である（4・6回／月に対して0・9回／月）。ミレニアル世代はインターネットで口座を開設するのを当たり前として好む（61％）。これに対して非ミレニアル世代では、ネット口座開設を選ぶのは対面の約3分の1（28％）である。投資口座ではよりインターネットが普及している。たまには支店を訪れるにしても、ミレニアル世代では現在平均して年1回未満であり、そのため銀行にはほとんどなす術がなかった。

調査結果で興味深いのは、ミレニアル世代の10％が現在デジタル専業銀行をメイン先として使っており、富裕層個人の15％もまたデジタルオンリーのオファリングを使っていることだ。

そう、米国FRBが2016年に発表した調査で示したのは、当時でもミレニアル世代の67％がモバイルを主要チャネルとして選択していたことだ。英国では、モバイルバンキングの利用が2012～17年で356％増加した（注3）。そのうちミレニアル世代がモバイルバンキングを使用する傾向は、彼らの上の世代の2倍だった。カウンシル・オブ・モーゲージ・レンダーズによれば、英国のチャレンジャーバンクとスペシャリストバンクは、2016年に総融資額で56％成長し、市場シェアは2・9％増加した。インターネット専業銀行のヴァージン・マネーは、いまや英国内で8番目に大きい貸し手であり、長い伝統のある金融機関であるヨークシャー・ビルディング・ソサエティとクライスデール銀行を上回っている。

ミレニアル世代をターゲットとする銀行にとって、モバイルアプリがリレーションシップを育てる日常的インターフェースの中心であることは明白だ。モバイルを使ってインターネットでの口座開設が円滑に行えて、対面手続きで支店を訪れたり署名カードを求められたりする必要をなくすべきである。これができなければ、すでに顧客を失ったも同然だ。今でも支店を使うミレニアル顧客がいるという主張など関係ない。統計的にこれ以外の結論はない。どの銀行を選ぶか決めるにあたって、ホームページを見て口座開設に支店を訪れる必要があると、すっと去ってしまうミレニアル世代がいるのは明白だ。

ミレニアル後の世代になると、問題はさらに深刻になる。Z世代はモバイルでユビキタスなテクノロジー世界で育っている。コンピューターでインターネットにアクセスするだけではない。彼らが育つ環境には、話しかけるコンピューターがあり、ポケットに入れて持ち運ぶスーパーコンピューター、ゲーム機、デジタルビデオカメラ、あらゆるソーシャルなやり取りがあり、顔と声で相手を認識するコンピューター、ニーズや行動を予測し、健康状態をモニタリングし、日々の相棒にさえなるコンピューターがあるのだ。

過去10年間に私が見てきた典型的な反応は、「ちょっと待ってくれ。いまでもウチの支店を訪れてくるミレニアル世代はいる。君の言うことは間違ってる。住宅ローンが必要だったり投資を始めたりするときには、彼らは人間に話したくなるんだよ！」

こんな風に考える銀行は、自分たちが昔からやっているバンキング方法にどっぷり浸かっていて、異なる価値基準の存在を理解できないのだ。

皆が支店に行ってバンキングを行う世界で育ち、これまでの生涯ずっとそれを続けてきて、そうした行動を中心にビジネスを組み立てていれば、その文化に対する変化や脅威を迅速に難なく受け入れられる可能性は低くなる（注4）。文化的偏見というものは、それが社会や職場のいずれにおけるものであれ、システム全体がもたらす自然な効果だ。そこでは行動が強化され、変化するのに通常長い期間を要する。最初に行う必要があるのは、その価値基準を変えようと、新しい行動を進んで受け入れられるマインドセットへと導くことだ。そうすれば、そうした行動を示す人々に共感を持てるようになり、自分の思考パターンを思い切って変えることができるようになる。

米国では現在、給仕係をしていたり、ウーバーイーツやシームレスで食事を配達したりしていないと、現金で支払を受けることは次第に減ってきている。親は子供にヴェンモ経由でおカネを渡しているが、それは、友達が同じものを使っているので、子供たちが自分のヴェンモ口座に入金してくれるよう親に頼むからだ。17歳の私の娘は、学生仮免許が取れる年齢になっても、運転免許を欲しいと思っていなかった。当初彼女は、ウーバーのアカウントがあれば生活していけると思っていたようだが、ウーバーのない地域に転居するとそうは行かなくなった。ヴェンモ、Ｐａｙｔｍやウィーチャットで小遣いを渡すというのはネットワーク効果の影響であることが多い。仲間集団の行動が正のフィードバックループを生み出して、自分が属するコミュニティに影響を与えるのだ。「私の友達はヴェンモを使ってるの。お父さん、私のお小遣いもそれに入れてくれない？」といった具合だ。

あるいは、14歳の私の息子のようなケースだ。つい最近まで彼は、iTunesのクレジットかペイパルで専ら小遣いをねだってきた。そうすればネットで使えたからだ。

金融機関自体も、世代が持つ心理の影響力を侮ることはできない。1929年10月24日の市場暴落は「取り付け騒ぎ」を引き起こした。そしてそれから何十年が過ぎても、年老いた顧客は、銀行を選ぶ際の基準として、「万一の場合」物理的な支店へアクセスできることが必要だと口にする。2007~08年のグローバル金融危機、1990年代の巨額のクレジットカード負債、米国で拡大途上の学生ローン危機、政治における党派的／敵対的傾向の強まり、ソーシャルメディアのエコーチェンバー現象（訳注・閉じたコミュニティのなかで反響室のように同方向の意見をやり取りすることで、自分の意見が増幅・強化される現象）といったものが、Y世代やZ世代が政府や大銀行といった組織に対して幅広い不信感を抱くことにつながっている。

米国では現在、ミレニアル世代でクレジットカードを保有している者は3分の1に満たない（クレジットカード登場以来の過去40年間の同一年齢層で最低水準）。一方でその上の世代の比率はその2倍である（注5）。過去7年間の調査データに基づいたものだから、統計数値が偏っているとは言わないでいただきたい。ミレニアル世代の年齢が上がるにつれて、彼らはその前の世代に比べて負債を抱えるのに前向きでないことが明らかになっている。昔からあるクレジットカードのリワード・プログラムも、クレジットの使用を喚起できていない。米国のクレジットカード発行体上位6社が支払ったリワードの総額は、2010年から2016年の間に110億ドルから230億ドルへと倍増した。若年層にクレジットカードをもっと使わせようと惹き付ける施策だったことは明らか（注6）だが、それでもミレニアル世代は頑なに動かなかった。

**「決済パターンを研究するエコノミストからすれば、ミレニアル世代が現金とクレジットのどちらも介しない決済手段に重きを置いているということは明らかです。サンドイッチとかソーダ1本といった少額取引ならデビットカードを取り出せば済むのに、現金を持ち歩く理由があるでしょうか。ほかにも、ヴェンモのようなアプリか、ペイパルのようなインターネット決済サービスがあります。通常、こうした手段すべてが、銀行口座から資金を直接引き出しているのです」**

――「ミレニアル世代がクレジットカードを怖れるに至ったわけ」、The New York Times/DealBook、2017年8月14日

これは全体の一部であり、決済行動の変化はもっと幅広い。スマホをタップする支払いでは、決済手段としてデビットカードよりクレジットカードを優先する可能性が低くなるというのが現実だ。モバイル決済の利便性が向上すると、支払口座の残高により注意が向くという傾向がある。それは、自分がどれだけおカネを使えるかをより意識する方向にはたらく。ミレニアル世代とZ世代はテクノロジー志向が強いため、より上の世代に比べて行動の適応が早い。そのため、テクノロジー利用と古いパラダイム、すなわちクレジットカードやリボルビング負債のようなものへの受容度との間に直接的な相関関係が見られる。

月末にステートメントが来てはじめて金額の大きさを感じるような瞬間的な「衝動買い」を可能にしてきたデバイスは、現代のリアルタイム世界にはそぐわないのだ。

こうした行動学的変化に直面しても、バンキングの商品とシステムの変化は非常に緩慢だ。しかしながら、歴史を振返ってみれば、バンキングの進化とは、アクセス、行動、そして選好に関する大きな変化であったことがわかる。

コミュニティ主導・バンキングからユニバーサル・バンキングへの進化では、従来は地理的要因に由来していた顧客の定着性と同等のものを、選択の幅とアクセスを通じて生み出すことが目的だった。私たちが海外へと移動し始めると、プラットフォームへのグローバル・アクセスが可能な銀行が必要となった。中産階級が成長してはじめて、クレジットカード、個人ローン、住宅ローン、定期預金といったものを銀行が推進可能になった。その背後にあった前提は、顧客は何らかの形で**メイン金融機関に対するロイヤルティ**を持っているというものだった。本当に必要なのはただ1つの銀行とずっと付き合うということ、というわけだ。何であれそこから外れるのは、10歳のときに社会見学で訪れて初めての通帳を作ってくれた銀行に対する、やり過ぎか不誠実なのだ。

1980～90年代、世界中のあらゆる大手銀行ブランドの目標はメイン金融機関となることであり、それを達成するための方策として個別行が考えたのがユニバーサル・バンキングだった。自行がメイン金融機関でない場合は、特定の商品に特化して少しでも多くのビジネスを獲得しようとすることがゴールとなった。それらはおそらく、クレジットカード、自動車ローン、投資口座といったものだ。インターネットの拡大とともに私たちが目にしたのは、主流／新規のあらゆる金融サービス提供者から得られる選択肢の爆発的増加だった。銀行は、新たな顧客獲得アプローチを開発する必要性に迫られて、自動車ディーラーと提携してリースやファイナンスを販売し、小売業者と関係を構築して割引や店舗内ファイナンスを提案し、不動産開発業者と組んで住宅ローンを提供することとなった。時が経つにつれ、銀行が単独かメインの金融機関となれる可能性は小さくなり、商品・サービスは、もはやその地に本拠地を置く銀行が提供するものに限定されなくなった（**図8-1**）。

　しかしながら、現在増えつつある顧客世代は、いわゆる「銀行」に対して大きく異なる見方をしている。問題が生じた

**図8-1 ● アクセスと銀行／顧客リレーションシップに関するバンキングシステムの進化**

| インフォーマル・バンキング | コミュニティ主導バンキング（1400～1950） | ユニバーサル・バンキング（1950～2000） | オムニチャネル・バンキング（2000～2025） | ユビキタス・バンキング（2025～） |
|---|---|---|---|---|
| ・初期の通貨／通商システム<br>・「布団の下」預金 | ・単一の銀行とのリレーション（地理ベース）<br>・支店のみのアクセス | ・主取引金融機関<br>・支店が主たるチャネル | ・複数金融機関とのリレーション<br>・チャネル非依存アクセス | ・銀行機能は環境に組み込み<br>・テクノロジー主導のマネー経験／アドバイス |

りマネー関係のソリューションやアドバイスが必要なとき、彼らは解決策を求めてテクノロジー・レイヤーに向かう。短期的には、携帯電話を使って「自動車の買い方」とか「家を買うおカネをどうするか」といった質問で検索をかけることになろう。並行して友人や親にも質問する。それが従来型のバンキング行動を補強する結果となる場合もあるだろうが、彼らがもっと独り立ちして銀行の使い勝手がよりユビキタスになれば、それは「求めよ、さらば与えられん」的に簡単なものになるだろう。さらに重要なのは、中期的には質問する必要がなくなることだ。というのは、拡張現実メガネをかけるようになると、テクノロジーの側が私たちの行動やニーズを学習して、能動的にソリューションを予測し始めるからだ。どちらかと言えば私たちは、メイン金融機関というよりも、**メイン金融マネージャー**を求めるようになるだろう(注7)。

未来の顧客は、マネー、決済、信用アクセスといったものは、必要なときにひとりでに動いてくれるものだと思うことだろう。そこでのルールはゼロ・フリクションであり、例外はない。この新しい世界で紙への署名や支店に来てサービスを受けるよう求めると、ミレニアル後の世代の消費者は、それをアタマがおかしいんじゃないかとは思わない……何を言っているか理解できないだろう。認知的不協和の極みだ。それは、ビットコインの最新の価格を百科事典で調べてくれと頼むようなものだからだ。

## 経験のリバンドリング

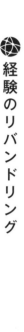

フィンテックの第1フェーズは、金融サービスのアンバンドリングだった。投資サービス、日常の銀行取引、学生ローン、インストア信用供与、その他考えうるほとんどのリテールバンキング領域のいずれにおいても、銀行業界をやっつけようと大量のスタートアップ企業が出てきた。ゴールドマン・サックスの報告書「金融の未来」では、業界収益の20%が外部参入者（つまりフィンテック企業とテクノロジー・プレーヤー）に奪取される可能性が高いとしていた。

しかしながら、アンバンドリングと非伝統的な競争相手は、決して新しいものではない。HSBCやシティグループ等のような銀行は、証券部門、住宅ローン事業、クレジットカード機能を何年も前に切り離している。

**「たとえばマーケットプレイス・レンディング企業は、中小企業オーナーだと銀行融資を受ける（可能ならばだが）のに3〜4週間かそれ以上待たなければならなかったところに、新しい選択肢を提供している。異なるデータ項目を見てより系統立てた方法で事業の金融状態を評価することで、マーケットプレイス・レンディング企業は何時間〜何日かで銀行と同じものを提供可能だ。その効率性が差別化となっている。コンロが壊れて早急に交換が必要なレストラン店主や、事業拡大のためにトラック2台を購入するファイナンスが必要な人のことを考えてみよう。条件的に最良ではなくても、大事なのはスピードなのだ」**

――「The Great Rebundling of Financial Services」, BankThink, 2015年10月（注8）

2015年10月の金融サービスのリバンドリングについての記事で、ブラッドリー・ライマーとマーク・ホックスタインが描き出した世界は、銀行がテクノロジーを駆使してフィンテック企業のより効率的なサービスをバンドルできるようになり、テクノロジー・プラットフォーム上でユニバーサル・バンキング・アプローチを本質的に再構築するというものだった。負債のおまとめはレンディングクラブ、投資はベターメント、金融状態の健全化コーチングはムーブン等といったぐあいだ。ドイツのフィドールやUSAAのような銀行は、こうしたタイプのアプローチの試行まで行っている。スターリング・バンクのビジネスモデルもこれに基づいたものだ。

マークとブラッドリーは、テクノロジーによる金融サービスのリバンドリングの点では正しかった。しかしながら、未来の金融サービスをデリバリーするテクノロジーは、銀行レベルではなく、次第に個人経験レベルで実現されるようになるだろう。

私たちの行動は次第に、日常的に使うテクノロジー・プラットフォームを中心としたものになっていくだろう。グーグル上のAIを教育して、アンドロイドのスマートフォン、グーグル・ホーム、グーグル・スマートグラスを使う。アップル上のAIを教育して、シリ、カープレイ、ホームポッド、アップルTVを使う。アマゾンは、可能な限り多くのデバイス内にアレクサを組み込むだろう。これはまるで、過去に見たオペレーティング・システムとパーソナル・コンピューターのプラットフォーム、つまりPC対Macの戦いのようだ。最終的には、これらスマートアシスタントの音声テクノロジーは、相互利用も可能になるかもしれない。

現在私たちは、スマートフォン上にアプリを載せている。バンキング用アプリ、タクシー用アプリ、映画予約用アプリといった具合だ。しかし、将来これが音声ベースになると、私たちはプラットフォームに組み込まれたサービスやスキルにアクセスすることになる。自宅のアレクサのスピーカーにアプリを搭載するのではなく、アレクサにスキルを利用可能にするよう指示するだけだ。現在のモバイルアプリストアの世界とは異なり、いったんスキルを有効にすれば、アプリを開かなくてもサービスの基本機能にアクセスできる。それはまるで、スキルが自分のデバイスの専用オペレーティング・システムの一部になったかのようだ。

この段階になると、金融サービスのバンドリングが見直され始める。新しい口座を開設したり新しい融資商品にアクセスしたりしても、その商品の背景にいる銀行のことは全く知らないか、自分が受入れを決めた商品の機能選択をした後でやっとわかるといった具合だ。

そのほかにここで重要となる要素は、推奨と格付けだ。銀行は一般的にダイレクトチャネルでのアクセス強化をめざしており、今のところ比較対照されずにすんでいる。しかし、バンドルされた金融サービス経験で音声やAIが最重要になれば、「この状況ならどのローンがベスト?」という質問に回答可能になる。そうすると、私たちが金融サービスを購入する方法は現在と大きく異なるものになるだろう。小売、レストラン、ホテルといったものはすべてレコメンデーション・エンジン、ソーシャルメディアとフィードバック・システムを有しているため、それで市場におけるブランド信用力が劇的に変化してしまう。バンキングでは、ブランドレベルではソーシャルメディアから圧力がかかっているが、同じことを個別の銀行の場所、商品・サービスに対して直接行うことは難しかった。次世代のテクノロジー・レイヤーは、次第にこれを行うようになるだろう。

位置情報、コンテキスト、行動、ソーシャル・フィードバックとセンチメント、アイデンティティ指標はデータポイントであり、テクノロジー・プラットフォームの持つケイパビリティであるが、それはおおむね現行の銀行アーキテクチャーの外にある。このケイパビリティが、未来の金融サービスのデリバリーにおいて重要な、新しいブローカーや仲介業者のプラットフォームをつくり出すことだろう。

## 新しいブローカーと仲介業者

本書を通じて、新しいテクノロジーや銀行が築く必要のある新しいコンピテンシーの多くについて語ってきたが、同時にまた第一原理思考と新しいテクノロジー・レイヤーが、顧客アクセス、顧客データ、顧客経験に対する「所有」または支配の度合いを増していることについても議論してきた。その目的に向けて、ブローカーや仲介業者の事例についてもまとめようとしてきた。それらは今後2～3年のうちに、顧客やパートナーとの日常的なバンキング取引で重要さを増してくる。こうしたプレーヤーは、パブリック・クラウド・ベンダー（アマゾン・ウェブ・サービス）、電信電話事業者、携帯電話アプリストアのような現行プレーヤーの発展形であるケースもある。しかしそれ以外に、こうした企業が新しいケイパビリティを提供して、銀行が内製するよりも早く統合を進めてしまう例もある。

短期的に見れば、音声スマートアシスタントのような多くのケースでは、銀行はアプリやウェブのフロントエンドに組み込まれたＡＩテラーを自ら有して戦いに臨みたい気持ちになるかもしれない。しかしながら長期的には、スマート・アシスタントが組み込まれたテクノロジー・レイヤーが、オペレーティング・システムレベルでスマートデバイス、住宅や自動車に装備され、自然言語処理とプラットフォーム機能で銀行のチャットボットよりもはるかに優秀になるだろう。こうした外部プラットフォームと協業しないでいると、内製した機能が顧客に使ってもらえなくなる可能性が次第に高くなりそうだ。もちろん、音声機能を内製開発するのは現時点では必ずしも悪いことではない。というのは、データ構造とＡＰＩの観点からは、アマゾン、アップルその他のプレーヤーと協業する準備ができることになるからだ。

銀行の外で発達した機能レイヤーで現在あるものについて、いくつか例を示そう（**図8－2**）。

### ・アイデンティティ・ブローカー

すでに述べたように、モバイル決済領域では、世界はしだいにＩＰ（訳注・インターネット・プロトコル）ベースのプレーヤーに占められるようになっている。彼らは、銀行が保有または育成しているプラスチックカード世界を支配する決済ネットワークには属していない。

フェイスブック、アップル、グーグル、アリババ、ウィーチャット等の企業はいずれも、本人確認において現在の銀行よりも1枚上手であるようだ。カナダ等の政府は「既知旅行者デジタル確認」システムをブロックチェーン上で試行している。それはいずれパスポートに取って代わるものだ（注9）。ここまでの章でも議論したように、現在銀行がやっているようにKYC情報をゼロから集めるよりも、将来はバイオメトリクス、行動やその種の個人識別マーカーを使って、こうしたデータベースでのチェックによって顧客の本人確認を行うようになるだろう。デビッド・バーチが指摘していたように、この信頼できる本人確認アーキテクチャーにおいて、銀行はキープレーヤーとなるかもしれない。しかし、だからと言って、新規口座開設の際に、本人確認情報

図8−2 ● ケイパビリティ開発の道筋

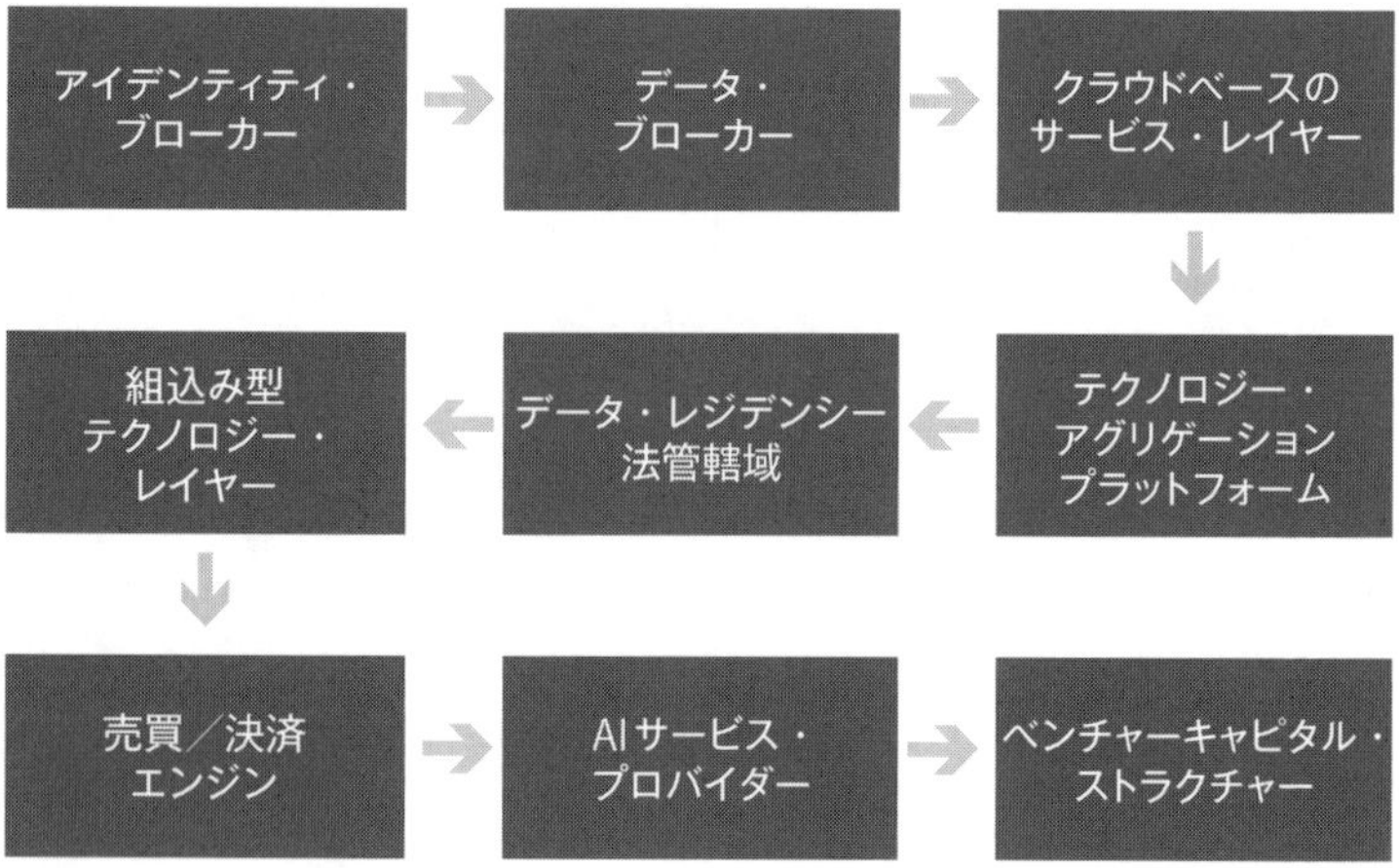

をあらためてすべて提供する必要があるということにはならないだろう。

### ・データ・ブローカー

自分のデータを最も多く持っているのは、グーグル、フェイスブックそしてアップルだと思っていないだろうか（注10）？　米国か欧州に住んでいるなら、これらの企業はおそらく、あなたのデータ、あるいはあなたが誰で何をしているかの理解に役立つデータを有する企業のトップ10にも入らないだろう。２０１４年の連邦取引委員会（ＦＴＣ）のレポート（注11）では、消費者の知らないままに多くのソースからデータを収集している業種は重層的に絡み合っており、ほとんどあらゆる米国消費者をカバーする何10億ものデータポイントを蓄積しているとしている。ＥＵでは、ＧＤＰＲ（一般データ保護規則）がＥＵ市民のデータの使用、保護、活用の仕方を規制しているが、ＧＤＰＲは他の企業に対する銀行の情報優位性を提供してくれるわけではない。実際には、非銀行テクノロジー提供企業のバンキングデータへのアクセスは、オープン・バンキング規制によって次第に拡大している。

しかし、データ・ブローカーが知っているのは以下のようなことだ。テクノロジー主導型企業にとっては、あなた個人のデータ・プロファイルの重要性が次第に高まる。これが意味するのは、結局次のようなことだ。**バンキング経験ビジネス**を行う場合は、顧客がいつ・どこで銀行の機能を必要とするかを理解する助けとなるデータ・ブローカーと連携する必要がある。こうしたつながりを作るのには、もはや銀行が保有するデータでは十分ではない。そして銀行が保有するデータは、厳密に言えば顧客のものだ。そして顧客はそれを銀行外のサービスを利用するために使うことになる。

**・クラウドベースのサービス・レイヤー**

現在チャレンジャーバンクが利用する膨大な中核アーキテクチャー、たとえばサイバーセキュリティ、本人確認、セッション管理（訳注・コンピューター用語。クライアントとサーバー間で通信を行う際に、通信相手の特定や相手の状態の把握を行うこと）、アプリストア、モバイル――OS統合といったものは、グーグル、アマゾン・ウェブ・サービス（AWS）、マイクロソフト・アジュール上にあるプラグイン・サービスだ（注12）。多くの銀行にとってプライベート・クラウドは、一種のデータ・ウェアハウスの拡張版だ。チャレンジャーバンクにとってのクラウドとは、まさに自分で構築しなくても柔軟に使えるサービスのショッピングカートだ。さらに、現在のAWSのようなクラウドサービスは、銀行保有のインターネット・セキュリティのスタック（訳注・OSやアプリケーション等のソフトウェアの組合せ）の性能を定常的に5～10倍上回っている。アマゾンは1日当たり何万回も、DDOS攻撃、ハッキング、なりすまし、および想定されるあらゆるタイプのセキュリティ脅威にさらされている。AWSベースのアプリのダウンタイムは、システムの堅固さが増すにつれて次第にほとんどなくなってきている。

サイバーセキュリティの世界では、これは一種の免疫システム反応のタイプとしてよく語られるものだ。より多くの攻撃に対応するほど、アーキテクチャーの強度が高まる。AWSの場合は、世界のどの銀行よりも多くの攻撃を受けているために、システムをより強くてスマートなものにしなければならない。10ビットコイン賭けてもいいが、サイバーセキュリティでAWSと銀行のシステムを1対1で比較すると、WWEのプロレスの試合で「ザ・ロック」と対戦するように負かされることだろう（注13）。

チャレンジャーバンクにとってのポイントは、クラウド化の意思決定は考えるまでもないということだ。サービス全体を高速に回し、軍用レベルのセキュリティ機能があって、急速な規模拡大が必要な場合は電球を点灯するようにプロセッサーとストレージスペースを追加できる。ハードウェアを追加購入し続けなくてもよい。

**・テクノロジー・アグリゲーター**

特に金融サービス分野のアグリゲーションか他サービスのアグリゲーションかにかかわらず、テクノロジーベースのアグリゲーターは新世代のゲートキーパーとして重要な役割を演じることになる。中国では、アリペイとウィーチャットが実質的な決済アグリゲーターとなっており、それが中国の銀行にとって重大な問題となっており、世界中の銀行にとっても次第にそうなりつつある（注14）。スマートフォンのオペレーティング・システムとアプリストアは誕生の瞬間から現代のテクノロジー・アグリゲーターであり、アレクサのような音声プラットフォームもそうだ。2015年、JPモルガン・チェース、バンク・オブ・アメリカ、およびウェルズ・ファーゴは、大手銀行vs人気のPFM（訳注・個人金融管理）およびアグリゲーション・サービスの戦いを始めた。相手はインテュイット／ミント、ギージオ、MX／マネーデスクトップ、ヨドリー等である。バンク・オブ・アメリカ、ウエルズ、ＪＰモルガン・チェースは、こうしたサイトからの要求に対するデータ・レスポンス速度低下の理由をセキュリティ関連であると主張した。しかしながら、それ以降もこうしたサービスに対する顧客の需要増は加速の一途であったため、銀行とアグリゲーターの間のデータ共有契約は増加を続けている。

現実には、ここでは先行者優位性があり、優先的なデータ共有契約を得た銀行が、アグリゲーション・プラットフォームをうまく活用することになるだろう。

**・データ・レジデンシー管轄権**

チャレンジャーバンクをベトナムとかパナマで作って、それにクラウドを使いたいと考えたとしよう。カードを発行するために、マスターカードとビザからＢＩＮ（訳注・Bank Identification Number：銀行識別番号）を取得する。規制当局に行ってフィンテックバンキング免許を取得すれば準備完了だ。１つだけ問題がある。アマゾンのローカル・インスタンス（同社用語ではアベイラビリティゾーンまたはＡＺ）が国内にないことだ。そこで、シンガポールのＡＷＳかブラジルのグーグル・クラウドを使わざるをえない。技術的にはこれは全く問題ない。応答速度は十分速く、ベトナムでのＰＯＳ取引とシンガポールのクラウドサーバーへの配信間の時間差は実質的にリアルタイムだ。

問題は、顧客データがベトナム国内に保存されていないことだ。アマゾンがＡＺを世界中に増やしているのでこの問題は次第に小さくなるかもしれないが、アマゾンはリテールビジネスとクラウドビジネスを同様に行っている。彼らは地域ハブをローカルなディストリビューションと組合せて使っている。そのため、彼らがベトナムにインスタンスを保有すると期待できる理由はない。したがって、ベトナム人顧客のデータはオフショアであるシンガポールで保有することになる。ベトナムの中央銀行がこの考えに乗り気でないことはほとんど確実だ。

### ・顧客アクセス層

　1990年には、顧客がバンキングにアクセスするために使うあらゆるチャネルを銀行が保有していた。現在の日常的なバンキングへのアクセスの大多数は、ノンバンクが保有するか銀行が管理するチャネル経由だ。このことが意味するのは、銀行は膨大な数のテクノロジー・プラットフォームと個別につながるための長期戦略が必要になるということだ。そ

図8−3 ● 現行のバンキングへのアクセス例――ノンバンク保有または銀行コントロールのチャネル経由

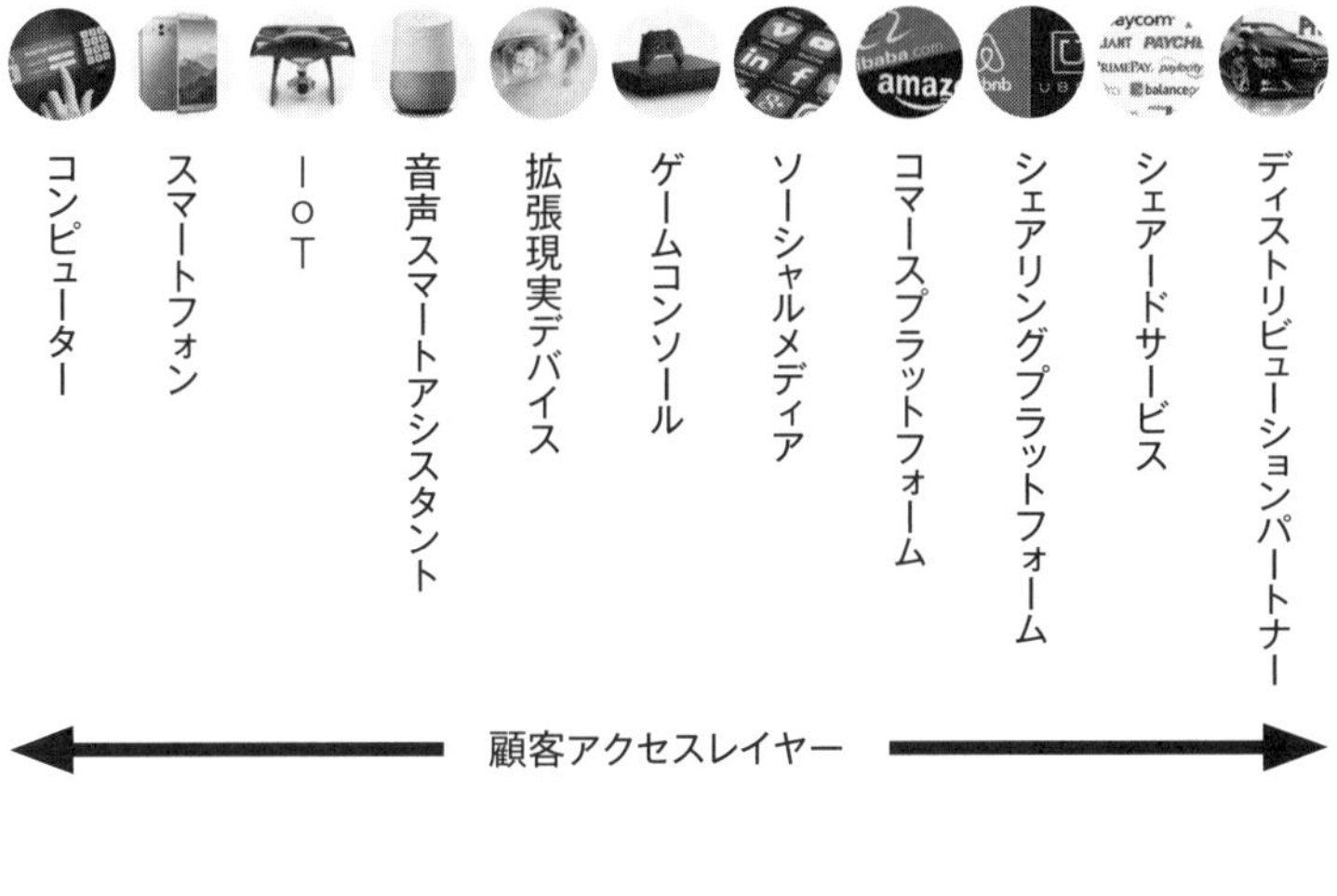

れらのプラットフォームは、顧客に対して銀行よりもよい日常的なアクセスを有している（図８－３）。

### ・ＡＩサービス・プロバイダー

フェイスブック、アップル、グーグル、ＩＢＭそしてマイクロソフトは皆、ＡＩの研究開発に多くの時間を費やしており、現在の世界のＲ＆Ｄ支出をリードするのはテクノロジー企業となっている。ＣＥＯのサンダー・ピチャイが２０１５年にグーグルのトップの座を継いで以降、アルファベットはＡＩと関連インフラストラクチャーに３００億ドルを支出してきた。そのなかにはグーグル・アシスタントを動かすコンピューティング・パワーが必要とするデータセンターと、クラウド・コンピューティング部門とＡＩ駆動の消費者向け製品群が含まれている。こ

図8－4 ● テクノロジー企業がR&D支出をリードしている

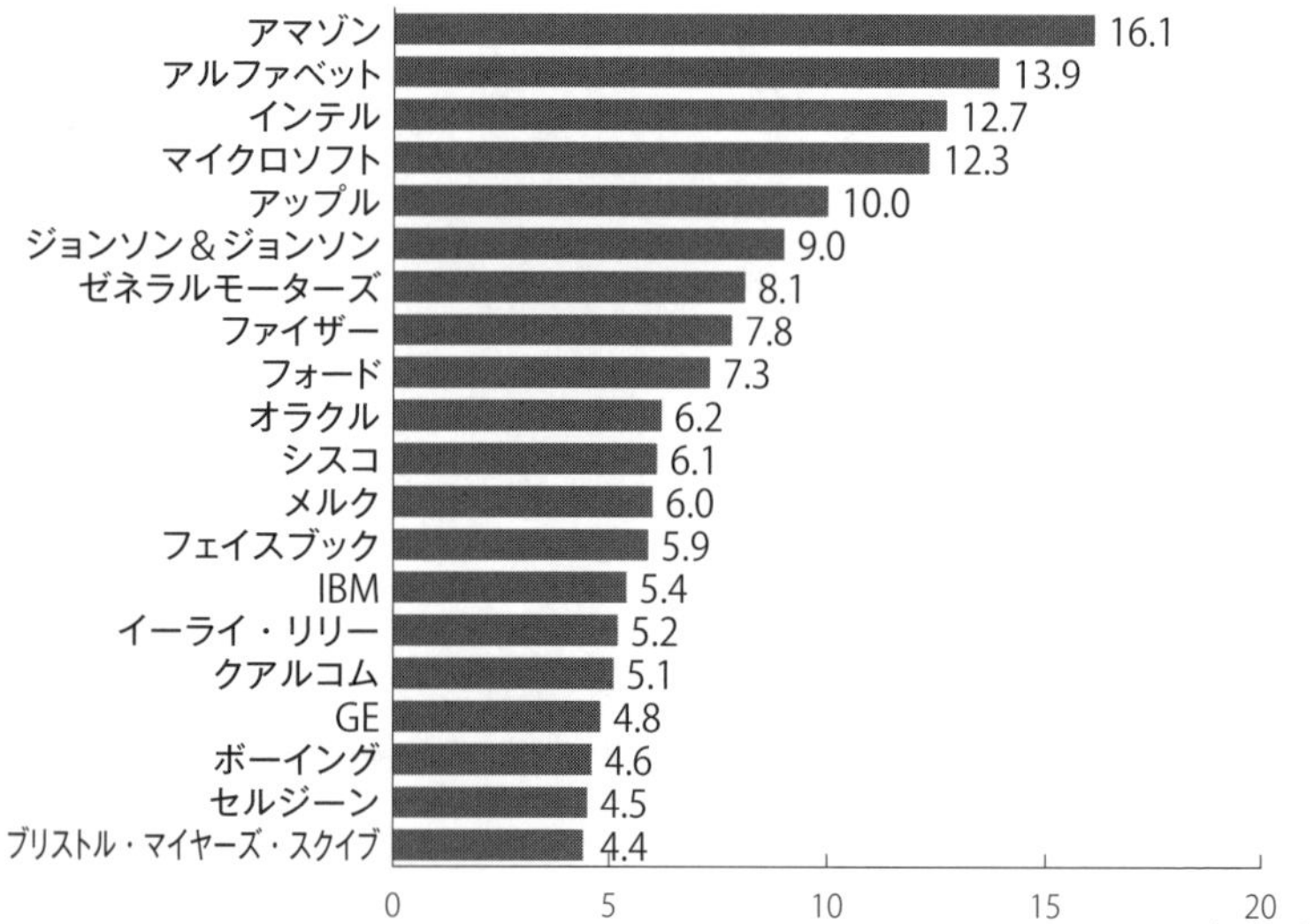


出典：Factset

の水準でAI向け支出を行っている銀行がないことは明らかだが、もしあったとしても、たとえばグーグルのような幅広い影響力は持ちえなかっただろう。つまり、顧客が日常的に使うAIサービス層に銀行を接続したい場合には、それは銀行専用のAIではないということだ。現在、米国の銀行業界全体がAIに支出する研究開発費は、テクノロジー業界と比較して約1～2％である。数字は非常にストレートだ（**図8－4**）。

### ・ベンチャー・キャピタルの構造

フィンテック企業に投資するなら、ベンチャーキャピタルのケイパビリティを設ければよい。これはBBVA、シティ、サンタンデールがやっていることだが、それにはけっこうな資金が必要で、真剣に取り組むなら1億ドル台後半になりそうだ。これはグローバルなバンキングプレーヤーでないとかなり難しいが、オプションはある。フィンテックをテーマとするベンチャーキャピタルファンドに限定パートナーか戦略投資家として参加する小規模銀行が増えている。たとえばSBIグループ（以前のソフトバンク・インベストメント）やアンテミス・グループが作ったファンドだ。これによって同じ志向を持つ投資家のネットワークに加わることができ、ポートフォリオ中の個別フィンテック企業に優先的にアクセスが得られる。

## ユビキタス・バンキング

組込み型バンキングへのシフトが完成形に近づくと、主導的な銀行とは、大きなディストリビューション網を持つものではなく、幅広いデータ能力を有して日常的なバンキングのコンテキストへの対応に優位性を持つものになる。それは次第に、銀行の機能を顧客の生活のなかにフィットさせる方法を見直すという目的に沿って変革を行うことに留まらず、アクセスやデータを有するノンバンクとの提携に大きくコミットして、リアルタイムで銀行オファリングを行って真の差別化を実現することにもかかわっていくということだ。

銀行としては、顧客が「銀行にやって来る」のを待っていればメイン金融機関でいられるのはもう無理だと認識することが、顧客にとって魅力のある日常的な接触のデザイン方法を考え始めることにつながる。そのデザインから、自行顧客にとってなくてはならない特別な機能の組合せが生まれる。商品や人やチャネルがあれば、顧客にとってメインの金融経験となれるわけではない。顧客が最も必要とする時と場を予測して経験を提供することでそうなれる。ユビキタス・バンキングの時代は私たちの目前まで来ている。そしてそれは、バンキングが顧客の生活のなかに組み込まれるということだ。しかしそれは、現在私たちがバンキングとして知っているものではないということでもあるのだ。

●特別寄稿⑦
# デジタルバンキングを超えて

――ジム・マローズ

eコマース、P2P決済、ウーバーそしてデジタル音声アシスタントの成功には皆、明らかな共通性がある。それらは日常生活をシンプルにするという経験を提供してくれる。消費者がかつてないほどスマートフォンとデジタルアプリを利用するため、未来の勝ち組は、コンテキストに沿った埋め込み型のデジタル経験をつくり出し、物理的チャネルに依存しない企業となるだろう。

現代の消費者には、銀行の支店を訪れる時間がない（近くに支店が欲しいという人が今でもいる、という声もあるが）。新規口座開設手続きが終わるまで座ったままでいるとか、投資アドバイザーに面会するとか、紙の小切手を書くとか、デビット／クレジットカードを引っ張り出すとかいったことはしたくない。求めているのは生活におけるシンプルさであり、それは先進的なアナリティクス（AI）、デジタルのデリバリー、リアルタイムのパーソナルな推奨といったものを通じて実現可能だ。

小規模のフィンテック企業や巨大テクノロジー企業のリテールバンキングへの参入が世

界中で続いている。彼らは最良のデジタルテクノロジーを活用したサービスを提供して、毎度お決まりで手数のかかるバンキング手続きから面倒な手順を省いた顧客経験を実現する。アリペイ（中国）、ウィーチャット（中国）、楽天（日本）、アトム（英国）、モンゾ（英国）、スターリング（英国）、ムーブン（米国）、N26（ドイツ）、レボリュート（英国）などの金融界では新顔に属する企業は、すでにお馴染みのペイパル、アマゾン、グーグルといった企業に加わって、バンキング・エコシステムをディスラプトし、最新のインフラと革新的なカルチャーを駆使している。

**「巨大テクノロジー企業の多くは成功する要素を持っている。高いデジタル能力、大きな顧客基盤、顧客経験の向上を熟知した組織、そしてその企業ブランドをバンキングにも展開する大きな余力などだ」**

——「バンキングにおける顧客経験の進化」、Bain & Company

より懸念されるのは、こうした企業のなかに、以前なら従来型の銀行やクレジットユニオンだけが有していた信頼水準を生み出しつつあるものがいることかもしれないことだ。そのおかげで、非伝統的な企業が提供する金融商品の利用に前向きな消費者の比率が高まっている。特にレガシーな企業よりも優れた経験が提供される領域でそうだ。

## 基本的なデジタル・バンキングの先にあるもの

最も複雑な取引のいくつか、たとえば開業、自動車ローンや住宅ローンの申込み、海外送金、投資ポートフォリオの組成といったものがデジタル化されると、従来型の金融機関にとってこれまでになく重要となるのは、エンゲージメント全体のデジタル化、特に基本的な銀行口座の開設である。大部分のバンキングのウェブサイト、モバイルバンキングアプリ、そしてバックオフィス処理の徹底的な見直しを要するということだ。

デジタルへの移行は財務面でもすばらしい効果がある。たとえば、銀行職員の手を介する日常的取引は、インターネットやモバイル経由の20倍のコストがかかる。それだけでなく、消費者も日常的なバンキング取引をデジタルで行うことを好む。たとえば、「セルフサービス」のリーダー国であるオランダ、ポーランドおよびオーストラリアでは、大部分のトランザクションをヒトの介在なしに処理しているのに対して、米国の回答者の40%は、今でも少なくとも3カ月に一度は支店に行って預金を行っている。一方、デジタルチャネルの利用は21%、ATMは18%である。デジタル最適化の追求を国別に見ると、先行者と後発者の間には大きな差が存在しているのだ。

モバイルバンキングへの移行とデジタルサービスの利用の伸びは頭を打ったという声もあるが、それはほとんどの金融機関がデジタル能力を高められていないことの反映であり、消費者が改善を求めなくなったということではない。要するに銀行にとって課題なのは、消費者がモバイルバンキングアプリ、デジタル決済、ロボアドバイス、音声バンキングについてさらなる経験の向上を期待していることだ。このことは、今後2～3年かけて非伝統的な競争相手の定着化が進む可能性が高まることにつながる。

銀行とクレジットユニオンは、顧客データ、先進的アナリティクス、および音声制御デジタルアシスタントのような新しいデジタルツールを活用する新テクノロジーの研究に手をつけなければならない。調査が示しているのは、米国の回答者の25％は、スマートフォン上でシリ、アレクサ、グーグル・アシスタントのような音声アシスタントを、あるいは自宅でアレクサやグーグル・ホームを使っていることだ。そして、米国、オーストラリア、英国で音声テクノロジーを利用してバンキングを行っているのは回答者のわずか5～6％だったが、将来的にバンキングをこのテクノロジーで進んで試したいとの回答は20～25％超に上った。

銀行がデジタルの基本をマスターすれば、新しいテクノロジーを迅速に実用化していくことで、顧客のロイヤルティをさらに強化できるだろう。プロトタイプによってテスト～学習の試行を何度か繰り返して改善を行った後に、本格展開を行うというアプローチだ。金融機関が市場投入に持ち込む新テクノロジーを決める際には、消費者便益の観点から選択肢を検討しなければならない。コスト削減手段としての観点ではない。

## 「アマゾン・モデル」がバンキングの指針

アマゾンの爆発的な成長がリテール産業に競争上大きなインパクトを与えていることは、否定しようがない。彼らがリテールビジネスで成功する基礎となったのは、アマゾン・プライムである。コンシューマー・インテリジェンス・リサーチ・パートナーズ（CIRP）の最近の調査では、アマゾン・プライムの会員プログラムは米国内に８０００万人の会員を擁する。２０１６年第１四半期末時点には５８００万人であったものが増加している。これは、いまや米国家計の64％がアマゾン・プライムの会員であることを意味する（注15）。

一見すれば、アマゾン・プライムのロイヤルティが高まったのは送料無料によるものだと考えられるが、実際の理由は、フリクションの低減によって消費者行動を変革したことだ。

ワンクリック発注、スーパー・セーバー・シッピング（顧客にショッピングカートを一杯にすることを促すもの）とアレクサ機器ファミリー全体（音声コマンドを用いて発注を簡単にする）の背景にあるのは、フリクションを低減して顧客行動を劇的に変革することだ。最近のホール・フーズ（訳注・米国で有名な食品スーパー）買収という意思決定の背景にあるものもまた、フリクションの低減と顧客経験の向上である。

アマゾンの戦略の中核にあるのは、同社の悪名高い「フライホイール（はずみ車）」（**図8-5**）である。フライホイールは「好循環」とも言われるもので、アマゾン・ウェブ・サービスのような事業部門がリテール・マーケットプレイス事業に加わる前にアマゾンがつくり出したものだ。

オリジナルの「フライホイール」を見ると、すべての部品が顧客経験の継続的改善を中心に回転していることが明らかだ。強力な顧客経験が買い手の増加につながり、次いでそれがより多くの売り手を呼び寄せる。売り手の増加は競争を通じてコストと価格の低下をもたらし、顧客の選択を下支えする。低価格と選択肢の増加はさらに顧客の増加につながる。そしてサイクルは繰り返して回転するのだ。

フライホイールにはずみがつくにつれて、膨大な量の顧客インサイトが収集され、分析され、それに基づくアクションがとられ、それらがレコメンデーションの向上とビヘイビアの修正に向けられる。アマゾンは、立派な社内報告書用にデータを収集するのではなく、（リアルタイムでの）学習のすべてを顧客経験の拡張とロイヤルティの向上に注ぎ込んでいるのだ。

彼らが気づいたのは、フライホイールの効果が事業全般に幅広く及ぶと、優位

**図 8–5 ● アマゾンの「フライホイール」**

世界で最もディスラプティブな企業「Amazon.com」を理解する

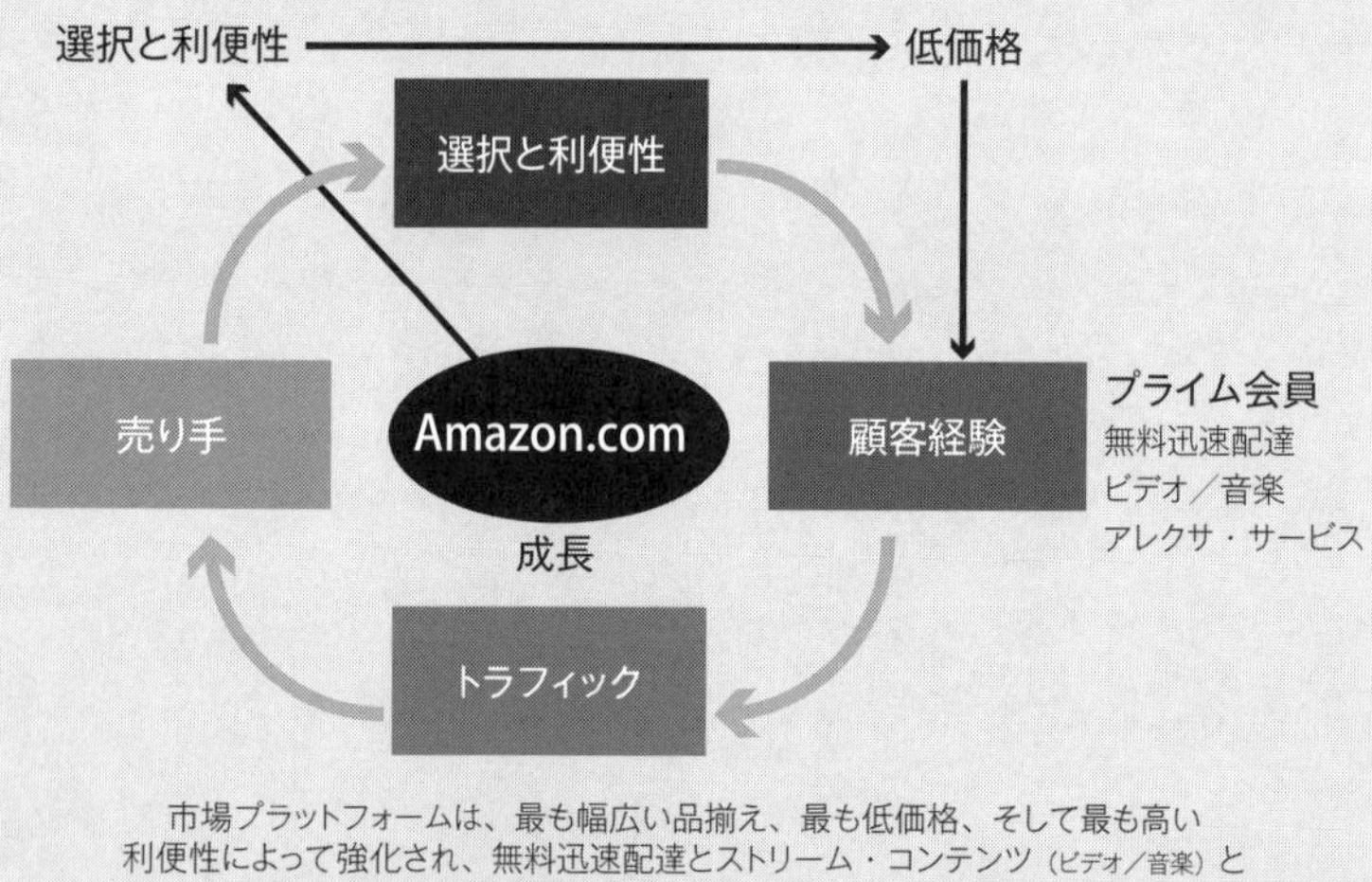


市場プラットフォームは、最も幅広い品揃え、最も低価格、そして最も高い利便性によって強化され、無料迅速配達とストリーム・コンテンツ（ビデオ／音楽）とアレクサ・サービスを提供するプライム会員制度がそれを支えている。

出典：The Financial Brand、2017年7月

性がさらに増すことだ。フライホイールの末端では、小さな冒険を数多く試行することができる。その一方で中核のビジネスは健全なままだ。

結論を言えば、アマゾン・プライムは顧客の生活をより簡単なものにすることで成功している。幅広い商品の選択余地の提供、2〜3回のデジタルのクリックやタップでのアクセス、競争的な価格によって、ブランド経験が強化されている。バンキングにおいてもすでに同じ影響が見られる。最大手の銀行（JPモルガン・チェース、バンク・オブ・アメリカ、ウェルズ・ファーゴ）は、デジタルチャネルのフリクションを低減することで市場シェアを伸ばしているのだ。

ノートパソコン、タブレットあるいはスマートフォンを使って、新規口座開設の最初から最後までをデジタル化できれば、これまでの骨の折れる作業からフリクションを排除することが可能になる。キャピタル・ワン、USAA等の企業は、残高照会、基本的な取引および顧客サポートについて音声アクセスを提供することで競合他社に差をつけている。将来のバンキングでは、人工知能（AI）および顧客の習慣と金融活動を駆使して将来の行動とニーズを予測することが、リレーションシップの基盤となるだろう。

アマゾンの顧客期待の基準は、リテール産業よりも高いところに設定されている。バンキング業界はアマゾン・プライムから学ぶことが可能だ。いや、そうしなければ、アマゾンや他の大手テクノロジー企業がその優れた顧客経験レイヤーを活用して、レガシー金融機関が現在提供しているバンキングサービスの多くを提供するようになるのに甘んじることになるだろう。

## オープン・バンキング：デジタルの「パーフェクト・ストーム」

先進的なテクノロジー、高速のインターネット、スマートフォンの普及、アプリケーション・プログラミング・インターフェース（API）の需要増加と機能性向上といったものが相俟って、アプリを超えるイノベーションに向けた「パーフェクト・ストーム」が生じている。これら構成要素の値ごろ感が増していることが、ストームの強さをさらに煽っている。

デロイトは、「オープン・バンキング：不確実な未来で繁栄する方法」というすばらしいレポートで次のように述べている。「『インフラストラクチャー・アズ・ア・サービス（IaaS）』、『プラットフォーム・アズ・ア・サービス（PaaS）』、そして『ソフトウェア・アズ・ア・サービス（SaaS）』といったテクノロジーによって、テクノロジーを得意技とする参入者が、低いITコストを活用してリテールバンキング業界に参入できるようになっている。テクノロジーによって、これらの企業は市場ニーズの変化により柔軟に対応することができる」

業界ウォッチャーの間で広がりつつあるコンセンサスは次のようなものだ。バンキング業界の当初の変革は、伝統的／非伝統的提供者の拡張であり、現行バンキングサービスに対する新しい選択肢を提供することになるだろうが、最終的な変革はずっと大きなものになるだろう。将来的には、バンキングのエコシステムが金融サービスをはるかに超えるものになるか、あるいは金融サービスがノンバンキングのより幅広いエコシステム中の単なる小さな構成部品へと格下げされることになるだろう。

未来のバンキングモデルは、マーケットプレイス・バンキングのような形態となるだろう。デロイトは前述のレポートで以下のように述べている。「マーケットプレイス・バンキングでは、従来型のバンキング・ビジネスモデルは姿を変え、データ集約的でプラットフォームをベースとするマーケットプレイスとなるだろう。そこでは、複数の金融サービスプロバイダーが競争を続けながら、顧客に対して個別に仕立てた良価値の商品を提供することになる。その結果として、プロバイダーのエコシステムを通じたさまざまなオファリングによって伝統的な銀行のサービスが拡張される」

マーケットプレイス・バンキングのエコシステムによって、消費者は高度にパーソナライズされたサービスの利用が可能になる。そのサービスは、オープン・バンキングとAPIを通じて利用可能となる顧客データを活用している。現在の閉じた環境下だけで利用可能な家計管理ツールとは異なり、新しいエコシステムでは、消費者がすべての銀行リレーションシップを最適化できる。つまりコストを下げてリターンを増やすことが可能になる。

新しいエコシステムはこれまでのバンキングサービスを超えるものとなり、銀行が「ハブ」となって他銀行や他産業企業が提供する他の非金融補助的サービスをまとめることが可能になる。このシナリオでは、銀行APIはさまざまなライフステージ・サービスを集中化し、フリクションを減らして顧客経験を向上させることになる。

ライフステージのプロセスの構成部品、たとえば住宅や自動車購入、スモールビジネスの起業、子供の誕生といったものを個々別々のままにしておかずに、関係するすべてのプレーヤー（銀行、保険、小売、政府や行政機関）を1つにまとめて包括的なマーケットプレイスとすることが可能となる（図8-6）。

## よい防御は強力な攻撃

アマゾン、グーグル、ペイパル、フェイスブックおよび数を増すスタートアップ銀行が提供するバンキングサービス群が拡大を続けることによって競争が高まるのは避けられないが、それに対する最良の準備方法は、パーソナライズされたデジタル・ソリューションの開発を自ら進んで行うことだ。そうすると、伝統的バンキング組織の内部および外部の新しいパートナーシップを巻き込んで、バン

図8-6 ● 未来のマーケットプレイス・バンキング

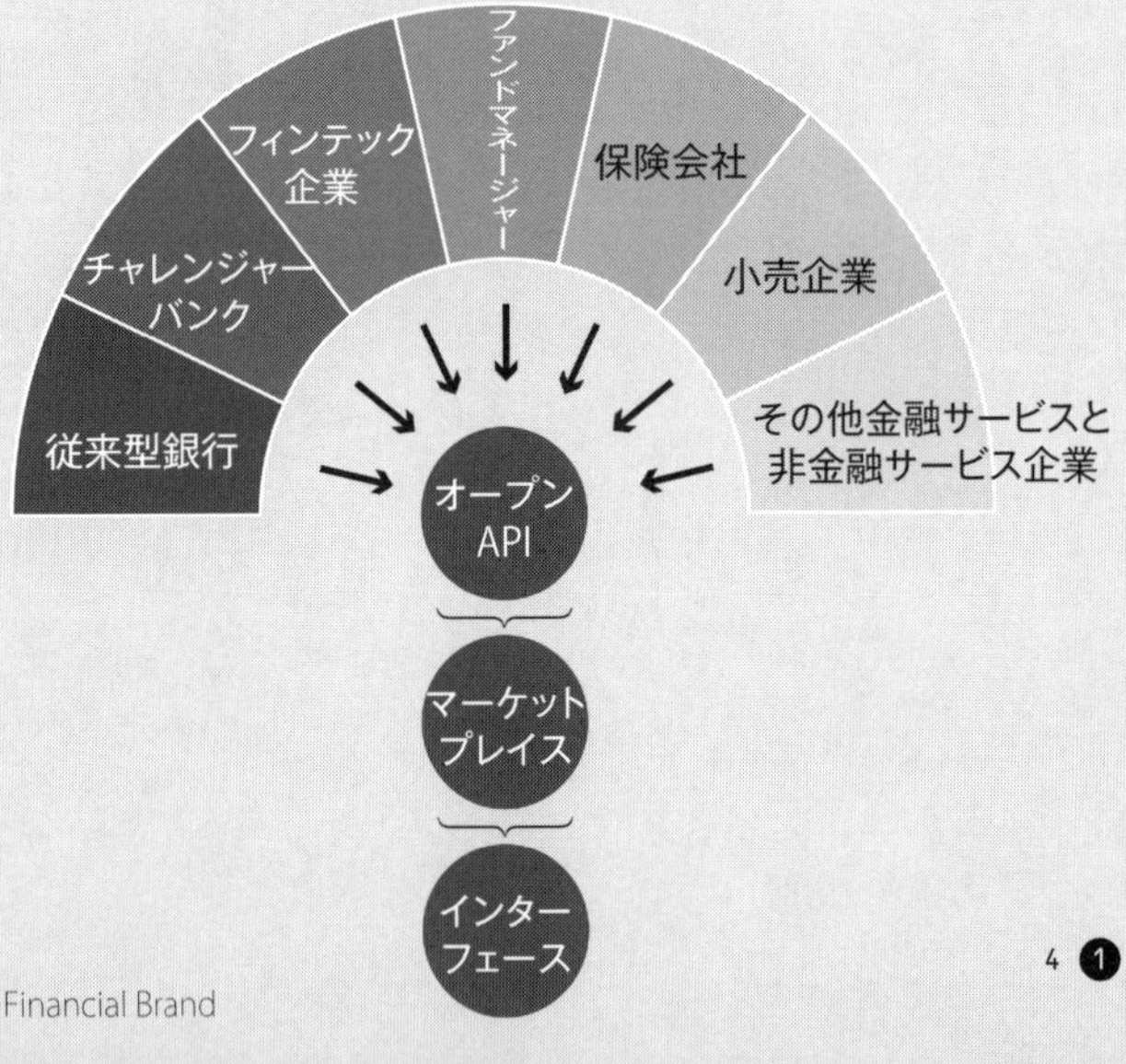


出典：The Financial Brand

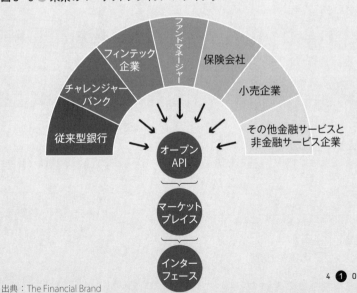

キング・エコシステムに含まれるものの再定義を伴うことになる可能性が非常に大きい。

銀行がアプローチを変えて進歩を大幅に加速させない限り、顧客のロイヤルティは低下し、小規模のフィンテック企業や大手テクノロジー企業がますます多くのビジネスを横取りしていくのを見守ることになるだろう。その一方、高コストの支店とコールセンターのネットワーク中を流れる定型的なトランザクションが大量のままだと、銀行の収益性は失われていく。

デジタルテクノロジーと先進的アナリティクスが金融機関に刺激的な機会を提供してきたとは言え、デジタルの未来に向けて自ら態勢を整えているのは大手金融機関だけに留まっている。問題になるのは、特筆すべき例外があるにしても、大多数の金融機関は規模が小さいせいで、非常に競争の厳しいデジタルバンキング・エコシステムのなかで成功するのが難しいのではないかということだ。そこでは、データとインサイトを活用してすばらしいデジタル経験を提供する能力に基づいて勝ち組が決まるからだ。

ほとんどの小規模金融機関にとって、「デジタルバンク」になるための最も重大な課題とは、デジタルで先進的なデータ・ソリューションを実装する専門性と人材を手に入れることだ。当然ながら、小規模金融機関が直面するもう1つの課題は、デジタル・ソリューション構築に向けて入手可能なデータを構造化することだ。

これらの課題は乗り越えられなくはないが、重大なものではある。小規模金融サービス企業はほとんどの場合、こうした課題に対応するリソースを社内に保有していない。現在市場にあるその他の優先事項を考えれば、とりわけそうだ。小規模銀行とクレジットユニオンは、構築／購入／提携のどれを行うべきか評価する必要に迫られる可能性が大きい。

人材の供給が不足しているため、ほとんどの小規模の（そして多くの大規模の）企業は、購入するか、特定ソリューション提供企業と提携するかによってデジタルバンキング・ソリューションを導入するという意思決定に至ることになる。しかし、小規模金融機関にとってより重要なのは、経営トップのレベルでコミットしてリソースを配備し、厳しさを増す市場からの要求に対応する必要があるということだ。

つまるところ、あらゆる規模の伝統的金融機関が有する顧客インサイトには大きな優位性がある。カギは、デジタル顧客経験に直接かつプラスの影響を及ぼすように、これらのインサイトを適用することだ。それは大手テクノロジー企業がショッピング、ソーシャル、検索、決済で現在行っている経験向上手法と同様のものだ。

特別寄稿⑧

# デジタル化で先行する――エミレーツNBDの変革

――スヴォ・サーカー

**筆者は、エミレーツNBD銀行のデジタル化の道程のハイライトをたどった。エミレーツNBDは中東における最大規模のバンキング・ブランドの1つで、同地域におけるデジタル・イノベーションのリーダーである。同行はBAI（訳注・Bank Administration Institute）の権威ある『最もイノベーティブな金融サービス企業オブ・ザ・イヤー』を2017年に受賞した。**

地球上で最高のスマートフォン普及率、ミレニアル世代の人口層の台頭、そしてフィンテック・ディスラプターの登場を受けて、UAE（アラブ首長国連邦）と中東地域は、バンキングのデジタル化という破壊的な嵐にまさに直面している。

エミレーツNBDは、1990年代にインターネット・バンキングとSMS（訳注・ショートメッセージサービス）バンキングの提供を始めていて、地域におけるデジタル取り込みの先頭を走る銀行の1つだった。私たちのデジタル変革プログラムは、デジタルを重要優先順位と定めたトップマネジメント主導のビジョンの宣言を皮切りに、2012年に開始された。それは私たちにとって、「デジタル化か、さもなくば死か」という瞬間だった。

2013年、エミレーツNBDは複数年にわたるデジタル変革の実行戦略をまとめた。私たちの道程は、若いマルチチャネル変革チームの設置と、6つの柱を中心に築かれた設計図の制作から始まった。デジタル接点を通じたサービスとセールスの向上、支店とコンタクトセンターの顧客ジャーニーの最適化、プロセス全体のデジタル化、データ・マネジメントとアナリティクスの強化、テクノロジー・プラットフォームのアジャイル化、そして不正対応の強化である。

エミレーツNBDの拠点がUAEのドバイにあったことは幸いだった。政府が将来を見越して、デジタル化とイノベーションを中心に据えたスマートシティ戦略を有していたからである。国を挙げてのナレッジベース経済への移行の一環として、2015年がイノベーションの年として宣言され、2020年が火星への探査機打上げミッションをめざす年とされた。

私たちの前にあったタスクは、ある世代の行員たちに変革を起こし、既存の枠にとらわれず考えるよう教えることだった。私たちは顧客に、当行が新しいライフスタイルに合ったデジタルでディスラプティブな商品に対する需要に耳を澄ましていることを知ってほしかった。そして、急速な変化の時期でも私たちが市場の先頭に立てるように、スタートアップ企業が最新の商品を持ち込んでくれることを求めた。デジタル世界は非常に平等なために、アイディアはどこからでも湧いてきて、行員、顧客、ベンダーを含むさまざまなステークホルダーからイノベーションをクラウドソーシングすることが可能となるのだ。

## 有言実行

私たちが旅路の出発点としたのは、基本をしっかり固めて、顧客の目立ったペインポイント（不具合や不満を感じる点）に対応することだった。電子ステートメントの導入、コールセンターのＩＶＲ（訳注・Interactive Voice Response：双方向音声応答）の拡張、次世代モバイルバンキング・ソリューションの開始といったものだ。

初期の成功例の１つは資金送金領域である。ＵＡＥの仕向送金市場の大きさは世界3位であり、２０１６年には４４０億ドルの送金があった。送金は外国人顧客の日常活動に不可欠のパーツであり、現在彼らは人口の大きな部分を占める。私たちはDirectRemitという商品を発売した。モバイルまたはインターネットバンキングを使って60秒で手数料ゼロでの送金が可能な、規模の大きな国内市場向けの商品である。現在では、DirectRemitの取扱量は導入時のほぼ10倍に増加し、市場シェアの5％近くを占めている。プラットフォームの改善によって、顧客は友人と家族に向けて、受取人の携帯電話番号を使うだけで手軽に送金することができる。

また私たちはShake n' Saveという商品を発売して、顧客に預金を促そうとした。地域で第一号のゲーミフィケーション化された預金口座であり、顧客は望めばいつでもどこでも、携帯電話を振ることで預金ができる。地域内で肥満レベルが上昇していて健康とフィットネスが注目の対象となったため、私たちは「フィットネス口座」という初のアップルウォッチ連動型預金口座を発売して、顧客に対してより身体を動かすインセンティブを提供した。口座は、顧客が毎日歩くか走った歩数に基づいて金利がつくようになっており、肉体的そして金融的により健康になることを促すものだ。

支店向けにはタブレットアプリを内製開発して、待ち時間削減の一助とするとともに銀行の処理能力を向上させた。CRMシステムを拡張して、新商品購入時の契約をペーパーレス化した。現在では個人ローンの約半分が紙の書類なしで取り組まれており、顧客からの全申請の3分の2は全プロセスが電子化されている。新たにmePayサービスが開始され、顧客はUAE国内の誰に向けても銀行口座番号なしでATMから送金可能になった。また、個人の携帯電話番号を使って、カード不要で現金引き出しも可能だ。現在、全トランザクションの92%は店舗外で発生しており、支店網はセールスと相談のスペースへと転換しつつある。

エミレーツNBDでは、デジタル・トランスフォーメーションを継続的に進めて未来に備えるために、今後3年間で約3億ドルを投資して、デジタル・イノベーションとプロセス／商品／サービスのマルチチャネル・トランスフォーメーションを推進する。当初この投資は、UAEのスマート・ガバメント政策（ブロックチェーンを含む）との統合とフリクションの低減に焦点を当てて始まった。これに加えて、地域内におけるフィンテックスタートアップ企業向けのインキュベーターを設置した。

こうした展開から出てきた成果の1つが、「エミレーツNBDフューチャーラボ」の創設である。他の活動のなかでもフューチャーラボは、ベンダーやパートナーと協業して、ブロックチェーン、人工知能、拡張現実、IOT等の新しいテクノロジーについてのリサーチを行うものだ。また、有望商品の創出に向けたアクセラレーターとしても機能する。

このラボの成果で成功したものの1つが、ドバイのエミレーツ・タワーズにある未来型支店で、ドバイ未来財団の有名な未来博物館の一部となっているものだ。顧客はそこで、バンキングと決済ソリューションの未来的なベータ版コンセプトに親しむことができる。イノベーションのなかには、ビザとのパートナーシップによるコネクテッド・カー（日常的な決済をシームレスに統合）、マスターカードの未来ショッピング（没入型バーチャル・リアリティ上でのショッピング経験）、そしてSAPとの協働による拡張現実ベースのホームショッピングがある。しかしながら、最も人気のある展示は「ペッパー」で、このヒト型ロボットは、顧客が支店に入るときに挨拶して英語かアラビア語で会話し、商品・サービスに関する支援を提供する。

2016年11月にエミレーツNBDは、音声ベースでインテリジェントなチャットボット方式のバーチャル・アシスタントであるEVA（Emirates NBD Virtual Assistant）を地域で初めて導入すると発表した。顧客はコールセンターに電話すると、会話調の英語またはアラビア語でのやり取りでEVAの支援を受けられる（世界初）。それはIVRの迷路をくぐり抜けるよりも、直感的でパーソナライズ化された経験を提供してくれる。

また、私たちはFinTech Hive（訳注・hiveはミツバチ等の巣や巣箱の意）という、UAE初のフィンテック・アクセラレーター・プログラムのバンキング・パートナーとなっている。プログラムは、ドバイ国際金融センターとアクセンチュアが運営しており、ロンドン、ニューヨーク、香港における類似施策と同一線上にあるものだ。最近の調査では、中東・北アフリカ地域には100社を超えるフィンテック企業があるとされ、UAEだけでもその4分の1が存在している。地域内のスタートアップ熱は拡大への転換点に達しつつあり、2016年にはテクノロジー企業が30億ドル以上を集めたが、それは地域発のユニコーン企業であるライドシェアサービスのカリーム（Careem）に触発されたものだ。

## ソーシャルメディアからソーシャルバンキングへ

いまやより明確になっているらしいのは、伝統的な銀行のパラダイムシフト、つまりガラスの仕切りの後ろから顧客に話しかけるかしこまった存在から、ソーシャルメディア上で「いいね！」とか「フォローする」を受ける存在へと移行するのが困難であったということだ。

私たちはツイッターと提携した地域初の銀行となり、@EmiratesNBDのツイッター・ハンドルネームで顧客サポートを提供した。YouTube上の「ハウツー」ビデオのシリーズは、新しい顧客に対して日常的なバンキングとどの商品が最もそのニーズに合うかをガイドしている。「worthy.ae」（訳注・ウェブサイト）のプラットフォームは、金融のリテラシーや健全性に関する独立のコンテンツを発信している。

またエミレーツNBDはソーシャル・バンキングの領域にも大きく進出しており、支店の多くが身障者対応化しており、手話の自動テキスト翻訳機の試行、デジタルの献金プラットフォームの創設、点字通貨の流通を行っている。

## 新たな展望

銀行は、デジタル化の背後で継続的な投資をしてきたことで、リスクを取って自分自身がディスラプターとなれる機会を有している。

そうした機会の1つがeコマースである。アマゾンが最近、地元で育った市場リーダーであるSouq.com社の買収を通じて市場参入することを発表したこともあって、UAEのeコマース産業は大変化の入口にある。UAEにおけるオンラインショッピングは急速に成長しており、2020年には100億ドルと倍増へと向かっている。

ブレットが本書ですでに述べているように、2017年半ば、私たちは自行のショッピングポータルであるSkyShopperを開始した。顧客は航空券、ホテル予約、電子製品、ファッションからエンターテイメントや食料品までのすべての幅広い商品とサービスを1つのデジタルスペース内で購入して決済することができる。まだ初期段階ではあるが、プラットフォームへの顧客の興味は高く、このサービスが業界成長の強力な触媒となって長期的にはキャッシュレス社会への転換につながるものと私たちは見ている。

ミレニアルという大きなセグメントの台頭と、彼らのデジタルへの親和性に触発された私たちは、2017年にLiv.というUAE初のミレニアル世代をターゲットとしたデジタル・ライフスタイル銀行をスタートさせた。Liv.はミレニアル世代のチームがゼロから作り上げたもので、ライフスタイルを中心に据えたユニークなデジタルバンキング経験を顧客に提供している。アプリは友達であり、まずはサポート役そして後に銀行として、顧客の日常生活や社会参加をうまく行うのを支援するもので、それ以外にも即時口座開設、無料送金、POS決済、割り勘といったものを含むクールなバンキング経験がある。Liv.はすでに、当行の新規口座獲得の4分の1を占めている。

FaceBankingTMという新しいビデオバンキング・サービスでは、顧客は自宅やオフィスから、対面での銀行取引やバンキング・アドバイザーとのライブチャットを行うことができる。この新しいサービスによって、顧客は毎日24時間、インターネットまたはモバイルバンキング・プラットフォームを通じてアドバイザーに接触して、問合せや取引を実施できるようになる。個人ローンやクレジットカードの即時契約もこれに含まれる。

私がインドの小さな町で育った1960年代を振り返ってみると、近隣にある銀行の支店長というのは一種の伝説的存在だった。彼は町のあらゆる家族のことを何でも知っており、金融面と社会面双方の要因に主観的な評価を加えて融資の意思決定を行っていた。私の父が兄を大学にやるために教育ローンを求めると、銀行のマネージャーは父を座らせて、兄の学科の選択について議論し、国の教育状態について嘆き、ミルクたっぷりの紅茶を何杯か飲んだ後に握手とハグをしてローンを契約したものだ。

現在でも、お茶一杯や夕食の間にローンが成約することはある。しかし昔との違いは、オフィスや自宅でくつろいだ状態で、銀行のマネージャーの名前も知らないままにそれが可能なことだ。インターネットでつながり、アドバイザーとチャットして（ロボットアドバイザーの場合もあるだろう）、デジタルの書式に記入して書類をいくつかアップロードすれば、お茶一杯を済ませるうちに資金が入金される。ハイテクであるが、ハイタッチでもある。そしてそれが、エミレーツＮＢＤのような先進的な銀行に勝利をもたらすのだ。私はそれに多少かかわっている。

スヴォ・サーカーは、アジア、中東、アフリカの複数国で、主要金融機関5行において複数の職を30年にわたって経験してきたリテールバンキングのプロフェッショナルである。現在彼はドバイ最大の銀行であるエミレーツＮＢＤの副社長であり、リテールバンキングとウェルスマネジメントの長である。２０１８年、スヴォは「リテールバンカー・インターナショナル」のグローバルな賞である「リテールバンカー・オブ・ザ・イヤー」に選出された。彼には suvosarkar@EmiratesNBD.com で連絡可能だ。

注１：出典＝多数——ＡＴカーニー、フォレスター、キッチンマン（Kitchenman）
注２：出典＝Digital Banking Report/The Financial Brand, ２０１７年3月
注３：出典＝英国銀行協会（British Banker's Association）
注４：立ち戻ってＣＨＡＰＴＥＲ ７の最後のＡＩに関する部分を読んで、これに共鳴できるか確認いただきたい。
注５：出典＝Bankrate

注6：出典＝MagnifyMoney, 大手クレジットカード発行企業6社からのＦＤＩＣ提出物の加工
注7：これは新しい概念ではない。ロン・シェブリンは以前にこのことについて話している。
注8："The Great Rebundling of Financial Services" Marc Hochstein and Bradley Leimer, BankThink, ２０１５年10月13日
注9：出典＝世界経済フォーラムプレスリリース "Canada to Test Advancements in Biometrics and Blockchain to Welcome International Travellers" ２０１８年1月
注10：いずれにせよ、マーク・ザッカーバーグは確かにそうだ。
注11："Data Brokers：A Call for Transparency and Accountability" 連邦取引委員会、２０１４年
注12：もちろん、これより多くのクラウド提供企業があることは知っている。
注13：彼がＷＷＥから引退したのは知っている。連れ出そうとは思わないが……
注14：出典＝"Big banks on notice that they're losing ground to China's fintech giants" South China Morning Post, ２０１７年8月9日
注15：出典＝Forbes/Internet Retail "Sixty-four percent of US households have Amazon Prime" ２０１７年6月

PART 4

# 生き残る銀行、そうでない銀行

WHICH BANKS SURVIVE, WHICH DON'T

CHAPTER 9

# 適応か死か

ADAPT OR DIE

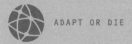

**「競合という意味では、レッドボックスもネットフリックスも視野にさえ入っていません」**

——ジェームズ・キーズ、ブロックバスターCEO、２００８年の投資家向けスピーチ

**ディスラプションは新しいものではない。過去2世紀を振返ってみると、業界に及ぶインパクトを既存プレーヤーが何度となく過小評価してきたのがわかる。現在のバンキング業界が直面する巨大な変化の可能性は、もはやフロントエンドのユーザー経験だけではなくなっている。通貨、資本市場、ウェルスマネジメント、銀行免許、労働力そして経済性のすべてが、新たに登場してきたシステム、パラダイム、そしてテクノロジーから攻撃を受けているのだ。**

だが、私はここで疑問があって当然だと思う。コダック、ブロックバスター、ボーダーズ、イエローキャブ、レコード・レーベルそしてケーブルテレビ等を見て、彼らがディスラプトされると確信を持って知ったのはいつだっただろうか？　警告の兆候がどんなもので、現在の銀行や金融機関にとっても同じ兆候が存在しているのだろうか？

おそらく最大の疑問は次のものだ。ディスラプションに直面したとき、なぜ既存プレーヤーの反応は遅いのだろうか？　小売業界に対するアマゾンの脅威は10年間にもわたって明らかだったが、既存プレーヤーたちは、着実にその能力とリーチを拡大していて十分な対応時間があったにもかかわらず、ほとんど堂々めぐりするだけだった（注1）。それは、変化の速さを信じられないこととディスラプトされる恐怖とが組み合わさって、迫り来る

自動車のヘッドライトに立ちすくむ野鹿のような状態が生じるといった感じだ。動かなければならないのはわかっているのに、それでも結局ははねられてしまうのだ。

## ディスラプションの兆候

バンキングと金融サービスにおける兆候とは何だろうか？　もっと具体的に言えば、業界はディスラプションに瀕しているのだろうか？

### ①勢力の集中

業界にディスラプションの機が熟していることを示す最も典型的な要素の1つは、少数の主要プレーヤーによる業界の不均衡や支配が起こっていることだ。業界派閥や寡占のように、一部のプレーヤーが巨大な市場シェアを確保してしまって業界行動が集約されているなら、業界が変わる可能性は低い。それはこれら既存プレーヤーたちが業界を完全に支配していて競争など起こらないと感じているからだ。このように行動が固定化すると現状維持のインセンティブが強まる。特に中期的な株主利益についてはそうだ（**図9-1**）。

米国、英国、EU、中国のバンキング業界では、こうした少数のプレーヤーによる市場支配によって、巨大な政治的影響力を行使する大手既存企業に有利な方向へと規制が偏りがちになる。世界金融危機における「大き過ぎてつぶせない」という動きはわかりやすい兆候だ。業界の柔軟性が低いために、有力プレーヤーのディスラプションが起こらないのだ。

1995年の米国では、大手銀行が総資産で22％の市場シェアを握っていた。現在それは70％に近い（注2）。業界の集約によって少数プレーヤーが業界を主導するようになると、新しいテクノロジー環境への移行が混乱なく行われる可能性は低くなる。

## ②業界を旧式テクノロジーが席巻

ネットフリックス、ボーダーズ、ポラロイド、コダック等の企業が行き詰まったのは、新しいテクノロジーへの適応に失敗したせいだと考えられることが多かった。最大級の銀行は最も複雑なレガシーシステムを有しているために、新しいテクノロジーを迅速に取り込むことが困難になっている。スマートフォンアプリの作成はきわめて簡単に思えるが、コア

図9−1 ● 米国銀行のタイプ別資産シェア

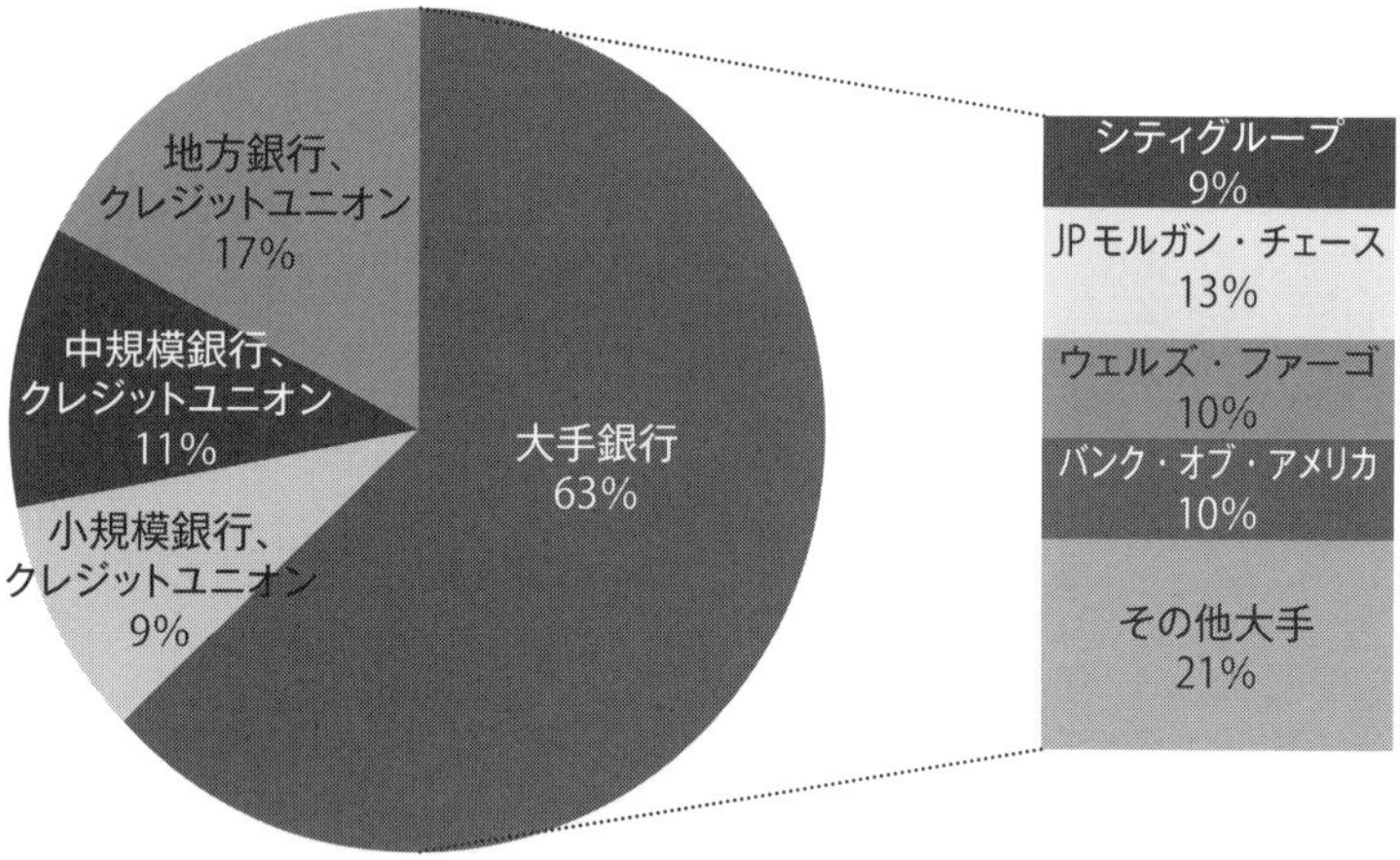


出典：2015年Fedデータ

バンキングのバックエンドシステムとビジネスモデルに対応する部分から先はそうでなくなる。物理的な紙に書かれた顧客の署名に基づくコンプライアンスを要求されるからだ。

新しく俊敏なディスラプターに対応するためには、非常に柔軟性の高いテクノロジーと組織構造が必要になる。船が大きくなればなるほど、その方向転換には時間がかかるものだ（**図9－2**）。

コボル言語でプログラミングされた1960年代のコアバンキングシステムのせいだけではない。核心部分にあるのは、ほとんどの銀行が現在でも、手作業の処理とペーパーワークを必要としていることだ。口座開設、クレジットラインの利用、そして小切手で誰かに送金する場合もそうだ。このレガシープロセスとテクノロジー・レイヤーには多少は漸進的な変更が加えられてはいるものの、このテクノロジー状態をディスラプターが目にすれば、それはディスラプションの好機として映る。今でも署名を求めているなら、本書中ではおそらく完全な負け組だ。

最近の銀行が犯したテクノロジーに関する失敗について考えてみよう（注3）。POS、ATMネットワーク、インター

**図9−2 ● 銀行のトランスフォーメーションは巨大貨物船の方向転換に似ている。スタートアップ企業はスピードボート的だ**

ネット、モバイルバンキングにおけるトランザクションシステムの不具合は、旧式のバックエンドのテクノロジーに関係するものだ。それらは現在経験しているような負荷に対応する設計が全くなされていない。スイフトのネットワーク故障やハッキングもまた、何億ドルもの損失の原因となっている。大規模なカードやクレジットスコアのデータベースもハッキングや情報漏洩を起こしている。銀行間決済ネットワークは、ある銀行から別の銀行に送金するのに現在でも3~5日を要する。何らかの事務ミスやパスワードを忘れただけで口座がロックされたら、支店に行って誰かに会うことを求められる。口座を開設して本人確認を行うためには、15~20ページもの書類の提出を要求される。昔ながらのプロセスや旧式のレガシーテクノロジーが顔を出す場所にはどこでもスタートアップ企業が何がしか存在していて、時代遅れのオペレーションを攻撃しているものだ。

## ③信頼は現在も重要

**「一般大衆からの信頼を取り戻すには、ひと世代分の時間を要するかもしれないと考えています」**

——アントニオ・シモエス、HSBC Banking Corp 英国部門最高経営責任者、2016年

ギャラップの調査（注4）によれば、世界金融危機以降、自分の取引銀行を信頼しているアメリカ人はわずか4人に1人である。英国ではさらに悪く、銀行に強い／非常に強い信

頼水準を持っているとしたのは、回答者のわずか12％だ（**図9－3**）。EU域内では、銀行への信頼は14％（アイルランド）から北欧の36～38％とさまざまだ。金融危機の時期である2008年に銀行への信頼は明らかに歴史的低水準となり、その後の回復の足どりは遅い。主な理由は、銀行に対する顧客の心のなかのイメージが危機以降変わっていないためだ。こうした信頼の欠如は、一般的にZ世代とY世代の態度にある程度組み込まれているようだ。そのため、新しい競争相手の参入と市場シェア獲得の障壁が大幅に低くなっている。

銀行への信頼がプラスでなくマイナスの環境下では、参入能力のあるテクノロジー大手（注5）やフィンテック企業が「銀行免許を持っていない」からといって、それが障壁にならないのは明らかだ。銀行免許が何か魔法のような信頼基準であるという議論は、現在では現実とはかけ離れてしまっている。

信頼とは根本的には使い勝手の関数であると、私は考えている。バンキングサービスの実用性が上がるほど、そしてブランドが実際の使い勝手を証明すればするほど、消費者はブランドの機能に信頼を置くようになるものであり、それが認可機関から提供されるかどうかは関係ない。

このことは、なぜ中国において大多数の消費者がアリペイやウィーチャットのテンセントのような企業を従来の銀行よりも**実際に信頼しているか**を説明するものだ。2016年にアーンスト・アンド・ヤングとDBS（Development Bank of Singapore）が実施した調査で判明したのは、中国におけるノンバンクサービスの急速な普及には、実用性が非常に大きな貢献要因となっていたことだ（注6）。消費者とブランドとのインターフェースが日常的なテクノロジーを通じたやり取りへとシフトしていくほど、そこで機能する必要がある大事なものはそのテクノロジーであり、それに付随する実用性だ。銀行が銀行免許維持のために規制を固守することは、たとえそのテクノロジーが失敗したとしても、顧客の信頼とはほとんど相関性がない。

以下のように例を挙げて説明しよう。世界中に資産と拠点を有する世界トップ50に入る銀行で、行内のコアシステムのメインフレームが何らかの偶発的なテクノロジー異常で故障して、その回復に1週間かかったとしよう。さらにその故障が2～3カ月の間に3～4回繰り返されたとしよう。消費者や中小企業から、個人に関して大変な問題が発生していると苦情が上がり始める。なぜなら銀行のテクノロジーの問題で、請求書や従業員に

**図9-3 ● 英国における銀行信頼度**

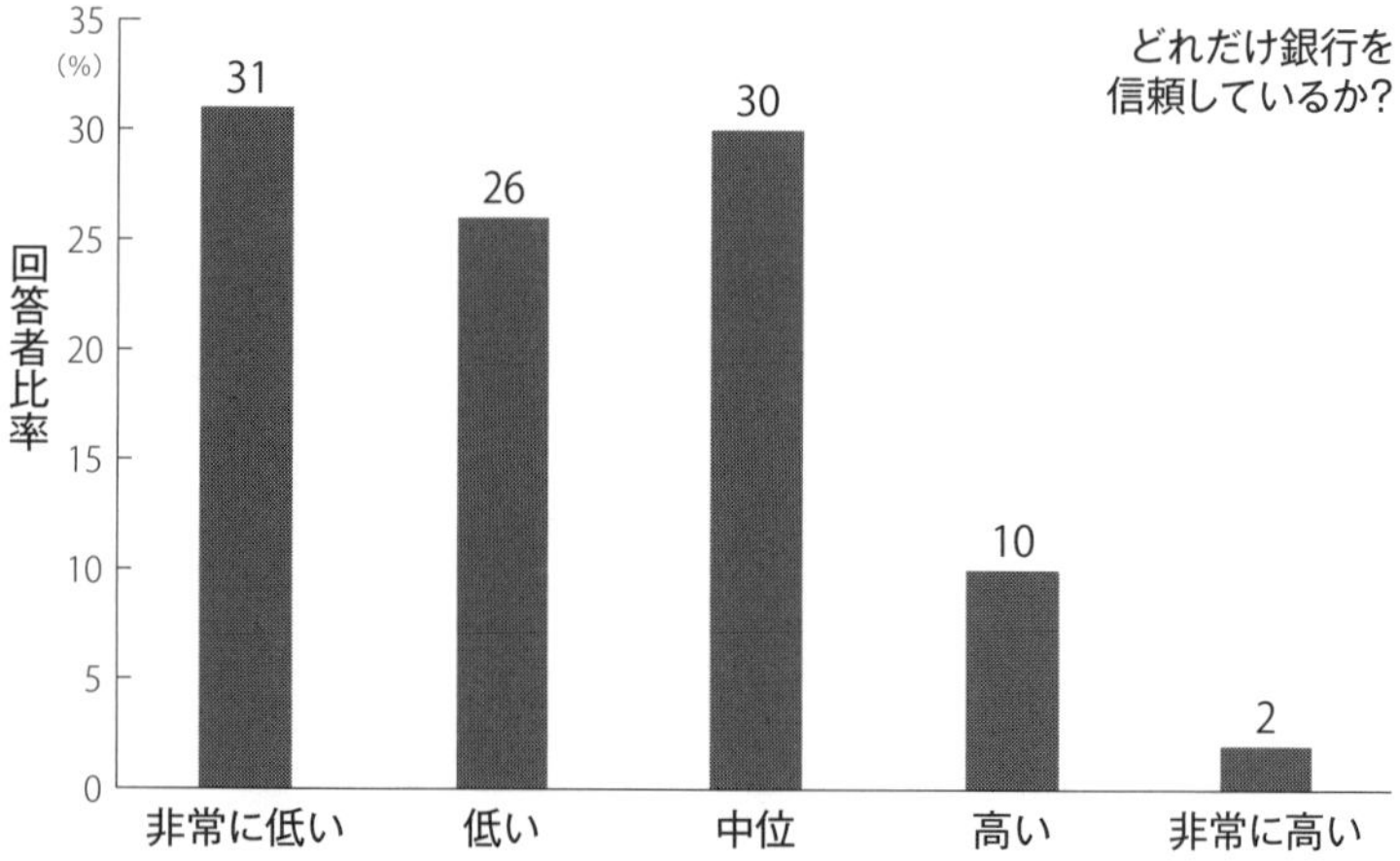


出典：Statista、2018年

対する支払いができないからだ。銀行免許を有しているとか、その町で50年間支店が営業しているという事実が、お客様相談室にとってどんな意味があると言うのか？

事実としてあるのは、新しいプレーヤーは、そのアーキテクチャーがよりアジャイルでクラウドベースで、中核部分の業務全体はテクノロジストが構築しているため、顧客レイヤーでテクノロジーに起因する故障が発生する可能性が統計的に低いということだ。

## ④顧客印象がマイナスでもすぐに変わらない商慣習

指標として受け入れるかどうかはともかく、ネット・プロモーター・スコア（NPS）は、ポジティブな顧客が平均的な銀行をどう捉えているかに関する洞察を示すものだ。NPSのスコアはマイナス100点〜100点の範囲で表示される。一般的には50点超が目標であり、顧客からその企業が推奨されるか「宣伝される」可能性から非常によい〜すばらしいとされる。バンキングについて言うと、NPSの平均レンジは世界的にマイナス17〜34である（地域による）。しかし、ほとんどの大銀行は20を下回っている。アマゾン、アップル、グーグルはいずれもNPSで最高の銀行をはるかに上回っている。

近年、顧客経験がコア・コンピテンシーまたは原動力であると語るCEOの数が増えている。しかし肝心なのはこれからだ。英国のトランスファーワイズ、モンゾ、スターリング、米国のベターメント、ヴェンモ、シンプル、ムーブン、欧州のN26、中国のアリペイ、陸金所（Lufax）、ウィーチャット等のスタートアップ企業は皆、ほとんど顧客間の紹介とネットワーク効果だけを通じて市場シェアを拡大してきた。それは従来型銀行のアプローチとは対極的だ。このことが示しているのは、こうしたスタートアップ企業は現在でも基本的な顧客経験による差別化を有しており、それが成長と競争姿勢に直接的に貢献しているということだ。最近の英国バンキングアワードでは、モンゾとスターリングが、その優れたフロントエンドの顧客経験によってベストバンク賞を獲得している。

ノンバンク、シャドーバンクや新しい金融サービスが普及していることの核心は、ディストリビューションの仕組みに根本的な変化が起こっているということだ。そしてそれは、既存プレーヤーの最大の懸念となっている。もし銀行の顧客獲得が営業店に限定されているか、デジタル顧客獲得を行っていてもそれが収益パイプラインの30％未満であれば、それはかなりの明確なリスクの兆候である。

**「私たちが迎えつつあるこの新しい時代は、もはや製造、つまりどれだけ多く生産するかはそれほど問題ではありません。テーマはディストリビューション、つまり人々が生産されたものの分け前（あるいはその利用）をどれだけ受けられるかです。将来は、貿易政策から商業規制に関する政府プロジェクトに至るまでがディストリビューションによって評価されることになるでしょう。政治が変わり、自由市場信仰が変わり、社会構造が変わっていくのです」**

――「テクノロジーで経済はどう変わるか？」、『マッキンゼー・クォータリー』、2017年10月書籍、音楽、小売、タクシー、エアライン、ホテル等を系統立てて調べてみれば、ここ20年の間にそれらがすべてインターネットのディストリビューションに移行してきたことがわかる。現在のテーマは、それらを音声コマースや他の組込み型テクノロジーと組合せて拡張することだ。この動きは、行動とディストリビューションの仕組みが、物理的な販売拠点への依存から脱却するという根本的かつグローバルな移行である。銀行は、自分たちがこのトレンドに対抗する唯一の業界であると考えたいようだが、現実には、書店、レコード店、小売店、旅行代理店などが、店舗展開にこれから起こることを予言している。現在のところ、エンゲージメントの要件に関して、バンキングが他業界と明らかに異なるという主張を支持する証拠は全くない。特に支店利用に関してこれまで見てきた変化に関してはそうだ。

発展途上国でインターネットへのアクセスがより効果的に整備され始めると、バンキングに接していない20億人かそれ以上の消費者の多くが、ほとんどデジタル手段だけで金融システムに入ってくるようになる。そのすべてが行き着く先は、次の10年間の半ばまでには、世界のデジタル・ファーストかデジタル・オンリーの口座保有者数が支店経由のバンキングを上回るということだ（後段で詳述する）。２０３０年になると、Z世代顧客が街中の目抜き通りを歩いていって銀行の支店を訪れ、口座を開設するとはほとんど考えられない。今後10年間に、口座開設に向けたフリクションのないオンボーディングのプロセス開発に力が注がれるならば余計にそうだ。

ここで議論している時間の長さは、ｉＰｈｏｎｅが発売されてから現在までとだいたい同じだ。その同じ時間内に私たちは、口座開設を支店に依存する銀行が消滅するのを目にすることだろう。流行に敏感な非常に小さなセグメント向けに小難しいブランドを提供している場合は例外だが。生き残る銀行はどれくらいあるだろうか？　米国ではせいぜい50%くらいだろう。現在米国に存在する何千ものコミュニティ銀行やクレジットユニオンのうちどれだけが、支店ベースの口座開設を主体に生き残ろうとするだろうか？　少なくとも95%だろう。計算してみればいい。

それから、規制当局は救いの手を差し伸べてくれない。レコード業界と映画業界に聞いてみればよい。10年以上にわたって何億ドルも費やしてダウンロードを止めようとした業界だ。

## ⑤業界メディアと古株プレーヤーはディスラプションの話をやめられない

以下に業界メディアの最近の見出しをいくつか挙げよう。

・CIOマガジン：「フィンテック効果と金融サービスのディスラプション」
・世界経済フォーラム：「フィンテックでなくビッグテックが引き起こす巨大なバンキングのディスラプション」
・フォーブズ：「従来型バンキングのディスラプションの競争が始まった」
・ビジネス・インサイダー：「築かれるフィンテックのディスラプションと、銀行が直面する『コダックの瞬間』」

・ビジネス・タイムズ：「ディスラプションがフィンテックの新たな規範」
・ニューヨーク・タイムズ：「フィンテック・スタートアップのブームは銀行の職を脅かすか」
・フィナンシャル・タイムズ：「銀行員が怖れるのはテクノロジー・ディスラプションによるアマゾン化」

皆がディスラプションを話題にしているときには、おそらくそれはすでに始まっている。

## ⑥銀行経営層の対応

エコノミスト・インテリジェンス・ユニットの調査によれば、バンカーの90％以上は、フィンテックが将来のバンキングの姿に大きな影響を与えると予想している（注7）。ほぼ3分の1は、フィンテックが同等のシェアまたは市場支配を獲得すると予想している。KPMGの2017年グローバルCEOアウトルックによれば、65％のCEOがディスラプションを事業機会と捉えている。同レポートでは、今後3年間、ディスラプションに対応する俊敏性が過去50年間よりも重要になるとのことだ！

2016年のマージャーマーケット（Mergermarket）の調査では、米国の地方銀行およびコミュニティ銀行の経営層は、将来的にはフィンテックとのコラボレーションが生き残りに不可欠だと考えている。銀行回答者の54％はフィンテックを潜在的なパートナーであるとし、89％は両者のパートナーシップが今後10年の規範となると考えている。

## ⑦銀行取引のあり方は根本的に変化している

根本的には、バンキングにおける最大の変化は、「バンキングはもはやどこかへ行ってするものではなく、単にするものだ」ということだ。ミレニアル世代やY世代なら、おそらくすでにバンキングのほとんどをインターネットかモバイル経由で行っているだろう。30歳未満なら、自らの判断で取引支店に行くのは最小限にしている可能性が高い。昨年のPwCの調査では、このトレンドによって新しい主要な行動のセグメントが生まれていて、それをオムニ・デジタルと分類している。オムニ・デジタルとは、自分のバンキング活動のほとんどでさまざまなデジタルチャネルを利用する顧客のことである。

人口構成的な相違が多少あるとしても、全体的なトレンドは明らかだ。従来型のリテール銀行では営業経費の大部分が物理的なディストリビューションチャネルの維持に充てられるため、これが既存プレーヤーのデジタルへの投資を減じてしまう。そこには現行ビジネスのカニバライゼーションへの懸念と、純粋な予算問題の双方がある。チャレンジャーバンクは皆、本質的に支店を持たず、現在は市場シェアが相対的に小さいかもしれないが、高コストの支店網を維持することがないために獲得する預金はそのまま新サービス向けの研究開発に使用可能であり、それが市場シェアの獲得能力をさらに強化することになる。

前出のPwCの調査では、支店を持たない銀行とは取引しないという顧客はわずか25％だった。つまり、75％の顧客が支店を持たない「銀行」と取引する意向があるということだ。今後何十年も支店が残るであろうことは明らかだが、それはもはや、バンキング機能にアクセスするために不可欠とは考えられていない。

## 生存のカギとなるテクニック

### 「S&P 500に名を連ねる企業の平均寿命は、1920年代には67年だったが、現在では15年と短命化しています」

――リチャード・フォスター、エール大学、ヘルスケア・イノベーション学部長へのスペシャル・アドバイザー

業界動向ウォッチャーには非常に明白なことだが、バンキングと金融サービスの業界のあり方は今、他の業界と同様に、ディスラプションによってその姿を大きく変えつつある。バンキング業界へのディスラプションの影響の仕方は銀行のタイプによって異なるが、その兆候はあらゆるところに表れている。米国のコミュニティ銀行の数は1874年には17401行だったが、2017年には5278行となっている（注8）。同じ時期、米国の最大手銀行はその資産基盤を大幅に拡大したが、31兆ドルの融資はいわゆるシャドー・バンキング・システム（フィンテックを含む）（注9）に流れており、それは米国で銀行が提供した信用額の3倍を超える。欧州中央銀行のデータが示しているのは、EUにおける貸し手の数はすでに減少傾向にあり、2010年の8237社から2015年には7110社へと落ち込んだことだ。そして集約化はさらに進むと予想される（注10）。インドは、PSB（public sector banks：公的部門銀行）の数を現在の半分に減らすと発表した。GCC（湾岸協力会議）

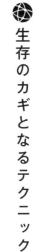

地域や中国も同様に、大幅な集約化を見据えている。中国、日本、そして韓国では、テクノロジー・プレーヤーの動きに弾みがつくにつれて、小規模の地方銀行へのプレッシャーが厳しくなっている。

ここまでのレベルのディスラプションへの対処に呼応して最初に変革する必要があるのが、組織とリーダーのものの考え方であることは明らかだろう。変化への適応が、このディスラプションの時代における生存スキルになった。そこでは、テクノロジー変化が加速することはあっても減速することはない。企業のなかには、ディスラプションが進む場所を見ていて迅速なフォロワーになり、フィンテックのリーダー企業のイノベーションをコピーしようとする企業もいる（**図9-4**）。

ロン・シェブリンが「迅速なフォロワ

**図9-4 ● ディスラプションに直面する業界におけるフォロワー戦略の問題点**

画像出典：Marketoonist.com

ーの誤謬」（注11）というすばらしい投稿で指摘したのは、業界のディスラプションに直面したときにいったん待ってからフォローすると、必然的に市場シェアを失ってしまうことだ。迅速なフォロワーとは、言い換えれば「動きの遅い者」なのだと彼は言う。動きの速い企業が変化に適応するスピードからすれば、とりわけそうだ。この主張にはいくつか理由があるが、最も重要なのは、既存プレーヤーにテクノロジーの血統が欠落していると、イノベーションが大きな進展を見せ始めるときにフォロワーはイノベーションリーダーに2〜3年は後れを取っていて、キャッチアップだけのためにさらに2年間の開発期間が必要になるということだ。それでおそらく、船の方向転換に残された時間の半分が過ぎる。比較的短い時間枠のなかで2つか3つの大きなディスラプション型テクノロジーに直面しているとしたら、既存プレーヤーの未来は明らかに危険にさらされている。

では、対応のために何ができるだろうか？　カギとなる回答の1つは、銀行のミッションの中核部分ですばらしい顧客経験を追求し続けることだ。このことは、フリクションを取り除き、新しい経験を通じて顧客とつながるために革新的な対応策を推進して、現行の方針やプロセスの砦を打ち破る方向へ企業を進ませるだろう。

前ガートナーの副社長で現在セールスフォース・ドットコムのグローバル顧客成長・セールス・イノベーションのエバンジェリストであるティファニー・ボーヴァは次のように言っている。「販売と成長の観点に絞って言えば、現時点の最大のトレンドは、ブランド開発・強化と販売実績向上において顧客経験が非常に重要だということです。ブランドとの接触をいつ、どのような方法で望むかは顧客が決めることであり、それが企業の顧客に対する販売方法に影響を与えます。ソーシャル、モバイル、クラウド、ビッグデータ、IoTといった大きなマクロトレンドは経験の差別化を生み出す助けになりますが、**究極的にはテクノロジー自体よりも顧客のほうがはるかにディスラプティブとなり**、全く新しい業種が形成されるのです（注12）」

2015年のIBMの調査では、銀行のエグゼクティブの65％は自分たちがすばらしい顧客サービスを提供していると考えていたが、それに同意する顧客はわずか35％だった。こうした認知ギャップが大きくなりやすいのは、チャレンジャーバンク、テックフィン企業、テクノロジー大手企業が、モバイルアプリ、音声スマートアシスタント、拡張現実メガネといったテクノロジーで、ユーザー経験でのリードを拡大しているためだ。

しかし、組織の顧客対応、アジリティ、適応力の変革を始めるために戦術レベルでできることは、ほかにもいくつかある。

## ①テクノロジー人材を経営層に加える

コミュニティ銀行や小銀行では特に、過去20～30年にわたって地元コミュニティ出身者をボードに入れることが戦略として機能していた。それはコミュニティを知ることが顧客ニーズへの対応の中心となっていた時代のことだ。現在では、地域の小売業者や農業者の関心が何かとか、中央銀行が金利を上げるかどうかといったことを理解するよりも、テクノロジーの提供のほうがはるかに顧客ニーズへの対応に適っている。

テクノロジストとして必要となるのは、新しいテクノロジーに十分網を張っていて、その領域で自らスタートアップ企業を保有しているか、あるいは銀行と同じような企業でデジタルトランスフォーメーションに取り組んだ経験があるといった人種だ。その目的は、トップダウンでのものの見方という情報を経営会議層に入れることだ。優先順位を与えるべきテクノロジーがどれか、そしてプラットフォーム提供をベンダーのみに依存する小銀行が誰とパートナーシップを組むと俊敏さを身につけるカギとなるか、といったことだ。大手フィンテック企業をポートフォリオ内に有するベンチャーキャピタルも有用となりうる。銀行にテクノロジー競争力を与えてくれるパートナー候補の紹介を受けることが可能かもしれないからだ。

クリス・スキナーは最近、ブログ（注13）でこの問題を取り上げた。彼が指摘したのは、銀行は自分たちが「テクノロジー企業になる」と言うかもしれないが、現実の経営構造はこうした主張と裏腹であることだ。アクセンチュアは世界の資産トップ銀行100行の約2000名のエグゼクティブのバックグラウンドを分析して、彼らがどんなテクノロジー経験を経営層に提供しているかを調査した（注14）。結果は恐ろしく暗いものだった。

- 主要銀行のCEOで職業上テクノロジー経験があるのはわずか3％
- 取締役のうち職業上テクノロジー経験があるのはわずか6％
- 40％の銀行では職業上テクノロジー経験のある取締役が不在

## ②ミレニアル世代とZ世代を多く雇用する（可能なら）

ミレニアル世代（1980〜1995年の生まれ）は、近年米国労働市場で34％という最大セグメントとなり、米国人口中最大のシェア（24％）を占めている。Z世代は1996年以降の生まれで、その数（米国人口の21％）と消費購買力を増大させつつある。それとは対照的に、中心的なシニアマネジメントの意思決定者と取締役会メンバーは、1980年以前の生まれ（ベビーブーマー：22％、X世代：21％）の人口層である傾向が強い。中国では、人口の31％がミレニアル世代（90後）で占められ、彼らはその先代の世代よりもはるかに「より企業家精神が高く、個人主義で、オープンマインドである」（注15）と繰り返し記述されている。ミレニアル世代は10年以内に、世界の労働力の75％を占めるようになる。彼らこそが銀行が将来何を優先すべきかを教える者となる必要がある。

ミレニアル世代を組織に入れる必要がある。しかし、彼らを惹き付ける組織文化を持っていないと雇用するのは難しい。集団としてのミレニアル世代には、ESG（環境、社会、ガバナンス）の価値が重要課題となってきている。彼らの多くが社会問題、環境面の懸念、所得格差に取り組んでおり、世代としての彼らの声を見出すことが重要である。組織内にこうしたイシューに対応する公式のポジションがない場合は、採用プロセスのなかでそのことについて質問を受けることを想定しておこう。ミレニアル世代を雇用して惹きつける可能性として、バンキングのキャリアを現在のテラーとしてスタートさせるべきか考えてみよう。上記の視点を考慮すれば、これはとんでもない施策だ。

次の世代の人たちにとっては、情熱を燃やすプロジェクトの重要性が増してくる。最も重要なのは、ポジティブなことが言えるカルチャーの必要性だ。金融包摂、再生可能社会の推進、犯罪低減、平等社会の推進といった、組織が後ろ盾となれる大義を見出すこと。株主利益ではこうした次世代の候補たちを動機づけられない。ある評論家が言ったように、仕事に「理由」を持ち込むのだ。

### ③俊敏（アジャイル）化する

言うは易し、行うは難しである。スーパータンカーなのに、スピードボートのように動くにはどうすればよいだろうか？　俊敏な大企業は現在も存在するが、それらに共通するのは、スタートアップとして始まり大手プレーヤーとなったテクノロジー・リーダーであることだ。グーグル、ウーバー、フェイスブック等といった企業は、世界のほとんどの銀行よりも大規模な雇用者となっているにもかかわらず、俊敏性を維持している。

「リーン・スタートアップ理論」を説いているのではない。私は、それは銀行内にある雑音であると心から思うが、ここで私が明確に議論するのは、組織プロセスと方針を迅速に転換する能力だ。

俊敏な銀行には中核となる5つの特徴がある（**表9-1**）。

俊敏性が欠如すると、より俊敏なフィンテック企業やテクノロジー企業と提携する銀行の能力にマイナスの影響を及ぼすことがある。スタートアップ企業が新しいアプリのバージョンを何週間かごとにリリースする一方で、銀行の商品リリースサイクルが3〜6カ月だとしたら、カルチャーの衝突が激しくなるだろう。ほとんどの場合、組織にはより速く動くための態勢が整っておらず、そのため俊敏な企業とのパートナーシップから得られる恩恵は大幅に失われてしまう。最悪の場合は提携が失敗するかもしれない。

俊敏な組織構造について山ほど書くことも可能なのはわかっているが、このテーマは非常に大きいため、掘り下げるにはきちんとした調査が必要だ。ここで述べておきたいのは、本書の前段で明らかにしたように、「トランスフォーメーション」を行うなら、そのどこかの点で組織構造問題に取り組まなくてはならないということだ。

**④銀行員の雇用をやめ、異なるタレントを惹き付ける**

カギとなるのは、組織全体にわたって新しいスキルを注入することだ。バンキ

表9－1 ● アジャイルな銀行の主要な特徴

| 顧客ファーストのミッション | 幅広い収益生成能力 | 迅速な商品とディストリビューション | プロトタイピングと学習の文化 | オプティチャネル（482ページ参照）とデジタル・オムニチャネル |
|---|---|---|---|---|
| アジャイルな銀行は、現行商品群を顧客に合わせようとはしない。彼らは適応を継続的に行い、顧客とつながる新しいアプローチを試している。 | アジャイルな銀行は、デジタルを通じてほとんどの収益を上げ、ほとんどのクロスセル／アップセルを行う。彼らは店舗網のような固定費を最小化し、変動費に注力する組織を組み立てている。そこでは業績ベースの予算編成が成果を生み出している。 | ディストリビューションの自由度は非常に高い。新しい施策の導入に関するチャネルの意思決定は月単位ではなく日／週単位で行われる。 | テスト、テスト、導入、失敗、再トライ。新施策のテストで失敗しないようなリスク回避的性質は、アルファ版、ベータ版の顧客向けリリースという考え方に取って代わられる。これは従来型のプレーヤーと規制当局にとっては乗り越えるべき巨大な山である。 | フィジカル戦略、またはフィジカル／デジタルチャネルの最適化を協調させて行うことは、将来アジリティを得るために非常に重要である。どんなコア活動であれ1つのチャネルに依存することはアジャイルな銀行にとって望ましくない制約となる。アジャイルな銀行は、顧客行動を観察して、それに対応する。 |

ング業界で働いた経験のある人々にこだわったり、「バンキング経験不可欠」と職務明細書に記載するのは、従来型の意思決定プロセスを強化して生存の可能性を低下させてしまうだけだ。だが、企業文化がバンカーやバンキングファーストで顧客経験やテクノロジー変革中心でないなら、組織思考に新風を吹き込むようなプログラマー、デザイナー、データサイエンティスト、そしてディープ・ラーニングの専門家を雇い入れることは困難だ。英国の主力金融機関で10年近く働いたことのあるプログラマーが書いた最近のコラムがそれを示している。

**「銀行は、自分たちはテクノロジー企業だと言うだろう。それを信用してはいけない。銀行ではテクノロジストは二級市民なのだ。トレーディング部門の周辺で働くなら（私がそうだった）、トレーダーが主役だ。テクノロジー組織内の権力闘争は熾烈で、キャリアの上昇は限定的だ。革新的な新しいテクノロジーに取り組めることはないだろう。ほとんどの銀行はコスト削減に取り組んでおり、それが意味するのはインフラ維持に専念するということなのだ」**

——リチャード・リン、「銀行にプログラマーの居場所はない」、eFinancial Careers, 2017年3月

同じように人材獲得競争をしているグーグル、フェイスブック、ウーバー、そして何万ものフィンテック企業と、銀行はどうやって競争するというのだろうか？　スタック・オ

ーバーフロー（訳注・プログラマーのナレッジコミュニティ）で活動するコミュニティ評論家で、高頻度トレーディングのプログラマーであるピーター・ロウリーは、２０１５年のインタビューで見解を述べており、銀行は人材を惹き付けるだけのために33〜50％高い給与を払わざるをえないとしている（注16）。しかしながらほとんどの場合、銀行は競争していない。最高のテクノロジー人材を求めたいなら、自らの運命を変えるテクノロジーの可能性にすべてを賭けるビジネスであると、自社の説明を行う必要がある。

２０１７年９月のEmolument.comのベンチマーキング調査で明らかになったのは、銀行で働くソフトウェア開発者の３分の２は、彼らの上司が自分たちの執務環境や自分たち個人のことを気にかけていないと考えている、ということだった。私たちが伝統的バンカーと呼ぶ人たちにとって、この調査は正反対の結果を示している。企業が彼らのニーズをどう優先しているかについて、３分の２がハッピーであると言っているというのだ。このことは、多くの銀行内ではデジタルやテクノロジーがいまだに「本物のバンキング」とは見られていないということを補強する証拠となる逸話だ。

私が見たより革新的な銀行では、人材を惹き付ける努力としてオフィスを「グーグル化」している。２０１７年に私はバンコ・デ・チリを訪れたが、ＣＯＯのイグナシオ・ヴエラが語ったのは、彼らのインキュベーター・オフィスで採用インタビューを行うことが「当行の人材惹き付け力を転換して引き上げる重要な要素だった」ということだ（**図9-5**）。

２０１４年、キャピタル・ワンは、デザイン会社のアダプティブ・パスを買収した（注

17)。同行は、考え抜いた組織文化変革の一環としてそれを実施した。そこでは、デザインが将来の銀行のデリバリー能力の中心となると考えられていた。これは明らかに、人材を惹き付けて迅速なデリバリー能力を獲得するとともに、組織文化を変革するという両面でカギとなる戦略である。獲得した人材が組織に配置されると、彼らは組織内で文化とアプローチに関する新しいベンチマークとして見られることが多かった。これは役に立つ例だが、それは組織に受容性がある場合に限られる。

　長年にわたって何百もの銀行がイノベーション部門を設けてきたものの、イノベーション部門の長がもっといい仕事を求めて離職したり、銀行の文化に合わないために部門を閉鎖する等で実を結ばずに終わっている。ここでの問題は、イノ

図9-5 ● バンコ・デ・チリのラボ環境は、デザイナーと開発者人材を惹き付けるのに成功している

ベーションチームが銀行文化に馴染まないことではなく、銀行の免疫システムが強く働いて、変化という脅威をもたらす新しいものを拒絶することだ。変化はリスクと捉えられ、リスクは銀行が最もとりたくないものだからだ。

## ⑤最も影響の大きいデジタル変革工程に優先して取り組む

一夜にしてビジネス全体を変革することは基本的に不可能だが、伝統的な組織構造、部門、テクノロジーを迂回して経験を積み上げ始めることは可能だ。トランスフォーメーションの成功例となる経験である。

ベインの調査では、ミレニアル世代は65歳以上の顧客に比べて1・7倍も多く銀行に電話をかけることが示された。しかしそれは、若年層顧客が電話で話すことが好きだからではない（注18）。調査が明らかにしたのは、そうした事例の半数超が、デジタルチャネルを初めて使おうとしてうまくいかなかった場合だった。使い勝手の問題か、単にデジタルチャネルが探しているものに対応していなかったかのいずれかだ。よくデザインされたカスタマー・ジャーニーは、経済的にもよい面で意味がある。顧客との個々のデジタルでのやり取りは約10セントの変動費を発生させる。比較対象として人間のテラーやコールセンターのエージェントのやり取りの場合は4ドル超である。こうしたカスタマー・ジャーニーをきちんと機能させるインセンティブは強い。しかし、変革の取組みにつながるようなジャーニーの優先順位をどうつければよいだろうか？

過去10年かそこら私が使ってきた手法で、シンプルで強力な投資対効果を上げたものは、

## 表9-2 ● 顧客／ビジネス影響度スコアリング表

| 対象となるデジタル・カスタマージャーニー | 収益を生むか? | 顧客関係を深化させるか? | 顧客フリクションを低減するか? | コスト低減度合い（1～5） | リスクウエイト（1～5） | 全体加重スコア |
|---|---|---|---|---|---|---|
| デジタルオンボーディング／口座開設 | ○ | ○ | ○ | 4 | 1 | 23 |
| 店舗内即時信用供与承認 | ○ | ○ | ○ | 2 | 3 | 19 |
| トークン使用カードレスATM現金引出し | × | × | ○ | 1 | 1 | 10 |
| アプリ経由でのカード紛失報告 | × | × | ○ | 3 | 1 | 12 |
| 事前承認型自動車ローン | ○ | ○ | ○ | 3 | 3 | 20 |
| クレジットカード利用方法オファー | ○ | × | × | 2 | 1 | 11 |
| 株式売買アプリ | ○ | × | ○ | 1 | 4 | 12 |
| クレジットカード決済 | × | × | ○ | 2 | 1 | 11 |
| 個人金融マネジメント（PFM） | ○ | ○ | ○ | 1 | 1 | 20 |
| 接触履歴のアップデート | × | × | ○ | 5 | 1 | 14 |
| 信用限度の変更 | ○ | ○ | ○ | 3 | 3 | 20 |
| 住宅購入支援 | ○ | ○ | ○ | 2 | 1 | 21 |
| 携帯電話保険申込み | ○ | ○ | × | 1 | 1 | 15 |

注：この事例で使用した加重計算式は次のとおりである。
　　=（(IF（B=“Yes”,5,0)）+（IF（C=“Yes”,5,0)）+（IF（D=“Yes”,5,0)）+E）+（5-F）

出典：著者作成

事業影響度の加重スコアリング方法論である。収益生成、顧客リレーションシップ影響度、顧客フリクション、組織コスト節減、リスクマネジメントといった重要項目を抽出して、そのチェックボックスが埋まるようなカスタマー・ジャーニーを探すのだ。ポイントは、収益にプラス影響があり、エンゲージメントを改善し、離反を削減し、顧客当たり収益を増加させるようなジャーニーが自動的にトップに上がってくることだ。前頁に示す例は、以前に私が典型的なリテールバンキングの変革向けに作成したものだ（**表9－2**）。

原則的に、各列にはウエイトが乗せられていて、顧客と事業収益性の双方に最も大きな影響を及ぼすジャーニーが一番上に来る。計算式は変更可能だが、現行の計算式は事業目的と顧客重視の間で強固なバランスを生み出している。この方法論を使うと、銀行の従来商品や経験の多くは高く評価されず、基準を通過しない。

上記説明を使った例として、クレジットカード利用のオファーがある。カード企業人ならモバイルアプリに高い優先順位で否応なく組み込みたいものだ。問題は、それが顧客の問題を解決せず、社内的にも大きなプラスの影響を持たないことだ。一方、インストアでの即時クレジット承認のほうがはるかによい結果となっていて、潜在スコアではほぼ2倍の高さのスコアになる。2つは多くの観点で同じ基本的なオファーと見ることができるが、一方は経験ベースで、他方は商品中心である。

このことは、同じポイントをあらためて示している。銀行がカスタマー・ジャーニーに取り組むなら、ブランド・ディストリビューション向けにデザインされた商品を単に新しいデジタルチャネルに適合させるのではなく、最大の影響力を及ぼすようなカスタマー・ジャーニーあるいはシナリオを取り込むべきなのだ。これの残念な例は、キャピタル・ワンのアレクサ対応である。彼らは開発した最初のユースケースの1つとして、顧客のクレジットカード支払いに注力した。なぜここで、音声の顧客経験のなかにプラスチックカードを押し込もうとしたのだろうか？　音声コマースのあらゆるものが示唆しているのは、16桁番号のクレジットカードは時代遅れだということだ。好機が見逃されてしまった。

銀行が提供する中核的な使い勝手が何であって、それをテクノロジー・レイヤーを通じてリアルタイムで提示する最良の方法はどんなものだろうか？　これは、日常バンキングにおける優れた顧客経験デザインの中核となるものだ。

**「19世紀の経営や評価手法を持ってきて現在の世界で機能させる方法があるだろうか？スティーブ・ジョブズやマーク・ザッカーバーグの世界で？」**

――ジェイソン・バーンズ、アンダー・アーマーのイノベーション担当シニア・ディレクター

革新的なリーダーの調査で判明したのは、大多数の企業は自社のトランスフォーメーションの成功を測定する有効な指標さえ持っていないという事実だ。調査では、活動指標と影響指標の双方が、変革施策の成功を測定するために重要なことが示された。活動指標は変革のインプットである。イノベーションにかかわる社員数、捻出アイディア数、新規開

始プロジェクト数、特許申請数等々だ。影響指標はイノベーションの具体的な成果だ。売上高成長、新市場シェアと新市場参入、新商品あるいはサービス収益などだ。

イノベーション・リーダー200人の調査から判明したトップ5の指標は次のとおりである。

①商品別収益
②パイプラインにあるプロジェクト数
③ステージゲート・プロセス（例：概念検証から導入へと移行するプロジェクト数）
④P／Lまたは金融面の影響
⑤四半期当たりの生成アイディア数

変革を望むなら、適応過程でのチームの成功度合いを測定すべきである。

## サバイバルはトップから始まる

**「問題が生じたときに使っていたのと同種の思考を使っても、その問題を解決することはできない」**

——アルバート・アインシュタイン（伝）

ゆっくりと忘却の淵に沈んでいくことを受け入れずに、テクノロジーとフィンテックのディスラプションを生き延びると決心したなら、まず始めなければならないのは、銀行の文化の変革にコミットすることだ。テクノロジー企業になりたいと望むなら、それは単に当行はテクノロジー企業であると宣言してオフィス家具をビーンバッグソファと入れ替え、パステルカラーのペンキを塗りたくってその場にホワイトボードを置くよりもはるかに多くのことをやる羽目になる。求められるのは組織文化の変革であり、それはトップから始まる。求められるのはビジネスの変革を望み、それを実現するスキルを持つリーダーである。

データが何を語っているか考えてみよう。

世界で最も速く成長している金融機関とは、大規模に迅速かつ低コストでデジタルの直接アプローチを介して顧客を獲得するテクノロジー企業か、文字どおり年間何十億ドルもかけてさまざまな領域の改革を図る現行企業のどちらかだ。フィンテック企業は徐々に市場シェアを獲得しつつあり、業界を席巻していないまでもその成長が意味するのは、来るべき未来の一部は間違いなく彼らのものだということだ。そしてその他のプレーヤーは統合されて市場退出となる可能性が高い。これが起こっているのは企業買収の領域だけではない。人工知能、ブロックチェーンそしてクラウド・アーキテクチャーといったテクノロジーは、21世紀に私たちが金融機関を構築する方法を根本的に変革している。とすると、新しい金融機関の中核にあるのはテクノロジーではない。それはハートであり、頭脳であり、脚であり、声帯なのだ。おや、それなら私たちが現在バンキングとして知っているものではないか。

銀行の取締役会にテクノロジー人材がいないなら、そしてCEOの全経歴がバンカーとして過ごしたもので、GPU（画像処理チップ）とCPU（中央演算チップ）の区別もつかないなら、私には、皮肉屋と呼ばれようが、その人物が求められるトランスフォーメーションを先導してやり切れるとは思えない。

HSBCのような銀行が、実質的にテクノロジー経歴がゼロで全キャリアを銀行内で過ごした人物をCEOに昇進させるのを目にするなら（注19）、私はその銀行が事業変革に失敗して（注20）物理的にディスラプトされてしまうことに賭けよう。HSBCのリーダーシップは現在も従来型思考を中心に据えて構築されており、そのことが迅速な組織変革の最大の障害となるだろう。HSBCはリテールバンキング向けデジタルのグローバルヘッドにジョシュ・ボトムリーを配しており、彼は有能な人物だ。しかしHSBC.com（注21）の経営層プロファイルを見れば、彼は基準を満たさないばかりか、適応に必要なスキルと、20世紀型銀行であり続けるのに必要なスキルとの間の断絶を強めてしまうことになる。確かにグループCOOのアンディ・マグワイアのポートフォリオにはテクノロジーが入っているが、彼は生粋のテクノロジストではない。そしてテクノロジーの影響範囲がオペレーション領域より幅広いことは確実だ。戦術レベルのテクノロジストに関して「当社について（About Us）」に掲載されているHSBCの経営陣でベストなのは、金融犯罪リスクのヘッドだった。これはほとんど変革とは関係なく、本質的にはコンプライアンスの役割だ。

彼らは四半期ごとに会するテクノロジー・アドバイザリー・ボード（注22）を有している。しかし、これでどのようにしてまた船を速く進められるのだろうか？

過去にＨＳＢＣに籍を置いた者として、このことは私にとって大きな苦悩だ。しかしそれは、ＨＳＢＣのテクノロジー・ミッション・ステートメントである「よりシンプルに、よりよく、そしてより速く」といったデジタル・トランスフォーメーションに関する企業ステートメントに大きな問題があることを示している。私はとりわけＨＳＢＣを取り上げようとしているのではない（注23）。私が示そうとしているのは、変革について本気になることの必要性だ。テクノロジーの素養のあるリーダーシップが実際にいないのなら、変革力があり、革新的で、顧客ファーストであるとか「テクノロジー企業」であると気安く主張することはできない。必要なのは21世紀に向けた実行力のあるリーダーシップである。

対照的に、BBVA.comの企業経営層ページを見れば、デジタルおよび顧客経験の変革に関する（会長からの）緊急メッセージが目にとまる。ソーシャルメディアにおけるＢＢＶＡのリーチの測定基準がある。リーダーシップ層には強力なテクノロジーＤＮＡを持つ人材が数多く見つかる。そして買収や提携の歴史で有言実行であることがわかる。アント・フィナンシャルを見れば、会長のペン・レイ（ルーシー・ペン）をはじめ経営チーム全員が、長年にわたる強力なテクノロジー経験とコンピテンシー（注24）をベースとしていることが理解される。

私は常にいくつものイベントでスピーチをしているが、そこにはコミュニティ銀行やクレジットユニオンのＣＥＯがスピーチ後にやってきて言う。「大変なことだ。これを全部聞いてしまったら、私は来年にでも喜んで引退するよ」。実際にはそれが企業に差し迫る困難への解決策にはならないことを指摘する必要はないだろう。

そう、トランスフォーメーションはおそろしく困難だ。組織が大きくなるほど、船の向きを変えるのは難しくなる。しかし、当社はデジタルであると言うだけでは不十分なのだ。デジタルであることは、ビジネスの根っこからそうであることが求められる。そして組織図はウソをつかない。

『Bank 2.0』では私はこう述べた。最終章で私は、シンプルな質問を投げかけた。「支店部門の長が、インターネット（あるいはデジタル）部門の長よりも組織で上の地位に就いていませんか？」。この質問はほぼ10年前にしたものだが、それは現在でも適応力のまさに中心にあるものだ。しかし現在では、デジタル部門の長は支店部門の長よりも上位でなければならない。理由は？　生き残ろうとするなら、いまや新たなクラスの競争相手と戦っていることを認識しなければならないからだ。そしてあらゆるフィンテック企業のＣＥＯと、あらゆるテクノロジー大手企業のＣＥＯは、自らの組織におけるデジタル部門の長でもあるのだ。２００９年に私が『Bank 2.0』を著した頃の回答のほとんどが「ノー」だった。現在でもその回答に大きな違いはない。

バンキングとはもはや、バンキング能力のことではない。ここから先のバンキングは、永遠にテクノロジーを追究するものになるだろう。わずか2～3年のうちに、収益は大きくテクノロジーに依存するようになる。ブランド、リーチそして規模拡大もテクノロジーに依存するようになる。顧客エンゲージメントはすでにその95%がテクノロジー・デリバリーであり、それは日常の行動に基づくものだ。優秀な人材を惹き付ける力とは、組織文化であり、テクノロジー活用力である。将来のビジネスの中核である人工知能を作るのは、支店のテラーとしてキャリアを始めた人たちではない。

バンキングに優れているというだけで、私たちの業界に起こりつつある驚くべき変化に適応することはできない。もはやそれだけでは不十分だ。顧客の生活のなかに組み込まれることに屈せず集中する必要がある。それは、手にしたテクノロジーによって自行の能力を変革して、顧客が必要とする時と場所で提供するという約束を果たすことを通じて実現される。

第一原理思考とは、ゼロから始めて根本的に異なる方法で問題にアプローチすることだ。過去30年間維持してきた同じ基本的なバンキングのモデルの焼き直しをするなら、変革に至る十分なスピードは得られない。

バンキングはどこでも行うものになる。しかしそれが可能なのは、ユビキタスであることを可能にするテクノロジーを通じてのみだ。建物と人間を通じてではない。ビジネス変革に向けた正しいリーダーシップを持たなければ、そしてバンキングの何たるかについて全く異なる考え方をすることを認めなければ、その銀行の存在は終わってしまうだろう。

注1：“One Statistic shows how much Amazon could dominate the future of retail” 参照のこと。Business Insider, Kate Taylor, ２００７年11月1日。アマゾンはリテール成長の半分を推進している。シアーズ、メイシーズ、トイザらスは皆この変化の犠牲となっている。

注2：出典＝ＦＤＩＣデータ。“Banks are getting bigger, not smaller” も参照されたい。The Independent, ２０１７年３月12日

注3：オーストラリア、英国、米国、ドイツの大手を含む。

注4：出典＝ギャラップ調査“Confidence in Institutions” ２０１７年７月、http://news.gallup.com/poll/1597/confidence-institutions.aspx

注5：たとえば、アマゾン、アップルあるいはアリババである。

注6：出典＝E&Y/DBS Survey 2016 “The rise of FinTech in China”

注7：出典＝“The disruption of banking” The Economist EIU

注8：出典＝FDIC Statistics At a Glance（２０１７年９月30日の数値）——ＦＤＩＣ付保金融機関総数は５７３７（うち92％はコミュニティ銀行）

注9：出典＝米国銀行協会（American Bankers Association）

注10：ユーロ通貨圏では５万人に対して１つの銀行がある。米国と似た水準だが、17万人に１行の英国、90万人に１行の日本よりもはるかに細分化されている。

注11：出典＝The Financial Brand

注12：インタビュー、２０１６年３月、Salesforce.com、強調は本書が追加。

注13：TheFinanser.com

注14：出典＝“Bridging the Technology Gap in Financial Services Boardrooms” Accenture Strategy Report 2016

注15：ゴールドマン・サックスのレポート "The Asian Consumer：Chinese Millennials" 参照。
注16：出典＝JAXenter "Banks 'pay 33 percent to 50 percent more' in developer salaries" ２０１５年３月
注17：TechCrunch "Design Firm Adaptive Path Acquired by Capital One" ２０１４年10月２日
注18：あなたに10代の子供がいるなら、彼らに電話で話すのがどんなに難しいか経験でわかるだろう。
注19：http://www.hsbc.com/about-hsbc/leadership/john-flint 参照。
注20：ＨＳＢＣは過去2年間、「よりシンプルで、よりよく、より速い」存在になりたいと述べている。
注21：http://www.hsbc.com/about-hsbc/leadership 参照。
注22：出典＝BankingTech.com, FinTech Futures "HSBC to capitalise on tech innovation with technology advisory board" Tanya Andreasyan, ２０１７年１月18日
注23：正直に言えば、私はそうしていると思う。
注24：http://www.antfin.com/team.htm

CHAPTER 10

# 結論：Bank 4.0へのロードマップ

CONCLUSION: THE ROADMAP TO BANK 4.0

**「ディスラプションとは、あなたに起こることではない。それは、あなたに起こることに対してどう対応するかということだ」**

——ジェイ・セイミット、『Disrupt You !』著者

Bank 4.0について議論するにあたり、議論を明確にするために、時系列と定義の双方をきちんとしておくのがよいだろう。

Bank 1.0：歴史的、伝統的なバンキングで、主要アクセスポイントである支店を中心に形成される。12世紀のメディチ家に源を発する。

Bank 2.0：セルフサービス・バンキングの出現であり、銀行が営業時間外のアクセスを提供する最初の試みとなった。ATM機に始まり、1995年には商用インターネットとともに加速した。

Bank 3.0：2007年のスマートフォンの登場とともに、バンキングは必要なときに必要な場所で行うものへと再定義された。そしてモバイル決済、P2P、モバイル上に作られたチャレンジャーバンクへのシフトによって加速した。非チャネル依存的である。

Bank 4.0：組込み型のユビキタスなバンキングであり、テクノロジー・レイヤーを通

じてリアルタイムで提供される。リアルタイム、コンテキスト型経験、フリクションレスのエンゲージメント、スマートなＡＩベースのアドバイス・レイヤーが主役となる。大半はデジタルのオムニチャネルであり、物理的なディストリビューションは全く不要となる。

これを図示してみると、片方の軸はバンキングの経済性（主にディストリビューションとデリバリーの仕組み）で、もう１つの軸はフリクション（顧客経験中のもの）になる（**図10－1**）。

誤解のないように言えば、Bank 1.0、2.0 および 3.0 は現在も存在している。業務面や顧客エンゲージメントにおいて、その性質が根本的には Bank 1.0 である銀行は現在もある。モバイルアプリを持

**図10−1 ● 組込み型のユビキタスバンキングは、速く、フリクションレスで、リアルタイムでなければならない**

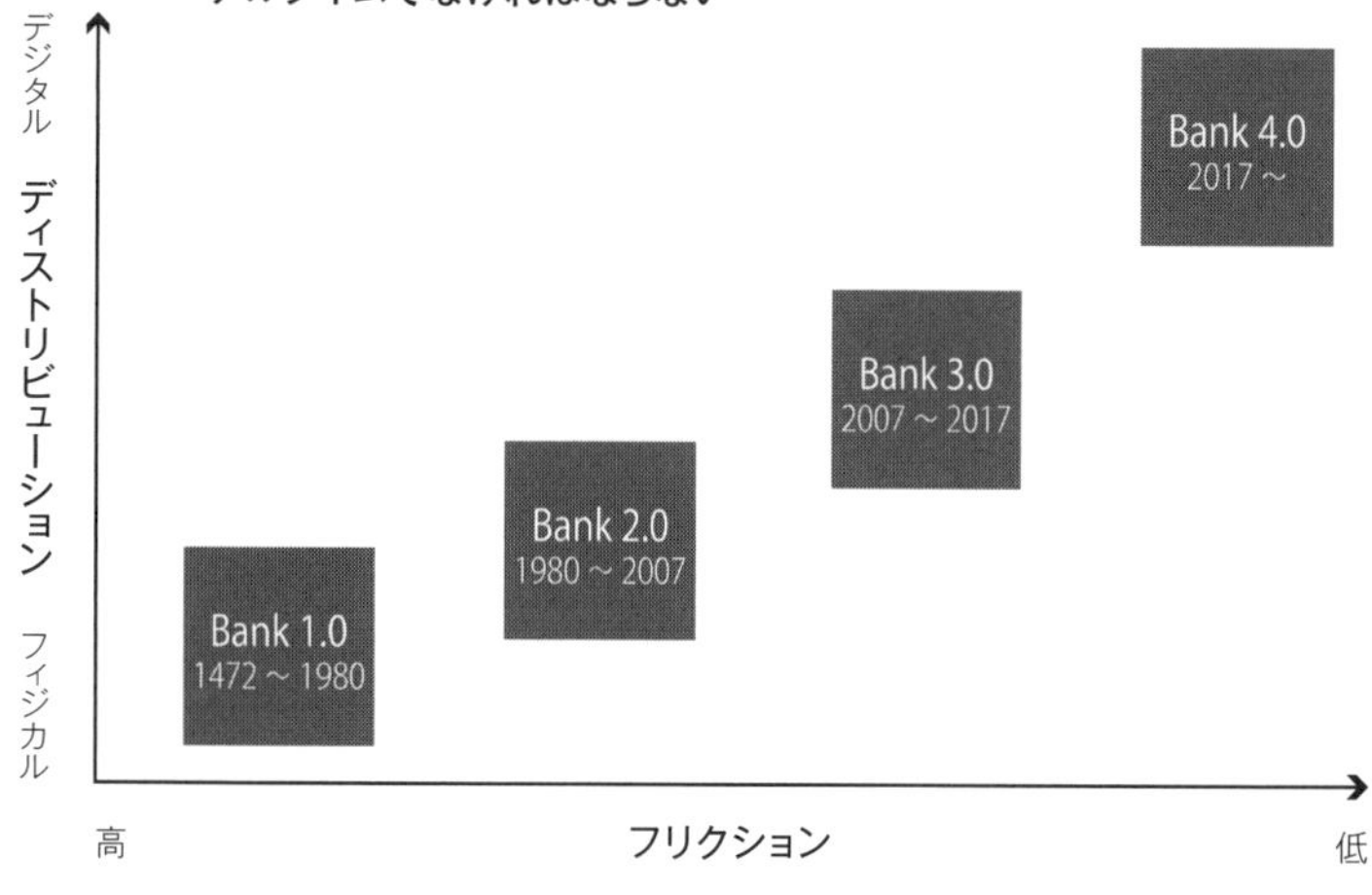

たず、インターネット機能も限定されている銀行がある。そうした銀行はBank 2.0のカテゴリーに入る。大多数の銀行は現在でもモバイルでの口座開設を提供していないが、それでBank 3.0に相当するとはまず言えないだろう。Bank 2.5といったところだろうか。現時点で真にオムニデジタルであってBank 4.0にシフトしようとしている銀行は、全世界で数にして数十行ある。ほとんどはBank 4.0までたどり着かないだろう。私見ではあるが、そのなかにはチャレンジャーバンクもいくつか含まれる。

Bank 4.0への動きを区切ることになるのは、顧客行動の大きな変化、世界最大級の銀行のリーチを超える規模を持つ大手ノンバンクの競争相手の登場、そして成功のために必要となる全く異なるスキルセットなどだ。口座保有顧客に依存した支店を通じて基本的なバンキング機能を提供し続ければこの襲来から生き残れると考えている金融機関は、まさにディスラプションの大きな危機に瀕している。あなたの銀行が、今後10年かそこらの変化を生き抜きたいと考えているなら、それが可能な唯一の方法は、組織を再定義し、中核的なデリバリー機能を再構築し、職員を進化させ、全く新しい組織図に沿って再編を行い、これまで可能と考えていたよりも速いスピードで変革を進めることだ。現在の銀行は、コダック、ボーダーズ、ノキア、モトローラ、タワーレコード、ブロックバスター、JＣペニーやシアーズ、ディジタルイクイップメント、ポラロイド、コンパック、ボーランドといった存在になってしまう可能性があるのだ。

テクノロジーベースのディスラプションは、焦点を定めて狙い打ちをする一方でバンキングは手付かずのまま残す、といった変則的な作用をしたりしない。2009年に『Bank 2.0』を執筆して以来、私たちは非常に大きな変化に直面してきた。

2009年には、チャレンジャーバンクは存在していなかった。2009年のフィンテック投資は全世界で20億ドルに届かなかったが、2017年には310億ドルを超えた（ICOを含まない）。2009年、P2Pレンディングは全世界で10億ドルに満たなかったが、現在では米国で30％の市場シェア（無担保融資）を有しており、年間ローンポートフォリオで1兆ドルに近づいている。2009年にはモバイル決済はまだ議論の最中で、アップルはその戦略を決定していなかった。しかし2017年は中国だけで10月までに120億ドルのモバイル決済が行われている。テンセントとアリペイというノンバンク2社のネットワークを通じたものだ。ブロックチェーンはビットコインの背後の基盤技術として存在していたが、2009年にはこのテクノロジーを業務向けのものとして考える銀行はなかった。2009年には、5000ビットコインを購入するのに30ドルもかからなかった。しかし2017年の終わりには、同額のビットコインが1億ドルとなっていた。2009年以降、先進国経済における銀行支店の総数は8〜22％、年平均では1・5〜2％減少している。金融包摂は2009年以降、インド、サブサハラ・アフリカと世界中の多くの場所でブームとなっており、10億を超える人々が単純な価値貯蔵を手にするようになった。こうした個人は、従来型の支店へのアクセスを通じた金融サービスの世界には、実質的に全く触れていなかった。

私たちは、金融サービスの複数の事業領域で根本的な変革が徐々に起こりつつあるのを目にしている。アクセスは再定義されつつある。ビジネスの経済性は刷新されつつある。規制の枠組みは見直されつつある。日常行動は支店内でのエンゲージメントを離れて移行し、収益も同じ道をたどっている。世界の銀行の数は再編が起こって減少しつつあり、同時にテクノロジー企業やフィンテック企業が提供するバンキングサービスの数は爆発的に増加している。このトレンドが継続するならば、行き着く先でのバンキングという業種はこれまでと根本的に異なるものとなるに違いない。銀行口座のあり方や、顧客にとってのバンキングの意味は、不可逆的に再定義される。

## 2025〜2030年に何が起こるか

こうした破壊的な動きのポテンシャルを強調するために、2025〜30年という時期についての私の予想をいくつかご紹介しよう。

・2025年には、最大の預金吸収企業はテクノロジー・プレーヤーとなる。それは、アリババ、アマゾン、グーグル、テンセント、アップル（可能性あり）といったテクノロジー・リーダー企業か、または預金をより効率的に拡大する方法を編み出したフィンテック専業企業のディスラプターのいずれかになる。

・2025年には、ほぼ30億人のアンバンクト（非銀行取引層）が15年をかけた後に金融サービスシステムに入ってくる。この人たちは全く支店に足を踏み入れたことがない。

・2025年には、自分のおカネについて、コンピューター、スマートフォン、音声、拡張現実などを使って取引する1日当たりの人数が、世界全体の支店ネットワークを訪れる年間ベースの人数を上回る。
・2025年には、AI、アルゴリズム、ソフトウェア経由のおカネに関するアドバイスのほうが、現在世界全体の金融機関でヒトのアドバイザーが行っているアドバイスより多くなる。
・2025年には、日々のeコマースおよびモバイルコマースの約4分の1は、音声かソフトウェア・エージェント駆動のものになり、音声対応企業の収益は非対応企業の25〜30％に達するだろう。
・2025年には、世界最大級のリテール銀行のほとんどすべてが、収益の過半をデジタル経由で上げることになる。
・2030年には、世界の十数カ国がほぼキャッシュレスになっており、中国の大都市、北欧、シンガポール、オーストラリアはそのなかに入っているだろう。
・2030年には、AIが原因で、現在のバンキングにおける職の30％が減少することになる。失われた職の一部は、ディープラーニングの専門家、データサイエンティストといったものが代替することになるが、新しい職は減少分を補うには遠く足りないだろう。

# テクノロジーが第一、バンキングは第二

最新のニュースでは、アリペイのみならずアマゾンもバンキングに参戦するようだ。2018年のシンガポールでのMoney 20/20では、ピユシュ・グプタ（訳注・DBS銀行CEO）が、銀行はテック・ジャイアントに対してブランドとネットワークで優位性を持っていると信じてはいるが、これらの新興プレーヤーはすでに数十億の顧客にアクセスがあり、顧客獲得コストは実質的にゼロであることを示した。現在、同じことができている銀行は存在しない。銀行がテクノロジー・プレーヤーになるためには、企業として変革が必要だという基本的前提からスタートしなければならない。

1・0時代のバンキングの根幹は、バンキングで秀でていることだった。つまり、高いROE、適切な信用リスク方針、良好なディストリビューションとネットワーク等々だ。しかし、4・0時代のバンキングの根幹は、テクノロジーに秀でていることに尽きる。Bank 4.0 の世界では、バンキングに秀でていることが実はマイナスになる。理由は、現状への満足が迅速な変革を阻むからだ。Bank 4.0 時代には、テクノロジーとデザインに適切な投資を行っていれば、コアバンキングのスキル（あるいは、より明確に言えばコアバンキングシステム）なしで、ディストリビューション・レイヤーを超えたバンキングサービスの提供で勝ち残ることが可能だ。新しいテクノロジー・レイヤーをバンキングの業務環境に導入するたびに、私たちは少しずつバンキングを再定義してきた。

銀行向けメインフレーム第1号のＥＲＭＡ（注1）が導入されると、それが初の銀行口座番号の登場につながった。ＡＴＭがやって来て、通帳からプラスチックカードへの移行が起こった。インターネットとモバイルが到来すると、銀行はバッチ処理からリアルタイムのストレートスルー・プロセシングへと移行せざるを得なくなった。ソーシャルメディアが登場するとＩＰベースのＰ2Ｐ決済システムが出てきて銀行には圧力がかかり、2〜3日という処理時間をリアルタイム（またはほぼリアルタイム）能力へと変革することが期待された。新しく大きなテクノロジーの飛躍があるたびに、そのテクノロジーに関する不可逆的で構造的な業務上の変革が起こった。過去20〜30年の間、テクノロジーによってバンキングのリレーションシップ、商品、サービスやプロセスのすべてが変革されてきた。そしていまや規制さえもテクノロジーによって変革されようとしているのだ（**図10－2**）。

Bank 4.0における重要な変化とは、テクノロジーはもはや銀行の構成要素を変革しているのではなく、バンキングを行う方法を過去から変革しつつあり、後戻りはできないという点だ。ＤＢＳ銀行のグプタは、バンキングは、テクノロジーを通じて私たちの周囲の環境に組み込まれて「インビジブル（不可視）」にならねばならないと述べている。これには心底から同意する。

**「2000年からBBVAの会長を務めるフランシスコ・ゴンザレスは、早晩、インターネットの巨大企業（アマゾン、フェイスブック、グーグル等）が主たる競争相手になると考えている。『デジタル世界はあまり多くの競合の存在が許されない』ことから、20年後の世界中**

図10-2 テクノロジーの飛躍が、従来のプロセスや方針モデルに対するディスラプションを次第に大きなものとした

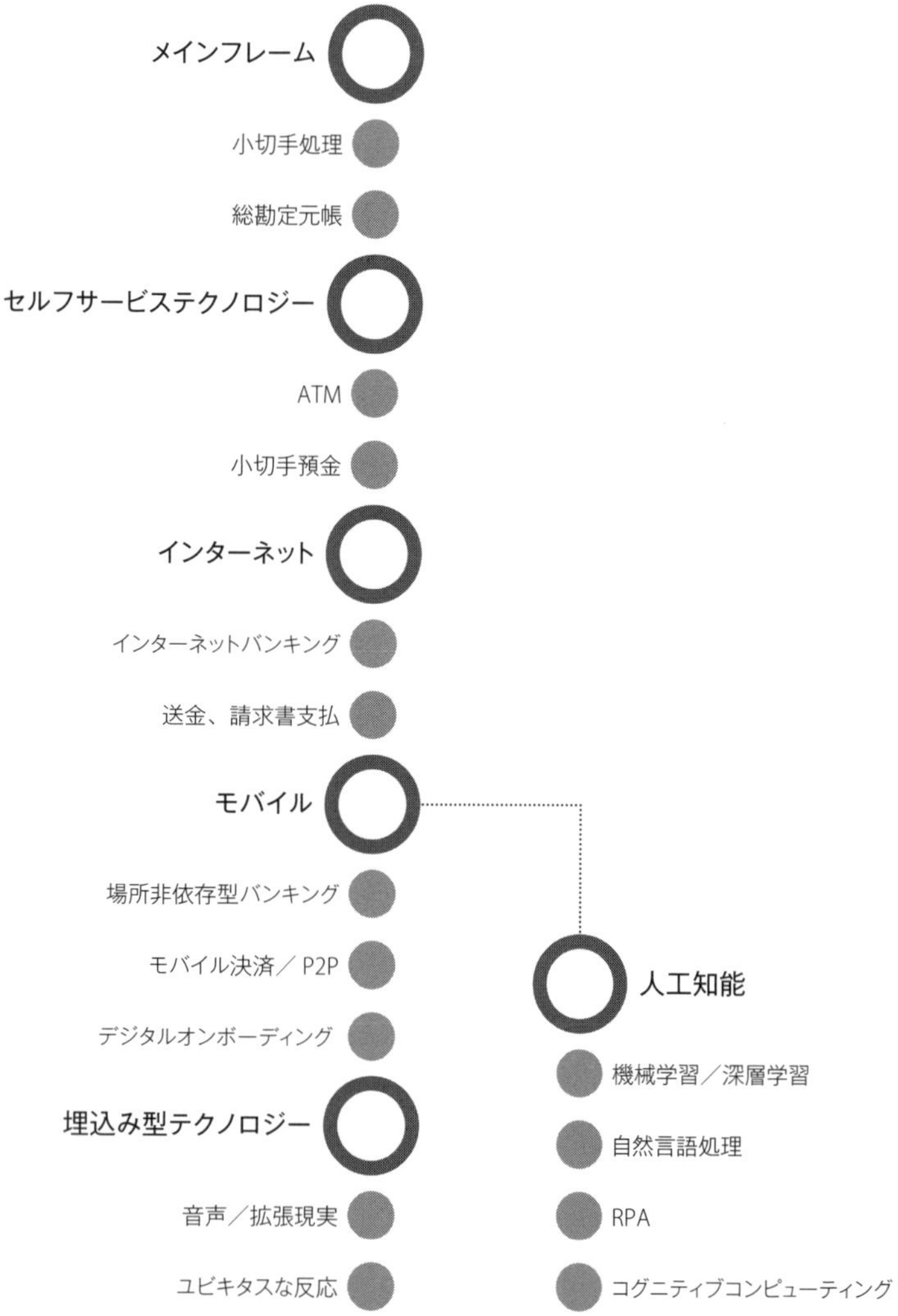

**の銀行ランキングの数は数千から数十に減ってしまいかねない。つまり、生き残るためには規模が必要になる。規制が慎重に行われればインターネット巨大企業の歩みを遅らせることができるかもしれないが、それも長続きはしない。『来るのが明白なその瞬間への準備ができず、相手ほど効率的でないならば、それは死を意味する』**

――「BBVA、自社をデジタル企業に変革」、『エコノミスト誌』、2017年10月

BBVAは、新しいサービスや顧客経験の機会を見つけた際に、フィンテック企業のような対応を試みている。四半期ごとに実施している「デモ・デイ」で機会を見つけると、その3日後に実行チームが組成される。4〜6週間のうちにプロトタイプが開発されて、少人数の顧客、時には職員や希望者の消費者グループを相手にテストを行う。次いでBBVAは、2〜3カ月以内のプロトタイピングか実証実験を経て、その新サービスや顧客経験の導入をめざす。このサイクルスピードはほとんどの銀行にないものだが、BBVAのゴンザレスとトーレスにとっては、この速さでも十分ではない。彼らは最終的に、アマゾン、フェイスブック、グーグルと競うことをめざしているのだ。

しかし、この中心にあるのが、包括的なトレンドを外挿的にシンプルに予測するというものであることは覚えておこう。テクノロジーは、即時の顧客満足、究極の個人対応、フリクションのないエンゲージメント、そして規模に応じたマージンといった方向に進んでいる。その始まりはインターネットであり、バリューチェーンとコマースのプロセスがウェブ向けに簡素化された。モバイルは画面が小さくコンテンツ表示能力に制約があるため、

よりシンプルなアプリケーションとスピードの速い実行が必要となる。音声もこれを簡素化する。アマゾンで何かを買うために、アレクサに向けてクレジットカード番号を読み上げるようなことはしないだろう。私たちは1歩進むごとにフリクションを取り除き、そしてトップクラスの企業の経済性を築いたのはデジタルのデリバリーだった。だからこそ私は、支店の経済性は足元を揺るがされていると強く言い続けている。デジタル・オンボーディングといったシンプルな変革や、デジタル銀行の急速な規模拡大対応力がそうさせているのだ。

私は支店が嫌いなわけではない。ひたすら簡素化を進めるというデジタルデリバリー設計のパラダイムの前では、規模とマージンを生み出すためには支店は次第に非効率となっていくのだ。

テクノロジーによって金融サービスは必然的に、フリクションレスでなければならないところまで行き着く。KYC、本人確認、コンプライアンス、リスクといった重い業務はすべて、アルゴリズムとデータ収集だけが課題となるだろう。つまり、プロセスや書式や解釈を要する法規制ではなくなる。すべてはプログラムになるのだ。そうなれば、コード化されていないビジネスは遅くなるということだ。イーロン・マスクが述べたように、ヒトの代わりにロボットを工場のフロアに設置する理由はシンプルだ。ヒトが介在すると、生産プロセスが「ヒトの速度」まで低下してしまわざるをえないからだ。

Bank 1.0はヒトの速度だった。Bank 4.0はマシンの速度だ。あなたの銀行は、このテクノロジー・ファーストの未来に向けて準備ができているとお考えだろうか？

## 生き残りに向けた14のチェックポイント

自分の銀行がBank 4.0のプレーヤーにどれくらい近づいているかを知りたければ、以下の質問を使って自行を採点してみればよい。

### ①第一原理がスローガンである

自分の銀行が社会通念という枠を外れて動いておらず、現行バンキングビジネスの類似形の反復から離れていない。だとしたら、率直に言って、一度すべて焼き尽くす覚悟をすることだ。なぜなら、700年前のシステムに基づいた現在のバンキングの機能の仕方は、今後20年で機能しなくなるからだ。バンキングをゼロから再構築するのはワクワクすることだ。Bank 4.0への変革を行えば、どの従来型の業務からも十分な利益や運転資金が生み出される。数四半期分の利益を犠牲にしてでも、新しいイノベーション施策を進んでサポートしよう。そしてその船に乗るよう取締役会を説得することだ。新しいデジタル施策から予算をむしり取って四半期収益を作ろうとしているなら、それはデジタル銀行とは言えない。経営層の誰かが「それは私たちのバンキングのやり方ではない」といった種類の言葉を口にするようなら、その銀行は4・0の銀行ではない。

## ②CEOがデジタルである

テクノロジーオタクがCEOへの階段を上り詰めるか、あるいはCEOが「フィンテック教」の天啓を受け銀行全体に向けてデジタル化をミッションとして、AIや音声テクノロジーの専門家と話せるようになるか。デジタルプレーヤーになることが事業ミッションであるとCEOが示さない限り、Bank 4.0への変革は進まないだろう。デジタルは、部門やチャネルや別枠のコンピテンシーではない。それはまさに銀行の職務そのものであり、CEOはデジタルのトップとして、デジタル化に全力を傾注する優秀なチームを率いる。その下に特定分野の専門部隊を設置することも可能だが、「デジタルのトップ」を別に置いて経営層に対してレポートさせるとしたら、それはデジタル銀行ではない。従来型の銀行に多少のデジタル能力が備わっただけだ。アップルやアマゾンには、デジタル部門のトップがいない。ティム・クックやジェフ・ベゾスがデジタルのトップなのである。

## ③レガシーのテクノロジーやアーキテクチャーは制約ではない

リアルタイムのバンキング・コアシステムや強力なミドルウェアに、どんな商品やサービス経験もデジタルプラットフォームからリアルタイムで生成できる能力や、あらゆるプラットフォームを介して決済や支払をリアルタイムで処理する能力を持たせるのは当然のことである。アマゾン、アント・フィナンシャル、テンセントやその同類は、彼らバージョンのバンキングを行うためにコアシステムを必要としない。だから同じように考えよう。基本的には、顧客が必要とする時と場所で顧客経験を提供するテクノロジー・プラットフォーム能力を構築する。現行テクノロジーでそれができなければ、そうした制約への対処にとりかかろう。

## ④クラウドは接近中の嵐ではない

クラウドをその他すべてのテクノロジーと同じように、または利用可能なリソースとして考えること。クラウドがより効率的な業務遂行に役立つとか、業務遂行力向上への糸口となるのなら、採用すればよいということだ。すべてのテクノロジーをインハウスやオンプレミスで保有する必要はない。内部ファイアウォールは最高のテクノロジーやセキュリティを保証してはくれないからだ。現時点でクラウド経由で提供される重要な顧客経験を持っていなければ、デジタルバンクとは言えない。

## ⑤経験デザインは中核的能力である

顧客とのやり取りのあらゆる側面のプロトタイピングと再検討に常時取り組む部隊を保有し、最適化だけでなく変革を行うこと。リアルタイムの顧客経験の構築は、おそらくコアシステム更改とリアルタイム決済改革を除けば、デジタルにおいて最も急速に拡大する予算項目である。数日とか数週間で顧客経験を迅速につくり出す能力は絶対不可欠だ。社内にデザインチームを持たないなら、それはデジタルバンクではない。CTO（訳注・チーフ・テクノロジー・オフィサー）がホワイトボードや紙の上にワイヤーフレームでスケッチを描いて業務のめざすべき方向性を説明するようでなければ、それはデジタルバンクではない。

従来型のマーケティング予算がデジタルのダイレクトマーケティングよりも多いなら、間違いなくデジタルバンクではない。商品部門やその部門長が顧客経験デザインの意見を覆せるなら、それはデジタルバンクではない。

### ⑥データサイエンスと機械学習は新しい中核能力である

データを活用する能力と、さらに多くのデータを捕捉してそれをアルゴリズムにかけて新しい機会、新しいセグメント、新しい顧客行動を発見する能力が、ビジネスを活性化させている。しかし最も大きな疑問として残っているのは、この能力をどれだけ早く業務に組み込めるかということだ。できるかどうかではなく、いつできるかだ。データサイエンスのヘッドやＡＩ向けの十分な予算を有していないなら、それはデジタルバンクではない。業界で活動するＡＩ企業を少なくとも何社か知らないようでは、デジタルバンクとは言えない。

### ⑦規制の存在は言い訳にならない

デジタルバンクになるためには、決して規制を言い訳にしてはならない。テストをしてみよう。過去6カ月間に、現行の規制に適合しないテクノロジーまたは顧客経験のパイロットを規制当局に持ち込んで承認を得られるか話を進めようとしただろうか。もしそうしていないなら、それはデジタルバンクではない。行内のコンプライアンス部署が、新しい顧客経験施策、新しいリアルタイム機能、あるいは顧客フリクション低減施策を差し止めることができるなら、それはデジタルバンクではない。コンプライアンス部署は自らをコンサルタントと考えて、銀行が変化の激しい規制環境をうまく航行して事を成し遂げられるようにするものだ。

## ⑧フィンテックとの提携、投資、買収を行うこと

賢明なデジタルバンクは、規模が拡大するにつれてイノベーションを行うのが難しくなることを知っている。それは純粋に規模の関数だ。だから賢い銀行は、非常に俊敏性が高く問題について全く異なる考え方をする組織とのパートナーシップを通じて、より早く学習する道を見つける。「ハッカソン」を実施しているのにフィンテック・スタートアップ企業を見出していないなら、それはデジタルバンクではない。行内の購買部門が、提携推進を円滑化しようとせずに、社員20名の小さなスタートアップ企業に対してオラクルのサービスが持ってきた最新の80ページもの法的契約書の紙束を押し付けているようなら、それはデジタルバンクではない。

## ⑨自前でやる必要はない

モバイル、音声、ＡＩといった新しいテクノロジーでよくあるのは、銀行のテクノロジー部門が何百万ドルもかけてプロセスを完全に管理し、すべてを行内に置こうとすることだ。デジタルバンクは、テクノロジーの所有よりも実行のスピードを重視する。だから、テクノロジーが社内開発のものか、提携先のテクノロジーにつなげてアクセスするだけの

ものかは関係ない。Bank 4.0のプレーヤーは、内部開発よりもフィンテックや類似企業のほうが10回中9回は低コストで速いと認識しており、彼らの組織もそういう取組みを行うように組み立てられる。

## ⑩銀行をオープンにする

規制によって強制されるか、自分の銀行が孤島ではないと自ら理解するかのいずれにせよ、サービスのプラットフォームは、それが対応する潜在機会に関して開かれているものだ。銀行はすでに何千ものAPIを有していて、そのプラットフォームを自らの顧客経験に組み込みたい外部企業に対して、銀行のデータやコア機能へのアクセスを可能にしている。ウーバーが新しいドライバー向けに銀行口座を開設するとか、アマゾンが中小小売業者にローンを提供するとか、ミントのようなプラットフォームがアグリゲーションを行うとかのいずれに対してもだ。

## ⑪取締役会と経営層全体がテクノロジー対応力を持つ

モバイル、音声、拡張現実はいずれも今後10年の中核的能力である。しかし、銀行業界は他のほとんどの業界に対して、採用という点はともかく、革新的なアプローチという点で大きく後れを取っている。したがって、銀行出身でないテクノロジー人材を取締役会に配して、取締役の考えを一定レベルに揃えることがまさに重要だ。ウェブサイトに掲載している経営層の名にテクノロジー練達者が若干名でも含まれていなければ、それはデジタルバンクではない。

## ⑫支店、収益、リレーションシップにこだわらない

人々は支店に行くのを好むという議論はとっくに過去のものとなっている。適正規模の支店網（はるかに少ない店舗数と面積になる）維持が経済的に妥当と理由付けられるなら支店を持ち続けようと考えるだろうが、もはやチャネルと収益との関係性は切り離されている。顧客がどのチャネルを使おうが、それをサポートするということだ。アプリ内で顧客の口座開設に対応できなければ、デジタルバンクとは言えない。顧客に提案する商品やサービスのどれかにまだ署名が必要であれば、デジタルバンクとは言えない。顧客になってもらうのにサインを使うフィンテック企業などありはしない。リテール収益の50％超がデジタルチャネルからのものでなければ、それはデジタルバンクとは言えない。

## ⑬どんな仕事もデジタルである

誰もがすばらしい顧客経験を築くことに熱心で、誰もがそれを行う最良の方法が「未来の支店」やその手の愚かしいものではなく、デジタルであると信じている。現状を優先してデジタル施策を却下するような上級役員がいるなら、それはデジタルバンクではない。年間のデジタル向け予算が不動産向け予算より多くなければ、それはデジタルバンクではない。人員の少なくとも30％が基本的なプログラミング方法を知らないなら、それはデジタルバンクではない。

## ⑭テクノロジー＝チャネルではない

Bank 4.0の世界では、モバイル、音声、拡張現実、インターネットはチャネルではない。それらは顧客の生活に組み込まれたテクノロジーにすぎない。オムニチャネル、オプティチャネル（訳注・オムニチャネルのさらに先にあるとされる、顧客に最適なチャネルを通じたアプローチ）、マルチチャネルのアプローチに関する議論をする際の問題は、それらがすべて、中核的なバンキング行動とは支店でのバンキングであり、他のチャネルはその中核チャネルへの「追加物」であるという固い信念を前提としていることだ。この考え方では、バンキングの支店モデルの反復を強化してしまう。Bank 4.0のCEOは、銀行の使い勝手の本質を見た上で、その機能を必要な時と場所で最も継ぎ目とフリクションのない方法によって顧客に提供する方法を見つけ出す。彼らは、支店向け商品、申込書、プロセスを持ってきてモバイルやウェブに合うように改造したりはしない。もし決済を行うのにプラスチックカードが必要だと考えるなら、それはデジタルバンクとは言えない。マルチチャネルで何ができるかを話しているようでは、デジタルバンクとは言えない。デジタルのエンゲージメントに対抗して支店で行員に会うことの利点を語っているようでは、デジタルバンクとは言えない。

誰もがデジタルバンクになりたいと思っている。Bank 4.0へのシフトの中核にあるのは根本的な変化であり、それは、現行ディストリビューション・チャネルの価値と、そのチャネルで提供してきた商品の価値を減じてしまうものだ。

## Bank 4.0時代のコア・コンピテンシー

生き残るために必要なこととは何だろうか？　これは10億ドルに値する質問だ。とは言え出発点は明白だ。テクノロジー・ファーストの相手と競争するには、自分もテクノロジー・ファーストへと進化する必要がある。しかし、テクノロジー自体が最終ゴールではない。最終ゴールは、高い魅力を持つ組込み型バンキング経験である。銀行はプラットフォームとして、顧客の生活の最も必要とされる時と場所に統合される必要がある。これがテクノロジーを使って行き着く先だ。このテクノロジーを理解するということは、そうした時と場所が再び「銀行に戻ってくる」必要は全くないということだ。

キャピタル・ワン、BBVA、DBS、USAA等が皆言っているのは、自分がテクノロジー企業か先端的なデジタルバンクになりたいということだ。しかしそうだとしたら、これらの企業が現在地から顧客経験主導型でテクノロジー・ファーストの企業にたどり着くためには、本格的に組織を作り直すことが必要になる。この環境で勝ち残るために必要なリソースは、従来型のバンキングとはほとんど関係がないものだからだ（**図10－3**）。

ここまでの章を通じて、私たちはBank 4.0の革命の多くの側面について論じてきた。ここではその成功の要素についてまとめてみる。

### ・商品ではなく顧客経験

Bank 4.0の世界で勝ち残る唯一の道は、商品のパラダイム全体を見直して、人々の生活に組み込まれた銀行プラットフォームとしての使い勝手を提供することだ。原則はシンプルだ。モバイル、音声、拡張現実といったテクノロジーはすべて、フリクションをなくすためのものだ。バンキングにおいて究極のフリクションレスのエンゲージメントは、携帯電話で預金口座をプッシュで販売するようなものではない。それは貯蓄を支援するシンプルな顧客経験だ。同じ原則が他のあらゆるバンキングの側面にもあてはまる。もしアレクサでのクレジットカードの支払を誰かに頼んでやってもらおうとしているなら、その経験は全くのピント外れだ。

図10-3 ● Bank 4.0対応組織の基盤となるもの

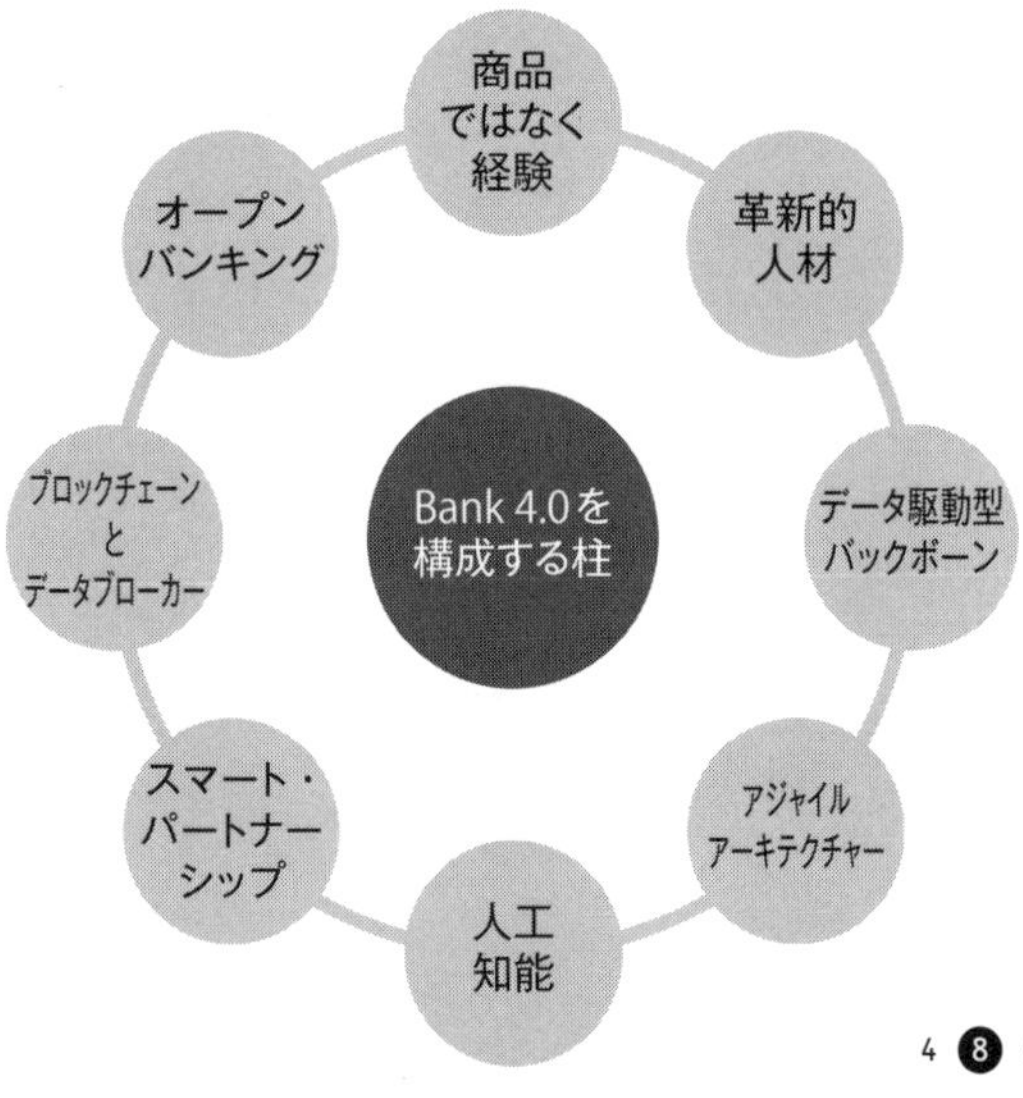


### ・銀行経験者の雇用をやめること

前に述べたことを繰り返すが、音声、機械学習、ブロックチェーン、クラウド統合、バイオメトリクス、顧客経験デザインといったディープなテクノロジーを理解しているイノベーティブな人材を惹き込むことが必要だ。日常的な金融サービスについて第一原理的な見直しを行うにあたっては、銀行業界の経験は過去の遺物であって不要なものだ。

**・データは新時代の石油である**

未来の「銀行」はデータによって駆動される。しかしそれは、現在あるトランザクション・データや信用照会データではない。銀行の機能をリアルタイムで供するためのコンテキストを提供するデータこそが未来だ。どこで、いつ、なぜ、どうやって？　データは燃料であり、それが人工知能、アドバイス、シームレスなエンゲージメントを駆動する。企業全体としてのデータ戦略がなければ従来型のサイロ組織を持つことになり、それでは顧客が見えない。

**・レガシーシステムは言い訳にならない**

レガシーのコアシステムのアーキテクチャーは、顧客に対して魅力的な経験を提供できないことの言い訳には決してなりえない。現行システムが支店で発生するプロセスを実行していたのを徐々にデジタルに適合させてきたものであれば、それがBank 4.0ステータスに行き着くことはない。ミドルウェア、クラウド、フィンテックソリューションを積極的に採用してあらゆるギャップを埋める組織をつくる必要がある。時間とともに次第に、総勘定元帳タイプのオペレーション向けのコアにだけ依存する新しい集積が構築され、デリバリー機能はミドル層とエンゲージメント層に移行していく。Bank 4.0アーキテクチャーの中核にあるのはアジリティ（俊敏性）である。

**・AIは必須**

銀行がこの新しい世界にフィットするための重要な変化の1つが、「アドバイス」の再構築である。現在私たちは、顧客にアドバイスを行うのにヒトによる対面式に依存している。しかし将来アドバイスはリアルタイムの経験へと変化していき、それは次第にAI駆動型になっていく。顧客の行動、リスク、最良の問題解決ツールを学習すればするほど、マシンは新しい状況が生じればそれに反応するようになる。AIはバンキングのアドバイスにおけるパラダイムシフトの中核をなすものであり、テクノロジー層を通じてコンテキストに合わせて提供される。

**・自分でやろうとしないこと**

俊敏性を実現するカギは、フィンテック企業が実現してきたことを自力で再現しようとすると、外部組織がすでに開発しているテクノロジーの利用を認めるのと比べて、2〜3年という時間と10倍のコストを費やしてしまうことを理解することだ。より多くのテクノロジーがプラグイン型になっていくため、銀行とフィンテック企業は、APIと共通クラウド層を通じて新しいテクノロジーをうまく迅速に配備するようになっていくだろう。忘れてはならないのは、その背後にある重要な理由は、単に従来の内製の取組みよりも提携のほうが迅速で低コストということだけでなく、フィンテック企業のほうが第一原理思考を使って、支店モデルを反復しようとする銀行の直感に反するようなアプローチをとれる可能性が高いということだ。

### ・情報を公開し、ブロックチェーンをブロックしないこと

フェイスブックの他社とのデータ共有や、エキファックスのデータ漏洩といった騒動が現在起こっているとは言え、世界が次第にデータで動くようになっていることは事実だ。ここでの目的とは、データ共有を止めることではなく、データを有効かつ安全に共有できるような監査性と承認の仕組みを設けることだ。この点で今後数年間をうまく乗り切るために非常に重要になるのが、オープンバンキング、データ・プライバシー規制、ブロックチェーン、そして新しいデータ・ゲートキーパーの役割だ。シリに今晩外食する余裕があるか尋ねたり、アレクサに新しいフラットパネル・ビデオウォール（マーティ・マクフライだったら自慢しそうな奴だ）を買えるかどうか尋ねるなら、あなたは消費者として、そうしたコンテキスト適合アドバイスを実現するためのデータへのアクセスを認める必要があるし、アップルとアマゾンがこうしたデータを適切に取り扱うよう望むというか求めることになるだろう。データへの応答性が顧客リレーションシップの80％を占めるような世界では、安全なコラボレーションが可能なデータ協同利用体と接続していなければ、データの孤島となってしまって次第にピント外れな存在となってしまう。現在の銀行はデータの孤島だ。未来のBank 4.0では、現在のように本人確認情報を集めることさえしないだろう。ブロ

ックチェーン上で入手可能な既知のプロファイルに対して本人確認を行うだけだ。そうしないと競争劣位になる。

前記のコア・コンピテンシーのリストをひととおりおさらいすれば、通常のバンキング機能として見られているものがほとんどないことに気づくだろう。だからこそ、従来型銀行としての「バンキング」の方法を知っていることを前提としても、アマゾン、アリペイや、トップクラスのチャレンジャーバンクであるN26、モンゾ、タンデム、ウィーバンク、シンプル、ムーブン等と張り合うためには、非常に大きな跳躍が必要となる。これらの企業は、Bank 1.0、2.0や3.0時代のような銀行になろうと投資しているわけではない。私たちがバンキングと呼んでいるものを新しい形に変換するテクノロジーに投資しているのだ。このイノベーションが今後2～3年で頭を打つことは想像できない。あるとすれば、イノベーションがさらに過熱することだ。

金融サービスのイノベーションでとりうる道は2つ、つまり支店モデルのバンキングの反復か、第一原理思考を通じた変革しかないことを忘れないでおこう。支店のリデザインや、支店で販売してきた商品を音声のような新チャネルに適合させるだけでは、バンキングの革命は起こせない。革命は、エンゲージメント、ディストリビューション、サービスの適切性を劇的に進化させる部分で起こる。アマゾンとアリババは非常に優れたデータを有しており、それを使って消費者と自分のおカネとの関係性を理解している。彼らの顧客獲得コストは銀行が実現しうるものと比べるとはるかにゼロに近い。そして、大手銀行には政府認可金融機関としての適切性が保証されているとは言え、2025年に顧客とつながる能力は、銀行免許に基づくものではない。それはデータに基づくものになる。

## 組織へのインパクト

組織図も変化することになる。銀行の組織は4つの重要コンピテンシーを中心に作られている（図10-4）。

①顧客経験またはデリバリー実行力
②業務処理オペレーション
③テクノロジー・オペレーション
④バンキング能力

従来とは大幅に異なり、Bank 4.0の組織では、組織機能の特性を定義するのはバンキングではない。銀行の中核的な使い勝手の提供は、実行能力によってのみ可能だ。その中核的な使い勝手を、可能な限り簡便でフリクションがない経験へとそぎ落とす能力によって、収益とリレーションシップがもたらされる。手書き署名、コンプライアンス手続き、商品特性は、プログラムに取って代えられる。クレジットリスクのプロセスは行動データに取って代えられる。チャネルもまた、トリガー、コンテキストおよび行動に取って代え

図10-4 ● Bank 4.0の組織は、フリクションレス、収益を上げる俊敏なデリバリー、リレーションシップに焦点を置いたものになる

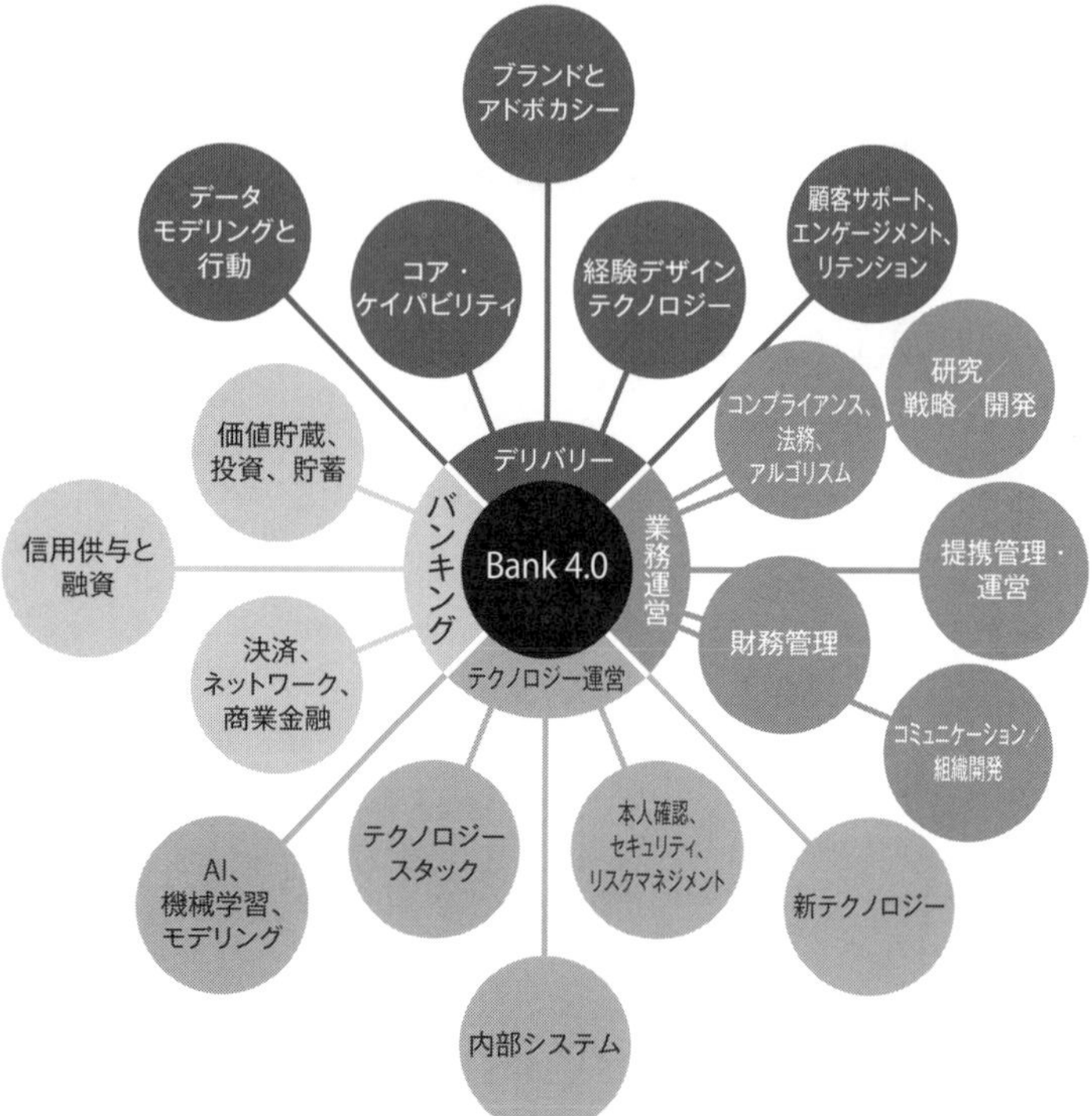

られる。

組織図に対して最も大きなインパクトを及ぼすのが、現在そのなかにないものであることは明らかだ。それは商品部門である。商品部門はこれまで長い間、予算獲得の争奪戦と商品構造の定義の基礎となってきた。住宅ローン、クレジットカード、流動性預金商品はすべてなくなり、こうした部門に関連する商品は形を変えて経験のなかに組み込まれて、その魅力と実用性を大きく増すことになる。それは支店での紙の申込書をデジタルに変換するといったものではない。予算争奪をする商品部門が組織図の主役となっているとしたら、銀行はどうやって経験第一主義ベースへと変わるというのだろうか？　CHAPTER 4での例示を思い出してみよう。クレジットカードのユースケースなら、リアルタイムでプラスチックを介さないテクノロジーを通じて、はるかにうまく説明できるだろう。たとえば、ホール・フーズ（訳注・食品スーパー）にいて食料品を買う現金を入手しようとしたときに、自分の給料が口座に入金されていないことに気づいたとしよう。あるいは、新しいiPhoneを買いたいのに、借入れができないと買えないとしよう。ここで正しい解決法は、カードを申し込むことではなく、融資を申し込むことだ。その経験は性質上、銀行のビジネスの営み方を覆すものとなる。

クレジットカード部門に取って代わるのは、融資機能の利用を最も意味がある場面に登場させることを可能にする組織だ。もちろん融資へのアクセスは必要だが、プラスチックカードは必要ないし、何週間とか何カ月も前に申し込む必要もない。テクノロジー・レイヤーを経由して中核の融資機能を表出させることが必要なだけだ。

ここでもまた提携の能力が、俊敏性という現在の大多数の銀行に欠けているものをもたらしてくれる。銀行では、ITプロジェクトは年別に割り振られており、日別ではない。調達部門はベンダーに、トランプの弁護士チーム顔負けの法律の輪くぐりをさせる。レガシーなシステム、プロセス、コンプライアンスのバリケードは、ほとんどの熱心なイノベーターが持つ健全性と意思をくじいてしまう。俊敏な銀行は、Bank 1.0～3.0 の銀行が運営可能な組織図よりもはるかに速く動かなければならない。

キー・メッセージは、これはテックフィン企業やフィンテック企業との、収益やリレーションシップをめぐる競争だということだ。商品はリレーションシップや信頼を生み出さない。デリバリー能力がそれを生み出すのだ。

顧客としての私たちは、フリクションと銀行が差し出す輪をくぐることに慣れてしまっていた。アント・フィナンシャル、テンセント、アマゾンやアップルがもっとよい方法を示してくれた途端に、その基準がシフトした。しかし同時に、バンキングの経済性も根本的に変化した。なぜなら、アマゾンとアリババはいずれも、数十セントの費用で顧客を獲得できるからだ。これに対して、たとえば米国で基本的な当座のリレーションシップを獲得するには、顧客1人当たり200～350ドルを要する。BAT（訳注・バイドゥ、アリババ、テンセント）、FAANG（訳注・フェイスブック、アマゾン、アップル、ネットフリックス、グーグル）、GAFA（訳注・グーグル、アマゾン、フェイスブック、アップル）はいずれも何億人もの顧客へのアクセスを有しており、バンキングは彼らが提供できる追加サービスにすぎない。そして顧客基盤はすでにそれを望んでいる。この点で銀行は明らかに不利だ。

## レグテックとマクロ競合の再定義

レグテック、スーパーテック、データ保管場所、AMLモニタリング、金融犯罪あるいは当該国の法律遵守のいずれであれ、金融サービス規制は大規模な再編が見込まれる。それは顧客行動が進化するからだ。規制当局は銀行よりも速く変化して規制の適切さを維持しなければならないだろう。私たちはすでに戦いの場がグローバルに形成されつつあるのを目にしている。たとえば、フィンテックの認可、サンドボックス、ブロックチェーン、暗号通貨といったものだ。たとえば米国のように、これらに対して抵抗するような市場にいる場合は、2つのことが起こると予想できる。第1は、シリコンバレーとシリコンアレー（訳注・ニューヨークのマンハッタンを中心に、ニューヨーク圏一帯に広がるハイテク産業集積地）が迂回路を探し続けるのを常に叩き回るようになること、第2は、その国の金融センターが、映画『ナショナル・ランプーン／クリスマス・バケーション』のなかでチェビー・チェイスが運転していた70年代のステーションワゴン的に見え始めることだ。

今後10年についてひとつ予想をしてみよう。私の予想では、どこかの有能なデジタル規制当局が、銀行の顧客は特定地域の居住者である必要はなく、適切に本人確認を行う必要があるだけだという決定をするだろう。いったんこうなると、国の司法権と金融センターはベンチャーキャピタルの資金と人材の争奪戦を演じることはなくなり、真にグローバルなバンキングセンターを指向し始めるだろう。そこでは、顧客が居住地に縛られる必要なくデジタル価値貯蔵を行うことが可能だ。次いで、世界の司法権で先進的なところは皆、オープンな価値貯蔵、決済、信用アクセスをめぐって競争する必要があることに気づく。すでにエストニアはデジタル市民権を作ることでこの道を進み始めた。しかし、ボーダーレスのデジタル本人確認を認めることは、それよりはるかに容易だ。それはデータと投資から始まる。データ保管場所が戦いの場となるのは、ベンチャーキャピタルのフィンテック投資が踊り場に達してからだ。

しかし重要なのは、「第一原理」シフトのカギとなるのが、規制対象市場が法律だけでなくプログラム化された規制、つまりコンピュータープログラムに基づくものになっていることだ。このことで、規制機関は全く新しいスキルの獲得が必要となる。それはまた、非常に俊敏に変化するフィンテックのプラットフォームとプレーヤーへの対応能力においては、プロセスや方針をハードコード化すると競争力が低下してしまうことをも意味している。となればそれは、自由度の低い法的枠組みよりも監督テクノロジーへと監督当局がシフトしていくことを意味することになる。

業界全体の俊敏性と適応力が高まるとすれば、その最初にくるのは規制当局のフレキシビリティだ。

## 変革への資本配分

このダイナミックな変化のなかで、1つのことが徐々に明確になってきている。競争する能力は、効率的な資源配分によって決まるということだ。既存プレーヤーは、テクノロジーに後れを取った現行レガシー顧客へのサービスに対応し、旧式のレガシーシステムを長く延命して動かし続け、株価が落ちないように四半期業績を上げなければならない。

フィンテック企業にそうした懸念は無用だ。最もデジタルに長じた顧客を選び、レガシーのプロセスやシステムは持たず、相手にする投資家は収益性よりも成長性に目を向ける。たとえばアマゾンは、ビジネスを始めて10年もの間、大きな収益を上げ始めることがなかった。10年間も損失を計上してから復活にコミットすることなど、現行の銀行には不可能だ。フィンテック企業は次のラウンドの資金調達に気を回すだけでよく、それが収益性ではなく、規模と成長という成果をもたらす。

しかし、イノベーションに関して言うと、ここは明らかにフィンテック企業が経済的優位に立っている部分だ。より少人数のチーム、レガシーから自由であること、最新のテクノロジー集積、そして一般に過去との決別を厭わないこと等の性質は、彼らが革新的な顧客経験の創造に向けてはるかに効率的に資本を運用できることを示している。大手既存銀行は、こうした小規模で俊敏な第一原理組織と同様の投資効果を決して得ることができない。

このことは最終的に、フィンテック、テクノロジー・プレーヤー、既存銀行の組合せへとつながるだろう。銀行が自分たちより効率的なプレーヤーと組むことを拒めば、そのことが自行の業績や市場対応力に徐々に影響してくることに直面するだろう。そしてそれが市場アナリストの詳細な分析にさらされる。同じ理由から市場は、顧客アクセスを支店網に依存する銀行の評価を次第に下げていくだろう。その理由は、チャレンジャー・バンクが、はるかに低い顧客獲得コストと、それによって支店網では防ぎきれない方法で規模を拡大して市場シェアを奪い取る力があることを示し続けるからだ。

これらすべてを総合してみると、未来はすばらしくエキサイティングだ。しかし、急速な変革を避けるプレーヤーにとっては、未来は非常に破壊的なものとなる。

## Bank 4.0のロードマップ

**図10－5**に示したのは、ここまでBank 4.0におけるマイルストーンとして見てきたもの、および今後10年間で組込み型のユビキタス・バンキングへと移行していくなかで生まれそうなマイルストーンだ。

Bank 4.0の中核にあるのは、シンプルで劇的な変化だ。支店よりも携帯電話を通じて基本的なバンキングのサービスや価値貯蔵にアクセスする人の数が増えていく。2025年にはほとんどの人々が、銀行から提供されて持っていた小切手帳やデビットカードといった物理的なものでなく、何らかのデバイスベースの価値貯蔵を自分の銀行口座として考えることだろう。

もっと致命的なこととして、Bank 1.0の基礎であった要素がデリバリーにおける重要性を急速に失い始めるだろう。支店、代理店、ブローカーといった情報の非対称性に基づく存在は、コンテキストや行動に沿って1人ひとりの世界に合わせたオファリングに取って代えられる。それは、従来型の金融機関が対面の経験を通じては決して提供できないものだ。多くの銀行はこうした変革を拒むだろうが、気づいたそのときには遅すぎるということになるだろう。

## 結論

ブロックバスター（ビデオレンタル）、ボーダーズ（書店）、コダック（フィルムメーカー）やそれに連なる企業は、現在私たちが目にしている金融サービスのディスラプションの大きさについて1つのことを教えてくれる。それはシンプルに、「**どの産業もディスラプションからは逃れられないが、会社更生法の適用申請を行うそのときまで、自分がディスラプトされてしまったということを誰も認めようとしない**」ということだ。

それはBank 4.0の世界においても同じだ。多くのCEOや取締役たちは、自分たちの組織がこうした激烈な変化を経験する前にリタイアできればと望んでいることだろう。しかし、決断を先延ばしにすることは、ディスラプションが起こったときの影響をより厳しいものにするだけだ。

Bank 4.0の核心は、利用者である消費者、企業、組織の生活や活動のなかにフィットさせるために、金融サービスをどのように再定義するかということだ。テクノロジーがそうした再定義をするのは必然だが、再定義が進む過程では、フリクションが低減してデリバリーが円滑になるだけでなく、金融サービスをどう新しく捉え直すかが明らかになってくるだろう。

業界全体、経済全体、社会の機能の仕方を変革してしまうような大きなテクノロジー変化に直面したときには、第一原理の思考とデザインを通じた最大級のイノベーションが起こる。印刷機の発明では、手書きの写本から大量生産への移行が起こった。馬と軌道上の移動に限定されていた蒸気機関車から自動車への移行が起こって、馬が街路に落とす糞を日雇い労働者がやって来てかき集める必要はなくなった。工場の登場で、限られた量の生産しかできない手作り品から、何千もの製品を大量生産可能な製造ラインへの

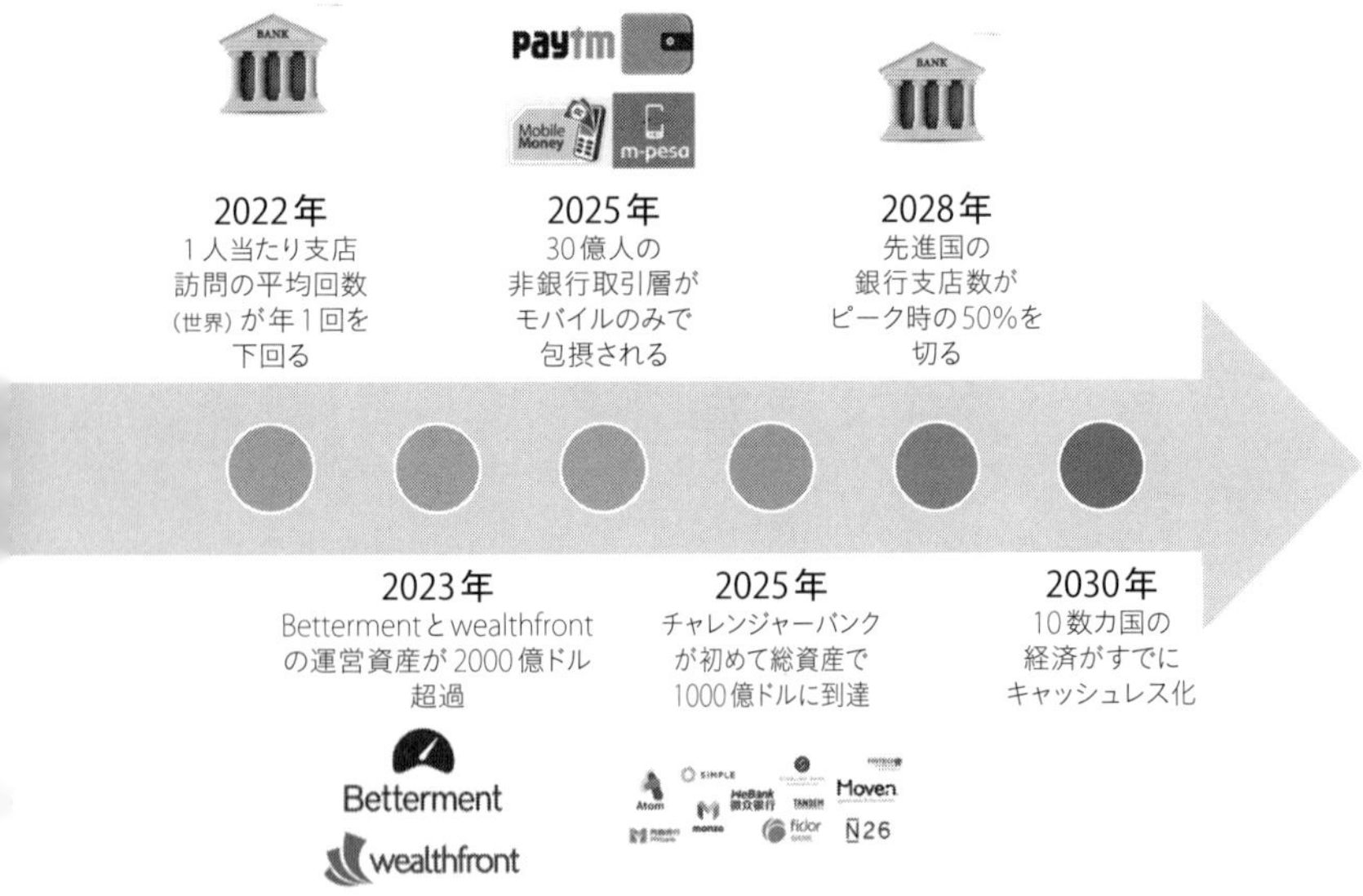
Paytm
Mobile Money
m-pesa
2022年
1人当たり支店訪問の平均回数(世界)が年1回を下回る
2025年
30億人の非銀行取引層がモバイルのみで包摂される
2028年
先進国の銀行支店数がピーク時の50%を切る
2023年
Bettermentとwealthfrontの運営資産が2000億ドル超過
2025年
チャレンジャーバンクが初めて総資産で1000億ドルに到達
2030年
10数カ国の経済がすでにキャッシュレス化
Betterment
wealthfront
Atom
SIMPLE
Moven
monzo
fidor
N26

移行が起こった。

スペースXは、他の商用ロケット製造者や同じテクノロジーの漸進的な反復と開発を50年の長きにわたって積み上げてきたNASAと比べると、わずか14年で地球周回軌道への打上げコストを95％も削減した。そしてiPhoneは、ノキアとモトローラの電話部門を行き詰まらせ、その後作られるあらゆるスマートフォンのベンチマークを設定し、私たちの行動の仕方を大きく変え、業界をリセットしてこのフラッグシップ機器登場以降の10年近くをアップルが支配することになった。

第一原理思考は、急速なイ

図10-5 ● Bank 4.0のロードマップ

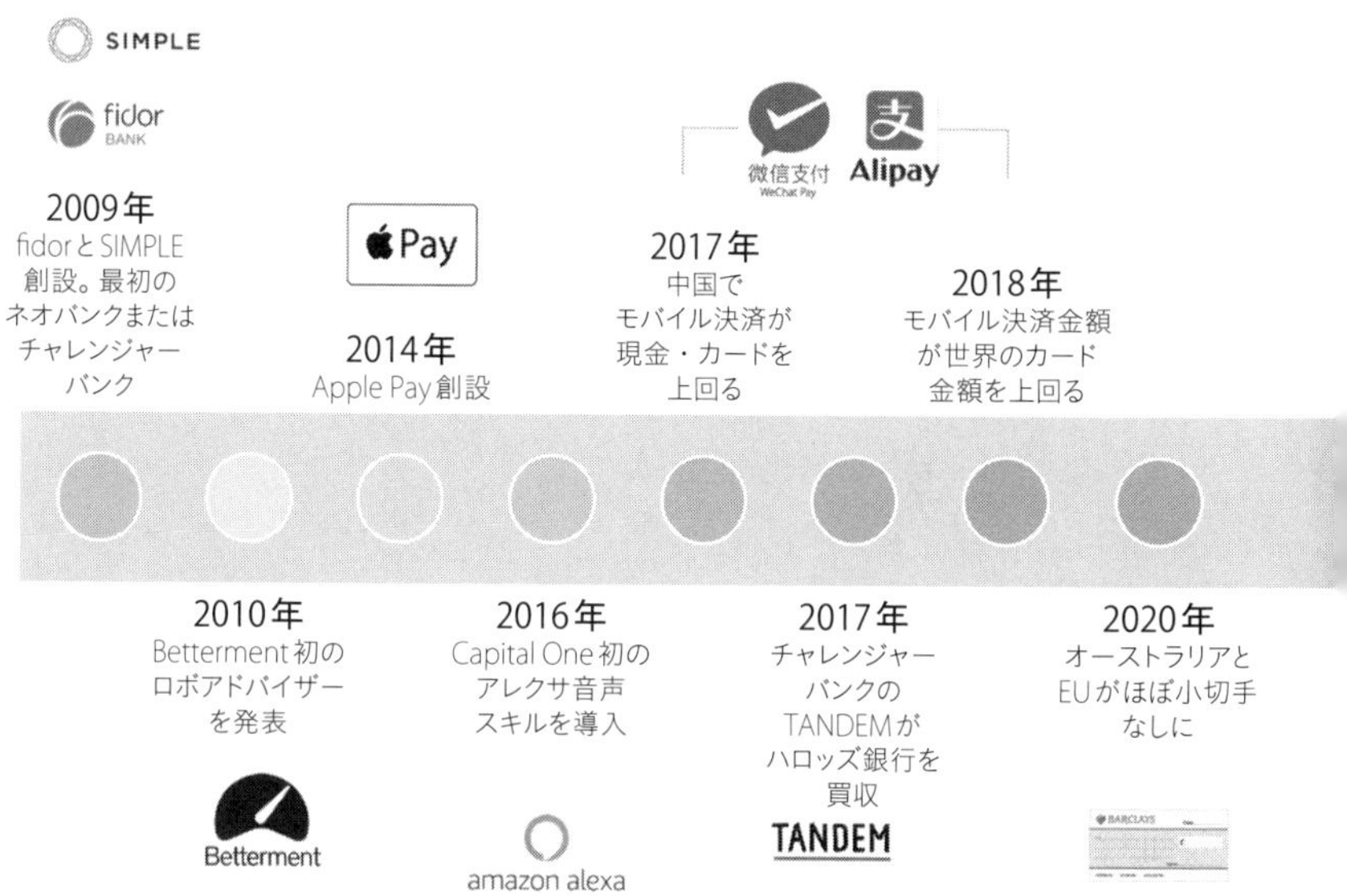
SIMPLE
fidor BANK
2009年 fidorとSIMPLE創設。最初のネオバンクまたはチャレンジャーバンク
Pay
2014年 Apple Pay創設
微信支付 WeChat Pay
Alipay
2017年 中国でモバイル決済が現金・カードを上回る
2018年 モバイル決済金額が世界のカード金額を上回る
2010年 Betterment初のロボアドバイザーを発表
Betterment
2016年 Capital One初のアレクサ音声スキルを導入
amazon alexa
2017年 チャレンジャーバンクのTANDEMがハロッズ銀行を買収
TANDEM
2020年 オーストラリアとEUがほぼ小切手なしに
BARCLAYS

ノベーションを生み出すだけでなく、業界を律する経済原理と市場ダイナミクスの法則を刷新する。社会は過去のイノベーションの礎となった核心である利便性を中心に機能しているが、第一原理思考はその機能の仕方を変えてしまう。現時点で私たちが目にするその有力な証拠は、アリペイ、テンセントのウィーチャット、M－PESA、世界のチャレンジャーバンク等が皆、第一原理思考の要素を使って、ゼロからスタートして規模を拡大しながらより効率的にバンキングを提供していることだ。

次のようなシンプルな質問をさせてもらおう。AI、音声スマートアシスタント、デジタル・オンボーディング、ロボット処理や投資、行動科学的経験デザインといった、ここまで議論してきたすべてのものを考慮に入れるとする。もし現在ゼロから始めて銀行を土台からつくるとしたら、支店を訪れ、紙に署名し、口座作成のためにプラスチックのデビットカードや小切手帳が提供されるのを待つよう顧客に要求するだろうか？　あるいは全く異なるものを構築するだろうか？

私たちはもうその答えを知っている。世界のどんなチャレンジャーバンクも支店を作っていない。どのテクノロジー巨大企業も、融資をしたり貯蓄を支援するのに自筆署名や申込書を要求していない。答えは明白で、全く異なるものを構築することだ。だとしたら、なぜ現在でもBank 1.0のやり方で基本的な口座のオファリングを行っているのだろうか？

現在の焦点は、銀行の機能をリアルタイムで表出させることであり、新しいチャネルに商品を乗せることではない。今後10年の銀行プラットフォームの差別化は、テクノロジー、顧客経験デザイン、ネットワーク効果の活用、そして顧客行動にうまく入り込む創造的な方法によるものになるだろう。

Bank 4.0とは、バンキングサービスの提供の根本的なパラダイムシフトであり、バンキングサービスは顧客がそれを必要とする時と場所で、顧客の生活のなかに組み込まれる。Bank 4.0とは、ユビキタスを実現するテクノロジーの力によってどこにでもバンキングを表出させることである。AIを使ってアドバイスを大規模で提供することであり、即時のサービス提供能力に基づいて収益やリレーションシップを生み出すことであり、貯蓄を支援し支出にリワードを与えない銀行口座を提供することであり、借入れを否定し、問題や質問に対する答えを求めるミレニアル世代に対応することである。

10年後の世界最大の「銀行」は、テクノロジー・デリバリーにおいて驚くべき存在となっているだろう。業務機能は商品ではなくデリバリーを中心に構築され、ビジネスユニットは利便性か顧客経験ベースとなる。最大級の銀行や金融機関は、驚くべき到達範囲と規模を有し、顧客が日常的に利用するテクノロジーのなかか、ネットワーク効果を実現するネットワークのなかへの組込みに基づくものへと急速に進んでいくだろう。

世界最大の「銀行」は、10年後には100カ国で30億人近い顧客を擁し、時価総額は1兆ドル近くになっているだろう。私が賭けるとしたらその「銀行」とはアント・フィナンシャルで、2025年には現在世界最大の銀行であるICBC（中国工商銀行）を、顧客数、総資産、総預金、時価総額の点で凌駕するだろう。2025年の競争相手は他の銀行ではない。競争相手となるのは、アント・フィナンシャルとアマゾンのようなテクノロジー・

プレーヤーだ。現在も銀行としての競争を続けているのなら、それはこうしたプレーヤーに対して目隠しをして争うようなものだ。

事はもはや現実となった。あなたの銀行が全速力で突っ走らずに根底からすべてを変革しようとしているなら、今後数年は非常に厳しいものになるだろう。

私にとっては、これでバンキングがエキサイティングで、クールで、ダイナミックで面白いものになる。あなたがリスク回避的なバンカーであって、このレベルの変化を根本的な脅威と見るのなら、別の仕事を探し始めるほうがよい。コダックかブロックバスターはどうだろう……

この本を読んでいただいてありがとう。そしてこの対話の相手となってくれてありがとう。読者の皆さんが、次に来るものに準備ができていればと思う。なぜなら、準備ができているかどうかに関係なく、それはやって来るからだ。

未来へようこそ。そして、Bank 4.0の世界へようこそ。

注1：Electronic Recording Machine for Accounting（会計用電子記録機）（バンク・オブ・アメリカおよびMIT、1953年）

# 解説

株式会社NTTデータ　オープンイノベーション事業創発室（執筆）室長　残間　光太朗

ブレット・キング氏には、2016年に、NTTデータオープンイノベーションコンテストという、現在では世界20都市で行っているビジネス創発イベントのサンフランシスコ大会において、ムーブンのCEOとして登壇していただきました。その折、見事に審査員特別賞を受賞されて以来のお付き合いになります。

当時は、『Bank 3.0』の書籍を出された後での登壇で、まさに未来のバンキングの姿を自らがデザインし、実際に進められている姿を見て、心底感動したのを覚えています。

それから、満を持してこの『Bank 4.0』を出されるという話をうかがって、次のバンキングの世界をぜひとも日本の皆様にいち早くお届けしたいと思い、当室の岡田和也がキング氏に改めてお話をさせていただき、ここに出版することができました。

本書を読んで改めて思ったのは、イーロン・マスク氏が提唱する「第一原理」に基づいた、ものごとを最も根本的な真実に至るまで煮詰めた上での、サービスの新しい再定義が世界中で行われるということです。

しかもそれはすでにさまざまな場所、特に、アフリカ、インド、中国などのこれまでインフラが整っていなかった地域から急速に始まっており、そしてそれが現在、世界を席巻しつつあるのが事実です。

本書のなかでは、アリペイなどの「第一原理に基づいた」テクノロジー企業がいかに世界のバンキングへ手を延ばそうとしているかということが赤裸々に語られています。

このことは、私どもがオープンイノベーションコンテストを行っているなかで、最近とみに感じている肌感覚と一致しています。

実はイノベーションは、シリコンバレーやイスラエルやロンドンなどの一部地域だけで起こっているわけではありません。むしろ、これまでの常識を覆す「第一原理」に基づいたイノベーションは、われわれが気づかないうちに、これまでノーマークだった地域から起こってくると確信しています。

なぜならば、テクノロジーはすでにわれわれ個人個人の手中にあるからです。クラウド、ネットワーク、CPU、オープンソース、スマートフォン、これらはあらゆる国の人々に活用される可能性を持ってきています。

アイディアさえあれば、誰もが「第一原理に基づいた」新しいサービスを世の中に出していけるのです。

現在でも、とにかく生きること、そしてよりよく生きることへの課題が山積みの国々がたくさんあります。そして、その課題をいち早く解決しようと立ち上がっているのが、若き大義溢れるその国のスタートアップ企業なのです。

われわれが行っているオープンイノベーションコンテストは、大企業とスタートアップ企業とわれわれとで、世界を変えるビジネスを一緒に創発しようというコンセプトで始め、当初は日本だけで行っていました。

ところが続けているうちに、世界各地から一緒にやりたいという声をたくさんいただくようになり、今では世界35カ国から要望をいただき、対応しきれないところまできています。

なぜそんなに要望があるのかと尋ねたところ、「日本という国は成熟しており規制も大変な国であるが、真面目で信頼感が厚く安心安全な国なので、一度サービスが入るとそれを一緒に成長させてくれる国だから」という声をたくさん聞きました。

つまり、世界中でイノベーションは急速に立ち上がっており、そのなかで日本という国は、まだ一緒にビジネスをやろうとオファーを受けている国ということなのです。

われわれのコンテストの評価項目では、国連が定めた世界を救う17のゴールであるＳＤＧｓを重要視しています。これは、世界を変えるソリューションは、世界の人々が解決しなければならない大きな課題を解決できるものである必要があるからです。そして、それを継続するためにはビジネスとして成立する必要がありますが、成立すればそれは、間違いなくビッグビジネスになるでしょう。

本書のなかでも世界のアンバンクト（非銀行取引層）の30億人が、２０２５年から金融サービスシステムに入ってくるとあります。さらに、真にグローバルな金融センターが出てくるとあります。果たして誰がその覇者となるのか？

私は、日本がその一翼を担うようになることを、心から願ってやみません。なぜならば世界中の人々と一緒に、オープンイノベーションで新しい世界を創発し継続する社会システムを構築するためには、日本の伝統である和の精神がこれから最も重要になると思っているからです。

この本が、少しでもそのお役に立てたら幸いです。

「さあ、ともに世界を変えていこう！」

# 訳者あとがき

本書の前作にあたる『Bank 3.0』は、モバイルの普及によってバンキングの世界に大規模なチャネルシフトが起こり、そこで成功する新しいプレーヤーが出現することを予言していた。実際に、それから間を置かずしてFinTechが登場し、一気に時代のトレンドとなった。その一方で、GAFAと呼ばれるテクノロジー巨大企業が、自らのプラットフォームの拡大の一環として金融に進出しつつある。しかし、デジタル化による躍進はむしろ、インフラの積み重ねが十分でない先進国以外の地域で起こっている。近い将来には何十億もの人が金融の世界に包摂される。

そうしたなかで『Bank 4.0』が世に出た。『3.0』が新しいバンキング時代の到来を告げるオリンピックのファンファーレだったとすれば、『4.0』は、すでに始まった新しい競技とそのルールおよびプレーヤーたちと、勝者となるための必要条件の考察と言えるだろう。モバイル・IoT／データ／AIを前提とする新しい経済が姿を現しつつあるが、変化はまだ始まったばかりでゲームの形さえ決まっていない。しかし、行き着く先が過去の延長線上にはないことは明らかだ。

金融は本来、目的を実現するための手段だ。利用者にとって、手段に要する時間や手間やおカネは、フリクションでしかない。デジタル化・モバイル化によって場所と時間の制約がなくなれば、近い将来、バンキングのために銀行に足を運ぶ必要はなくなる。望ましいバンキングのあり方は、最もフリクションのない形、すなわち目的実現への行動の過程で、必要な時と場所に自ら顔を出すようになることだろう。だからこそサービス提供が、顧客の行動を予測し、経験のなかに組み込まれるものになるのは自然の流れだ。

銀行業界は、経済活動を支える循環器系として手厚い保護と規制を受けて金融へのアクセスを独占する孤島的な存在として、強みを維持してきた。しかし、顧客の行動を中心に据えてサービスを設計するならば、企業が持つさまざまな機能がＡＰＩを介してつながり、利用者から見ればすべてがシームレスになって意識せず使えることが理想だ。そうなれば「業界」というタテ割りの考え方は現実に即さなくなり、銀行が孤島であり続けることは不可能だ。

テクノロジーとデータ活用に通じ、動きが俊敏で、顧客のフリクション排除を進めるプレーヤーたちが変革を推進することで、5～10年後の金融界の風景は、現在と劇的に異なるものになっているかもしれない。銀行は、変革に必要な部品とリソースをコラボレーションを通じて外部から調達できるかもしれないが、むしろ生き残りのカギとなるのは、組織のクロックスピード、つまり自らの変革速度を、変化に堪えうるレベルに引き上げられるかどうかになりそうだ。キング氏は、そのための条件を最終章で提示してくれている。それを銀生き残った銀行の姿は、おそらく現在とは全く異なるものになっているだろう。

行と呼ぶかは、未来が決めることだ。

本書翻訳のきっかけは、ＮＴＴデータ　オープンイノベーション事業創発室の残間光太朗室長および岡田和也さんとキング氏の出会いによるものだ。翻訳作業は、岡田さんが6、7章を担当され、その他を上野が分担して進めた。

また、内容チェックとさまざまな調整については、ＮＴＴデータ経営研究所の同僚である加藤洋輝さんに大変お世話になった。経営研の大野博堂さんには、進め方に関して数々の有益なアドバイスを頂戴した。東洋経済新報社の齋藤宏軌さんには、タイトなスケジュールのなかで出版に向けた全体コーディネートを行っていただいた。この本が世に出ることにかかわって下さったすべての方々に心から感謝申し上げます。

本書が、新しい金融サービスの世界を拓いていく方々の道標となることを祈念している。

２０１９年3月

株式会社ＮＴＴデータ経営研究所　金融政策コンサルティングユニット

エグゼクティブスペシャリスト　上野　博

◉著者紹介

## ブレット・キング

テクノロジー・フューチャリスト、ムーブン（Moven）創立者

50を超える国で100万人を超える人々に向けて、テクノロジーがビジネスをディスラプトし、人々の行動を変え、社会に与える影響について講演している。オバマ政権のホワイトハウスや国家経済委員会に対して、米国におけるバンキングの未来について助言するほか、世界中の政府や規制当局に対してアドバイスを提供している。また、バンキングと金融サービスにおけるテクノロジーのインパクトについて、世界をリードする独自のラジオ番組（Breaking Banks）のホストを務め、この番組は150カ国を超える国々に650万人のリスナーを抱える。

2011年に、モバイルスタートアップのムーブンを共同設立、現在までに4200万ドルの投資を受け、米国発の消費者向けネオバンクとして、世界初のモバイルのダウンロード可能銀行口座を提供している。

アメリカン・バンカー誌の「イノベーター・オブ・ザ・イヤー」、フィナンシャル・ブランドの「金融サービス・インフルエンサー世界ナンバー1」に選出、バンク・イノベーション誌には「最もクールなバンキング・ブランド」のトップ10にノミネートされ、*Banking Exchange*誌で「ディスラプターのキング」と称される。

著書に*Bank 3.0*（邦題『脱・店舗化するリテール金融戦略』）、*Augmented*（邦題『拡張の世紀』いずれも東洋経済新報社）他がある。

ニューヨーク在住、余暇には飛行機操縦、ゲーム、スキューバダイビングを楽しんでいる。

◉解説者紹介

## NTTデータ　オープンイノベーション事業創発室

2013年9月に、これまでの連続的なビジネス企画から、非連続かつエクスポネンシャルな新たなビジネス創発を迅速に実現するために発足。オープンイノベーションを活用し、ベンチャー企業×大企業×NTTデータによるWin－Win－Winとなるビジネス創発を目指す。2018年には世界20都市でオープンイノベーションコンテストを開催。世界中のエコシステムや先鋭的なスタートアップと連携して、各々の地域で異なる課題や技術、ビジネスモデルをかけ合わせることにより、これまでにない全く新しい社会インフラ構築の実現を指向する。合い言葉は「さあ、ともに世界を変えていこう」。

◉監訳者紹介

## 藤原　遠（ふじわら　とおし）

株式会社ＮＴＴデータ 代表取締役副社長 執行役員　金融分野担当、欧米分野担当、グローバルマーケティング担当

１９８５年東京大学工学部卒とともに日本電信電話株式会社入社後、１９８８年の分社に伴いＮＴＴデータ通信株式会社へ。銀行、保険、決済インフラ等の金融分野事業に一貫して携わり、執行役員 第一金融事業本部長（２０１４年）、執行役員 第四金融事業本部長（２０１５年）、取締役常務執行役員 金融分野担当（２０１７年）を歴任後、２０１８年６月より現職。米国コーネル大学 経営学修士（ＭＢＡ）・工学修士（ＭＥ）。

◉訳者紹介

**上野 博**（うえの　ひろし）

ＮＴＴデータ経営研究所　金融政策コンサルティングユニット　エグゼクティブスペシャリスト

住友銀行、日本総合研究所、フューチャーシステムコンサルティング、マーケティング・エクセレンス、日本ＩＢＭを経て現職。金融サービス業界を中心に、経営・事業戦略／新規事業開発／業務改革／マーケティング／テクノロジー活用等に関するコンサルティング／発信／提言活動を活発に実施。ブレット・キングの*Bank 3.0*（邦題『脱・店舗化するリテール金融戦略』）、*Augmented*（邦題『拡張の世紀』いずれも東洋経済新報社）を翻訳。

**岡田 和也**（おかだ　かずや）

ＮＴＴデータ オープンイノベーション事業創発室　デジタル戦略推進部 オープンイノベーション・チーム シニアエキスパート

日本生まれ欧州育ち。ジョージワシントン大学ＩＴマネジメント修士課程修了、同時に米国連邦政府からCIO Certificationを取得。ＮＴＴデータにてＮＡＳＡと宇宙開発事業団の連携業務に従事した後、ワシントンＤＣでＣＳＩＳ（戦略国際問題研究所）客員研究員等の立場からＩＴイノベーションや電子政府に関する提言活動を行う。米国滞在中 asahi.com に「ＫＡＺ岡田のワシントンＤＣ便り」を連載。現在ＮＴＴデータ オープンイノベーション事業創発室においてフィンテックを中心とする世界各国のベンチャーとの事業開発に取り組むなか、ブレット・キングと意気投合し、本書の翻訳を託される。

# BANK 4.0 未来の銀行

2019年4月25日　第1刷発行
2019年8月15日　第3刷発行

著　者——ブレット・キング
監訳者——藤原　遠
訳　者——上野　博／岡田和也
発行者——駒橋憲一
発行所——東洋経済新報社
〒103-8345　東京都中央区日本橋本石町1-2-1
電話＝東洋経済コールセンター　03(5605)7021
https://toyokeizai.net/

本文デザイン……村上顕一
カバーデザイン……吉住郷司
印　刷…………東港出版印刷
製　本…………積信堂
編集担当………齋藤宏軌
Printed in Japan　　ISBN 978-4-492-65486-6